普通高等教育“十一五”国家级规划教材

21世纪中国高校
法学系列教材

中国法律史（第五版）

主　编　马作武

撰稿人（以撰写章节先后为序）

马作武　张振华　张洪林　傅鸿栋　曹　智

林娟霞　任　强　沙　敏　官正艳

中国人民大学出版社

·北京·

第五版修订说明

国家教育部于2018年发布《法学类教学质量国家标准》，将法学专业10门必修课中的“中国法制史”更改为“中国法律史”，虽仅一字之别，内涵却很丰富。这使这门课程不再局限于法律制度领域，而应当涵盖法律思想与文化的内容。这一变化将给中国法律史学科的教学与研究带来积极影响，标志着这一学科体系的进一步完备和成熟。尽管我们这本教材本身包含着不少法律思想与文化的内容，但因应课程名称的改变犹嫌不足，故予修订。此次修订在增加了一些代表性人物的法律思想的同时，将“法制史”的表述改为“法律史”，相应删去一些内容中的“制度”二字，以使名实相符。增加的“人物及思想”部分，由我的博士生沙敏完成。

马作武

2018年12月

序　言

本教材依照国家教育部颁行的《全国高等学校法学专业核心课程教学基本要求》编写完成，按照历史发展的先后顺序，全面、系统地介绍了中国法律产生、发展及演变的历史，对不同历史时期的法律思想、主要立法及法律制度的基本内容予以总结和评述。本教材吸收了中国法制史学科研究的最新成果，学术观点上采用目前学界的通说，并虚心而审慎地以其他相关著作和教材为参考和借鉴，从而使本教材具有资料丰富、内容简明、线索清晰、评论允当的特点，是高等学校法学专业学生及其他爱好中国法制史的读者理想的教材和读物。

本书由马作武担任主编，张洪林、任强担任副主编，撰稿人有（以撰写章节先后为序）：马作武、张振华、张洪林、傅鸿栋、曹智、林娟霞、任强。

马作武

2003 年 3 月于中山大学法学院

目　录

导 论

“法”，古作“灋”。《说文》释曰：“刑也。平之如水，从水；廌，所以触不直者；去之，从去。”“廌”即“解廌”，又称“獬豸”，传说中的神兽，貌似山牛，头一角，性能明是非、触不直。相传舜之时，皋陶为司法官，借獬豸决讼，令其触不直，无有冤滥。这是中国远古时期“神兽决狱”的传说，反映了神明裁判时代的司法特征。

獬豸图

从《说文》中我们发现“法”和“刑”可以互训。《尚书·吕刑》也说：“苗民弗用灵，制以刑，惟作五虐之刑曰法。”可见“法”和“刑”往往在含义上是一致的。

同时，“法”的古字还写作“佱”，从“亼”，从“正”，有“合于正”之意。所以《尔雅》释“法”为“常也”。这种“法”的内涵不仅与“刑”不能等量齐观，甚至涵盖了法律，是一切规范性的制度、法度的统称。

所以，中国古代的“法”字，通常有双重的含义：一是专指刑法，另一是泛指包括法律在内的，具有普遍规范性和国家制度性的法度和法式。

一、中国法律史的概念与研究范围

中国法律史是研究中国历史上各个时期、各种类型法律制度的产生、发展及演变的历史及其规律性和本质性的一门学科。它是隶属于法学的一个重要的基础理论学科。

从内容上看，中国法律史的研究范围，主要包括如下方面：第一，中国历史上各个时期具有代表性的法律思想和学说，这些思想和学说对当时乃至后世的影响。第二，中国历史上各个时期的立法活动及立法成果，以及法律的基本内容。第三，中国历史上各个时期的司法制度，包括司法体制、诉讼制度、监狱制度以及司法诉讼活动的模式和特点。第四，中国历史上各个时期独立于国家立法之外的家规族法、乡规民约，发现并探讨中国社会习惯法或民间法存在和运作的方式，以及它们在整个国家法律体系中的地位和影响。第五，从文化的视角出发，研究中国法律文化的传统、价值体系和本质特征，寻找并揭示中国法律文化的形成、发展、演变的特点和社会历史根源。

从时间上看，中国法律史的研究范围，涵盖三个主要时期，即奴隶制时期、封建制时期和近代。

（一）奴隶制时期

中国奴隶社会始于公元前 21 世纪的夏朝，历经商朝、西周，终结于公元前 476 年的春秋战国之际。由于年代久远，文献资料匮乏，这带来了研究上的困难。即便是春秋时期的孔子，亦在感叹夏、商的典章制度因“文献不足”难以考证[①]，对后人而言，其难度可想而知。有关的考证结论和研究成果的可信度或多或少都存在疑问。尽管如此，我们依据现有的资料，本着科学的态度，通过认真的考证，仍然可以从整体上对我国奴隶社会法律的基本状况有一个初步和粗略的了解及把握。

同社会发展的初级阶段相适应，我国奴隶制时期的法律表现出缺乏完整体系、概念不清晰、刑罚野蛮残酷等特点。夏、商两朝属于奴隶制法律的早期，刑法相对发达一些，司法诉讼制度也开始建构。西周是奴隶制法律的发展和成熟期，就我国奴隶制的法律而言，西周的法律具有典型性和代表性：首先，西周统治者对夏、商时期盛行的神权法思想进行了修正，提出了“以德配天”“明德慎罚”的口号，从而为法律的发展、进步提供了条件。其次，西周初期通过“周公制礼”，建立了一套富有奴隶制礼制特征的法律秩序，礼作为最具权威的社会规范，开始涉及民事关系和经济活动等众多领域。及至春秋时期，随着奴隶制的逐步瓦解，法制领域发生了空前巨变。以郑国子产“铸刑书”为标志的公布成文法之风，宣告了奴隶制法律的终结，拉开了我国封建制立法的序幕。

（二）封建制时期

（1）战国、秦、汉时期是中国封建法律发展的早期。战国时期继承并弘扬了春秋时期公布成文法的成果，以李悝制定的《法经》为标志，封建法律法典化的传统开始形成。而当时思想

① 《论语·八佾》载：“夏礼，吾能言之，杞不足征也。殷礼，吾能言之，宋不足征也。文献不足故也。足，则吾能征之矣。”

界的百家争鸣极大丰富了具有中国文化特征的政治法律学说，奠定了封建正统法律思想的基础。秦朝全面实践了法家的政治法律理论，这一方面使秦朝法律具有重刑主义的特征，另一方面也使秦朝的法律达到了空前的完备和严密，这从云梦睡虎地秦墓竹简中可以得到印证。“汉承秦制”，汉代法律与秦一脉相传，只是在法律指导思想方面发生了深刻变化。尤其是董仲舒提出“罢黜百家，独尊儒术”并被汉武帝接纳之后，儒家法律观取代法家法律观成为正统，原本法家化的法律开始朝着儒家化的方向转变，这一过程以董仲舒倡导的“春秋决狱”为权舆。

（2）三国、两晋、南北朝时期是中国封建法律的发展演变阶段。这一时期承继了汉朝法律的成果，进一步确认和巩固了具有儒家色彩的法律指导思想，法律的内容、法律的形式以及司法制度都在变化中朝着体系化、规范化的方向演进。在三百多年的时间里，虽然政治上经常处于动荡不安之中，封建法律依然取得长足的发展。立法技术（主要是指法典编纂技术）不断提高，法律的一些概念进一步明确，某些对中国传统法律的本质特征具有决定性影响的重要制度或规定，如“八议”“官当”“重罪十条”“依服制量刑”等，都被法律确认并逐渐成熟化。这些都是封建法律不断发展的标志，它也为中国古代法制鼎盛时代的到来做好了重要和必要的铺垫。

（3）隋、唐两朝是中国封建法律发展的成熟期和鼎盛期。与封建政治、经济、文化的高度发达相适应，隋、唐两朝全面继承了以往立法的成果，制定了反映和记载中华法系基本内涵的代表性法典，建构了完备而发达的封建法律秩序和司法体系。《唐律疏议》的出现，既是发端于汉代中期的法律儒家化运动结出硕果的标志，又是过去几千年立法、司法经验的结晶。这具体表现在如下几个方面：一是德主刑辅、礼法并用的思想成为官方正统的法律思想，也成为贯穿于全部立法以及整个封建法律价值体系的基本精神；二是封建法律体系的完善；三是封建法律内容的严密；四是法律形式的相对稳定和统一；五是传统的司法诉讼制度的成熟。

（4）宋、元、明、清是中国封建法律发展的后期。宋、明时期理学的出现，使封建正统法律思想得到了修补，在提高其思辨色彩的同时，道德伦常进一步渗透于法律的精神之中。这一时期，法律在形式上发生了变化：一方面，《宋刑统》《大明律》《大清律》在体例上已有别于《唐律疏议》；另一方面，敕、例出现。从宋朝的敕律并行，到明朝的删修条例，发展到清朝的律例合编，反映出封建社会后期立法的新特点。伴随着君主专制政治的极端发展，这一时期的法律在内容上也发生了重大变化：一是推行政治思想领域的高压政策，强化了刑事镇压手段；二是更加严密地维护封建家族主义统治秩序，法律的道德伦常色彩愈来愈浓；三是加强了对官吏的控制，严惩贪官污吏；四是加强了对经济关系的调整。

（三）近代

（1）清末的法律。1840年的鸦片战争标志着中国近代史的开端。伴随着西方列强的政治、军事和文化入侵，中国社会发生了深刻的变化。清末统治者在内忧外患之下，被迫打出了变法的旗号，并将修律作为变革的主要内容。“折衷各国大同之良规，兼采近世最新之学说，而仍不戾乎我国历世相沿之礼教民情。”[①] 这一修律原则虽然充满保守性，但与传统的立法思想原则相比，已经有了质的不同。清末修律是一次空前规模的法律移植运动，它在大量引进西方法律学说、法律制度的同时，宣告了中华法系的终结，开启了中国法律现代化之旅。

（2）中华民国南京临时政府的法律。辛亥革命之后的1912年元旦，中华民国南京临时政府宣告成立。作为资产阶级民主革命的产物，南京临时政府在其存在的短短3个月内，制定和颁布了一系列具有资本主义性质的法律、法规，其中以《中华民国临时约法》最具影响力和代

① 《大清光绪新法令》，第二十册。

表性。这些立法活动，是整个中华民国法制建设的先声，它们具有重要意义。

(3) 中华民国北京政府的法律。由北洋军阀把持的中华民国北京政府为了装饰门面、维持时局，也曾进行过一系列的立法活动，其中尤以制宪活动最为频繁，并取得了引人注目的成果。从本质上看，北洋军阀政府将法律作为专制独裁的工具，其法制混乱不整，且具有反民主的性质。

(4) 中华民国南京政府的法律。北伐战争胜利后建立的中华民国南京政府在政治上实行一党专政，以党代政，其法律具有政党政治的鲜明色彩。立法方面，南京政府全面继承了清末移植西方法律的传统及成果，以德国、日本等国家的法律为蓝本，制定、颁布了内容广泛的法律、法令、判例及解释体例，建立起了较为完整的“六法体系”。其诉讼审判制度也是照搬西方大陆法系国家的模式，具备了资产阶级诉讼审判制度的形式特征。

(5) 革命根据地的法律。从1921年开始，中国共产党开展了武装斗争，在各个不同的历史时期分别建立了革命根据地，并制定了相应的法律制度。这些法律制度尽管体系不完整、立法技术粗糙，但它是后来成立的中华人民共和国法制的前身，为中国社会主义法制建设积累了经验教训。革命根据地的法律在中华人民共和国法律发展史上具有重要的影响和地位。

二、中国法律史学科的发展与研究状况

（一）中国法律史学科的发展与研究状况

将中国历史上的法律制度和思想作为一门学问进行研究，始于晚清。其彰明较著者，前有薛永升的《唐明律合编》、沈家本的《历代刑法考》，继有梁启超的《中国法理学发达史论》《论中国成文法编制之沿革得失》。作为中国法律史研究的开山之作，其筚路蓝缕之功不可磨灭。他们置身于活的中华法系之中，提供的是一个直观者甚至实践者对传统法律的体悟和观感，这种研究上的优势是后人难以企及的。当然，这也决定了他们在观念和境界上的局限性。中华民国以后，中国法律史的研究开始兴盛起来。自1925年至1949年，二十余年间涌现出了一批具有影响和价值的专著。其中，程树德先生的《九朝律考》、丘汉平先生的《历代刑法志》在资料的钩稽整理方面具有积极贡献。而杨鸿烈先生的《中国法律发达史》以及《中国法律思想史》，作为最早出现的中国法律史研究的通史类著作，具有里程碑的意义，备受后世研究者关注。瞿同祖的《中国法律与中国社会》则率先运用社会学及文化学的方法研究中国传统法律，拓展了中国法律史研究的领域和视野，提升了研究的层次，其重要的学术价值为后人公认。

随着中华人民共和国的成立，中国法律史的研究发展到了一个新阶段。尤其是“文化大革命”结束后，整个学术界迎来了生机和繁荣，中国法律史学科亦不例外。二十多年来，经过众多学者的共同努力，中国法律史在学科建设方面一步一个脚印，不断取得长足的发展和进步：一方面，学科队伍空前壮大，造就和培育出了一批高素质的专家、学者；另一方面，研究成果如雨后春笋纷纷破土而出，不绝如缕。学科建设的进步将中国法律史的研究推向了一个新高度，其主要表现在如下方面：

其一，经过多年的探索和总结经验教训，基本确立和完善了中国法律史学科的范畴和体系，在中国法律史学科的名称、研究范围及研究对象等重要方面达成了共识，为整个学科的发展铺平了道路。

其二，研究的领域有了重大的拓展。由过去侧重刑法史，延伸到了民法史、经济法史、行政法史等多个领域，并取得了相当丰硕的成果。同时，在断代法律史、少数民族法律史等方面的研究也取得了重大进展。

其三，研究的深度和层次在不断加深。在传统研究方法的基础上，人们又开始运用哲学、社会学、文化人类学等相关学科的知识和手法，研究中国法律史和传统法律文化，从而将整体的研究水平提升到了一个新境界。通过比较的方法，将中国传统法律文化与其他文化进行比较研究，开阔了视野，丰富了内涵。这些进展给中国法律史的研究带来了质的飞跃。

其四，借助考古发掘的新成果，填补了许多研究上的空白，纠正了一些谬误，为学科的健康发展提供了条件。

“中华法系”是世界上著名的五大法系之一，许多国外学者，尤其是日本的学者，对中国法律史抱有浓厚的研究兴趣。历史上日本文化受中华传统文化的影响极其巨大，其古代法律与“中华法系”同出一脉。因此，日本学者非常重视对中国古代法律制度的研究，涌现出了一批有影响的学者，其中具有代表性的人物有浅井虎夫、仁井田升、滋贺秀三等，他们的一些优秀的研究成果备受中国学者的肯定和重视。

（二）学习中国法律史的意义

中国法律史学科是法学的二级学科，是法学的重要基础理论学科，现已被教育部确定为全国法学学科本科生16门必修的核心课程之一，其重要性不言而喻。

首先，任何一种制度或思想都不是无源之水、无本之木，都有一个发展、演变的历史过程。法律亦如是。无论发生过多大的变化，我们今天看到的和学习的法律，既是社会历史发展过程中的一种成果，也是历史的一部分。法学作为一门重要的社会科学，不学习、研究法律的历史，是不可想象的。

其次，“读史使人明智”。了解和把握某种制度或思想的历史演变过程，寻找其发展轨迹和规律性，是人们正确认识和深刻领会其内涵及本质的前提。为历史上的不同朝代或政权总结出其法制建设得失成败的经验教训，无疑也是在为现实的问题寻找答案。历史是一面镜子，它可以启迪人们的心智，帮助人们看清许多现实的问题。对于我们这个具有悠久历史文化传统并对这种传统引以为荣、心怡神往的民族而言，尤其如此。

最后，中国传统法律文化博大精深，内涵极其丰富，其中精华与糟粕互见。这就需要我们去认真地挖掘辨析和归纳总结。我们提倡继承和发扬中国优秀的法律文化传统，这也是建设有中国特色的社会主义法治的一个重要方面。但传统文化中包含的大量精神垃圾应该予以彻底清算和坚决唾弃。恩格斯说过：传统是一种巨大的阻力，是历史的惰性力，但是由于它只是消极的，所以一定要被摧毁。[①] 如果我们不能明辨哪些是精华、哪些是糟粕，就会无所适从，甚至错把糟粕当精华而加以发扬光大，这方面的经验教训实在是太深刻了。

世事常新而历史永恒，一切都将伴随着时光逝去，只有这句话永远不会过时。

① 参见《马克思恩格斯全集》，第22卷，360页，北京，人民出版社，1965。

第一章 夏、商的法律

提　要

约在公元前21世纪，夏禹打破“禅让”的传统，把王位传给自己的儿子启，从而实现了禅让制向世袭制的转变。中华民族第一个国家——夏朝诞生，标志着中国奴隶社会的开始。从夏启到夏桀历经四百余年，为维护这四百余年的统治，夏朝历经了由奴隶制习惯法向奴隶制成文法的转变，这也是中国法制的开端。公元前16世纪前后，商汤推翻了夏朝，建立了商朝。商代自汤始，至纣亡，约六百年。商朝脱胎于夏朝，依然是奴隶制贵族的统治，但奴隶制经济、文化更加发达，在继承夏代法律的基础上，进一步发展了奴隶制法制，显示了和夏朝法律不同的特征。夏、商是我国古代法律的起源和形成时期，也是中华法系的草创时期，因此，夏、商的法律有如中国古代法制的胚胎，对以后中华法系的最终形成产生重要的影响。

重点问题

1. 中国法律起源的特点。
2. 夏朝法律的基本内容。
3. 商朝法律的基本内容。

第一节　中国法律的起源

一、中国国家的产生

一个社会要存在发展，必须有一定的行为准则和规范。法律作为强制性规范，不是人类社会一开始就有的，而是人类社会发展到一定历史阶段的产物。在原始社会，因为没有国家的存在，依靠国家强制力实施的法律显然没有形成。关于中国的原始社会，《礼记·礼运》中有详细的描述：“大道之行也，天下为公，选贤与能，讲信修睦，故人不独亲其亲，不独子其子。使老有所终，壮有所用，幼有所长，矜寡孤独废疾者，皆有所养。男有分，女有归。货恶其弃于地也，不必藏于己；力恶其不出于身也，不必为己。是故谋闭而不兴，盗窃乱贼而不作，故外户而不闭。是谓大同。”在这样的一个大同社会，没有私有观念，也没有等级观念，人人平等，阶级和国家也就不存在，法律更无从说起。随着生产力的发展，人们的私有观念产生，接着阶级划分也出现了，等级开始形成。据说，这样的社会开始于夏禹之后。

国家不是从来就有的，它是人类社会发展到一定阶段的产物。约在公元前21世纪，我国第一个奴隶制国家夏朝建立了，其建立的标志：其一，王位世袭制的确立。在大禹以前的尧舜时代，部落联盟首领的传继方式是“禅让制”，而大禹直接把王位传给自己的儿子启，变为“世袭制”。启也趁机杀死了“禅让制”选定的继承人伯益，建立了夏朝。王位世袭制的确立意味着由“天下为公”的氏族社会向“天下为家”的奴隶制国家转变。其二，公共权力机构的确立。“……国家的本质特征，是和人民大众分离的公共权力。”① 夏朝已经建立了行政管理机关，军队和监狱也出现了。据《礼记·明堂位》载，“夏后氏官百”。夏朝有了比较多的官吏，表明夏朝的行政管理已经比较系统。在河南偃师二里头出土的夏朝遗物中有戈、箭等兵器，说明夏朝有了金属武器装备的军队，而“夏帝芬三十六年作圜土”② 即证明了夏朝监狱的出现。其三，按地域来划分国民。《左传·襄公四年》记载：“芒芒禹迹，尽为九州。”在大禹时期，已经把国土分为九个州，而且“铸九鼎，象九州”③，以实物“鼎”象征九个州。启还为九州设置了官吏——“州牧”。这些都表明夏朝由原来按血缘关系划分国土转变为按地域划分国土以管理国民。其四，税收制度的建立。为了满足国家机器运转的需要，“自虞、夏时，贡赋备矣”④。夏朝已开始征收赋税。《尚书·夏书·禹贡》记载，夏朝“咸则三壤成赋”，即把土地分为上、中、下三等，按照肥沃和贫瘠的差异征收不同的赋税。贡赋制度的建立正是国家成立的重要标志。

二、刑起于兵

夏朝的产生正是许多不同的氏族通过残酷的战争不断融合的结果。因此，古老的中国自成立伊始就紧紧地和战争联系在一起了。在古代，战争本身就被认为是对被征伐者的最大用刑，所谓兴师问罪也。在战争中要求士兵绝对服从命令，必须制定严明的军法，同时要对俘虏进行惩罚和镇压，于是慢慢地产生了刑罚，所谓“刑起于兵”。

刑，甲骨文写作“井”，青铜铭文写作“丼”，意指“井”中有关押的人犯。随着时代的变迁，刑才有了刑戮之意。《说文解字》云“㓝，刭也”，刭就是杀头的意思。后来，刑由原来具体的砍头含义发展到泛指所有的刑罚。《说文解字》段玉裁注云：“刑者，五刑也，凡刑罚、典刑、仪刑皆用之。”《玉海》也说：“刑，罚之总名也。”中国古代“刑”的含义往往是指刑罚，是为了保证礼和其他规范实施的重要手段。《尚书·周书·吕刑》记载，“苗民弗用灵，制以刑”。《尚书·虞书·大禹谟》曰：“汝作士，明于五刑，以弼五教”，用刑罚手段保障礼的施行。《尚书·虞书·皋陶谟》记载：“天秩有礼，自我五礼有庸哉！同寅协恭和衷哉！天命有德，五服五章哉！天讨有罪，五刑五用哉！”意思是说，礼是调整社会关系的准则，而五刑是对违礼者的处罚。《史记·夏本纪》记载，皋陶“令民皆则禹，不如言，刑从之”，即不听从大禹的命令，就以刑惩罚。

中国原始社会向奴隶社会转变的过程，亦为不同的氏族部落之间不断征战的过程，战争使原始氏族和部落慢慢统一。因此，国家产生的过程就是以武力进行残酷战争的过程。战争在造就国家的同时，也产生了“刑”。在战争时期，部落首领为了使军队服从命令，以取得战争的胜利，往往制定残酷的“刑”；而在战争结束后对战利品——俘虏的处置，也是以刑罚为基本

① 《马克思恩格斯选集》，3版，第4卷，北京，人民出版社，2012。

② 《竹书纪年》。

③ 《汉书·郊祀志上》。

④ 《史记·夏本纪》。

手段。正因为刑起于兵，兵和刑就常常联系在一起。《尚书·虞书·舜典》记载，舜对皋陶说：“蛮夷猾夏，寇贼奸宄，汝作士，五刑有服，五服三就。”在当时，五刑主要是用来对付猾夏（侵乱华夏）的人。《汉书·刑法志》曰：“《书》云‘天秩有礼’，‘天讨有罪’。故圣人因天秩而制五礼，因天讨而作五刑。大刑用甲兵，其次用斧钺；中刑用刀锯，其次用钻凿；薄刑用鞭扑。”所谓天讨，即奉天讨罪。而甲兵、斧钺、刀锯、钻凿、鞭扑都是战争的武器，相对应的恰好是五刑。甲兵就是武力征讨，斧钺行大辟之刑，刀锯行劓、刖之刑，钻凿行髌、黥之刑，鞭扑行鞭、杖之刑。这也证明了兵和刑是密切相关的。从另外的角度看，作为早期司法官的士或者司寇、廷尉，原来都是掌兵之职，其名称还延续到秦汉时期，其中影响可见一斑。看来，最初的刑只是用于征战对象的，后来随着氏族内部阶级的分化和矛盾的加深，刑慢慢地适用于内部违反礼仪之人，刑也就具有一般社会规范的意义。

皋陶的故事

传说皋陶生活在舜、禹时期，当时，华夏族与苗蛮族的战争接连不断，族内犯罪也频频发生。舜对皋陶说：“皋陶啊，现在少数民族不断侵犯中原，抢劫的寇和杀人的贼内外并起，我任命你为士官，领导部落同苗蛮族作战和处理族内犯罪问题，你觉得如何?”

皋陶说：“我愿意为部族效劳，但鄙人才疏学浅，难以担当如此重任。”

舜说：“没有关系，只要你记住以下施法的原则和要求，就一定能把法官做好。对于应当处墨、劓、刖、宫、大辟五种刑罚的犯人，要各服其罪，但在执行刑罚的时候，要分不同的情况进行处理：犯轻罪的在原野处罚，犯较重罪的在市朝处罚，而官吏犯罪在部落大堂处罚，有知识的人犯罪在闹市处罚。对判处墨、劓、刖、宫、大辟五种刑罚以下的人，应当宽大处理。而对不忍用刑、改为流放的犯人，根据远近，也要有所区别：严重犯罪的流放到遥远的少数民族地区，犯较严重罪的流放到九州之外，一般犯罪的流放到千里之外。只要你能明察秋毫，正确定罪量刑，就能使罪犯信服。你现在明白了吧?”

皋陶答道：“那好吧，我就遵循这些原则尽职尽责地去做。”

皋陶果然没有辜负舜的期望。他在做大法官期间，用獬豸（一种神兽）帮助自己判案。只要皋陶遇到不能断的案子，他就把獬豸牵来：如果獬豸触碰犯罪嫌疑人，就说明他有罪；如果獬豸不触碰犯罪嫌疑人，就说明他无罪。依靠这只獬豸，皋陶不枉不纵，不偏不倚，严格执行各种法律，做到了罪、责、罚相当。在实施法律的过程中，皋陶还制定了许多行之有效的法规，用以惩治天下罪恶，使违法犯罪之人都被绳之以法，为整个部落的安定作出了杰出的贡献。

三、法源于礼

法在古代一般写作“灋”。《尔雅·释诂》说：“典、彝、法、则、刑、範、矩、庸、恒、律、戛、职、秩，常也。”法是常之一种。《说文解字》曰：“灋，刑也。平之如水，从水；廌，所以触不直者；去之，从去也。”释“灋”，谓其从水，寓“平之如水”意，故有判断罪与非罪的含义。这里也涉及国家的权力，显然是奴隶社会的产物。如西周康王的《大盂鼎铭》就有“灋保先王”的铭文。

法律和国家有紧密的联系，但并非国家产生之时法律就突然产生了。如果追本溯源，那么，在国家产生以前就有了相当于法律规范的习惯法，再向前就是原始习惯了。在原始社会，没有法律，但要维持一定的社会生产和生活秩序，肯定需要调整社会关系的行为规范，这个规范也被氏族成员承认和遵守，我们将其概括为“礼”。在夏朝的成立过程中，原始氏族父权家长制并没有彻底解体，氏族社会的风俗和血缘关系也没有随着氏族社会的解体而消灭，因此，夏朝的建立就不可避免地具有家国一体的特点。原来在氏族社会长期形成的氏族习惯和在祭祀中形成的“礼”也延续下来，成为古老法律的一个重要组成部分。

在原始社会，生产力极为低下，人们生活在非常严酷的自然条件和社会条件中，恶劣的自然环境迫使氏族成员团结一致进行抗争，在此过程中，氏族社会出现了图腾崇拜。图腾崇拜使氏族成员的信仰和观念统一起来，而且氏族成员在长期的共同生活中也形成和遵循共同的行为准则。经过漫长的历史阶段，原始的风俗习惯也产生了。如对天神不敬或不祭祀祖先，或者在敬天神、祭祀祖先的过程中有不尊重礼仪的行为都要受到氏族的惩罚。为了维护氏族成员之间的秩序，氏族首领对破坏氏族秩序的行为也进行惩处。在对外关系上，因原始部落比较多，复仇观念也很强，为了取得胜利，他们同仇敌忾，遵守统一的氏族习惯。由于这些因素，氏族习惯慢慢系统化，并进一步规范化，从而在形式上渐渐地演变为一种普遍性的规范。

《说文解字》曰：“礼，履也，所以事神致福也。”礼最初是从祭祀中开始产生的。在祭祀过程中，仪式逐渐得到强化和系统化，而且随着阶级的分化，祭祀的仪式因为等级的不同而不同，因此，礼仪在这个时候成为确定不同等级的标志。随着等级的划分，上层阶级演化为统治阶级，他们借助政治势力把这些礼上升为调整人们社会关系的行为规范，礼和国家政治紧紧地联系在一起，被赋予国家的强制性。至此，礼无论在形式上还是在实质上都具有法律的内涵。礼尽管具有中国古代法的渊源意义，但还不能被称为法律。《礼记·礼运》记载，夏禹、商汤、周文王、武王、成王和周公“此六君子者，未有不谨于礼者也。以着其义，以考其信，着有过，刑仁讲让，示民有常。如有不由此者，在势者去，众以为殃（祸害）”。这些开国帝王都严格遵守礼，如果违反了礼也要被罢黜。显然，这些礼已经具有法律规范的特征。当然，这些礼成为法律也不是一蹴而就的，需要一个漫长的历史过程，是逐步走向完善和成熟的。周公制礼即意味着礼的系统化和规范化，礼正式成为中国古代调整社会关系的行为规范的总称。《左传·昭公六年》记载，春秋时期，叔向反对子产铸“刑书”，其中一个重要理由就是百姓会因为刑书而放弃传统的礼义，即“将弃礼而征于书”。叔向主张坚持传统的礼义，也从侧面证明了礼是古代法律规范的重要表现形式。

所以说，礼是中国古代法的重要渊源，中国古代法最初的形式主要是以礼表现出来的，刑在奴隶制时代也往往是以礼的名义出现的。

四、中国法律起源的特点

中国所处的特殊的地理环境和中国古代人们特殊的生产和生活方式，造成中国国家产生和民族形成的特殊性，中国法律的起源也呈现出独有的特点。

第一，国家法律中的刑法起源于战争，所谓“刑起于兵”。古代的中国文明其实主要是通过战争形式形成的。在三大部落联盟时期，即使在黄帝获得盟主地位以后，部落之间的相互斗争仍然没有停止。中央部落唯我独尊的观念开始形成。所有的外邦都必须向中央部落进贡，一旦违反，中央部落就对它发动战争。在中央部落看来，对其他部落的战争是进行刑事处罚，就好像对部落内部成员的处罚，两者区别在于对象和规模不同：前者用的是大刑，后者用的是中刑和薄刑。“内行刀锯，外用甲兵”[①]，目的都是维护社会的秩序，维护中央部落的地位。当然，相对于惩罚内部成员而言，对外部部落的处罚显得更加残酷。随着国家的产生，这些惩罚

① 《商君书·画策》。

方法就带有国家的强制性，对外部部落惩罚的方法也转而指向内部成员。

战争的频繁造成大刑反复适用，为方便实施，施行者就对大刑的具体规范逐步完善，如什么时候用大刑、适用大刑的具体程序是怎样的，等等。大刑的经常适用也影响到中刑和薄刑相关规范的发展和完善。因此，随着社会的发展，刑法的观念和制度率先得到发展，和其他部门法比较，刑法的发展起步最早，发展最迅速。

第二，中国法律的起源有礼、法结合的特点。无论是夏代前还是夏代后，法律的形成过程中不仅改造和吸收了原始氏族的某些习惯，还吸收了征战过程中的刑，而且把长期在祭祀中形成的礼也吸收进来，把它转化为法的一部分。这个特点有古代中国经济方面的原因，也有政治文化方面的原因。夏王朝通过礼、法结合，把礼的精神力量转化为国家强制力，还把许多道德规范直接转化为具有国家强制力的法律。道德的法律化传统由此形成，且对后世中国的影响极为深远，可以说这是中国古代法律的传统之一。

第三，中国法律的起源有宗法统治的特点。夏朝是我国历史上第一个奴隶制国家。夏朝是在原有的部落基础上建立起来的。但是，由于刚刚跨入奴隶社会，以血缘为纽带的氏族部落没有完全瓦解，在夏朝建立后，以另一种形式保留下来。上层的氏族首领成为奴隶主，下层的氏族成员成为奴隶，以宗法统治为特点，原来的氏族习惯就相应地转化为维护奴隶主利益的习惯法。这样，家和国相互贯通，相互合作。君主是各个氏族部落的家长，各个部落的奴隶主既是部落的家长，又担任国家的官职。所以说夏朝的法律就有两个功能——既维护国家的统治也维护氏族内部的秩序，这是国家制度和宗法制度的高度统一。中国法律自始带有浓厚的氏族社会色彩和宗法统治的特点，为后世中国法律的伦理化传统奠定坚实的基础。

第四，中国法律的起源有民族融合的特征。前面说过，中国的文明是在部落之间的不断征战中形成的，征战的过程也是民族融合的过程。不同的生活方式和管理方法在相互的接触交往中交流、融合。如中国古代的五刑，就很大程度受苗族的影响。据史料记载，黄帝时期，刑事处罚方式按照工具分有：甲兵、斧钺、刀锯、钻凿以及鞭扑。唐虞之时，有流、放、窜和殛等刑事处罚方式。[①] 舜时期，有“异其章服”以示羞愧和耻辱的“象刑”。但是，苗族使用的是完全不同的刑事处罚方法。《尚书·周书·吕刑》记载：“苗民弗用灵，制以刑，惟作五虐之刑曰法。”这种处罚方法对犯罪者能起到更大的威慑作用，能更有效地维护统治，因此，中原的中央部落就采用苗族的“五虐之刑”。以后中国奴隶社会的五刑，很大程度上就是受苗民的“五虐之刑”影响而形成的。

第五，中国法律自诞生之日起，就沦为统治者实施专制统治的工具。由于中国特殊的地理环境，古代的中国人一开始就非常重视农业，开始形成自给自足的自然经济。自然经济的发达必然造成中国社会的封闭和商业经济的极端不发达，“以农为本”“重农抑商”的政策由此产生。因此，在夏朝不可能产生与专制王权相抗衡的工商阶层和市民阶层，也不会产生如雅典奴隶制国家的奴隶主民主制，在政治上只能是君主专制制度，法律也就沦为专制统治的工具。

第六，中国法律的产生具有“由裁判到立法”的特点。英国著名法律史学家梅因描述法律的起源时说：“可以断言，在人类初生时代，不可能想象会有任何种类的立法机关，甚至一个明确的立法者。法律还没有达到习惯的程度，它只是一种惯行。用一句法国成语，它还只是一种气氛。对于是或非唯一有权威性的说明是根据事实作出的司法判决，并不是由于违反了预先

① 参见《汉书·刑法志》。

假定的一条法律，而是在审判时由一个较高的权力第一次灌输入法官脑中的。”[①] 在氏族社会，人们不可能一开始就意识到用统一的行为规范来维系这个社会的存在和发展，他们只能在实践中通过某个权威机构或者权威的氏族首领来对氏族成员间的纠纷进行处理、裁决。随着时间的积累，裁决不断地增多，这些权威机构或者氏族首领必然会自觉地按照以前发生的类似纠纷进行裁决，同时从众多的裁决中抽象出基本原则，再转化为法律。对财产纠纷的判决逐渐转化为民事法律规范，对严重破坏社会秩序者给予惩罚的判决逐渐产生刑事法律规范，而对官僚机构管理的决定和对老百姓交纳贡赋的决定中，就分别产生行政法律规范和经济法律规范。有人认为，“夏刑叁千条”[②] 并不是指有如此数量的规范性刑事法律条款，而可能是指有关刑事处罚的判决数。[③] 这一说法或许不无道理。

第七，中国法律的起源有早熟性。华夏文明形成的时间比较早，夏王朝在公元前 21 世纪就已经跨入了文明社会的门槛，在世界范围内和古埃及、古印度和古巴比伦同称为四大文明古国，为人类文明作出了重大的贡献，与此对应的是，中国的国家和法律也具有早熟性的特征。

第二节 夏朝的法律

夏朝是我国历史上第一个国家，也是法律起源时期，故法律还处于草创阶段。由于历史久远，文献材料稀少，后人很难准确说清当时的情况。就连春秋时期的孔子，因为“文献不足”，关于夏的典章制度也感到难于讲清。西汉著名史学家司马迁在其名著《史记》中也认为，诸子百家说“五帝”，“其言不雅驯，缙绅先生难言之”。现代出土的文物对了解这个时期的历史有很大的作用，但要确凿论证也比较困难。这里仅依据有关文献对夏朝的法律作一概述。

一、“天讨”“天罚”的神权政治法律观

在氏族社会里，由于生产力水平低下，人们对很多自然现象百思不得其解，因此，相信有一种超凡的力量在控制着一切，这样就出现了图腾崇拜。图腾崇拜进一步发展为祖宗神崇拜。这种对神的敬畏和崇拜，到阶级和国家出现之后，逐渐演变成为宗教神权。夏朝作为中国的第一个国家形态，统治者在建立并完善日益庞大的国家机器的同时，必然要在意识形态领域树立起约束和控制社会成员的思想权威，而这权威，在当时条件下，必然是宗教神权。

同为国家的意识形态，宗教神权思想与国家法律一开始就融合在一起。传说大禹非常信奉鬼神且注重祭祀，“菲饮食而致孝乎鬼神，恶衣服而致美乎黼冕（祭祀穿戴的礼服和礼帽——引者注）”[④]。在对外征讨、对内镇压之时，为了宣扬其正义性和权威性，统治者往往要借助天命神权。大禹征有苗的时候说：“济济有众，咸听朕言！非惟小子，敢行称乱。蠢此有苗，用天之罚。若予既率而群对诸群，以征有苗。”[⑤] 这也是“天罚”思想的最早记载。后来禹把

---

① ［英］梅因著，沈景一译：《古代法》，5 页，北京，商务印书馆，1959。

② 《尚书大传》。

③ 参见朱勇主编：《中国法制史》，20 页，北京，法律出版社，1999。

④ 《论语·泰伯》。

⑤ 《墨子·兼爱下》。

王位传给儿子启，破坏了“禅让制”，有个叫益的人起兵反对，为启所杀。[①] 一个氏族首领扈也反对启，因此与启“大战于甘”。启在誓师大会上发表《甘誓》：“有扈氏威侮五行，怠弃三正，天用剿绝其命，今予惟恭行天之罚。”[②]“威侮五行”就是对天的不敬，必须严厉处罚，而和有扈氏的战争则是为了“恭行天之罚”。

古代“法”字的产生也具有宗教神权的色彩。许慎在《说文解字》中说：“灋，刑也。平之如水，从水；廌，所以触不直者；去之，从去”，“廌……兽也，似牛一角，古者决讼，令触不直者”。神明裁判是神权思想在司法领域的体现，传说皋陶就已经使用过这种神判方式。

二、禹刑

“夏有乱政而作禹刑”[③]，所谓“禹刑”，便是夏朝法律的总称。以禹命名夏朝法律，表达了对大禹的敬重和怀念。早在大禹时期，就曾经以“后至”的罪名处死了前来进贡的防风氏：“禹朝诸侯之君会稽之上，防风之君后至而禹斩之”[④]。在启讨伐有扈氏的战争前，他宣誓：“左不攻于左，汝不恭命；右不攻于右，汝不恭命；御非其马之正，汝不恭命。用命，赏于祖；弗用命，戮于社，予则孥戮汝。”[⑤]这道以军法形式出现的法律，其大意为：所有战车左边的战士，如果不完成左边的战斗任务，就是不执行命令；战车右边的战士，如果不完成右边的战斗任务，也是不执行命令；驾驭战车的战士，如果不胜任而贻误了驾车的任务，也是不执行命令。努力执行命令，就在庙里给予奖赏；不努力执行命令，就在社坛里杀掉。

夏朝作为早期的奴隶制国家，不可避免地受浓厚的氏族血缘关系的制约和影响。统治者为了有效地治理国家，极力倡导忠孝之道，“夏后氏教以忠，而君子忠矣”[⑥]，若违反孝道，给予严厉的处罚。“五刑之属三千，而罪莫大于不孝。”[⑦] 重视孝道可以加强亲族的凝聚力，从而效忠王朝。夏朝统治者不仅提出“忠君”的观念，还提倡“孝”的思想，这样就可以“忠孝合一”，巩固新生的奴隶制国家。

据文献记载，夏朝的刑罚还包括大辟（死刑）、宫（毁坏生殖器）、膑（剔去膝盖骨）、劓（割鼻）、墨（刀划面颊和额且涂字）等刑名。后四种被后世称为“肉刑”，以残害人的器官和肢体为特征。此外，据《左传·昭公十四年》引《夏书》说：“‘昏，墨，贼，杀。’皋陶之刑也。”昏是“已恶而掠美”，墨是“贪以败官”，贼是“杀人无忌”。夏朝继受了皋陶时代的法律，将这三种罪都定为死刑。河南偃师二里头夏代遗址在一定程度上反映了当时刑罚执行的情况：在这些墓穴遗址中，有碎尸后被下葬的，有砍下头颅被下葬的，这是对严重刑事罪犯执行大辟的反映；而砍去四肢被下葬的是执行剕刑的反映；至于那些整个躯体呈跪伏状或者手腕相交、躯体呈弯曲状下葬的，可能反映了生前遭残酷的刑罚后被活埋的情形。

后人还对夏朝的刑罚进行统计，如《唐律疏议》引用《尚书·大传》说，夏朝的罪名和刑罚多至三千条。郑玄注《周礼》说：“大辟二百，膑辟三百，宫辟五百，劓墨各千。”从中不难看出，夏朝的法律极为严酷且细密。当然，也有学者认为，“夏刑三千条”是主观臆断，可能

① 《竹书纪年》载：“益干启位而启杀之。”《韩非子·外储说》中也有类似记载。

② 《尚书·夏书·甘誓》。

③⑤ 《左传·昭公六年》。

④ 《韩非子·饰邪》。

⑥ 《说苑·修文》。

⑦ 《孝经·五刑》。

不符合历史事实。[①]

夏朝统治者为了维持国家机器的运转，制定了一些简单的行政法规汇编。如《尚书・胤征》说夏朝有《政典》。《政典》极有可能是简单行政法规的汇编，不可能是像包罗万象、详细全面的《周礼》那样的行政法规大全。《尚书・夏书・胤征》引《政典》时说："先时者杀无赦，不及时者杀无赦。"意为：官吏执行任务时必须严格遵守命令，不得过火也不得延迟，否则，杀无赦。《左传・昭公十四年》还说，贪婪败坏官纪的人处死刑。这些行政法规表明，中国自夏朝已经非常重视对国家官吏的治理，从而形成了比较粗糙的行政法律规范。而这些行政法规又具有刑罚化的表征：对违反行政规范的官吏，给予严厉的刑事处罚。同时，它也开创了中国源远流长的官吏监察制度的先河。

夏朝对氏族公社的土地公有制度进行改革，确立了奴隶主国家所有制。为了巩固这种新的土地制度，统治者用法律作出规定：全国土地的所有权归属国王，由国王对全国土地进行完全的支配。国王可以把土地分封或赏赐给贵族、功臣，但受封或受赏者享有的只是土地的使用权。这项确立于夏朝的土地制度是贯穿于整个奴隶社会的根本土地制度，影响极其深远。

夏朝出于增加财政收入的需要，还制定了一些经济税收方面的法律，如"夏后氏五十而贡"[②]，即以50亩为计量单位，交给国家的贡赋为1/10。

夏朝除了制定具体的法律制度以外，还形成了一些普遍适用的法律原则，如在司法活动中，实行"与其杀不辜，宁失不经"[③]的原则，即要求法官在裁判案件的时候，宁可违反法律也不能错杀无辜者。这尽管是一种传说，但还是值得关注。祭祀活动在夏朝已经是很重要、很普遍的社会活动，在祭祀过程中，祭祀的方式、程序，祭祀者的身份、等级要求被逐渐地固定下来，形成"礼"。"礼，履也，所以事神致福也"[④]，"礼之名起于事神，引申谓凡礼仪之称"[⑤]。随着社会的发展，礼从祭祀活动中发散开来，慢慢地渗透到社会的各个层面，从而具有一般性的社会意义，成为社会的重要行为规范，并且对社会生活产生重要的影响。孔子认为："殷因于夏礼，所损益，可知也；周因于殷礼，所损益，可知也。"[⑥]它揭示了奴隶制礼的承继性及发展进程。

三、司法制度

夏朝已经设立了中央最高的司法官，即"大理"。而地方司法官则称"士"，基层法官称为"蒙士"。从中央到地方的司法审判工作就由他们掌管和控制。

为了加强对违法犯罪的人的看管和控制，夏朝设立了简陋的监狱。"夏帝芬三十六年作圜土"[⑦]，"狱……又谓之圜土，筑其表墙，其形圜也"[⑧]。圜土即是夏朝的监狱，专门用于关押罪犯。"芬"是夏朝的第七代王。据《史记・夏本纪》记载，夏桀曾经将商汤"囚之夏台"。可以说"夏台"就是夏朝中央监狱的名称。

① 参见曾宪义主编：《中国法制史》，27页，北京，北京大学出版社、高等教育出版社，2002。

② 《孟子・滕文公上》。

③ 《尚书・虞书・大禹谟》。

④ 许慎：《说文解字》。

⑤ 徐灏：《说文解字注笺》。

⑥ 《论语・为政》。

⑦ 《竹书纪年》。

⑧ 《释名・释宫室》。

第三节 商朝的法律

一、商朝法律思想的发展

商取代夏后，社会政治、经济、文化得到进一步的发展，法律思想也相应地发生了变化。神权法思想由原来的萌生阶段上升到兴盛阶段。所谓“殷人尊神，率民以事神”[①]，殷人早在氏族时代就有自己的图腾“玄鸟”，后来崇拜“夒”。商朝建立后，为了加强统治就塑造了一个全民的图腾——“上帝”。殷王宣称自己是国家最高权力的拥有者，是“下帝”，作为上帝的儿子，故被称为天子。正如恩格斯所说，许多神的全部自然属性和社会属性都转移到一个万能的神身上，这样就产生了神教。[②] 商王把王罚和天讨、天罚合在一起，构筑了商朝的主要法律思想。

商王宣称自己是天子，拥有至高无上的地位。他把人间的法律说成是天意，将奴隶主的统治标榜为天的授意。“有殷受天命”[③]，“汤修德……汤乃践天子位，代夏朝天下”[④]。这样的宣传不仅将王权专制涂上一层神秘的色彩，也可以趁机大肆愚弄、欺骗百姓。商朝的卜、史、巫、祝是有特殊权力的文化官，凡是遇到国家大事，都必须由他们向上帝或者祖先神请示或祈

问刖甲骨文拓片

① 《礼记·表记》。

② 参见《马克思恩格斯选集》，3版，第3卷，704页，北京，人民出版社，2012。

③ 《尚书·周书·召诰》。

④ 《史记·夏本纪》。

祷，而“卜辞”则是请示和祈祷的记录，如“贞（卜问）：王闻不惟辟？贞：王闻惟辟”[①]，“兹人井（刑）不?”[②] 占卜实际上成为宣扬王权神授的一种方式，即借用上帝的意志来传递下帝（殷王）的意志。所谓“卜筮者，先圣王之所以使民信时日、敬鬼神、畏法令也”[③]。

商代统治者从“王权神授”派生出“天讨”“天罚”的思想。“有夏多罪，天命殛之……尔尚辅予一人，致天之罚”[④]。《尚书》的重要篇章，如《汤誓》《盘庚》，都是统治者教训老百姓要听王命和祖先之命。

二、主要法律形式

(1) 誓。这是商朝君主在战争前发布的誓言和命令，源于夏朝，商朝进一步发展，如《尚书》中的《汤誓》，就是在出征前向军队发布的誓言。

(2) 刑书。“商有乱政而作汤刑。”[⑤]《竹书纪年》载：商代后期祖甲二十四年重作汤刑，对原有刑书作了进一步的修改。“罚蔽殷彝，用其义刑义杀”[⑥]，意思是可以援引商朝刑书的条文，从而说明了当时刑书的存在。一般认为，殷商的刑书是处于秘密状态、不公开发布的。在奴隶制时期，统治者为了垄断法律，方便统治，都主张“刑不可知，则威不可测”[⑦] 和“议事以制，不为刑辟”[⑧]，这一传统直到春秋时期才被打破。

(3) 命令、文告。《尚书》中的《盘庚》和《伊训》是研究商代法律的重要文献资料，它们主要是具有规范性质与法律效力的命令和文告的汇编。前者是商王盘庚的命令，因此具有至高无上的法律效力；后者则是商朝国相的文告，依照商王的意志而发布，当时被称为“训”。

三、法律的主要内容

（一）刑事法律

1. 罪名

商王盘庚在迁都时规定：“乃有不吉不迪，颠越不恭，暂遇奸宄，我乃劓殄灭之，无遗育”[⑨]。对不正义、不善良的人，违反命令不敬重商王的人，以及内乱和奸诈之人，以反叛国家统治的罪名，结合肉刑（割鼻）与族刑（殄灭）处以死刑，以此维护、加强商王朝的统治。《礼记·王制》曾对商朝的刑法作过具体的描述：“析言破律，乱名改作，执左道以乱政，杀；作淫声，异服，奇技，奇器以疑众，杀；行伪而坚，言伪而辩，学非而博，顺非而泽以疑众，杀；假于鬼神，时日，卜筮以疑众，杀。”对扰乱社会秩序，动摇、蛊惑、瓦解民心的犯罪给予严厉的惩罚，确保思想舆论与贵族奴隶主的正统思想保持一致，是奴隶制法律统治的必然要求。

汤刑在沿用夏朝禹刑罪名的基础上，又出现了一些特有的罪名，如“违反天命”“不遵天命”罪。商汤在讨伐夏桀之时，提出了“矫诬上天”的罪名。“不孝”也在此时正式提出来，《吕氏春秋·孝行览》引《商书》称：“（汤）刑三百，罪莫重于不孝。”

---

① 《殷墟文字乙编》，4604。
② 《殷契佚存》，850。
③ 《礼记·曲礼上》。
④ 《尚书·商书·汤誓》。
⑤⑧ 《左传·昭公六年》。
⑥ 《尚书·周书·康诰》。
⑦ 《左传·昭公六年》，孔颖达疏。
⑨ 《尚书·商书·盘庚中》。

2. 刑名

汤刑全面继承了禹刑的五刑刑名，且有了发展。死刑的花样更加繁多，如活埋、沉水、火焚等。史书记载还有孥戮、劓殄及炮烙、剖心、醢、脯等刑罚。“……纣乃重刑辟，有砲格之法。”[①] 故除了炮烙之刑是常刑外，其他的都是偶尔适用，应属法外用刑。如孥戮见于《尚书·汤誓》，劓殄见于《尚书·盘庚》，醢、脯、剖心则见于《史记·殷本纪》。[②] 肉刑名目也有增加，“殷之法，刑弃灰于公道者，断其手”[③]，断手即为五刑之外的用刑方式。

纣王醢伯邑

梅伯炮烙

① 《史记·殷本纪》。

② 《史记·殷本纪》中记载：“九侯有好女，入之纣。九侯女不喜淫，纣怒，杀之，而醢（剁成肉酱——引者注）九侯。鄂侯争之疆，辨之疾，并脯（晒成肉干）鄂侯。”忠臣比干“强谏纣。纣怒曰：‘吾闻圣人心有七窍。’剖比干，观其心”。

③ 《韩非子·内储说上·七术》。

商朝还盛行“人祭”“人殉”。从殷墟和其他地方发掘的陵墓或者坟墓的遗址中，可以发现很多人祭、人殉现象，有的人数多达几千。究其原因，可能和当时商朝迷信鬼神有关。商朝作为早期的社会，生产力极不发达，人们尚未意识到劳动力的重要性，把战争中的俘虏或其他奴隶活埋在坟墓里可表示“敬天尊祖”。一方面，这是奴隶主贵族穷奢极欲、推崇厚葬的反映；另一方面，它也起到一定的镇压和威慑奴隶反抗的作用。

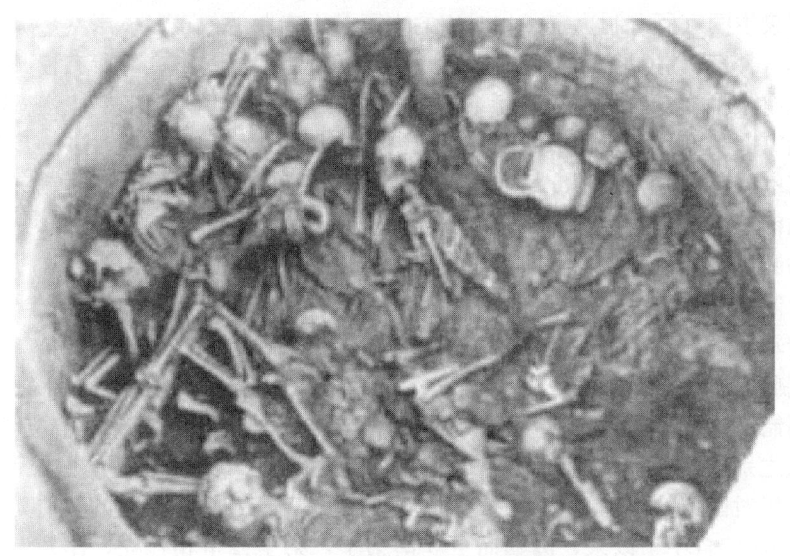

后岗祭祀坑中的人骨和青铜礼器

战国时的荀子认为“刑名从商”①，说明汤刑对后世刑法制度具有重要影响。

（二）行政法规

商朝建立初期，商统治者总结前朝的经验教训，针对夏王孔甲“好方鬼神，事淫乱”② 和夏桀败亡的前车之鉴，着力加强对各级官吏的管理，制定了重要的行政法律规范——《官刑》。“汤之官刑有之。曰：‘其恒舞于宫，是谓巫风。其刑：君子出丝二卫，小人否，似二伯……’”③，意即对犯有巫风罪的官吏，罚丝二卫。商汤的孙子太甲继承王位后，当时的国相提醒太甲说：“……制官刑，儆于有位，曰：‘敢有恒舞于宫，酣歌于室，时谓巫风；敢有殉于货色，恒于游畋，时谓淫风；敢有侮圣言，逆忠直，远耆德，比顽童，时谓乱风。惟兹三风十愆，卿士有一于身，家必丧；邦君有一于身，国必亡。臣下不匡，其刑墨，具训于蒙士。’”④其含义是，制定惩治官吏的刑罚，以警戒百官：敢在宫廷里纵情歌舞，这是巫师作风；敢贪求财物女色，迷恋出游打猎，这是邪恶作风；敢把圣贤的教诲当做耳边风，拒绝忠直的规劝，疏远德高望重者，亲昵顽劣幼稚者，这是迷乱作风。以上三种作风，加上十种过失，卿士们只要沾染上一种，他的封邑必定会丧失；诸侯只要沾染上一样，国家很快灭亡。臣子不能匡正君主过失，处墨刑，写成训词教训下士。

商朝的行政法规比夏朝更加具体详细，也更加完备，对于巩固和加强商朝的统治起了很大的作用。

① 《荀子·正名》。

② 《史记·夏本纪》。

③ 《墨子·非乐》。

④ 《尚书·商书·伊训》。

（三）民事法规

（1）所有权制度。商朝是在夏朝的基础上建立起来的，生产关系和经济基础都没有发生任何的改变，因此，在土地所有权的归属方面，依然实行奴隶主国家土地所有制。全国的土地归商王一人所有，其他奴隶主贵族最多只享有使用权。恩格斯曾经指出：不存在土地私有制，的确是了解整个东方的一把钥匙。这是东方全部政治史和宗教史的基础。① 经济基础决定上层建筑，土地的奴隶主国家所有制决定了相对应的中国君主专制的奴隶制。当然，除了土地外的其他财产如工具、牲畜、房屋等，实行的是家庭财产私有制。这些财产的所有权归家长，其他家庭成员没有所有权，“父母存……不有私财”②，说的就是当时商朝家长支配家庭财产的情况。

（2）婚姻家庭制度。商朝的婚姻家庭法律制度比夏朝更加完善，此时进一步确立了一夫一妻制的婚姻家庭制度。作为该制度的补充，法律允许男性王族纳妾。而当时在王公贵族中盛行纳妾之风，如商王武丁蓄妾达 64 人之多。妾主要是从女奴中挑选，还有一部分是依奴隶主贵族内部盛行的媵嫁制强纳过来的，即将奴隶主贵族娶妻时的随嫁女收纳为妾。

（3）继承制度。继承关系在所有制的基础上发生，所以继承制度的内容（当时更重要的是政治身份的继承）也由所有制决定。商朝法律中将继承制度规定得比较详细。商朝早期盛行“兄终弟及”制度，“弟及为主，子继为辅”，意思是兄死弟继，无弟子继，弟死兄子再继。王国维在《殷周制度论》中提到：“商人祀其先王，兄弟同礼，即先王兄弟之未立者，其礼亦同，是未尝有嫡庶之别也。”由于在继承开始时，弟比兄之子更年长，经验也更丰富，因而，采此继承制更有利于对国家的治理或者对财产的管理。但是，涉及利益关系的叔伯兄弟为争夺继承权经常发生火并。“自中丁以来，废嫡而更立诸弟子，弟子或争相代立，比九世乱，于是诸侯莫朝。”③ 大意指从中丁至武乙凡九世，九世之战也就是长兄之子与弟之子之间的争位之乱。兄死弟继的继承方式的弊端愈来愈明显，到商朝末年嫡长子继承方式得到确立。特别是从商的第十一代王武丁起，太子制最终被确定下来。嫡长子继承方式的确立更有利于国家的统治和物质财产的管理，从而为后世各朝代所因袭。

四、司法制度

（一）司法体制

商王享有最高的司法权，决定国家大事，王命就是法律。如上述商王盘庚在动员迁都的讲话中说“听予一人之作猷”④，意思是一切听从他的安排。他还命令：“用罪伐厥（其）死，用德彰厥善”，意思是有罪即处死，有功即表扬。但是，商王的权力和秦以后的皇帝的权力不可同日而语，相对而言，商王的权力要小一些。商王朝的土地分为“内服”和“外服”地区，“内服”地区由商王直接管辖，“外服”地区往往是诸侯的封地，甚至有侯、甸统治的边境地区。⑤ 这样，商王在一定程度上承认“外服”地区的独立性，自己的权力就被削弱了。因此，商王的最高司法权实际上主要限于“内服”地区，“外服”地区的司法权由诸侯掌管。

商朝的司寇是中央最高司法机构，但司寇对重大案件的判决还必须经过商王的批准。司寇下面的审判官称为“正”“史”，基层司法官称为“士”和“蒙士”。

---

① 参见《马克思恩格斯全集》，第 28 卷，260 页，北京，人民出版社，1973。

② 《礼记·曲礼上》。

③ 《史记·殷本纪》。

④ 《尚书·商书·盘庚上》。

⑤ 参见《尚书·周书·酒诰》。

（二）审判制度和原则

商朝的重要案件一般先由史和正审理，大司寇复审，三公再审，实行三级审理制，最后还要报请商王批准。对此，《礼记·王制》说得很清楚：“成狱辞，史以狱成告于正，正听之；正以狱成告于大司寇，大司寇听之棘木之下；大司寇以狱之成告于王，王命三公参听之；三公以狱之成告于王，王三又（宥），然后制刑。”大意为：裁决定案后，史把裁决结果上呈给正；正审理后，然后把裁决结果上呈给大司寇；大司寇在自己公堂审理后，然后把裁决结果上呈给王；王量以之宥，议减其罪，然后制定刑罚。

商朝关于对疑难案件的审理，表现出审慎的态度：“疑狱，泛与众共之；众疑，赦之。必察小大之比以成之。”① 意思是对疑案要先广泛征求意见，如果大家对案件有疑问，即赦免；但对该案还必须和同类案件相比较，再作出终审判决。

在审判过程中，商朝很注重证据，有犯意而无证据者无罪。“有旨无简不听”②，即案件没有足够证据的就不给予定罪判刑。商朝统治者主张“附从轻”“赦从重”，意思是入人罪时要尽量从轻，出人罪时要尽量从宽。这种量刑原则是中国古老的恤刑思想的体现，带有人道主义色彩。

商朝统治者迷信鬼神，直接对司法领域产生深刻影响。他们把神权思想和审判、处罚紧密地结合起来，使审判制度充满“天罚”和“神判”色彩。盘庚在迁都的时候，宣布“陈于兹，高后丕乃崇降罪疾”，“作丕刑于朕孙”③，把自己的命令说成是天之罚，有谁不肯搬迁，上天就会惩罚他。审判案件时常常假借天意占卜，并予以记录。我们在甲骨文中可以发现不少与此相关的卜辞，如“贞：王闻不惟辟?”“贞：王闻惟辟。”④ 商王通过占卜的形式表达自己的意志，使判决被涂上一层神秘的色彩。

（三）监狱制度

商承夏制，监狱还是被称为“圜土”。据《墨子·尚贤下》说，“昔者傅说居北海之洲，圜土之上”。除了圜土外，还有被称为“囹圄”的场所，主要用来关押重要犯人。许慎《说文解字》说：“圉：囹圄，所以拘罪人。”商朝法网严密，犯人无数，因此，监狱也遍布全国。在监狱管理方面，对越狱的犯人严厉惩罚，甚至处死。为防止犯人逃亡，被关在监狱里的犯人往往带有械具。河南安阳小屯村出土的陶俑，男俑手梏在身后，女俑手梏在身前，正是商朝被囚禁的犯人形象的直观反映。

课后复习

1. 中国古代法律起源的特点是什么?
2. 夏朝法律的主要内容有哪些?
3. 与夏朝相比，商朝法律有哪些变化?

①② 《礼记·王制》。

③ 《尚书·商书·盘庚中》。

④ 《殷墟文字乙编》，4604。

第二章 西周的法律

提　要

商朝末期，纣王昏庸无道，国力衰微，内外矛盾尖锐。周部落通过文王和武王的经营和扩张，日益强大，至公元前1027年，趁商王朝内部倾轧、奴隶暴动之时，会同许多小国和部族讨伐商纣，经过牧野之战，歼灭了商王朝的主力，纣王自焚，商朝灭亡，周朝建立。周朝的统治可分为两个阶段：第一阶段，从公元前11世纪周王朝建立，建都镐京（今西安市西南），至公元前770年迁都，称为“西周”。西周历时257年，历经12个王。第二阶段，自公元前770年周平王迁都洛邑（今河南洛阳），至公元前256年为秦所灭，称为“东周”。平王迁都后，周王朝的国力逐渐衰弱，群雄纷起，中国历史进入春秋战国时代。

西周是中国奴隶社会的鼎盛时期。周初统治者的法制指导思想以及主要的法律原则、法律制度，都对后世产生了重大影响。在法律思想上，“以德配天”“明德慎罚”是中国传统社会“仁政”和“德主刑辅”思想的直接渊源。在法律内容上，西周的“礼治”直接造就了中国封建社会“礼法结合”的传统。西周的刑法、婚姻制度和司法诉讼制度，在后世的中国封建法律中都可以找到它的影子。所以说，西周的法律代表了中国奴隶社会法制的最高成就。

重点问题

1. 西周法律思想的主要内容。
2. 西周礼与刑的关系。
3. 西周的司法制度。

第一节　西周的法律思想

在中国文明发展的早期，由于生产力水平的限制，人们把天看作是万事万物的主宰，认为天是一切事物的本源。自夏朝开始，统治者利用天命实施统治，因而在夏、商两朝，“天命”“天罚”思想盛行于世。周朝建立后，新统治者一方面需要利用天命和神权观念为现实的政治服务，另一方面又必须为其政权的合理性寻找依据。毕竟周人原先是臣服于“受命于天”的商王朝，如今灭商自立，依据何在？面对这一问题，周初统治者创造了一套新的理论，实现了政治思想及法律思想的转变，这就是在天命、神权的前提下提出了“敬天保民”“以德配天”口号，在“天讨”“天罚”的基础上，提出“明德慎罚”的法律思想。

一、“敬天保民”

商朝时，商纣王滥用刑罚，草菅人命，以致怨声载道、民不聊生。周王对商朝灭亡原因的总结是：“弗敬上天，降灾下民。”[①] 他们认为商王已经丧失了天命，给百姓造成了灾难，上天也不能容忍商王朝了，“天惟丧殷”[②]。而周王接受天命，是取代商王的合适人选。商纣王逆天命致灭亡，奉天命取而代之的周朝如何才能长治久安呢？周初统治者提出的应对良策就是“敬天保民”“以德配天”。周初统治者和商纣王不同，他们更加深刻地体悟到天命转移的规律。他们虽然自认为“不敢不敬天”[③]，但是，武王消灭纣王、胜利回师镐京之后，曾经彻夜难眠，周公奇怪地问武王什么原因，武王说：“我未定天保，何暇寐！”[④] 意为天不保佑商朝，我们才能成功，现在天还没有保佑我们，哪有时间休息！周王意识到，在王朝的更替中，天命虽然难料但是有规律可循：“天惟时求民主”[⑤]，即天总是寻找能够为民做主的统治者。“求民主”最重要的是要做到像文王那样，“先知稼穑（农业劳动）之艰难”[⑥]，要时时“怀保小民”。所谓“天命靡常”[⑦]，“皇天无亲，惟德是辅”[⑧]，意为天命不是一成不变的，它只会眷顾、保佑有德之君，眷顾、保佑敬天保民之君。敬天要求“以德配天”，保民要求“奉天惠民”。《尚书·周书·召诰》曰：“惟不敬厥德，乃早坠厥命”，即因为不敬德所以早早就丧失了生命。“天视自我民视，天听自我民听”[⑨]，意思是上天所看到的就是我的百姓所看到的，上天所听到的就是我的百姓所听到的。周初统治者已经深刻地意识到“敬天保民”的实质就是“代天保民”，他们已经懂得天意就是民心。所以，为了实践“敬天保民”，周王提出“怀保小民，惠鲜（穷）鳏寡”[⑩]的治国要求，宣称统治者心中要时时刻刻关心、保护小民。他对康叔说：“古人有言曰：‘人无于水监，当于民监。’今惟殷坠厥命，我其可不大监抚于时?”[⑪] 其含义是：古人已经说过：人不要只把水面当做镜子，从中看自己，而应当把百姓当做镜子来观察自己。商王朝已经灭亡了，难道我们可以不把它当做镜子来省视自身?

“敬天保民”思想体现在法律方面，就是要求立法宽简、恤刑慎罚，对百姓轻徭薄赋。周王灭商的时候，就“释百姓之囚”，并且“命南宫括散鹿台之财，发钜桥之粟，以振贫弱萌隶”[⑫]。当然，这一方面具有拉拢民心的功利目的，另一方面也表明周初统治者已经能意识到人心向背对其统治的重要性。周初确定贡赋之法，也贯彻了保民的思想。孔子对之的总结是：“度于礼，施取其厚，事举其中，敛从其薄。”[⑬] 从这里我们可以看出，在西周统治者“敬天保民”思想的旗帜下，已经萌生了中国古老的恤民思想，并开始对国家的立法建制带来影响。

二、“明德慎罚”

“明德慎罚”是“敬天保民”思想的发展，也是“敬天保民”思想在国家政治和法律领域

---

①⑨ 《尚书·周书·泰誓》。
② 《尚书·周书·大诰》。
③ 《尚书·周书·洛诰》。
④⑫ 《史记·周本纪》。
⑤ 《尚书·周书·多方》。
⑥⑩ 《尚书·周书·无逸》。
⑦ 《诗经·大雅·文王》。
⑧ 《左传·僖公五年》引《周书》。
⑪ 《尚书·周书·酒诰》。
⑬ 《左传·哀公十一年》。

的体现。所谓“明德”，就是主张崇尚德治、倡导德教，用道德教化感化百姓，使民众臣服于周王的统治。所谓“慎罚”，是谨慎用刑，实施刑罚的时候应该审慎和宽缓。“明德慎罚”，本质上就是教化和刑罚相结合。

早在周王讨伐纣王的时候，周王就意识到纣王迅速败亡的一个重要原因是众叛亲离、孤立无援。当时商朝的很多大臣如梅伯、比干等人曾对纣王规谏，但或被囚禁或被杀害；纣的兄长微子谏纣不听，被迫离开。所以，武王宣布纣王的罪状时有一条就是“遗（其）王父母弟不迪（进用）”①。周初统治者已经体会到统治者内部关系的稳定和朝廷的兴亡息息相关，所以非常重视在贵族内部提倡和贯彻“亲亲”“尊尊”的原则。“亲亲”主要从家庭方面着眼，要求父慈子孝、兄友弟恭；“尊尊”不仅要求父子、夫妻之间尊卑有别，也要求在贵族之间、贵族和庶民之间，特别是君臣之间，其尊卑地位也必须有悬差。在“明德”思想的指导下，西周统治者竭力倡导“亲亲”“尊尊”原则，从而把人们的血缘关系和政治关系紧密地联系在一起，并使之成为西周立法与司法的指导思想和根本原则，然后在“敬天保民”“明德慎罚”的旗帜下，将“亲亲”“尊尊”制度化、法律化。

西周时期“明德慎罚”的法律思想是在夏、商两朝“天讨”“天罚”思想的基础上发展而来。这种法律思想的形成标志着西周统治者在统治思想和统治方法方面更趋于理性和成熟。同时，这样的法律思想对后世的影响也是极为深远：它不仅在西周初期为奴隶社会法律体系的建立起到直接的指导作用，而且是早期中国社会法律思想成熟的标志，并成为后世封建正统法律思想的古老渊源。

第二节　西周的宗法等级制度

所谓宗法制度，是指以宗族血缘关系为纽带而组成的家族制度与国家政权相结合所形成的社会制度，其宗旨在于维护奴隶主贵族的世袭统治和家天下，其特征就是族权与政权的合一。宗法制度的历史源远流长，早在氏族社会后期的父权家长制度下，就已经有根据父系血缘世袭权力的传统，即以家长为中心，以血缘关系的亲疏尊卑为标准，确定他们在家族或者宗族中的身份和地位。国家产生过程中，由于中国国家产生的早熟性，氏族的血缘关系不但没有土崩瓦解，反而得到巩固，族权和政权合二为一，宗权和君权紧密相连，逐渐形成典型的家国一体式国家形态。

自大禹确立世袭制以后，夏、商的王位承传都是由世袭制完成的，所谓父死子继。但是，在诸子中由谁来继承的问题直到商朝中期前都没有解决，以致自商朝中期后，出现了废除父死子继而代之以兄死弟继的现象。众子弟年富力强，为争夺王位你争我夺，造成殷“比九世乱”②，于政局的稳定极为不利。商朝灭亡后，周王朝面对广阔的国土，为了加强和巩固统治，推行政治上的分封制度，具体做法就是：除保留京师周围土地作为王畿外，周王把全国土地及附着其上的人民全部分封给自己的兄弟、子孙、亲属或功臣，这些人在各个封国作为诸侯，享有行政、司法管理权和土地的收益权。而各诸侯王又将自己封国的土地及人民分封给自己的兄弟和亲属，称之为“卿大夫”。卿大夫再把属于自己领地的“采邑”封给“士”作为“禄田”。这样一层一层分封下来，便形成了以周王为中心，下领诸侯、卿大夫、士，金字塔式的等级结

① 《尚书·周书·牧誓》。

② 《史记·殷本纪》。

构。分封制主要是以血缘关系为原则和依据，从而造成了家族制度和国家政治的合一，西周的宗法制度便应运而生。

宗法制的原则就是小宗服从大宗，核心问题是大宗与小宗的划分。周王为天子，是周族之王，奉祀周族的始祖，称为大宗，由嫡长子继承王位，其他兄弟和领主为小宗。小宗服从大宗，诸弟服从长兄。周天子相对于其他领主来说是大宗，其他领主是小宗。在诸侯国中，诸侯王是大宗。小宗有向上纳贡、跟随出兵征伐等政治上、经济上、礼仪上的义务和责任。大宗则可以向小宗提供政治庇护，调解小宗之间的纠纷。大宗也有权力剥夺小宗的身份，降低其职位，剥夺或缩小其领地。

在这种统治模式中，政治和血缘关系紧密相连，国家官吏的选拔完全采用"任人唯亲"的原则，按照血缘关系的亲疏远近等因素来确定。所以说，宗法制度实质上在于保证夺取政权的整个家族对全社会进行家族式的专制统治，真正实现了所谓的"家天下"。

大宗率小宗，小宗率群弟，大宗、小宗的宗法关系同时也是政治上的隶属关系。至于异姓的贵族，通过联姻称为甥舅，又分封为诸侯，纳入宗法关系中。这样，在全体贵族内部，整个国家的上上下下形成了以周王为中心、由血缘亲疏的众诸侯国竞相拱卫的等级森严的体制，使政权得到族权和神权的配合。"亲亲""尊尊"的原则在这里得到严格、完美的体现，并构成了宗法制的精神支柱，也形成了周礼的根本原则。

第三节　西周的主要法律形式及礼与刑的关系

一、西周的主要法律形式

（一）《吕刑》

周穆王时期，司寇吕侯受命制刑，称为《吕刑》。根据《尚书·周书·吕刑》记载，"……穆王训夏赎刑，作吕刑"。其目的是通过"训夏赎刑"来阐明"用刑之道"，托古论今。从形式上看，《吕刑》是以周王的语气表达的，是一种告诫的口吻，内容侧重于道德训诫，没有具体的犯罪与刑罚的内容。所以说，《吕刑》实质上不是刑事法典，可能仅仅是周王颁布的刑事法律文告。

《吕刑》的主要内容与"断狱用刑"有关。周穆王执政时期，政乱民怨，诸侯不睦，吕侯劝导周穆王要明德慎罚，所以制定了《吕刑》，借以吸取夏商灭亡的教训，慎重运用刑罚。据《尚书·周书·吕刑》载："五辞简孚，正于五刑；五刑不简，正于五罚；五罚不服，正于五过。"大概的意思是说，经过五辞的审查，确信有罪的话，就根据五刑来处罚；假如罪名和五刑没有相对应的话，就用五等罚金，出钱赎罪；假如罪轻，也不适宜罚金的话，就当做五种过失加以赦免。但在适用"五过"时要小心，因为"五过之疵：惟官（畏官势），惟反（利用职权私报恩怨），惟内（内亲用事，为罪犯说情），惟货（贪赃受贿），惟来（接受请托）"。《传》曰："五过之所病，或尝同官位，或诈反囚辞，或内亲用事，或行货枉法，或旧相往来。"五刑有疑，"阅实其罪"，把轻刑改为罚金。所谓"墨辟疑赦，其罚百锾，阅实其罪；劓辟疑赦，其罚惟倍，阅实其罪；剕辟疑赦，其罚倍差（倍之又半），阅实其罪；宫辟疑赦，其罚六百锾，阅实其罪；大辟疑赦，其罚千锾，阅实其罪"。"阅实其罪"是对罪行加以认真核实的意思，根据具体情况掌握刑罚尺度。"上下比罪，无僭乱辞，勿用不行，惟察惟法，其审克之。上刑适轻，下服；下刑适重，上服。轻重诸罚有权。刑罚世轻世重，惟齐非齐，有伦有要。"意思是：

比照罪的轻重用刑，可以改重为轻，也可以改轻为重，各种刑罚的轻重允许适当变通。改变轻重也可以根据社会情况来进行。任用贤良人才，用刑适中，使大家信服。“非佞折狱，惟良折狱，罔非在中。”即断案不靠巧言善辩，而靠公正善良。“哀敬折狱，明启刑书胥占，咸庶中正。其刑其罚，其审克之。狱成而孚，输而孚。”即用同情的心去审案，翻启刑书仔细斟酌，刑罚公正适中。用刑还是用罚，要慎重核查；判决和改判都要使人信服。统治者还要求贵族公卿及其子孙后代，严格遵守周王确定的刑罚原则，要常怀戒惧、心存公允，不可听从“单辞”而偏护，不可以贪图货利而私袒。上述内容，是《尚书·吕刑》的核心部分，是研究西周法律制度的重要史料。

（二）“九刑”

“周有乱政而作九刑。”[①] 关于“九刑”的性质一直以来没有定论，主要的说法有两种：《汉书·刑法志》认为，“九刑”是指九种刑罚，即除墨、劓、刖、宫、大辟五刑之外，再加鞭、扑、流、赎四刑；而有人根据《周礼》及《逸周书·尝麦解》的记载，认为“九刑”是指刑书九篇。

（三）礼

夏、商、西周三朝之礼都具有行为规范的性质和作用，尤其是在西周，经历了“周公制礼”之后，礼所具有的法的特征愈发明显。因此，礼也是西周重要的法律形式。下文对之有详述，此处从略。

二、西周的礼及礼治

（一）礼的起源与演变

礼，古作“禮”，卜辞中无“示”旁，有多种写法，如豐、豊等。《说文解字》曰：“礼：履也，所以事神致福也。”近代学问大家王国维先生称，礼字的诸多写法“皆象二玉在器之形。古者行礼以玉，故《说文》曰豊，行礼之器，其说古矣”[②]。

王国维先生研究认为，上古祭祀至上神或祖宗神，要用两块玉盛在一个器皿里作为供奉，以示敬意。这种说法被学术界广泛接受。郭沫若在《十批判书·孔墨的批判》中也认为，礼“从字的结构上来说，是在一个器皿里面盛两串玉，具以奉事于神……大概礼之起源于祀神，故其字后来从示，其后又扩展而为对人，更其后扩展而为吉、凶、军、宾、嘉的各种仪制”。看来，礼起源于古代的祭祀活动无疑，并具有一个由祭祀向社会生活的诸多领域延伸、演变的过程。

“国之大事，在祀与戎。”[③] 举行对天神和先祖祭拜、祈祷的仪式是氏族社会除战争之外最重大的社会活动。祭拜、祈祷作为庄重严肃而需要集体参与的仪式，自然要求具备严格的程序和规则，礼就是这种程序和规则的体现。所以，礼包含了对秩序的要求，并具备了对祭祀参与者身份、地位、职责划分的职能，这种划分也包含着对不同身份、地位的人之间的权利义务关系的划分和确认。这正适应了社会等级秩序逐渐形成以后用以维护这种秩序的社会规范的一般要求。于是，礼由祭祀扩展、辐射到社会生活的各个方面。随着国家的出现，礼的主体开始演变为一种开放性的社会行为规范。这种开放性，意味着任何一种社会关系都随时可以成为礼调整的对象——只要统治者认为有必要。这一过程，正是统治者统治经验不断积累和总结的过

① 《左传·昭公六年》。

② 王国维：《观堂集林释礼》，290页，北京，中华书局，1959。

③ 《左传·成公十三年》。

司母戊大方鼎

程，其结果是使礼成为社会政治以及伦理道德领域的最高准则，成为早期国家划分并确立社会成员尊卑贵贱地位及相应权利义务关系的基本依据。“夫礼者所以定亲疏，决嫌疑，别同异，明是非也。”[①]“……名位不同，礼亦异数。”[②]荀子说得更明白：“故先王案为之，制礼义以分之，使有贵贱之等，长幼之差，知愚能不能之分，皆使人载其事，而各得其宜。”[③]于是，礼终于由最初专门性的简单的形式规范，发展成为预先设立社会不同名分、不同阶层人士间的权利义务关系并对之进行调整的、内容丰富复杂的社会规范。

（二）周公制礼与西周的“礼治”

孔子曰：“殷因于夏礼，所损益，可知也；周因于殷礼，所损益，可知也。”[④]三代之礼也经历了一个不断发展演变的过程。到西周时，礼发展到了最成熟的阶段。这首先归功于西周初期的统治者周公。《左传·文公十八年》记载：“先君周公制《周礼》……”虽然这一“制礼”的过程与方式已无从详考，但它的成果体现于《周礼》之中。《周礼》的内容除了表现为某些特定行为方式的礼仪和礼俗外，其核心，也是其对当时乃至后世的政治和法律制度产生决定性影响的，便是其在古代具有经典意义的典章制度。这些典章制度不仅包含了西周基本的政治制度、国家机构的组织和权限，而且在政治、经济、军事、宗教、婚姻家庭、伦理道德等一切重要的社会领域建构了一套贵贱有等、上下有序、极具权威性和严肃性的规范体系。正所谓“礼，经国家，定社稷，序民人，利后嗣者也”[⑤]。“‘礼者何也？’即事之治也。君子有其事，必

① 《礼记·曲礼上》。
② 《左传·庄公十八年》。
③ 《荀子·礼论》。
④ 《论语·为政》。
⑤ 《左传·隐公十一年》。

有其治。治国而无礼，譬犹瞽之无相与，伥伥乎其何之？譬犹终夜有求于幽室之中，非烛何见？”① 经过周公制礼，《周礼》调整的范围非常广泛，涉及社会生活的方方面面。《礼记·曲礼上》说：“道德仁义，非礼不成；教训正俗，非礼不备；分争辩讼（争辩），非礼不决；君臣上下父子兄弟，非礼不定。宦学（游学）事师，非礼不亲；班朝治军，莅（到任）官行法，非礼威严不行。祷祠祭祀，供给鬼神，非礼不诚不庄。”② 可见，这种礼的内容进一步扩展到政治、经济、军事、婚姻家庭、司法、教育等各个方面，已经成为调整西周统治阶级内部关系和社会秩序的普遍性规范。由于它具有规范性，因而在《周礼》博大的体系中，包含了奴隶制的刑法、行政法、军法、民法、诉讼法等各种法律制度的内容。因此，从某种意义上说，周公制礼也是一次立法活动。

周公像

以《周礼》为基础而建立起来的西周“礼治”，其根本宗旨在于确立一整套与奴隶制的宗法制政治统治相适应的社会等级制度和结构，其基本精神就是“亲亲”“尊尊”原则。在宗法制的影响下，“礼治”首先要求建立一套符合宗法制精神的家庭伦理道德秩序，从而最终建立奴隶制的政治统治秩序。所以，西周“礼治”特别注重维护贵贱有等、上下有别的等级服从关系，所谓“君令臣共，父慈子孝，兄爱弟敬，夫和妻柔，姑慈妇听，礼也。君令而不违，臣共而不贰；父慈而教，子孝而箴；兄爱而友，弟敬而顺；夫和而义，妻柔而正；姑慈而从，妇听而婉：礼之善物也”③。“亲亲”“尊尊”原则不仅是一项伦理原则，更是奴隶制的政治原则，这是不能变更的。“立权度量，考文章，改正朔，易服色，殊徽号，异器械，别衣服，此其所

① 《礼记·仲尼燕居》。

② 《礼记·曲礼上》。

③ 《左传·昭公二十六年》。

得与民变革者也。其不可得变革者则有矣：亲亲也，尊尊也，长长也，男女有别，此其不可得与民变革者也。”[①] 血缘关系的亲疏也决定了人们在宗法制度中的不同等级、名分关系。这样，“亲亲”“尊尊”就成为确定尊贵卑贱的一个标准。亲其亲者，在家侍奉父母；尊其尊者，出外敬长上。这个原则成为构筑整个奴隶制宗法社会关系秩序的基础，其所追求的则是实现修身、齐家、治国、平天下的社会政治目标。《礼记·坊记》说：“天无二日，士无二王，家无二主，尊无二上，示民有君臣之别也。”族权和王权结合在一起，家国一体，忠和孝就成为维护奴隶制宗法统治的思想基础，而这正是“礼治”的最高追求。

西周的“礼治”除了具有道德伦理规范方面的性质和意义外，还意味着一种奴隶制的法律秩序。学者普遍认为，西周的礼包含法律的内容，其中的一些具体规范本身就具有法律规范的性质和特征：礼明确告诉人们应该怎么做、不能怎么做，什么样的人可以做什么、不能做什么；而且礼是以国家意志的形式出现，并以国家暴力及其强制性保证其被遵守。所以，这种礼已经具有法律的性质和特征。因此，西周的“礼治”涵盖了西周奴隶制的法律制度，或者说，西周奴隶制的法律制度只不过是“礼治”的一部分而已。

三、西周礼与刑的关系

西周礼与刑的关系比较复杂，应该从两方面着眼对其进行分析和理解。

一方面，从形式上看，西周的刑事立法是“礼治”的一部分，或者说，刑法是以礼的名义制定的。据《周礼》记载，国家设置六官，职掌六典，即治典、教典、礼典、政典、刑典和事典，统称“邦典”。其中对刑典的解释是：“五曰刑典，以诘邦国，以刑百官，以纠万民。”[②] 从这里可以看出，刑典作为《周礼》的一部分，是关于刑事方面的基本法律规范。《唐律疏议》序中有“周公寓刑于礼，不制刑书”的说法。

另一方面，从内容上看，礼与刑两者相辅相成、互为表里。礼与刑都是西周统治者用来维护社会秩序和调整社会关系的重要工具，在某种意义上说，礼与刑的结合，构成了西周奴隶制的法律体系的主干，只是它们的分工和功能有所不同：礼主要是贯彻“亲亲”“尊尊”的原则，维护等级关系和道德伦理秩序。教化是普及礼的一个主要手段，教化人们主动从善，自觉地和积极地去防患于未然。虽然礼具有行为规范的性质，但它的主要作用在于“禁于将然”，“……绝恶于未萌，而起信于微眇，使民日从善远罪而不自知”[③]。至于刑，则是犯罪出现以后的惩罚手段。当时的刑法，以礼的精神为根本指导原则，以礼作为衡量罪与非罪的基本准绳，违背礼的行为必然被视为犯罪行为。“……婚姻之礼废，则夫妇之道苦，而淫辟之罪多矣；乡饮酒之礼废，则长幼之序失，而争斗之狱繁矣……丧祭之礼废，则臣子之恩薄，而倍死忘生之礼众矣。”[④] 从文献记载中也可以发现，西周的许多犯罪都源于对礼的基本原则和规范的违背与冒犯，如“不孝不友”[⑤]，“寇攘奸宄，杀越人于货”[⑥]，“群饮”和“湎于酒”，“男女不以义交”，“触易君命，革舆服制度”，“非事而事之，出入不以道义，而诵不详之辞”[⑦]，等等。后人对这种礼刑关系的经典表述就是：“礼之所去，刑之所取”，“出礼则入刑”[⑧]。

在西周的礼刑关系中，还有一项反映这种关系内容的著名原则，即所谓的“礼不下庶人，

---

① 《礼记·大传》。
② 《周礼·天官·冢宰》。
③④ 《大戴礼记·礼察》。
⑤⑥ 《尚书·周书·康诰》。
⑦ 《周礼·注疏》，卷三十六。
⑧ 《后汉书·陈宠传》。

刑不上大夫”[①]。对这句话虽然存在不同的理解，但一般认为“礼不下庶人”的核心在于强调礼的等差性。“庶人”是指没有贵族、官僚身份的平民，他们“遽于事而不备物”[②]，即忙于生产劳动，物质条件艰苦，因而不可能按各级贵族的各种礼仪（如吉、凶、军、嘉、宾“五礼”）行事，这些礼也不是专为他们而设的。但这绝不意味着庶人可以不受礼的约束，如果严重触犯了“亲亲”“尊尊”原则，他们一定会受到处罚。“刑不上大夫”作为一项原则，反映了当时大夫以上的贵族、官僚在法律上享有特权，如贵族犯罪“轻重不在刑书”[③]，以便酌情减免处罚。此外，还享有“命夫命妇不躬坐狱讼”[④]、“公族无宫刑，不翦其类”[⑤] 等特权。“刑不上大夫”同样不意味着大夫以上犯罪不受刑法制裁。从文献记载中我们可以发现，贵族、官僚如果有政治方面的犯罪，触及统治政权的安危，一定会受到严厉的刑事制裁。

第四节　西周的刑事法律

一、西周的主要罪名

（一）放弑其君

维护奴隶制的政治统治、防止国君及其亲属受到伤害，是西周法律的首要任务。作为臣子如果放逐、逆弑自己的君王，便是逆天理的行为，被看作是最严重的犯罪，要给予最严厉的处罚。《周礼》说：“放弑其君则残之。”[⑥]“杀王之亲者，辜之。”[⑦]“残之”“辜之”，都是指对罪人的碎割肢解，而且对这类犯罪在处罚时还会株连家属。

（二）犯王命

“犯王命必诛。”[⑧]“乃有不用我降尔命，我乃其大罚殛之。”[⑨] 周王是西周的最高统治者，处于权力金字塔的顶端。按照周王的意志发布的王命，自然就成为不可违抗的圣旨，全体臣民必须绝对执行。一旦违反，就是犯王命，也是西周最严重的罪行之一。

（三）杀人

《周礼·秋官·掌戮》记载：“凡杀人者，踣诸市，肆之三日。”意即杀人罪要处死刑，并暴尸三日。“凡杀其亲者，焚之。”如果是抢劫杀人，即所谓的“寇攘奸宄，杀越人于货”，处罚也是“踣诸市，肆之三日”。

（四）不孝

在宗法制度为基础的西周社会，血缘关系是维系社会正常运转的一个重要纽带。孝道是宗法伦理的一个最基本的要求，也是宗法制统治的精神支柱之一，所以，对不孝的惩罚就成为西周时期法律的一个重点。有关记录西周法制的典籍中，不孝、不友、不悌、不睦等罪名比比皆

---

① 《礼记·曲礼上》。
② 《礼记·曲礼》郑玄注。
③ 《周礼·秋官·司寇》引《尚书大传》郑玄注。
④ 《周礼·秋官·小司寇》。
⑤ 《礼记·文王世子》。
⑥ 《周礼·夏官·大司马》。
⑦ 《周礼·秋官·掌戮》。
⑧ 《国语·周语·仲山父谏宣王立戏》。
⑨ 《尚书·周书·多方》。

是，而不孝则是最严重的犯罪。据《尚书·周书·康诰》记载，周公曾告诫康叔："元恶大憝（怨恨），矧（亦）惟不孝不友。""……文王作罚，刑兹无赦。"因为在宗法体制下，不孝不仅关涉家庭的稳定，还危害了国家的安定，故要严加惩罚。

（五）群饮

周初统治者意识到，殷商灭亡的一个重要教训是商朝统治者酗酒而不理政事，从而导致社会混乱、政治腐败。因此，周王再三告诫："'群饮。'汝勿佚（放纵）。尽执拘以归于周，予其杀。"[①]

（六）失农时

农耕是中国古代社会主要的生产生活方式，农业生产在国家经济中占主要地位。季节的变化对农业生产活动具有重要影响，延误或错过了农时，无疑会造成农业经济的损失。所以，西周统治者非常重视督促百姓遵守农时，规定对失农时者予以惩罚。《礼记》记载："仲秋之月……乃劝种麦，毋或失时。其有失时，行罪无疑。"[②]

（七）违反军法

《尚书·周书·费誓》云："备乃弓矢，锻乃戈矛，砺乃锋刃，无敢不善。"此即要求出征时准备好武器。如果擅自离开军队追赶奴隶或者牛马甚至伤害牛马，"汝则有常刑"。如果出征时不带干粮或者饲草，"汝则有无馀刑，非杀"。

二、西周的刑罚

（一）五刑

《周礼·秋官·司寇》云：大司寇"以五刑纠万民"。西周时期，其刑罚体系还是以夏商以来的五刑为主体，即墨、劓、剕、宫、大辟。《尚书》云："墨罚之属千，劓罚之属千，剕罚之属五百，宫罚之属三百，大辟之罚其属二百。"[③] 关于"五刑之属三千"，除了《尚书》的记载，在西周的青铜器中也有相关的文字证据材料。虽然其具体条目和内容现在已无法考证，但还是说明了五刑在西周刑罚体系中的突出地位。

（二）"圜土之制"

圜土在西周仍然是指监狱，但从文献记载中看，与夏、商相比，西周时圜土的功能已有扩大。《周礼》记载："以圜土聚教罢民，凡害人者，寘（同'置'）之圜土而施职事焉，以明刑耻之。"[④] "凡害人者，弗使冠饰，而加明刑焉。任之以事，而收教之。"[⑤] "能改者，上罪三年而舍，中罪二年而舍，下罪一年而舍……"[⑥] 这种制度适用于不入五刑的轻微犯罪。"施职事焉"，"任之以事，而收教之"，是指在监狱里通过劳动改造使犯罪人改过自新。"弗使冠饰"就是不准犯罪人佩戴正常成年人的冠带，使之受辱。这种制度，亦称"圜土之制"。"其刑人也不亏体，其罚人也不亏财"，即既不使犯罪人的肢体受到残损，又不使犯罪人的钱财受到损失，而是在一定的期限内限制受刑人自由并且强制其服劳役。看来，"圜土之制"与后来的徒刑类似，同时也是中国早期教育刑思想的反映。

---

① 《尚书·周书·酒诰》。

② 《礼记·月令》。

③ 《尚书·周书·吕刑》。

④ 《周礼·秋官·大司寇》。

⑤⑥ 《周礼·秋官·掌戮》。

（三）“嘉石之制”

所谓嘉石，是指立在西周朝廷门右的一块有纹理的大石。“嘉石之制”，是指把那些有轻微罪行的犯罪人的手脚束缚起来，坐在嘉石上一段时间，让其思过悔改，再交给司空，在司空的监督下服一定时期的劳役。《周礼》说：“桎梏而坐诸嘉石，役诸司空。”这种制度被后人称为“嘉石之制”。按《周礼·秋官·大司寇》的规定，坐嘉石的时限，重罪的“旬有三日坐”，即坐13天，其次分别是9日、7日、5日、3日，共分为5等。劳役的时间，最重的为1年，最轻的为3个月，也分为5等。从西周的一些资料来看，“嘉石之制”已经具备劳役刑的各种要素，也可以说是中国早期的劳役刑，是中国源远流长的劳役刑制度的开端。

（四）赎刑

《尚书·虞书·舜典》记载“金作赎刑”。“金”是指青铜，在当时是非常贵重的金属，作为货币而流通使用。在夏朝的时候，已经出现了用贵重的金属来抵赎刑罚的赎刑制度。如《尚书·周书·吕刑》中有关于西周的穆王“训夏赎刑”的记载：吕侯奉周穆王的命令，在总结夏朝的赎刑制度的经验教训的基础上，改革西周的赎刑制度而作《吕刑》。按照《尚书·周书·吕刑》及其他资料的记载，西周的赎刑制度已经非常完善了。在当时，赎刑一般在疑案中适用，或者针对富有的上层贵族适用。赎抵刑罚和夏朝一样，主要还是使用青铜（即“金”）来赎抵。《尚书·周书·吕刑》记载：墨刑赎铜六百两，劓刑赎铜一千二百两，剕刑赎铜三千两，宫刑赎铜三千六百两，大辟死刑赎铜六千两。数额都比较大，一般的贫民和奴隶无法承受，只有上层贵族才有这样的财力赎罪。可以说，赎刑是保护少数贵族官僚的制度。正因为如此，赎刑制度作为一种传统被保留下来，朝朝代代承传不替。

（五）流刑

流刑和赎刑一样，也是一种古老的刑罚。《尚书·虞书·舜典》记载：在尧帝时，就曾经“放欢兜于崇山”。夏、商时期流刑已不少见。到了西周，流刑更加流行，并在整个刑罚体系中占有重要的地位。据史料记载，西周初年，商朝的遗民首领武庚指使管叔、蔡叔发动叛乱。周公带兵平息了叛乱，而且“伐诛武庚，管叔、蔡叔放”。“放”就是流放的意思。不过，流放作为相对较轻的刑罚，大多数都适用于少数上层贵族。

（六）鞭刑

鞭刑出现得很早，据《尚书·虞书·舜典》记载，“象以典刑，流宥五刑，鞭作官刑，扑作教刑”。鞭刑的适用对象是官吏。西周的《(㑽)匜》铭文及《曶鼎》铭文中均有鞭刑的记载，施刑对象都是奴隶主贵族，与《尚书》的说法一致。

三、西周的刑法原则

西周总结前朝的用刑经验，逐渐形成了自己的一套刑事立法原则和适用原则。这些原则反映出了西周在刑法方面的进步。

（一）以五礼防万民

西周礼刑关系的内容，决定了其刑法的价值取向是礼的原则及精神。所以，《周礼·地官·大司徒》说：“以乡八刑纠万民：一曰不孝之刑，二曰不睦之刑，三曰不姻之刑，四曰不弟之刑，五曰不任之刑，六曰不恤之刑，七曰造言之刑，八曰乱民之刑。以五祀防万民之伪而教之中……”可见，无论是立法还是法律的适用，都以礼为是非判断的标准。从某种意义上说，礼的原则就是西周刑法的原则。

（二）区别故意与过失、惯犯与偶犯

《尚书·周书·康诰》曰：“人有小罪，非眚，乃惟终自作不典；式尔，有厥罪小，乃不可不杀。乃有大罪，非终，乃惟眚灾；适尔，既道极厥辜，时乃不可杀。”“眚”乃过失之意，“非眚”则是故意；“惟终”是指惯犯，“非终”则指偶犯。这句话的意思是说：人犯的是小罪，假如是一向故意违法且又不是过失，那么即使罪小，也不能不杀。人犯的是大罪，是因为过失造成的灾祸，且非屡教不改，既然交代了自己的全部罪状，那么就不用处死。对于过失犯罪，在处罚上予以宽宥，在西周是一项相对成熟的原则和制度。《周礼·秋官·掌戮》记载有“三宥之法”，所宽宥的有三种人——“一宥曰不识，再宥曰过失，三宥曰遗忘”。其实，这些都是《尚书·虞书·大禹谟》中“宥过无大，刑故无小”思想和《尚书·虞书·舜典》中“眚灾肆赦，怙终贼刑”思想的具体体现。

（三）老幼减免

《周礼·秋官·掌戮》还有“三赦之法”：“一赦曰幼弱，再赦曰老旄，三赦曰蠢愚。”对于这三种人，如果违反了法律，就应该减免刑罚。按《礼记·曲礼上》的说法，“人生十年曰幼……二十曰弱……七十曰老……八十、九十曰耄，七年曰悼。悼与耄虽有罪，不加刑焉”。这个原则与规定是西周明德慎罚和礼治思想与原则的具体体现，反映了中国传统的矜老恤幼思想，并对后世产生了影响。到汉唐时期，老幼犯罪的减免制度得到完善和规范化。

（四）罪疑从轻，罪疑从赦

“罪疑惟轻”①，“与其杀不幸，宁失不经”②，都是中国夏、商时期对于疑罪从轻的记载，表明中国早期社会已经开始注意到适用法律要谨慎、避免滥用刑罚的问题。这一精神在西周时期得到了承传，在司法活动中继续贯彻罪疑从轻、罪疑从赦的原则。《尚书·周书·吕刑》曰，“五刑之疑有赦，五罚之疑有赦”。《周礼》记载了西周时期的“三刺之法”，意思是遇到疑难案件一定要经过三道程序——“一刺曰讯群臣，再刺曰讯群吏，三刺曰讯万民”③。这表明了施行法律的审慎以及对疑难案件的重视。

（五）宽严适中

西周时期，在定罪量刑方面，提出了“中道”“中罚”“中正”等概念，目的在于要求在执法时做到宽严适中、不偏不倚。《尚书》中说：“兹式有慎，以列用中罚”④。对于“中”的含义，唐人孔颖达解释说：“中之为言，不轻不重之谓也。”

（六）刑罚世轻世重

西周统治者在继承和发展夏、商用刑之道的基础上，提出了对后世影响很深远的“刑罚世轻世重”理论，并作为当时贯穿西周历史时期的重要刑事政策和原则。《尚书·周书·吕刑》说：“轻重诸罚有权。刑罚世轻世重。”“权”是权衡、度量的意思。此原则是指根据国家的具体情况和时势的变迁，相应决定刑罚的宽与严、轻与重。具体的标准是：“刑新国，用轻典；刑平国，用中典；刑乱国，用重典。”⑤ 典是“刑罚”“刑法”的意思。这里的“国”，既指国家，也包含了被征服和拓展的疆域土地。新国用刑就应该非常轻缓，以稳定人心。平国用刑就应该平和适中、不偏不倚。乱国就要“重典治乱世”，用严厉的法律来镇压暴乱、恢复秩序。这就是著名的“刑罚世轻世重”的用刑理论。这一理论的提出，反映了西周统治者灵活成熟的统治技巧，它在后世与中国传统的政治理论结合在一起，成为中国传统政治学的精华内容。

① 《尚书·虞书·大禹谟》。
② 《左传·襄公二十六年》。
③ 《周礼·秋官·掌戮》。
④ 《尚书·周书·立政》。
⑤ 《尚书·吕刑》孔颖达疏。

第五节　西周的民事法律

由于生产力发展水平低下，商品经济不发达，西周时期的民事关系相对来说比较简单和不活跃。西周和夏、商一样，实行的是国家土地所有制，婚姻、继承及家庭财产制度还是严格遵循宗法制度的原则。平时的商品交换范围也很狭窄，仅仅限于少量的生活用品。到了西周的后期，随着生产力的发展，社会经济关系日益复杂，涉及财产的转移和交换的民事关系也活跃起来。相应地，调整民事关系的法律也得到进一步发展和完善。对西周民事法律的研究，主要根据先秦文献典籍和西周的青铜器铭文。从这些资料可以看出，西周已经具有一套与社会经济的发展相适应的民事法律制度，其调整领域主要涉及所有权、债、契约、商品交换和家庭婚姻以及继承制度等方面。

一、所有权

“溥天之下，莫非王土；率土之滨，莫非王臣。”[①] 这句话形象地揭示了中国古代奴隶社会包括西周时期在内的所有权的本质内容。在中国早期，农业经济是国家的支柱，农业的发达与否决定着国家的盛衰，而土地又是发展农业的根本，所以，西周的统治者为了加强对全国的统治，实行国家土地所有制，即由周王代表国家享有对全国土地的所有权。特别在由周王直接统治的王畿地区，周王直接掌控所有的土地。周王还把王畿以外的土地通过分封的方式，分给诸侯使用，但所有权还是掌握在周王的手里。根据西周的分封制度，诸侯享有的是土地的使用权，而不是完全意义的所有权，因为诸侯不准任意处分土地，不能把土地当做一般商品进行转让，得到土地的诸侯必须按受封土地的数量和肥沃程度，定期向周王交纳贡赋。同时，周王可以“削地”的方式收回分封给诸侯的土地。

西周时期还有一种特殊的财产，即作为生产资料的奴隶。奴隶和土地常常联系在一起，附着于土地。所以，周王在实行国家土地所有制度的同时也实行奴隶国有制度。周王在直辖的王畿地区，拥有大量的奴隶，为周王进行农业耕作以创造大量的财富。根据分封制，周王把土地分封给诸侯的同时，还把奴隶当做财产分给诸侯，诸侯在使用土地的时候也享有对奴隶的使用权。据《大盂鼎》铭文记载，康王一次就赏赐给盂 1 700 名奴隶。在其他铭文中也不乏类似记载。

总之，西周时期，土地和奴隶为主要的生产资料，被国家限制得比较严格，是财产的主要内容。而这种财产所有权的主体，只能是国王和各级奴隶主贵族。奴隶则只能是民事法律关系的客体。可以说，土地和奴隶的国家所有制充分保证了分封制的实施。但是，这样一种与生产力发展水平相适应的经济制度，必然会随着经济的发展和生产力的提高而被打破，西周中后期土地和奴隶的私下频繁的交易已经证明了这一点。所以，国家所有制在春秋时期以后逐渐地被废除，也是历史的必然。

二、债和契约

债是财产流转过程中特定的当事人之间权利义务关系的反映，而契约则是债权、债务关系

① 《诗经·北山》。

成立的依据。西周初期，由于国家的严格限制，买卖交换行为的对象一般是生活资料和动产。自西周中期以后，诸侯把交换对家扩展到土地和奴隶等领域，因而买卖、交换、赠与、租赁等民事行为就普及起来。为了规范这类行为，加上传统的民间习俗，西周中后期逐渐形成名目繁多的契约。

债在西周称为“责”，已被视为债权债务关系发生的依据。《周礼·秋官·朝士》记载：“凡有责者，有判书以治，则听。”“判”通“半”，意即债权人有与债务人双方各执一半的债务契约，官府就可以受理他们之间的债务纠纷。看来，当时特别重视书面的契约。《周礼·地官·掌节》载：“质人掌成市之货贿、人民、牛马、兵器、车辇、珍异。凡卖价者质剂焉。大市以质，小市以剂。掌稽市之书契，同其度量，壹其淳制，巡而考之。犯禁者，举而罚之。凡治质剂者，国中一旬，郊二旬，野三旬，都三月，邦国期。期内听，期外不听。”意思是说，质人掌管市集有关货物、奴隶、牛马、兵器和珍异物品的交易。凡是买卖的人，必须订立券书契约作为凭证。进行奴隶、牛马等大宗物品交易的契约被称为“质”，用“长券”；进行兵器、珍异等小宗买卖的契约，被称为“剂”，用“短券”。质人掌管稽查券书契约和统一货物度量，随时巡行考察各种交易物是否符合规定，对违反禁令者进行处罚。处理契约纠纷有规定的期限，王城十天，远郊二十天，距王城二三百里的野外就是三十天，距王城四五百里的则是三个月，诸侯国是一年。过了这个期限不予受理。除了“质剂”这种适用于买卖关系的契约外，还有一种适用于借贷关系的契约，被称为“傅别”。《周礼·天官·小宰》说“听称责以傅别”。据郑玄解释，“傅，傅着约束于文书；别，别为两，两家各得一也”。可见“傅别”在形式上与“质剂”相似，是一种书面的、双方各执一半的契约形式。

此外，有的买卖比如大宗的土地买卖还要把转让的经过铸在青铜器上，以铭文为证。由此可以看出，西周对买卖关系的调整是非常重视的。但这种交易形式成本很高而且很麻烦，一般老百姓很难承受，而只能局限在奴隶主贵族之间的重大交易。而且从交易的对象来看，奴隶、牛马、兵器、珍异者，一般的老百姓也不可能涉及。据青铜铭文记载，奴隶主贵族之间土地等重大交易有非常严格的程序，比如，有些交易要经过周王的允许，由周王派大臣参加；交易时，双方人员必须到场，由代表人发誓和析券，即把书券一分为二，各执其一，然后经过有关官员办手续，交易才算完成。所以说，西周的重大交易比较注重形式和程序。

三、婚姻家庭

（一）婚姻关系

在西周典型的宗法体制下，无论是婚姻还是家庭都具有浓厚的宗法色彩。礼作为维护宗法制的工具，对西周的婚姻家庭关系进行了全面而周密的调整，由此而建构的婚姻家庭制度成为中国传统社会婚姻家庭制度的雏形。

1. 婚姻的形式

西周延续前朝的传统，也实行形式上的“一夫一妻制”，但奴隶主一般多妾，法律上也给予认可。《礼记·曲礼下》云：“天子有后，有夫人，有世妇，有嫔，有妻，有妾。”又说：“天子之妃曰后，诸侯曰夫人，大夫曰孺人，士曰妇人，庶人曰妻。公侯有夫人，有世妇，有妻，有妾。”《礼记·昏义》云：“古者天子后立六宫、三夫人、九嫔、二十七世妇、八十一御妻，以听天下之内治，以明章妇顺，故天下内和而家理。天子立六官、三公、九卿、二十七大夫、八十一元士，以听天下之外治，以明章天下之男教，故外和而国治。故曰天子听男教，后听女顺；天子理阳道，后治阴德；天子听外治，后听内职。教顺成俗，外内和顺，国家理治，此之谓盛德。”周王还为自己实质上的一夫多妻找到理论的借口，冠冕堂皇地将之与安邦治国联系在了一起。

2. 婚姻的成立

西周已经确立了婚姻成立的两个原则。其一，“同姓不婚”。当时的统治者认识到“男女同姓，其生不蕃”[①]。可见，“同姓不婚”这一古老禁忌的产生主要是出于优生学的考虑。“取妻不取同姓，故买妾不知其姓则卜之。”[②] 其二，父母之命，媒妁之言。在西周已经确定了父母之命、媒妁之言的传统。《诗经·国风·南山》说：“取妻如之何，必告父母。”又说：“取妻如之何，匪媒不得。”《礼记·坊记》也有“男女无媒不交”的说法。按《周礼》记载，当时专门设有管理婚姻事务的官吏，称为“媒氏”[③]。

结婚还需经过一系列烦琐的程序，这就是著名的“六礼”，即纳采、问名、纳吉、纳征、请期、亲迎六道仪式。纳采指男家到女家下聘礼；问名指男方询问女方名字和生辰等以卜凶吉；纳吉指卜得吉兆后正式缔结婚约；纳征也称纳币，指男家向女家交纳财礼；请期指男家向女家请定婚期；亲迎即迎娶新娘。“六礼”实质上是当时婚姻合法成立的形式要件，它一方面表明古代人们对婚礼缔结过程和形式的极端重视，另一方面也反映了古代婚姻父母包办的传统，并带有买卖婚姻的痕迹。

3. 婚姻的解除

西周时期，婚姻关系中男女地位是很不平等的，无论是结婚还是离婚，男方都处于主导的地位，而男方家长又往往掌握着决定权。按《礼记·内则》记载，即便“子甚宜其妻”，但父母对其不满意，也得“出”，就是离婚。反之，假如父母认为子妻“善事”自己，就“子行夫妇之礼焉，没身不衰”。在西周时期，“七出”和“三不去”是有关离婚方面的基本规定。所谓“七出”，也称“七去”，是丈夫离弃妻子的七条法定理由。按《大戴礼记·本命》的说法是，“妇有七去：不顺父母去，无子去，淫去，妒去，有恶疾去，多言去，盗窃去”。“三不去”则是离婚的限制条件，“有所取无所归，不去；与更三年丧，不去；前贫贱后富贵，不去”。“三不去”可能对任意离婚有了一定的限制，但其精神在于维护礼治和倡导宗法制家族伦理道德。

（二）家庭关系

在家庭生活中，男女也是不平等的，根本原则就是男尊女卑、夫为妻纲。《礼记·昏义》云：“敬慎重正而后亲之，礼之大体，而所以成男女之别，而立夫妇之义也。男女有别，而后夫妇有义，夫妇有义，而后父子有亲，父子有亲，而后君臣有正。”意思是恭敬、谨慎地举行婚礼后，才可以去亲近妻子。这是体现男女有别、确立夫妇之义的礼仪。夫妇之义还涉及父子有亲、君臣有正，即夫妇的结合已经关系到国家的根本。《礼记·郊特牲》说：“妇人，从人者也；幼从父兄，嫁从夫，夫死从子。夫也者，夫也；夫也者，以知帅人者也。”意即妇人从初生开始，就要听从父兄的话，没有独立的法律地位；结婚后，就自然地顺从丈夫。《礼记·内则》说：“礼，始于谨夫妇，为宫室，辨外内。男子居外，女子居内，深宫固守，阍（看守宫门的人）寺守之。男不入，女不出。”即男尊女卑，男外女内，结婚后妇女就和外界隔绝开来。不仅如此，《礼记·内则》还说：“男不言内，女不言外。”“外内不共井，不共湢浴，不通寝席，不通乞假。男女不通衣裳。内言不出，外言不入。”即男女不可以共同使用一口井和一间浴室，不可以通用卧席，更加不能互换衣服。妻子不能把对方的话传出去，丈夫也不能把外面的话传进来。可见，夫妻之间的内外之别非常严格。《礼记·郊特牲》说：“信，事人也；信，

① 《左传·僖公二十三年》。

② 《礼记·曲礼上》。

③ 《周礼·地官·媒氏》。

妇德也。壹与之齐，终身不改，故夫死不嫁。”忠实是做人的美德，所以妇女一旦结婚，就要从一而终，即使丈夫死了，也不能再嫁别人。

和宗法制度相适应，西周时期亲属关系有宗亲、族亲和外亲的区分。所谓宗亲，是同一祖先的后代，宗子的地位最高，既有保护宗族的义务，也有管理族亲的权利。族亲可以说是“五服内亲”。其实早在西周的周礼中就已经有了五服的记载。族亲中的首领是族长，是一族中的当家人，有权主持祭祀活动、管理公共财产，裁决族人之间因为婚姻、财产等原因引起的纠纷，而且可以惩罚违反族规的成员。所以说，族长的权力是很大的。外亲，是指女系亲属，地位比男系亲属要低。宗亲和族亲都是由家庭构成的，因此，家庭的关系构成了宗亲和族亲内部关系的基础。

西周的家庭关系，主要是父权家长制。在一个国家里面，君主为尊；在一个家庭里面，家长是绝对的权威，其他的家庭成员都依附于家长，没有独立的法律人格，所以，家庭内部的关系就是上尊下卑、父慈子孝。《礼记·坊记》记载：“睦于父母之党，可谓孝矣，故君子因睦以合族。”《礼记·大传》认为，处理家庭关系要做到“自仁率亲，等而上之，至于祖；自义率祖，顺而下之，至于祢，是故，人道亲亲也。亲亲故尊祖，尊祖故敬宗，敬宗故收族，收族故宗庙严，宗庙严故重社稷，重社稷故爱百姓，爱百姓故刑罚中，刑罚中故庶民安，庶民安故财用足，财用足故百志成，百志成故礼俗刑，礼俗刑然后乐”。仁爱原则是维系家庭和睦的核心，目的是家庭和睦、天下欢庆。说到底还是家国相通，家庭和睦则天下安定。

西周的继承制度是围绕宗祧继承这一核心展开的。宗祧是指家族宗庙，明确祖宗的血缘谱系，保证正统后嗣取得祖宗权的继承制度，就称为宗祧继承。这种继承制度意味着继承人可以取得被继承人的身份、地位、政治权力和所有财富，从而与奴隶制的宗法分封制度相适应。在不涉及宗祧继承的时候，对财产继承与身份继承分别实行不同的原则：在财产继承方面，一般实行的是诸子均分制。但在身份继承方面，西周将商朝后期出现的嫡长子继承制度固定下来，确立了“立嫡以长不以贤”① 的原则，即贵族的特权只能传给嫡长子，其他任何人没有资格继承。财产继承实行诸子均分制，主要是考虑到生产和生活的需要；而身份采用嫡长子继承制，主要是考虑到身份的不可分性，更是为了避免诸子残杀，以便“定分止争”。

第六节　西周的司法制度

一、司法机构

（一）中央司法机构

周王处在金字塔的最高端，是全国最高的司法官，拥有至高无上的权力，对诸侯间的纠纷以及重大案件都握有最后的裁决权。“及刑杀，告刑于王。”② “大司寇以狱之成告于王，王命三公参听之。三公以狱之成告于王，王三又（宥），然后制刑。”③

周王之下的中央司法官员主要是大司寇。大司寇既是中央的六卿之一，又是中央最主要的司法官员。《周礼·秋官·司寇》记载：“大司寇之职，掌建邦之三典，以佐王刑邦国，诘四

① 《春秋公羊传·隐公元年》。

② 《周礼·秋官·掌戮》。

③ 《礼记·王制》。

方。”其具体工作包括“以两造禁民讼……以两剂禁民狱”，“以圜土聚教罢民”，“以嘉石平罢民”，“以肺石达穷民”，等等，主要是司法方面的内容。

大司寇下设小司寇作为属官。小司寇的主要任务是“以五刑听万民之狱讼”①。除了小司寇以外，还有士师、司刑、司圜、掌囚、掌戮等司法官吏，具体负责监狱管理、刑罚执行等工作。从中可以看出当时司法领域的分工具体化和细致化趋势。

（二）地方司法机构

西周实行的是宗法分封制度，因此，地方的司法权力具有相对的独立性，但对重大案件的裁决必须遵守上级宗主的裁判。按照《周礼》的记载，地方已经设立了乡士、遂士、县士等司法官，受理地方刑、民案件。其中，乡士掌管“六乡之狱”，遂士掌管“四郊之狱”，县士掌管“一县之狱”②。

二、诉讼制度

西周时期已经形成了初步完善的诉讼制度，案件的分类、控诉、审理、判决和执行有了一整套的规定。

（一）区分“狱”与“讼”

在西周时期的一些文献中，“狱”“讼”已经分称。《周礼・秋官・大司寇》记载：“以两造禁民讼，入束矢于朝，然后听之。以两剂禁民狱，入钧金，三日，乃致于朝，然后听之。”郑玄注曰：“狱，谓相告于罪名者”；“讼，谓以财货相告者”。由此看来，西周已经在程序和内容上把刑事诉讼和民事诉讼区别开来了。

（二）告诉和审理

西周的民事诉讼和刑事诉讼一般以自诉为主，比较重大的案件要以书面的形式起诉，而轻微的案件只要采口头的形式起诉就可以了。刑事和民事案件的书状称呼不同，刑事的叫“剂”，民事的叫“傅别”，傅别也可能是引起争议的契约。双方当事人交纳诉讼费是官府受理案件的前提条件：民事纠纷的诉讼费叫“束矢”，即一百支箭；刑事案件的诉讼费叫“钧金”，指青铜三十斤。如果不交纳诉讼费，则被认为“不直自服”③，官府也不会保护当事人的诉讼请求。官府在收到诉讼费三天后就开始审理，审理要求双方当事人均要出庭，即“两造俱备，师听五辞”。《尚书・周书・吕刑》记载：审判的官员对双方当事人不可偏听偏信，要“听狱之两辞”“察辞于差”，要仔细分析双方的诉讼理由。

当然，西周的官府为了维护宗法体制和礼仪，对告诉的权利有一定的限制，如父子之间不能相互起诉，因为“父子将狱，是无上下也”④。不仅家庭如此，即使在封建诸侯的上下级之间也是禁止诉讼的，一旦违反就要处罚。1975 年在陕西岐山黄家村出土的西周晚期青铜器《倠匜》铭文中，记载了一起典型的案例。此案中，牧牛是下级贵族，倠是上级贵族，牧牛因为倠霸占了自己的五名奴隶而把倠告到官府。但是裁判官先不看案件的是非曲直就对牧牛处以鞭笞一千的刑罚，原因是牧牛擅自控告上司。⑤ 从这里可以看出来，西周法律特别注重维护尊卑等级秩序。

---

① 《周礼・秋官・小司寇》。

② 《周礼・秋官・朝士》。

③ 《周礼・秋官・大司寇》郑玄注。

④ 《国语・周语・襄王拒杀卫成公》。

⑤ 参见胡留元等：《长安文物与古代法制》，13 页，北京，法律出版社，1989。

（三）口供与证据

西周的裁判官非常重视“口供”。比如，在审理过程中，要求“听狱之两辞”[①]，以双方的供词作为审判案件的主要依据，而且提倡根据当事人的表情来辨析口供真实与否，即运用“五听”来审查词讼。“五听”是西周时期司法审判过程中经验的总结，是一套判断当事人陈述真伪的观察方法。所谓五听，具体内容就是：一辞听。按郑玄的解释是，“观其出言，不直则烦”，即观察当事人的语言表达，语无伦次，就说明陈述有假。二色听。“观其颜色，不直则赧然”，即观察当事人陈述时的脸色，面红耳赤就说明所言非实。三气听。“观其气色，不直则喘”，就是观察当事人的呼吸，如说假话，就会气喘吁吁。四耳听，“观其听聆，不直则惑”，即观察当事人听觉，说假话就会听觉迟钝。五目听。“观其眸子，不直则眊然”[②]，即观察当事人的目光，如果说假话就会两眼无光。

虽然“五听”之法有主观主义的一面，但从积极的方面看，它是我国古代司法领域不自觉地运用心理学的经验总结，具有一定的科学性和合理性，因而对后世的司法审判活动有影响。这也说明了西周的司法制度在一些方面已经达到相当高的水平，不愧为中国奴隶社会法律制度的成熟代表。

在重视口供的同时，西周的裁判官也重视对证据的利用。据《周礼》的记载，在西周还设立了“司厉”的职务，其职责涉及刑事案件中的器械、赃物的管理。当案件涉及财产的时候，都要求人证、书证。《周礼·秋官·小司徒》记载，一般的民事案件，一定要周围的邻居提供证言；土地纠纷以官方的土地舆图为审判依据；债务纠纷就以原始契约作为证据。

（四）司法官的责任

西周的司法官违反法律该怎么办？在西周已经开始考虑这个问题。周穆王时期的《吕刑》就记载了司法官违法时应该承担的责任，即“五过”制度：“五罚不服，正于五过。五过之疵：惟官，惟反，惟内，惟货，惟来。”[③]“惟官”指畏官势，“惟反”指公报私仇，“惟内”指内亲用事，“惟货”指收受财货，“惟来”指接受请托。如果司法官员在审判过程中触犯其中任何一条，“其罪惟均”。

（五）“读鞫”“乞鞫”制度

据记载，西周时期的司法官在审理案件后，要制作判决书，这种判决书叫作“成劾”。《倗匜》铭文中记载，裁判官伯阳父就对牧牛与倗之间的诉讼进行判决并作成“成劾”。一般来说，裁判官要当众宣读判决，称为“读鞫”。宣读判决后，假如当事人对判决内容不服，可以要求重新审理，称为“乞鞫”。当然，“乞鞫”有时间限制，按照路途的长短不同而有不同的时间要求。“……期内之治听，期外不听。”[④]

（六）死刑的执行

西周执行死刑一般要公开进行。“凡杀人者，踣诸市，肆之三日。刑盗于市”[⑤]，即在公开的场合对杀人犯执行死刑，而且暴尸三日。但有两种人是例外的：一是贵族奴隶主，因为其身份原因，不能公开执行，必须秘密行刑。二是妇女，也不能在公开场合执行刑罚。

西周执行死刑时间也有特殊的规定，“刑以秋冬”成为定制，所谓顺天道立法、顺天时行刑。因为春夏是万物生长的季节，秋冬则是大地肃杀、雷霆震怒之时，因此，死刑的执行不能

①③ 《尚书·周书·吕刑》。

② 《周礼·秋官·小司寇》郑玄注。

④ 《周礼·秋官·朝士》。

⑤ 《周礼·秋官·掌戮》。

违背天时，应该在秋冬的季节执行。《礼记·月令》记载，西周的死刑是在三秋的时节（孟秋、仲秋、季秋）执行。

三、监狱管理

西周时期的监狱在名称上与夏、商类似，多称为“圜土”或“囹圄”。《尔雅·释名·释宫室》记载：“狱又谓圜土，言筑土表墙，其形圜也。”郑玄解释说：“圜土者，狱城也。”[①] 因禁在监狱里的囚犯不仅被限制自由，还必须从事一定的劳动。监狱服刑的期限有长有短，“上罪三年而舍，中罪二年而舍，下罪一年而舍……”[②]，即轻罪囚禁一年，中罪囚禁二年，重罪囚禁三年。

课后复习

1. 西周的法律思想有什么特点？
2. 简述西周礼与刑的关系。
3. 西周刑法和民法的主要内容有哪些？
4. 西周司法制度的主要内容和特点是什么？

① 《周礼·地官·比长》郑玄注。
② 《周礼·秋官·掌戮》。

第三章
春秋战国时期的法律

提　要

公元前770年，周平王东迁国都洛邑（今河南洛阳），史称“东周”。从此至公元前476年为历史上的“春秋”时期。春秋时期是奴隶制法制解体的时期，其法制解体的标志是成文法的公布。春秋之际社会的发展与变化，为成文法的公布提供了历史条件。公元前475年至公元前221是中国历史上的“战国”时期，该阶段是封建法制形成的时期。顺应历史潮流，郑国和晋国先后“铸刑书”和“铸刑鼎”，从而打破了旧贵族对法律的垄断，也标志着封建法制的萌芽。各诸侯国进一步变革法制，开始形成了以法家“法治”思想为主的指导思想；魏国李悝制定的《法经》，是中国古代第一部比较系统的成文法，在中国法律史上具有重要的地位；商鞅的法制变革则为秦统一中国奠定了基础。

重点问题

1. 成文法的公布及意义。
2.《法经》的主要内容及历史地位。
3. 商鞅变法的主要内容及影响。

第一节　春秋时期法律的变化

一、春秋时期社会的发展变化

（一）生产力的发展，经济制度的变化

春秋时期，由于铁制农具的使用和牛耕的推广，社会生产力有了很大的提高。奴隶制社会“千耦其耘”的集体劳作方式逐步被一家一户为生产单位的方式取代，私有土地即“私田”的数量不断增加。面对日益增加的“私田”，也为求在大国争霸中处于有利局面、富国强兵，各诸侯国进行了以“田制”和“兵制”为内容的改革。

公元前685年，齐国“相地而衰征”①，开始根据土地肥瘠征收赋税，即“案田而税”。公

① 《国语·齐语·管仲佐桓公为政》。

元前 645 年，晋“……作爰田”①，这是当时“田制、兵制改易之始”②。改易田制，就是改变井田制度，把土地赏配给国人。公元前 594 年，鲁宣公“初税亩”③，鲁国开始按亩收税，实际上是承认了私田的合法性。四年之后，鲁成公又“作丘甲”，即按土地亩数——“丘”的多少确定应纳的赋税额。鲁哀公十二年（公元前 483 年）又“用田赋”，即实行计田而出军赋。公元前 548 年，楚国“……书土田”“量入修赋”④，进行土地登记，按照收成的多少缴纳赋税。公元前 538 年，“郑子产作丘赋”⑤，即以丘为单位征收军赋。

实行田制改革，按亩征税，实际上承认了私田的合法性，使以井田制为主的奴隶制土地国有制度从根本上发生动摇，并使封建土地私有制开始形成。兵制的改革，打破了西周只有贵族才能担当甲士的限制，提高了奴隶和平民的政治地位，加速了阶级关系的变化。

（二）礼崩乐坏

（1）礼乐征伐自诸侯出。按照周礼的规定，礼乐征伐自天子出，国家的一切大政皆由周王决定，周王对诸侯有绝对的权威。但是，周王室的权威在东迁都城以后不断衰弱，拥有的土地和人口日益减少。相反，各诸侯国的政治、经济势力却逐渐强大，周天子已无力量再号令诸侯，其天下共主地位名存实亡。在西周，诸侯由周王册封，而春秋时期，强大起来的诸侯则自己给自己晋爵，如晋侯称公，郑男称伯，楚子更直称楚王，与周王并列。楚庄王称霸时还曾问鼎中原，企图取而代之。按“朝觐之礼”，诸侯必须一年一小聘、三年一大聘、五年一朝聘；一不朝则贬爵，二不朝削地，三不朝王师讨伐。但春秋二百多年中，有礼仪之邦之称的鲁国也只行三次朝觐之礼。召集诸侯盟会的权力也落到霸主之手，如齐桓公成霸业后，曾召集诸侯“葵丘之盟”；晋文公成霸业后，也召集“践土之盟”，甚至召周王参加。诸侯国的纠纷，实际也由霸主处理，如鲁僖公二十八年（公元前 632 年）发生的卫国大夫元咺与卫侯之诉，就是由晋文公审理的。卫国国君败诉，被逮捕、囚于京师。

（2）篡杀违礼事件不胜枚举。据《史记》记载，春秋一百七十多个国家，“弑君三十六，亡国五十二，诸侯奔走不得保其社稷者，不可胜数”⑥。郊祭是天子所行祭天之礼，诸侯无权郊祭，但鲁僖公竟也行郊祭之礼。鲁国的季氏甚至“八佾舞于庭”，越级享用天子的礼乐。

（三）郡县制取代分封制

随着生产关系与阶级关系的变动，新兴地主阶级为了争取自身的权力与地位，强烈反对旧贵族根据宗法等级关系世袭官爵，而要求按功劳、才能授官晋爵，促使世卿世禄制开始向官僚制转变，政权开始下移。与此相适应，郡县制亦逐步取代了分封制。分封制的特点是封君在其辖地之内独享各种大权，而且世代相袭。郡县制则不然：郡县长官只享有法定的行政权，不能世袭，而由中央政府随时任免。公元前 493 年，晋国赵鞅在一次战前的誓师大会上宣布，“克敌者，上大夫受县，下大夫受郡”⑦。这是我国历史上在地方行政管理体制中实行郡县两级制的开始。不过，这时的郡县还没有明确的统属关系，地方上的郡、县二级制是在战国时期确立的。各国通过设置郡县制、任免地方官吏，迅速建立起专制主义的中央集权政治。

---

① 《左传·僖公十五年》。
② 惠栋：《春秋左传补注》。
③ 《左传·宣公十五年》。
④ 《左传·襄公二十五年》。
⑤ 《左传·昭公四年》。
⑥ 《史记·太史公自序》。
⑦ 《左传·哀公二年》。

（四）思想文化领域的“百家争鸣”

春秋时期的上述社会大变革，必然在思想文化领域有所反映。动荡的社会大变革，造就了中国历史上影响深远的“百家争鸣”时代。

面对天下大乱的局面，各学派纷纷提出自己的治国主张。儒家认为，乱的根源在于礼乐制度的废弛，应当在继承“周礼”的基础上，重新确立一套新的“亲亲”“尊尊”的“礼治”与“德治”制度；墨家认为，当务之急是用“兼相爱，交相利”的原则改造社会；道家则认为天下之乱其实正是所谓礼、法造成的祸害，要想天下太平，就应当依据“道”无为而治；法家则把注意力集中在法律本身的变革上，其代表人物管仲、子产、邓析等，适应封建生产关系的发展要求，提出了一系列“法治”主张，为法家法律思想的形成奠定了基础。法治思想不仅是对“天罚”与“神判”法律观的否定，而且对奴隶制的政治制度与宗法等级制度提出批判。其主要思想有“事断于法”①、“君臣上下贵贱皆从法”②、法律应公布于百姓等。

春秋时期的“百家争鸣”，尤其是法家的“法治”思想，对于成文法的公布起到了推动作用。

上述表明，春秋之时奴隶制社会从经济基础到上层建筑都发生了重大变化，这种变化表明奴隶制已开始解体，封建制正逐步形成，而在法制领域体现这一深刻变化的标志就是各诸侯国制定和公布成文法。

二、春秋时期成文法的公布

（一）公布成文法的活动

夏、商之时即有成文刑书，但不向百姓公布，而是由奴隶主贵族秘密掌握，所谓“刑不可知，则威不可测”③。春秋时期，社会的经济、政治发生了重大变革，新兴地主阶级顺应变革的需要，制定和公布了成文法。

1. 郑国

公元前536年，郑国执政子产“铸刑书于鼎，以为国之常法”④，即将法律条文铸于鼎上，公布于众。这是中国历史上第一次正式公布成文法。

叔向谏子产作刑书

三月，郑人铸刑书。叔向使诒子产书，曰：“始吾有虞于子，今则已矣。昔先王议事以制，不为刑辟，惧民之有争心也。犹不可禁御，是故闲之以义，纠之以政，行之以礼，守之以信，奉之以仁；制为禄位以劝其从；严断刑罚以威其淫。惧其未也，故诲之以忠，耸之以行，教之以务，使之以和，临之以敬，莅之以强，断之以刚。犹求圣哲之上，明察之官，忠信之长，慈惠之师，民于是乎可任使也，而不生祸乱。民知有辟，则不忌于上，并有争心，以征于书，而徼幸以成之，弗可为矣。夏有乱政，而作禹刑；商有乱政，而作汤刑；周有乱政，而作九刑，三辟之兴，皆叔世也。今吾子相郑国，作封洫，立谤政，制参辟，铸刑书，将以靖民，不亦难乎？《诗》曰：‘仪式刑文王之德，日靖四方。’又曰：‘仪刑文王，万邦作孚。’如是，何辟之有？民知争端矣，将弃礼而征于书，锥刀之末，将尽争之。乱狱滋丰，贿赂并行。终子之世，郑其败乎？肸闻之：国将亡，必多制，其此之

① 《邓析子·转辞》。

② 《管子·任法》。

③ 《左传·昭公六年》注疏。

④ 《左传·昭公六年》杜预注。

谓乎!”复书曰：“若吾子之言，侨不才，不能及子孙，吾以救世也。既不承命，敢忘大惠!”士文伯曰：“火见，郑其火乎！火未出而作火以铸刑器，藏争辟焉。火如象之，不火何为?”①

公元前501年，郑国大夫邓析又著“竹刑”，史称“郑驷歂杀邓析，而用其竹刑”②。邓析是郑国大夫，他的思想比子产的更激进。他针对子产的刑书而编写了一部解释性著作，书于竹简上，史称“竹刑”。“竹刑”不是法典，而是中国最早的律学成果。由于“竹刑”对官方刑书的解释合理、准确，尽管邓析被杀害，但“竹刑”被官方认可并采用。

郑国首先公布成文法，既是春秋社会变革发展不平衡的结果，亦与郑国自身的特殊情况有关：一是因立国较晚，受旧制度影响较少；二是“国小而偪，族大宠多”，郑国处于各大国的包围之中，随时有被大国吞并的危险，从而郑国被迫尽早改制，以“设救之术，外抗大国，内安疲甿”③，即郑国的改制是为了设立救国之术，对外抗御大国，对内安定内政；三是郑国交通、商业发达、信息灵通，支持改革的新势力较他国强大；四是郑国的子产、邓析都是早期法家的代表人物，他们对于郑国最早公布成文法起了很大的推动作用。

2. 晋国

公元前513年，晋国的赵鞅和荀寅领兵在汝滨（今河南嵩县东北）筑城时，征收了民众一鼓铁（240公斤）用来铸了一个铁鼎，将范宣子执政时修订的刑书铸在鼎上，公布于众，史称“铸刑鼎”。据孔子说，“夫宣子之刑，乃蒐之蒐也”。这说明该刑书的内容与公元前621年赵盾的“蒐蒐之法”有承袭关系。对于“蒐蒐之法”，《左传·文公六年》载，赵宣子“始为国政，制事典（改定施行方针），正法罪（预先制定刑法，按犯罪者罪行轻重予以处断），辟狱刑（辟，理也，指设置一定司法官吏，以受理未经决断之案件），董逋逃（董，督也，即追捕惩治因犯罪而逃亡者），由质要（由，用也；质要，券契也，指根据契书来裁断民事方面的纠纷），治旧洿（洿，同污，即治理污秽），本秩礼（贵贱不失其本），续常职（官有废缺，使贤能者任其职），出滞淹（提拔贤能人才）。既成，以授大傅阳子与大师贾佗，使行诸晋国，以为常法”。

(二) 公布成文法引起的主要论争

公布成文法属史无前例的大事，引起了时人的论争。子产“铸刑书”遭到晋以叔向为代表的旧贵族的反对。叔向曾写信给子产，说：“昔先王议事以制，不为刑辟，惧民之有争心也……民知有辟，则不忌于上，并有争心，以征于书，而徼幸以成之，弗可为矣……肸（音西，叔向名羊舌肸）闻之：国将亡，必多制……”④叔向认为：老百姓知道法律后，就会不怕官吏，哪怕是“锥刀之末”的小事，都要争个明白，从此国无宁日。公布成文法是国家要灭亡的表现。子产回复叔向说他公布成文法只是“吾以救世也”，即是为了解决当时面临的问题，顺应历史潮流之举。

晋国铸刑鼎，遭到孔子的反对。他说：“晋其亡乎！失其度矣。”⑤孔子所谓的度，也就是奴隶社会尊卑贵贱的等级制度。而成文法的公布打破了这种制度，“今弃是度也，而为刑鼎，民在鼎矣，何以尊贵？贵何业之守？贵贱无序，何以为国?”⑥大意是：现在抛弃了尊卑贵贱的等级法度，将新法公布在鼎上，大家都依新法办事，贵族就没有特权了，没有贵贱的区别，

---

① 《左传·昭公六年》。
② 《左传·定公九年》。
③ 《通典》，卷一百六十六《刑法四》。
④ 《左传·昭公六年》。
⑤⑥ 《左传·昭公二十九年》。

还有什么国家体统呢?

公布成文法引起的论争，体现了奴隶制保守势力维护奴隶主贵族垄断法律的特权以及维护尊卑贵贱的等级秩序的立场，也反映了新兴地主阶级反对奴隶主贵族垄断法律，以维护他们私有财产和其他权利，摆脱旧贵族的压迫和宗法等级制度羁绊的要求。其实质是新旧两种势力之间的争斗。

（三）公布成文法的意义

成文法的公布宣告了“刑不可知，则威不可测”的奴隶制法制的秘密状态的结束和成文法的诞生；同时，成文法的公布也打破了奴隶主贵族对法律的垄断，标志着奴隶制法制的解体和封建制法制的诞生。

第二节 战国时期法律的发展

一、战国时期法律的发展变化

（一）各国的变法及制定成文法

战国时期，随着诸侯国封建政权的建立和巩固，各国都进行了变法和制定成文法运动，以适应巩固封建制的需要。

魏国在魏文侯时期，由李悝主持变法。李悝变法内容主要包括三方面：第一，政治上废除世卿世禄制，主张“食有劳而禄有功，使有能而赏必行”。也即要为有能者安排职位，要给有功、有劳的人以食禄，就必须把无能的人占据的职位腾出来。所以，改革就要剥夺旧贵族的官职和俸禄，以便安排有能之士、赏赐有功之人。第二，经济上废除井田制，发展土地私有制，平抑物价。李悝提出“尽地力之教”，鼓励开垦荒地和提高单位面积产量。实行“善平籴”之法，就是国家通过收存和放卖粮食，控制市场的供求关系，以保护粮价的稳定，保证封建经济的持续稳定发展。具体办法是：在丰年，国家平价收购农民多余的粮食，使粮价不致下跌，以提高农民致力耕作的积极性；在歉年，国家以平价出卖粮食，既满足人们对粮食的需要，不致使百姓流离失所，又稳定了物价。第三，在法制上，制定和颁布了《法经》。《法经》既是变法的重要内容，又是对变法成果的肯定。魏国后来又制定了《太府之宪》，又称《魏宪》。

公元前 390 年，楚国在吴起的主持下进行变法，其内容主要是：规定封君世袭限于三世，疏远公族削除族籍。裁汰废官，节约开支，用以抚养将士。楚怀王时，曾命屈原作“宪令”，未成。①

公元前 357 年，齐国在邹忌主持下进行改革，制定了《七法》。在山东银雀山汉墓出土的《守法》《守令》等十三篇，涉及刑事、经济、军事诸法，是战国时期齐国的法律。

公元前 355 年，申不害在韩国主持变法，因能授官，强化君权，并制定《刑符》。

秦国在孝公时，任命商鞅主持变法，商鞅以《法经》为蓝本，改法为律，并颁布了有关变法革新的法令。

各国的变法和制定的成文法，最有代表性的是魏国李悝的《法经》和秦国商鞅的法制变革。

---

① 参见《史记·屈原贾生列传》。

（二）法律内容的变化

1. 法律调整范围的扩大

与奴隶制时期主要是刑律相比，战国时期随着封建制度的逐步形成，出现了许多新的、非刑事的社会关系需要用法律加以调整，从而导致了非刑事法律的大量出现，如魏国有《户律》①，秦国有《属邦律》《尉杂律》《行书律》《工人程》等。而且对某些法律关系的规定还相当具体、细密。如秦律中有关农业生产的法律就有《田律》《仓律》《厩苑律》《为田律》等，在《仓律》中不仅规定了收获物的收缴、保管、放置、统计、加工和发放，而且规定了种粮的保管、每亩地使用种粮的多少，等等。

2. 刑罚制度的变化

各国仍沿用奴隶制五刑，大量适用肉刑和死刑，其死刑的方法十分残酷，有腰斩、车裂、凿颠、抽胁、镬烹以及枭首等。但从总体上看，刑罚制度也出现了一些变化：一是赎刑广泛适用，二是徒刑开始出现。这标志着刑罚开始由野蛮走向文明。

赎刑，即允许罪犯用财物赎罪，以免除其所应受的刑罚。在西周，赎刑只适用于罪疑的案件。春秋末期赎刑被广泛适用，如《国语·齐语》记载，为加强军事力量，齐国法律规定：重罪以甲赎，轻罪以盾赎。

春秋末期出现的徒刑（即劳役刑），战国时在各诸侯国广泛流行。在奴隶制社会，罪犯都要给国家服劳役，因此，在奴隶制的刑罚体系中没有独立的劳役刑。战国时期，在封建立法中逐渐把附属于墨、劓、刖、宫等肉刑的劳役内容抽出，把劳役变成了独立的刑罚种类，如城旦、舂（男性犯人主要服筑墙修城的苦役，女性犯人主要从事舂米的繁重劳动），鬼薪、白粲（男性犯人主要从事为宗庙砍柴的劳动，女性犯人主要服择米的劳役）、司寇等。战国时期的齐国已将这种刑罚称为“徒”。劳役刑的规范化为封建制五刑的确立奠定了基础。

（三）司法制度的变化

战国时期司法制度最突出的变化有两个方面：一是改罪刑擅断为依法判案；二是剥夺旧贵族的审判权，由封建官僚掌握司法审判权。

春秋以前的司法以“临事制刑”为特征，司法者享有极大的擅断权。战国时期地主阶级主张以法治国，要求司法审判以既定的法律为根据。各国的变法修律为取消司法擅断、依法断案提供了条件。

战国时期中央集权制度取代奴隶制的分封制，也给司法制度带来了巨大变化。各诸侯国建立了从中央到地方的各级司法机构。各诸侯国除了国君享有最高审判权之外，还在中央设置了专门的司法机构，如秦国设有廷尉，楚国设有廷理，齐国设有大理，魏国设有司寇。地方司法审判权由郡县行政长官兼理。地方行政长官兼理司法的制度由此开始，并在中国历史上延续了两千多年。

二、战国时期各主要学派的法律思想

春秋战国时期社会变革，诸侯争霸，不仅激发了人们探讨治国良策的热情，也为各种新思想的诞生和发展提供了宽松的环境。当时的思想家们站在不同的立场上，从各自不同的角度，对政治法律问题进行了长期、全面的论辩，形成了“百家争鸣”的局面，其中比较突出的有儒、道、墨、法四大家。

---

① 参见《睡虎地秦墓竹简·为吏之道》，北京，文物出版社，1978。

（一）儒家的法律思想

儒家思想是由孔丘（前551—前479）创立，并经孟轲（约前372—前289）和荀子（约前313—前238）进一步发展而成为后世封建社会影响最大的思想体系。

吴道子孔子像石刻拓片

儒家法律思想主要包括以下方面的内容。

1. “礼治”“德治”思想

“礼治”要求建立以家族为本位、以伦理道德为中心、以宗法等级为基础的法律制度和意识形态，要求以礼作为指导立法和司法的基本原则。“德治”要求法律仅仅是确立和维护“君臣父子”道德准则的辅助手段，主张教化，反对不教而杀，即所谓“先教后诛”。如果不教而诛就是暴政，“不教而杀谓之虐，不戒视成谓之暴”[①]。“不教其民，而听其狱，杀不辜也。”[②]在法律和道德的关系上，儒家重视道德的感化作用，认为刑只是作用于人的行为的外部，是一种强制，是在不得已的情况下的一种纠正手段。《论语·为政》曰：“道之以政，齐之以刑，民免而无耻；道之以德，齐之以礼，有耻且格。”“道德”“齐礼”，就是德政，这样做，不但使人民懂得廉耻，而且使民心归服。“道政”“齐刑”这样做，只能使人民暂时免于犯罪，却不会懂得什么是可耻的。

① 《论语·尧曰》。

② 《荀子·宥坐》。

2. “人治”思想

在“德治”思想的基础上，孔子进而提出了“为政在人”① 的“人治”思想，主张治理国家最重要的“在于得贤人也”②。所以，他要求统治者以身作则，强调“其身正，不令而行；其身不正，虽令不从”③。荀子也认为，治理国家主要靠人，“有治人，无治法”④，即只有能治理好国家的人，没有能治理好国家的法。从立法的角度看，“君子者，法之原也”⑤，法的产生离不开人；从法的实施的角度看，法也必须依靠人来遵守执行，所谓“……法不能独立，类不能自行，得其人则存，失其人则亡”⑥。

3. “民本”思想

孟子特别强调民众的重要性，明确提出了具有中国特征的“民本”思想，指出“民为贵，社稷次之，君为轻，是故得乎丘民而为天子”⑦。荀子提出“民水君舟”论，他认为，国家的安危、政治的治乱取决于民心的向背：“天之生民，非为君也；天之立君，以为民也。”⑧ 君主应当是万民的保护者，向万民赐德政，使万民沐天恩。不过，儒家的“民”既非政治上作为主权的人民，亦非法律上享有权利的公民，而仅仅是君主家中的子民，而君主是全国百姓的最高家长，是“君父”。“君父”统治“子民”，“子民”服从“君父”，完全是天经地义的。

4. “中庸”思想

孔子以“中庸”为“至德”。《礼记》的《中庸》以弘扬中庸主义为宗旨，是儒家的重要经典。孔子指出，“中庸”的基本含义是“和”，是“无过”，也“无不及”。《论语》的“和为贵”“君子和而不同，小人同而不和”“过犹不及”等论述都阐发了“中庸”的这一含义。《礼记·中庸》也说，“中庸”就是“致中和”，就是“执其两端，用其中于民”。“中庸”还包含着“权”和“时”两层意思。“权”指的是通权达变，讲的是不违背原则的灵活性；“时”，是审时度势，讲的是顺应时势，作不离原则的变通处置。对于那些死抱礼的教条而不知损益变化的人，孔子讥之曰“可与立，未可与权”⑨，认为这样仍达不到“中庸”的要求。“时”在《中庸》中称“时中”：“君子之中庸也，君子而时中。”可见，“时”是“中庸”的应有之义。“权”“时”既要求坚定的原则立场，又要求有预测力，有把握时势的敏锐的洞察力和应变能力。如儒家一方面提倡尊君尊父、宣扬忠孝，另一方面又鼓励臣下“从道不从君”，敢于犯颜直谏，甚至敢于“权险之平”，鼓励卑幼“从义不从父”，力图在两者之间求中和、求中节。这成为儒家处理君臣关系、父子关系的法律准则和行为准则。

（二）道家的法律思想

道家学派由老子所首创，其代表人物有老子和庄子。

道家思想的核心理念是“道”。“道”被认为是天地万物的本源。自然界的万事万物、人类社会的万事万物，都是由“道”产生的。但是，“道”产生出世界的万事万物并不是有意识的，这是一个自然而然的过程。所以，道家的“道”就是“自然”，即去除人为，自然而然。

道家认为，治理国家最好的方法是“无为而治”，即“我无为，而民自化”⑩，“帝王之德，

---

① 《礼记·中庸》。

② 《礼记·中庸》郑氏注。

③ 《论语·子路》。

④⑤⑥ 《荀子·君道》。

⑦ 《孟子·尽心下》。

⑧ 《荀子·大略》。

⑨ 《论语·子罕》。

⑩ 《老子》第五十七章。

以天地为宗，以道德为主，以无为为常”[①]。犯罪的产生、社会的混乱、天下的纷争是由于背离了“道”。道家反对一切制定法，甚至偏激地说“法令滋彰，盗贼多有”[②]，认为人为制定的法加剧了社会的危机。

道家的思想反映了在社会变革之时消极回避，希望社会太平，返璞归真，重回“鸡犬之声相闻，民至老死不相往来”的“小国寡民”社会的意愿[③]，甚至向往“人与禽兽居，族与万物并”[④]、“民结绳而用之”[⑤] 的“浑沌时代”[⑥]。道家“道”的概念以及围绕它所形成的一系列哲学思想，成为中国古代各种政治法律思想的重要依据。

（三）墨家的法律思想

墨家学派的创始人是战国初年的墨子。墨家思想的核心是“兼相爱，交相利”。墨家的“兼相爱”，是一种相互交换的爱，主张通过相互的爱达到普遍的、平等的爱。《墨子·大取》云：“爱人不外己，己在所爱中”，“厚不外己，爱无厚薄”，“天下之人皆相爱”[⑦]。儒家讳言“利”、鄙视“利”，提倡重义轻利。而墨家则宣称：“义，利也”[⑧]；人和人之间应当“交相利”，“有力相营，有道相教，有财相分”[⑨]，“投我以桃，报之以李”[⑩]；而且，“交相利”与“兼相爱”是互为表里的：“兼相爱”的表现就是“交相利”，也只有通过“交相利”才能实现“兼相爱”。

墨子像

墨家依据其“兼相爱，交相利”的理论，以独特的眼光分析了当时面临的社会问题。天下

---

① 《庄子·天道》。
② 《老子》第五十七章。
③ 参见《老子》第八十章。
④ 《庄子·马蹄》。
⑤ 《庄子·胠箧》。
⑥ 《庄子·应帝王》。
⑦ 《墨子·兼爱中》。
⑧ 《墨子·经上》。
⑨ 《墨子·天志中》。
⑩ 《墨子·兼爱下》。

为什么纷乱不已？就是不能做到“兼相爱，交相利”。《墨子·兼爱上》说：“圣人以治天下为事者也，不可不察乱之所自起。当察乱何自起？起不相爱。臣子之不孝君父，所谓乱也。子自爱，不爱父，故亏父而自利；弟自爱，不爱兄，故亏兄而自利；臣自爱，不爱君，故亏君而自利，此所谓乱也。虽父之不慈子，兄之不慈弟，君之不慈臣，此亦天下之所谓乱也。父自爱也，不爱子，故亏子而自利；兄自爱也，不爱弟，故亏弟而自利；君自爱也，不爱臣，故亏臣而自利。是何也？皆起不相爱。”那么，天下盗贼蜂起的原因是什么？还是不能做到“兼相爱，交相利”。墨子认为：“若使天下兼相爱，国与国不相攻，家与家不相乱，盗贼无有，君臣父子皆能孝慈，若此则天下治。故圣人以天下为事者，恶得不禁恶而劝爱？故天下兼相爱则治，交相恶则乱。”①

墨家还提倡以法治天下。墨子说：“天下从事者，不可以无法仪；无法仪而其事能成者，无有。”② 又说：“古者圣王为五刑，请以治其民，譬若丝缕之有纪，罔（网）罟之有纲，所以连收天下之百姓，不尚同其上者也。”③ 意即法律是设立纲纪、统一人们行为的有力手段。墨子还将法律比喻成工匠使用的规矩、绳墨等工具，认为这比智慧更可靠。墨家认为，以法治天下应当做到“赏当贤，罚当暴”“赏罚平等”“贤人执法”。

（四）法家的法律思想

法家是中国古代诸子百家中主张“以法治国”④ 的一个学派。法家极端重视法律及其强制作用，对古代法学也有深入研究，并提出了一整套推行“法治”的理论和方法，建立了统一的封建专制主义中央集权制国家的理论根据。

法家人物是新兴地主阶级的代表。在春秋战国经济、政治结构剧烈变动的社会形势下，法家人物应运而生，从早期的管仲、李悝、申不害、商鞅，直到法家的集大成者韩非。

韩非像

① 《墨子·兼爱上》。
② 《墨子·法仪》。
③ 《墨子·尚同上》。
④ 《韩非子·有度》。

法家人物如雨后春笋，不断涌现。他们从本阶级的立场出发，对社会的政治、法律制度作出了解释，以期为当政者提供一整套治国理民的政治法律制度。

法家主张的“法治”原则主要有以下几项。

（1）不别亲疏，不殊贵贱，一断于法。早在春秋时期，法家先驱管仲就针对奴隶主贵族临事制刑、不预设法的状况，提出“君臣上下贵贱皆以法”的主张；郑国的邓析也主张“事断于法”。战国时期，韩非等更强调“以法为本”，凡“言行不轨于法令者，必禁”；要求将人们的一切言行都纳入法律的轨道，以法律作为判断是非的唯一标准。

在法律适用上，法家针对奴隶制时代贵贱有等、尊卑有别的“礼治”原则，主张“刑无等级”。商鞅提出：“自卿相、将军以至大夫庶人，有不从王令、犯国禁、乱上制者，罪死不赦。”① 韩非则进一步提出“法不阿贵”，“刑过不避大臣，赏善不遗匹夫”②。当然，新兴地主阶级提出“刑无等级”原则的目的，主要是限制和取消奴隶主贵族的法律特权，并不是废止一切等级制度。

（2）“重刑轻罪”，“以刑去刑”。法家认为，法的功用在于禁奸而不是劝善，而“禁奸止过，莫若重刑”③。这是由于重刑不仅可以惩罚犯罪者本人，而且能产生威慑力量，收到杀一儆百的效果。商鞅曾指出：“重刑，连其罪，则民不敢试；民不敢试，故无刑也。”④ 韩非亦称：“重一奸之罪而止境内之邪，此所以为治也。”⑤ 只有实行轻罪重罚，才能发挥刑罚的威慑效应，起到“以刑去刑”“以杀去杀”的作用，达到制止犯罪的目的。

（3）法贵简明，布之于众。春秋时期，郑“铸刑书”、晋“铸刑鼎”，已开了公布成文法的先河。战国时期的新兴地主阶级继承了这一传统，主张把法律公布于众。韩非曾说：“法者，编著之图籍，设之于官府，而布之于百姓者也。”⑥ 这样，百姓知道什么是统治阶级允许做的、什么是不允许做的。“万民皆知所避就”，犯罪就会减少。同时，官吏和百姓都知晓法律，还可以对法律的贯彻执行起到一定的监督作用。正如商鞅所说：“吏明知民知法令也，故吏不敢以非法遇民，民不敢犯法以干法官也。”⑦ 当然，要使百姓知法，法律就必须简易明白。商鞅曾反复谈道：“为法，必使之明白易知”，“行法令，明白易知”⑧。

三、《法经》

（一）《法经》的主要内容

《法经》是战国初期魏国李悝（前 455 年—前 395）制定的。

《法经》早已失传，《晋书・刑法志》《唐律疏议》及明代董说《七国考》等文献中，保留了《法经》的主要篇目和部分内容。

根据上述文献记载，《法经》有六篇：《盗法》、《贼法》、《囚法》（亦作《网法》）、《捕法》、《杂法》、《具法》。其内容大体可分为以下三个部分。

第一部分：正律。这部分主要是惩治盗贼、囚捕人犯的法律规定，包括前四篇。《晋书・刑法志》载，李悝“撰次诸国法，著《法经》。以为王者之政，莫急于盗贼，故其律始于《盗贼》。盗贼须劾捕，故著《网》《捕》二篇”。《荀子・修身》称：“窃货曰盗”，“害良曰贼”，故

①③④　《商君书・赏刑》。
②《韩非子・有度》。
⑤《韩非子・六反》。
⑥《韩非子・难三》。
⑦⑧《商君书・定分》。

“盗罪”即侵犯公私财产的行为，“贼罪”即侵害人身安全及危害社会秩序的行为。盗与贼是两类最主要的犯罪行为，《法经》重点予以规范，反映了立法技术的进步。

第二部分：杂律。它是有关惩治盗、贼以外的其他犯罪和刑罚的规定。据西汉桓谭《新论》所引，其内容主要包括七个方面：一是淫禁，即禁止奢侈淫靡行为：“夫有一妻二妾，其刑聝；夫有二妻则诛；妻有外夫则宫。”二是狡禁，即禁止盗窃兵符玺印或议论国家法令等政治狡诡行为：“盗符者诛，籍其家；盗玺者诛；议国法令者诛，籍其家及其妻氏。”三是城禁，即禁止翻越城池或偷渡关津行为：“越城，一人则诛，自十人以上，夷乡及族。”四是嬉禁，即禁止赌博行为：“博戏罚金三布；太子博戏则笞，不止则特笞，不止则更立。”五是徒禁，即禁止非法聚集行为：“群相居一日则问，三日、四日、五日则诛。”六是金禁，即禁止贪污贿赂等腐败行为：“丞相受金，左右伏诛；犀首（将军）以下受金，则诛；金自镒以下罚，不诛也。”七是逾制，即越级享用不该享有的特权或器物服饰，规定“大夫之家有侯物，自一以上者族”。

第三部分：具律。“具”就是备以适用之意，具体相当于后世律典的《名例律》，类似近代刑法总则部分。其规定有：罪人年十五以下，罪高三减，罪卑一减；年六十以上，小罪情减（酌情减等），大罪理减（依法理减等），即根据犯罪主体的刑事责任年龄给予减刑。

（二）《法经》的特点

从上述内容可以看出，《法经》具有如下特点。

（1）维护封建统治秩序。《法经》开宗明义地规定：“王者之政，莫急于盗贼”，将惩治“盗贼”作为自己的首要任务，从而确定了封建刑律打击的重点对象，为历代封建法律所效仿。君权是封建专制制度的核心，《法经》对于危害封建君权、政权的行为，如盗符、盗玺、越城、群相居等，均列为严重犯罪，不仅对犯罪者本人处以重刑，还要株连亲属，甚至夷乡及族。而且《法经》严惩“议国法令者”，开我国封建法律以思想、言辞论罪的先例。

（2）《法经》体现了重刑主义精神。为了保护地主阶级刚取得的各种利益，打击奴隶主贵族的反抗，《法经》规定了残酷的刑罚，如死刑、族刑、夷乡等，甚至对“盗心”也要处以肉刑。

（3）维护封建的等级特权。《法经》在法家“刑无等级”思想的指导下，规定了太子、丞相、将军犯罪的处罚条款。但在具体处罚时又规定“丞相受金，左右伏诛”，就是说如果丞相受贿，要把他左右的臣属斩首问罪，但不处罚丞相本人；并且规定“大夫之家有侯物，自一以上者族”。这些都是以法律的形式确认封建等级特权，并严禁逾越。

（三）《法经》的历史地位

《法经》是中国法制史上第一部比较系统的成文法，在我国法制发展史上具有重要意义。首先，《法经》的内容主要是刑法，它开创了我国古代法典以刑法为主的传统。其次，《法经》的立法宗旨和原则内容对后世也有较大的影响。《法经》规定的“王者之政，莫急于盗贼”，以及重刑主义等内容，都为后世封建法典所继承。

四、商鞅变法与秦国法律

（一）商鞅变法的主要内容

商鞅（前390—前338），卫国人，姓公孙，名鞅。因变法强秦有功，被封于商地，号商君，史称商鞅。商鞅“少好刑名之学”①，尊崇法家学说，曾在魏相公叔痤门下做家臣，熟悉

① 《史记·商君列传》。

李悝等人的变法主张和措施。公元前361年，秦孝公发布求贤令，商鞅携《法经》入秦，受到秦孝公的赏识。商鞅在秦国两次发布变法令。

商鞅像

商鞅“徙木立信”的故事

公元前359年的一天，秦国都城的南门口立起了了一根三丈高的木柱，柱子上贴着一张盖着官印的告示：“谁能把这根木头扛到北门去，赏金十两。”当时围观的人很多，但没有一个人去搬动那根木柱。他们不相信世间有这样的好事，而且秦国政府做事历来虎头蛇尾，一向得不到人们的信任。后来，告示上的赏金又提高到50两，人们依然持怀疑的态度，不敢去搬。有一个人抱着试试看的心理把柱子搬到了北门，结果马上得到了50两金。人们沸腾了，纷纷奔走相告。人们都深信不疑，认为政府真是要下决心进行大刀阔斧的改革了。

第一次是孝公三年（公元前359年），第二次是孝公十二年（公元前350年）。其变法的主要内容有以下几个方面。

1. 改“法”为“律”，制定秦律

商鞅对秦国原有旧法的改革，是以《法经》为蓝本进行的。《唐六典》说：“商鞅传《法经》，改法为律，以相秦，增相坐之法，造参夷之诛，加车裂镬烹之刑。”“法”在《说文解字》中的含义是平之如水，触不直者去，强调的是公平与公正；而“律”的含义是“均布”，“范不一为一”，强调的是法律规范在适用上的普遍性和统一性。商鞅“改法为律”，更加强调法律的普遍适用和贯彻执行。

2. 重农抑商，奖励耕战

商鞅认为，欲王天下必先强其国，而强国的关键是先富国，要富国，就必须发展农业生产。“国之所以兴者，农战也。”① 为此，他颁布了重农抑商的法令：“僇力本业，耕织致粟帛

① 《商君书·农战》。

多者复其身；事末利及怠而贫者，举以为收孥。"[①] 意即努力从事农业生产多生产粮食和布帛的人，可以免除自身的徭役赋税；相反，那些贪图商贾之末利，不事农作，或因懒惰而致贫困者，则罚为官奴隶。此外，还规定，"民有余粮，使民以粟出官爵"[②]。意即农民可用余粮换取官职爵位。这样，既可使国增加粮食储备，又可提高农民的政治地位。

奖励垦荒方面，商鞅颁布《为田开阡陌令》和《垦草令》，废除井田制，奖励垦荒。《为田开阡陌令》的基本精神是废除原奴隶制井田的疆界，确立新的田界，实行土地私有制度。董仲舒说，秦"用商鞅之法，改帝王之制，除井田，民得买卖"[③]。《垦草令》提出 20 条办法促使人们垦殖土地。此外，为了更多地开垦土地，充分发挥农民的劳动潜力，扩大户赋来源，商鞅还发布了《分户令》，规定："民有二男以上不分异者，倍其赋。"[④] 这是强制达到一定年龄的兄弟分家，自立门户，否则，要加倍征收其赋税。这在客观上有利于小农经济的发展。商鞅还提出用减免赋税的办法吸引三晋之民来秦垦荒的政策，从而增加了秦国人口来源，也扩大了人口户赋和军备的来源。

军事方面，颁布《军爵律》，专门规定按军功授爵：士兵斩获敌方首级者可获得土地等奖赏，并上升为贵族；将领也可因军功而获取田宅、封地；等等。

3. 明法重刑，奖励告奸

所谓"明法"就是指法律要公布，使人人皆知。商鞅认为"为法，必使之明白易知"，使"万民皆知所避就"[⑤]。同时，"明法"还要"燔诗书而明法令"[⑥]，即取缔法家以外的其他各家学说，特别是儒家的"礼治"学说，用国家的法律、法令来统一人们的思想。

商鞅不仅主张"明法"，还主张"重刑"，因为制定法律且使人知晓，就是要树立法律的权威，使臣民严格遵守，从而加强法律对臣民的威慑、制约功能。商鞅采用的办法之一就是重刑。在重刑上，商鞅的措施如下：

（1）刑用于将过，即对未遂或仅有预谋的行为也给予严惩。商鞅认为："刑加于罪所终，则奸不去"，"故王者刑用于将过，则大邪不生"[⑦]。意即在将要犯罪而尚未着手实施的时候，就对其施以刑罚，以预防犯罪。

（2）不赦不宥，即不论什么人违法犯罪，一律严惩，绝不宽宥。商鞅在《赏刑》中提出：不管是卿相、将军还是大夫、庶人，不管过去有功还是有善，不管是忠臣还是孝子，只要犯了罪都应当受罚，必罚不赦。

（3）奖励告奸。为了充分发挥刑罚预防犯罪的作用，更有效地禁奸止过，商鞅主张奖励告奸，颁布了连坐法：一是什伍连坐。"令民为什伍，而相牧司连坐。"[⑧] 即把人民按什伍编制起来，要他们相互纠举"奸人"，隐匿不报者连坐。二是军事连坐。五人为一伍，作战时有一个逃跑的，其余四人受连坐。三是全家连坐。家庭主要成员有违法行为的，全家受牵连，《汉书·文帝纪》"尽除收帑相坐律令"注引应劭曰："秦法，一人有罪，并其室家，今除此律。"四是职务连坐，即对担任某种国家职务的人实行的连坐。官吏如果知道同僚犯罪而不告，就要负连坐责任。

---

①④ 《史记·商君列传》。

② 《商君书·靳令》。

③ 《汉书·食货志上》。

⑤ 《商君书·定分》。

⑥ 《韩非子·和氏》。

⑦ 《商君书·开塞》。

⑧ 《史记·商君列传》。

4. 废除旧贵族特权，实行地方行政体制的改革

商鞅规定："宗室非有军功论，不得属籍"，"有功者显荣，无功者虽富无所芬华"①。意即除国君嫡系以外的一切宗室贵族，如果没有军功就要取消其贵族资格，不能再列入宗室簿籍继续享受贵族的待遇；有功的人才能享受尊荣，没有功的人即使富有也不允许享受优越的物质生活。

此外，商鞅"集小乡邑聚为县，置令、丞、凡三十一县"②，即在全国设 31 个县，县下设乡、邑，乡邑下设里、亭。居民按什伍之制进行编制。各县直属国君，县令、县丞等地方官吏由国君直接任免。这从根本上取消了分封制以及由此而产生的诸侯割据，在秦国建立起专制主义中央集权的政治体制。

（二）商鞅变法对秦国法制的影响

"商鞅相孝公，为秦开帝业。"③ 在商鞅变法之前，秦国是在政治、经济、文化等各方面还比较落后的国家。经过商鞅变法，秦国不仅严厉地打击了旧贵族的势力，而且建立了各项较为系统、完备的法律制度。正是这套法制的推行，促进了秦国生产力的发展，从而为秦国后来完成统一奠定了国力基础和法制基础。

课后复习

1. 春秋时期成文法颁布的意义是什么?
2. 春秋时期颁布成文法为什么会遭到反对?
3. 试述《法经》的主要内容及历史地位。
4. 简述商鞅变法的主要内容及影响。

①② 《史记·商君列传》。
③ 《论衡·书解》。

第四章 秦朝的法律

提　要

公元前221年，秦始皇终于完成了统一中国的大业，建立了中国历史上第一个统一的多民族的专制主义中央集权制的封建国家。秦朝在统一后，在经济、政治、文化、法律等方面采取了一系列措施巩固其统治。尤其在法律方面，“法令由一统”①，将商鞅变法以来秦国的法制推向全国，统一了中国的法制，并建立了较为完备的法律制度。

秦朝奉行法家的指导思想。从云梦秦简的记载来看，秦朝时法律形式多样，刑事立法、民事立法、经济立法、行政立法较以前均有所发展，司法制度也有创新，并对后世产生了重要的影响。

重点问题

1. 秦朝法律的指导思想。
2. 云梦秦简反映的秦朝法律的主要内容。
3. 秦朝司法制度的特点及影响。

第一节　秦朝法律的主要内容

一、秦朝法律的指导思想

秦朝建立后，继续推行商鞅变法以来的法家思想，其中尤为推崇韩非的法、术、势相结合的思想。商鞅、韩非的学说，无论是在秦统一中国、建立秦王朝的过程中还是在秦统一全国之后，都是其法律的指导思想。

（一）“以法为本”，“法、术、势”相结合

秦始皇厉行法家之治，用法律对社会生活的方方面面进行调整，将法律作为治理国家、治理社会的基本手段，强调“治道运行、诸产得宜，皆有法式”②，即加强立法，无论事情大小，都要依照法律办理，都要有法可依，一切都要有一个法定的模式，以至于“秦法繁于秋荼，而

①② 《史记·秦始皇本纪》。

网密于凝脂”[①]。

秦在厉行法家之治的同时，也不断提高君主在政权中的地位，重“法、术、势”相结合。所谓“术”就是君主驾驭群臣，巩固、加强自己地位和权威的一种手段，而“势”指的是君主的权力和权势。在韩非等法家人物看来，“法”是君主驾驭臣民、治理国家的利器，其推行离不开“术”和“势”。因此，重法与隆君成为秦朝法律的内在精神。

（二）“法令由一统”，“事皆决于法”

这含有三层意思：一是指立法权掌握在君主手里。“法令出一”[②]，这是秦立法上的基本原则。二是统一全国法律，做到“海内为郡县，法令由一统”[③]。三是统一司法。秦时为统一法令，防止法令在传抄中失误，执法官吏每年须到保存法令的御史处核对法令。《商君书·定分》说“一岁受法令以禁令”。秦简《尉杂律》则明确规定“岁讎辟律于御史”。

（三）“重刑轻罪”，“严刑峻罚”

秦从商鞅变法开始就奉行重刑主义。商鞅认为：“故禁奸止过，莫若重刑。刑重而必得，则民不敢试，故国无刑民。”[④] 意即用刑罚来遏止犯罪，是达到不用刑罚而成大治的最好办法。秦在统一中国后，更是把严刑峻罚发展到极端的地步。据《史记·秦始皇本纪》载，秦始皇在位时，大施肉刑，因施劓刑而致“断劓盈车”，因施宫刑而致“所割男子之势积如山”。重刑主义的结果是“奸邪并生，赭衣塞路，囹圄成市，天下愁怨，溃而叛之”[⑤]，为后世封建统治者留下了深刻的历史教训。

二、云梦秦简与秦朝的法律形式

（一）云梦秦简

云梦秦简，是指 1975 年 12 月在湖北云梦县睡虎地发掘出土的一大批秦代竹简，通称为睡虎地秦墓竹简，简称云梦秦简。

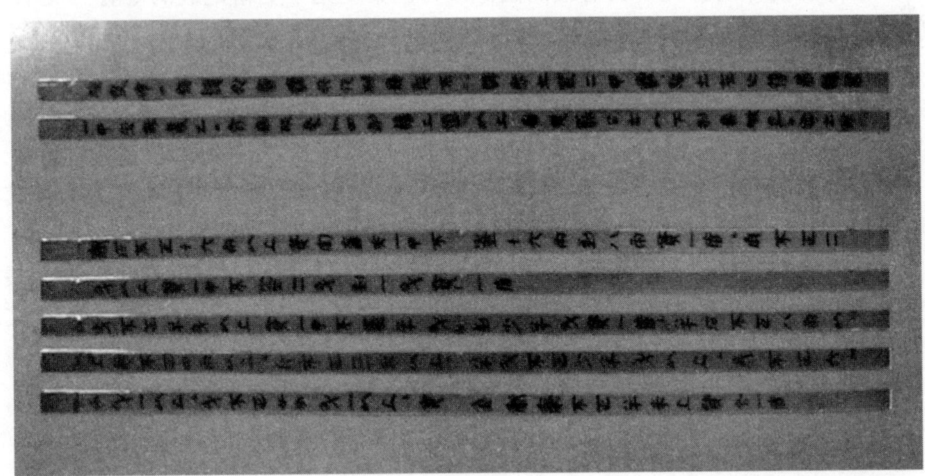

云梦秦简

① 《盐铁论·刑德》。

②③ 《史记·秦始皇本纪》。

④ 《商君书·赏刑》。

⑤ 《汉书·刑法志》。

据考证，此墓的墓主喜是秦始皇时代的人，生前曾长期担任县级司法机关的官吏。他出于工作需要，抄写和记录了从商鞅变法到秦始皇执政期陆续制定和颁行的法律与文书。云梦秦简虽非秦律的全部，但其涉及范围非常广泛，基本上反映了秦法制的概貌，为对秦律的研究提供了翔实而可靠的资料。

云梦秦简的内容大致可分为四类：第一类属于秦律，包括《秦律十八种》《效律》《秦律杂抄》三种，其中所见的律名有《田律》《厩苑律》《仓律》《金布律》《关市律》《司空律》《徭律》《工律》《均工律》《传食律》《行书律》《工人程》《置吏律》《尉杂律》《效律》《游士律》《除吏律》《军爵律》《藏律》《戍律》《捕盗律》《屯表律》《公车司马猎律》《属邦律》《牛羊课》《傅律》《中劳律》《除弟子律》《内史杂》等。

第二类是《法律答问》，是对秦律中的某些术语及律文的立法意图、诉讼程序中的某些具体问题的解释和说明。

第三类为《封诊式》，是对官吏审理案件的原则、要求、治狱程式以及调查勘验等方面的规定，其中也有一些具体案例。

第四类为《为吏之道》，是官吏应遵守的一些原则要求。

云梦秦简并没有把商鞅变法时按照《法经》的模式建立的秦律完整地记录下来，只有少数条款与《法经》六篇篇目相合。可见，秦简所载的法规不是对商鞅变法时法规的照录，而是对其进一步发展、充实后的秦律的摘录。

（二）秦朝的法律形式

秦朝的法律形式多种多样，而且其中有些法律形式还具有开创性。

（1）律，是经过一定的立法程序制定的、较为系统的成文法。见于云梦秦简的律有《田律》《厩苑律》《仓律》《金布律》等。

（2）令，是君主、皇帝以个人名义临时发布的命令。在秦朝，皇帝的命令有专称，“命曰制，令曰诏”。令作为律的补充，具有最高法律效力。秦朝见于史籍记载的令有《焚书令》《刻石令》等。

（3）式，是关于国家机关在某些专门工作中的程序、原则及有关的公文程式的法律文件。云梦秦简中的《封诊式》是关于案件的调查、勘验及审讯等程序的文书程式。作为一种法律形式，“式”始于秦。

（4）法律答问，是官方通过问答的形式对法律条文所作的解释，具有法律效力。其内容涉及某些罪名的定义、罪与罪之间的界限、量刑的标准和运用刑罚的原则等。

（5）廷行事。廷即官府，行事即已行之事，故廷行事就是官府办案的成例。云梦秦简中多次提到适用法律时可以依照判例，说明秦朝已把司法机关的判例作为司法实践中除律文之外可资援引的审判依据了。

三、秦朝法律的主要内容

（一）刑事法规

1. 刑法原则

（1）刑事责任年龄的规定。秦律规定，凡未成年人犯罪，不负刑事责任或减轻刑事责任。但秦律对成年人与未成年人确定的标准比较独特，是以身高来计算的。云梦秦简《法律答问》对此解释说：“甲小未盈六尺，有马一匹自牧之，今马为人败，食人稼一石，问当论不当？不当论及偿稼。”“甲盗牛，盗牛时身高六尺，系一岁，复丈，高六尺七寸，问甲何论？当完城旦。”[①] 负完全刑事责任的身高是男子高六尺五寸以上、女子高六尺二寸以上。

（2）区分故意与过失。故意，云梦秦简中称“端”；过失，云梦秦简中称“不端”。《法律答问》载：“甲告乙盗牛若贼伤人，今乙不盗牛、不伤人，问甲可（何）论？端为，为诬人；不端，为告不审。”这段话的大致意思是：甲控告乙盗牛或杀伤人，而乙其实并未盗牛或伤人。若甲系故意，则以诬告罪论处；若甲系非故意，则以控告不实罪论处。按秦律规定，对诬告罪的处刑要比对控告不实罪的处刑重得多。可知秦律区分故意与过失是为了贯彻故意从重、过失从轻的量刑原则。

（3）自首减免刑罚。云梦秦简《法律答问》载：“把其假以亡，得及自出，当为盗不当？自出，以亡论。”意即携带所借官家物品逃亡，如自首，只以逃亡罪论处，免其盗窃罪。秦律对盗窃罪的处刑一般较对逃亡罪的处刑为重，因而对自首者处刑是从轻的。

（4）诬告反坐。秦律规定，故意捏造事实陷害他人者，按其所诬陷的罪名，对诬告者处罚。《法律答问》载：“完城旦，以黥城旦诬人，何论？当黥。”秦法奖励告奸，导致告奸之风盛行，为防止因告奸而产生的诬陷或社会动荡不安，秦律严惩诬告。

（5）共同犯罪加重处罚。因共同犯罪的社会危害性较大，故处罚加重。《法律答问》载：“五人盗，臧（赃）一钱以上，斩左止（趾），有（又）黥以城旦；不盈五人，盗过六百六十钱，黥劓以为城旦，不盈六百六十到二百钱，黥为城旦。”可见，秦律中规定五人以上共同犯罪须加重量刑。

（6）刑事责任时效的规定。所谓刑事责任时效，是指刑法追究刑事责任的时间效力。秦律对此的规定有：一是罪发时被告已死亡不予追究。《法律答问》载：“甲杀人，不觉，今甲病死已葬，人乃后告甲，甲杀人审，问甲当论及收不当？告不听。”意即甲杀人，未被察觉，现甲因病死亡，已埋葬，有人告发犯有杀人罪。甲杀人确系事实，是否对甲论罪并收没其亲属？回答是：对此告发不予受理。二是赦令所赦免的犯罪行为不再追究刑事责任。《法律答问》载：“或以赦前盗千钱，赦后尽用之而得，论何殹（也）？毋论。”意即有人在赦令颁布前盗窃一千钱，赦令颁布后将赃钱全部花光，被捕后应当如何论处？回答是：不予论处。盗窃千钱显然是重罪，依律本应从重处罚，但因系赦令颁布前所为，故不追究其刑事责任。

2. 刑罚体系

秦朝的刑罚体系在沿袭奴隶制五刑的基础上，又有创新和发展，其特点是刑罚种类繁多、刑罚手段严酷。

（1）死刑，即剥夺生命的刑罚。秦朝的死刑方式残酷，主要有以下几种。

具五刑，即先对罪犯黥、劓、刖（斩左右趾），再笞杀，砍下脑袋挂在高处示众，并把尸骨剁成肉泥。这是一种肉刑与死刑并用的残酷的刑罚。

族，即因一人犯罪而诛灭其亲族的刑罚。秦有“族诛”和“夷三族”。《史记·秦本纪》载，秦文公二十年（公元前746年），“法初有三族之罪”[②]。这是目前有关秦适用族诛最早的史料记载。秦始皇诛毐及其同党时，“皆灭其宗”。

阬，又作坑，即活埋。秦始皇曾把反对其政策的四百余名儒生及方士“皆阬之咸阳”。

定杀，即把人投入水中淹死。《法律答问》解释说：“生定杀水中之谓也。”

---

① 《睡虎地秦墓竹简》，153、218页，北京，文物出版社，1978。

② 关于秦“夷三族”即诛杀罪犯亲属的范围历来没有定论，有的说法是“父族、母族、妻族”，也有的说法是祖、父、己三族，还有的说法是“父母、妻子、同产”。参见张建国：《帝国时代的中国法》，129～159页，北京，法律出版社，1999。

磔，即裂其肢体而杀之。

（2）肉刑。奴隶制时期的四种肉刑——墨（或称黥）、劓、刖（斩左右趾）和宫，在秦不仅广泛适用，而且与劳役刑并用，如斩左趾、黥为城旦，即先斩左趾，然后黥，再处以城旦的劳役。

（3）劳役刑，即剥夺罪犯人身自由，强制其服劳役的刑罚。① 秦朝的劳役刑主要包括：城旦、舂，即男犯筑城，女犯舂米；鬼薪、白粲，即男犯为祠祀鬼神伐薪，女犯为祠祀择米；隶臣妾，即将罪犯及其家属罚为官奴婢，男为隶臣，女为隶妾；司寇，即伺寇，意为伺察寇盗，轻于隶臣妾；候，即发往边地充当斥候，是秦朝徒刑中最轻的等级。秦朝的劳役刑有时还与耻辱刑连用，如髡钳城旦舂、完城旦舂。

（4）迁刑，即把犯罪者迁到边远地区的刑罚。《史记·商君列传》记载，变法开始后，秦国百姓有的说新的法令不方便，有的称赞新的法令方便，商鞅认为"此皆乱化之民也"，下令将这些议论法令的人"尽迁之于边城"。这是关于秦有迁刑的最早记载。秦王政九年（公元前238年），处死毐，将其手下的四千多户舍人"夺爵迁蜀"②。云梦秦简《傅律》中也有一条规定：百姓未到年龄就上报年老免役，或者已经年老仍然不上报、弄虚作假的，要罚二甲；里典、伍老不告发的也要罚一甲；邻伍每户罚一盾；皆迁之。根据秦朝的材料看，迁刑轻于后世的流刑。

（5）笞刑。笞刑即用竹、木板责打犯人背部的刑罚。秦简中有"笞十""笞五十""笞一百"等多种等级，大多针对轻微犯罪而设，也有的是作为减刑后的刑罚。

（6）耻辱刑。耻辱刑是一种带有侮辱性质的刑罚，秦朝时主要有髡、耐、完等。"髡"是剃去头发和鬓须的刑罚；"耐"是只剃鬓须的刑罚；"耐"与"完"是一刑二称。

（7）财产刑，即剥夺犯罪者财产的刑罚。1）秦朝时主要有"赀"，就是强制犯罪者缴纳一定的财物或服一定的徭役的刑罚。从云梦秦简来看，赀刑的适用面很广，有纯属罚金性质的"赀一甲"（罚一副盔甲）、"赀一盾"（罚一盾牌）、"赀布"（罚纳布匹）；有"赀戍"，即发往边地作戍卒；有"赀徭"，即罚罪犯服一定期限的劳役。2）有"赎"，即允许罪犯用缴纳一定金钱或服一定劳役来赎免刑罚的方法。秦朝有"赎耐""赎黥""赎迁""赎死"等，适用范围非常广泛。3）有"没"和"收"："没"是把罪犯的财产由国家强制充公；"收"分为没收财物和没收人口两个方面。

（8）身份刑，即剥夺罪犯的爵位、官职等身份的刑罚，有"夺爵"（削除违法者的爵位，剥夺其特权）、"废"（废除违法者的官籍，永不叙用的处罚）等。

3. 罪名

秦朝的罪名，见于律、令规定的很多，以下介绍一些比较典型的罪名。

（1）侵犯皇权方面的犯罪。秦朝是中国历史上第一个专制主义中央集权的朝代，维护皇权是秦朝法律的首要任务。凡属危害皇权的言或行，都是法律所打击的重点。属于这一类的罪名主要有：1）谋反罪，这在当时被视为最严重的犯罪；2）操国事不道罪，主要是指操纵国家政务大权，发动政变以及其他倒行逆施的行为；3）不敬皇帝罪，秦王统一天下，"采上古'帝位号，号曰皇帝'"，他自己称为"始皇帝，后世以计数，二世、三世至于万世，传之无穷"③。据秦朝律令，如对皇帝本人有失恭顺，对其命令有所怠慢，都被视为对皇帝不敬。如《秦律杂抄》："听命书……不避席立，赀二甲，废。""命书"即皇帝的命令，也叫"制书"。听命书

① 秦时的劳役刑是否有刑期以及刑期究竟为多少，目前尚存疑问。参见张晋藩主编：《中国法制史研究综述》，123页，北京：中国人民公安大学出版社，1990。

②③ 《史记·秦始皇本纪》。

时，要下席站立，表示恭敬，否则，罚二甲，并撤职，永不叙用。

（2）有关思想言辞方面的罪名有：1）诽谤妖言罪，《史记·高祖本纪》载，刘邦攻占咸阳后，对父老豪杰曰："父老苦秦苛法久矣，诽谤者族，偶语者弃市。"该记载反映出秦朝严禁臣民议论皇帝与朝政，凡稍有批评指责，构成诽谤妖言罪。秦始皇三十五年（公元前212年），秦始皇以此罪名于咸阳坑杀方士、儒生四百六十余人。2）以古非今罪，即借用前代史实事件讽喻、非议当朝政治的行为。《史记·秦始皇本纪》载，始皇三十四年（公元前213年）下诏："以古非今者，族。"3）妄言罪，"妄言"即指发布反对或推翻秦朝统治的言论。《史记·郦生列传》载，"秦法至重也，不可以妄言，妄言者无类"。"无类"即灭绝族类，满门诛杀。4）非所宜言罪，"非所宜言"，即说了不应说的话。秦末，陈胜、吴广起义后，各地使者纷纷到朝廷告急，秦二世召集博士诸儒咨询对策，儒生有的说这是造反，有的说这是"盗"。秦二世下令御史将凡是说这是造反的儒生都抓起来治罪，罪名是"非所宜言"[①]。5）投书罪，指投递有害于封建统治秩序，或发泄私愤、陷害无辜的匿名举报信的行为。云梦秦简《法律答问》引秦律："有投书，勿发，见辄燔之；能捕者购臣妾二人，系投书鞫审谳之"，意思是如收到匿名信，不要开拆，应马上烧掉；对于能够捕捉到写匿名信的人，悬赏两名奴隶，将投递匿名信的人抓起来审问。

（3）贼杀伤罪，即指故意杀人、故意伤人的行为。云梦秦简中有许多关于"贼杀""贼伤人"的规定。因为这种行为严重危及人身安全，法律对此类犯罪处罚较重，而且要求四邻在发现某一家发生贼杀伤之事时要及时救援，否则，要承担刑事责任。

（4）盗窃罪，即指以公开或秘密的方式把他人的财物据为己有的行为。秦法律对所有的盗窃罪都加以严惩。云梦秦简《法律答问》载，"或盗采人桑叶，赃不盈一钱，赀徭三旬"，意即盗采他人的桑叶，价值不满一钱，也要罚服三旬的徭役，而且对盗窃的知情者或家属也要连带处刑。《法律答问》载："甲盗，赃值千钱，乙知其盗，受分赃不盈一钱，问乙何论？同论。"知情者虽分赃不足一钱，也要和盗千钱者同样论处。又如："夫盗三百钱，告妻，妻与共饮食之。何以论妻？非前谋也，当为收；其前谋，同罪。"丈夫盗得钱财告诉其妻后，妻子与之一起消费的，如果夫妻双方是有共同预谋，则与之同罪；若没有共同预谋，以收赃论处。可见，对共同盗窃处罚加重。《法律答问》云："五人盗，赃一钱以上斩左止（趾），又黥以为城旦。"五人合伙盗窃，赃值一钱以上，要被砍去左脚，施以黥刑并服劳役。

（5）盗徙封罪，即指偷偷移动田界，侵犯他人土地所有权的行为。秦律规定："盗徙封，赎耐。"意即盗徙封，判处耐刑，但可以财产赎。

（6）乏徭与逋事罪。这两个罪名是为打击逃避徭役而设。逋事，是指被征发服役而逃亡不到；乏徭，是指到服役之处报到后逃亡。

（7）匿户与匿田罪。这两个罪名是为保证国家税收而设，是指隐瞒户口、田地或在户口登记上弄虚作假、隐瞒成童、申报废疾不实等行为。

（二）民事法规

秦自商鞅变法以后，经济上推行重农抑商政策，政治上实行专制主义中央集权的制度，因此，其民事法规较之刑事法规、经济法规而言显得不够发达。

1. 所有权

在所有权方面，秦朝有国家所有权和私人所有权两种形式。国家所有权，即皇帝所有权，是封建国家最为普遍的所有权形式，秦朝的国家所有权是所有权的主体。正如《琅邪石刻》所

---

① 《史记·刘敬叔孙通列传》。

言："六合之内，皇帝之土。西涉流沙，南尽北户。东有东海，北过大夏。人迹所至，无不臣者。"[①] 在私人所有权中，主要是官僚地主和富商的家庭财产所有权。至于普通百姓，虽享有私有财产所有权，但其所有的财产是极为有限的。而大量存在的奴隶，本身作为国家或者主人财产的一部分，没有财产所有权主体的法律意义。

秦自商鞅变法，"改帝王之制，除井田，民得买卖"[②]，确立了封建地主土地所有制，同时通过实行军功爵制度，对在兼并战争中立有军功者赏赐田宅，又进一步促进了封建土地所有制的发展。秦始皇三十一年（公元前 216 年），下令"使黔首自实田"[③]，即命令占有田地的人自己核实所占有的数额，从而进一步在全国范围内确认了封建土地私有制。对土地私有权，法律是严加保护的，如前所述，"盗徙封，赎耐"。

2. 债权

（1）债发生的根据。从现有的史料看，秦律关于债发生的原因有三种：一是因契约所生之债。《法律答问》有"何谓'亡券而害'？亡椟券右为害"的记载，即丢失了作为凭证的右券就造成丢失契约的损害。秦书面契约的形式为判书，即分为左右两契，契约关系中债权人"操右券以责"[④]。契约的种类分为买卖契约和借贷契约。买卖契约，云梦秦简《封诊式·告臣爰书》载："令少内某、佐某以市正价贾丙丞其前，丙中人，价若干钱。"这是一件买卖奴隶的契约，意思是官府命令少内、佐（官名）按市场标准价格在县丞（官名）面前将丙（指奴隶）买下。丙系身体正常的人，身价若干钱。借贷契约，秦律允许借用官物，其范围包括公车、武器、农具，等等。《厩苑律》中有"假铁器"（农具）于民，《金布律》有"假公器"于百姓，《工律》有"贷"府中"公金钱"于民的规定，凡借贷官物须订立契约。二是因侵权行为所生之债。从云梦秦简可以看出，如因侵权行为造成他人器物损坏的，法律均责令加害人进行修理或恢复原状，不能复原的，要用金钱赔偿。如《法律答问》记载："卖所盗，以买他物，皆畀主"，就是强制盗窃者归还赃物和赔偿损失。三是因不当得利而产生之债。

（2）债的担保。云梦秦简中记载，债的担保人有官方，也有私人。《金布律》载，"百姓假公器及有责未偿，其日足收责之，而弗收责，其人死亡，令其官啬夫及吏主者代偿之"，即官方担保。《工律》载，"公事馆舍，其假公，假而有死者，亦令其舍人任其假"，即为私人担保。同时，秦律禁止强迫债务人以人身作为担保。《法律问答》记载，"百姓有债，勿敢擅强质，擅强质及受质者，'皆赀二甲'。廷行事强质人者论，予者不论"。意思是百姓间有债务关系，不准擅自强行索取人质作为债务担保，即使是双方同意以人质作为担保，也均处以"赀二甲"的刑罚。按宫廷过去的陈例，只处罚强行索取一方，对给予的一方不予处罚。

（3）债的履行。债务人"有债于公"而不履行，须"居作"，即以劳役抵偿。例如，《司空律》规定："有责（债）于公，以其令日问之，其弗能入及赏（偿），以令日居之，日居八钱。"即欠官府债的人，债务到期未还，传讯债务人，如其表示无力偿还，当天即令其为官府服劳役以抵偿债务，每劳役一天，抵偿八钱。

3. 婚姻与继承

从云梦秦简记载的内容看，秦朝在婚姻关系方面有以下规定。

（1）良贱可以通婚。《法律答问》规定："女子为隶臣妻，有子焉，今隶臣死，女子北其子

① 《史记·秦始皇本纪》。
② 《汉书·食货志》。
③ 《史记·秦始皇本纪》注引徐广语。
④ 《史记·平原君虞卿列传》。

(将其子从家中分出),以为非隶臣子也。问女子何论也?完之当也。”可见,虽女子为自由人,但其丈夫是隶臣,故其后代应被认定为隶臣。该女子之所以被处为隶妾,并不是因为她下嫁于隶臣,而是因为她“别”其子,即将其子从家中分出,改变其子的出身,作为非隶臣之子。

(2) 禁止与他人逃亡之妻结婚。《法律答问》载:“女子甲去夫亡,男子乙亦阑亡,相夫妻,甲弗告情,居二岁,生子,乃告情,乙即弗弃,而得,论何也?当黥城旦舂。”又“甲娶人亡妻以为妻,不知亡,有子焉,今得,安置其子?当畀。或入公,入公异是”。从上述记载可知,秦不准与逃亡的他人之妻结婚。

(3) 夫妻法律地位较为平等,夫妻有相互忠实的义务。秦律规定,“女子去夫亡”而另与他人“相夫妻”,要黥为舂。同时《刻石令》也规定:“夫为寄,杀之无罪。”即丈夫与人通奸,杀死无罪。但丈夫不得伤害妻子。《法律答问》中规定“妻悍,夫殴笞之”。对于丈夫殴打比较凶悍的妻子且致伤的,要以伤人律处罚。这既是对夫权的限制,又是对妻子人身权利的保护。

(4) 歧视赘婿。据《汉书・贾谊传》载,秦人“家贫子壮则出赘”。出赘,指男到女家就婚作赘婿。赘婿在秦时社会地位很低,被人歧视。云梦秦简引《魏户律》的规定:“自今以来,假门逆旅,赘婿后父,勿令为户,勿予田宇。三世之后,欲仕仕之,仍署其籍曰:故某虑赘婿某,更之乃孙。”赘婿不能和常人一样享受立户、分田、当官的权利。《魏奔命律》也有关于赘婿地位的规定。

秦朝的继承分为官爵继承和财产继承。秦朝对一些有专业技术要求的职位,如史官、卜巫之类,准许其子孙承袭。同时,秦朝还规定以军功获得爵位者,在一定条件下可由其子孙继承。在财产继承方面,秦律规定:房屋、树木、衣器、牲畜以及奴隶均可作为财产继承。此外,债权、债务也可作为遗产继承。据《金布律》载,除官吏因特殊情况发生之债,或奴隶居作期间发生之债外,一般常人之债务,父死子继。

(三) 经济法规

云梦秦简中经济法规较为详备,反映了国家对经济生活的各个方面,如农业、畜牧业和手工业、财政金融、商业贸易及资源保护等,都进行了调整。

1. 关于农业生产管理方面的立法

(1) 保证农业生产必要的劳动力。《戍律》规定:“同居毋并行。”意即同居者不要同时被征服边戍,其目的是保证有人耕作农田。《司空律》规定:“一室二人以上居赀赎责(债)而莫见其室者。出其一人,令相为兼居之。”意即若一家有两人以上以劳役抵债而无人在家耕作者,可留一人在家,轮流服役。若县啬夫、县尉或士吏不依此法而随便征发,要给予罚二甲的处罚。

(2) 加强对粮食的保管。秦政府设置了管理粮食仓库的专门职官,如中央机关的“太仓”及其下级官吏“都仓啬夫”和“仓啬夫”。《仓律》详细地规定了粮食进出仓库的各种手续、粮食在仓内的保管等具体内容。若因管理不善,以致仓漏粮霉不能食用,则要依情节轻重给仓啬夫斥责、赀一甲或二甲,甚至责令赔偿的处罚。

(3) 规定基层官吏有管理农业生产的职责。例如,下了及时雨和谷物抽穗后,基层官吏应当即向上级书面报告受雨、抽穗的顷数,另外,还应向上级报告已经开垦但尚未耕种的田地的顷数。如遇洪涝灾害、旱灾、蝗灾、虫灾及暴风雨等使农作物受害,也要上报受灾顷数。距离近的县,文书由专人快速投递;距离远的县,文书由驿站投递。

2. 关于自然资源保护方面的立法

《田律》规定,春天二月,不准到山林中砍伐树木;不准堵塞水道;不到夏季,不准烧草作肥料;不准采割刚发芽的植物或捕捉幼兽、掏取鸟卵,不准设置捕捉鸟兽的陷阱和网罟,等等。上述禁令须到七月才被解除。这说明秦朝统治者已开始用法律来保护自然资源。

3. 关于畜牧生产方面的立法

秦律规定放牧官吏应忠于职守。《厩苑律》《牛羊课》规定：每年四月、七月、十月及正月对牛的饲养进行检查评比，成绩优异者主管啬夫受奖，成绩差的受罚。不仅如此，秦律还对牲畜的繁殖率及死亡率作了具体规定。其具体规定如：成年母牛10头，其中6头不生小牛，则罚啬夫、佐夫各一盾；母羊10只，其中4只不生小羊，亦罚啬夫、佐夫各一盾。

《田律》还规定了农民应向国家交纳粮食和饲料，而且还对驾车牛马的食料的发放领取程序、分量等都有明确的要求和限制。

4. 关于手工业方面的立法

秦简中的《工律》《工人程》《均工律》《效律》等，对手工业产品的规格、质量、生产定额以及劳动力调配、劳动时间的计算等方面，都作了比较系统的规定。

（1）关于产品规格的规定。《工律》规定："为器同物者，其大小、短长、广亦必等。"意即制作同一种器物，其大小、长短和宽度必须相同。同时，《工律》还规定，县和有关官府校正衡器的权、斗桶和升，至少每年校正一次。

（2）关于工匠管理和调动的规定。如《均工律》载："新工初工事，一岁半（额）功，其后发赋（收）功与故（工）等。工师善教之，故工一岁而成，新工二岁而成。能先期成学者谒上，上且有以赏之。盈期不成学者，籍书（记名）而上内史。"为保障手工业艺人能够发挥其技能，《均工律》又规定："隶臣有巧可以为工者，勿以为人仆、养。"即隶臣有技艺可以做工匠的，不要他给人做赶车、烹炊的劳役。《工人程》规定，隶臣、被"下吏"① 之人、城旦和工匠在一起生产的，在冬季劳动时，得放宽其标准，三天收取相当于夏天两天的产品；还规定，做杂活的隶妾两人相当于工匠一人。《军爵律》规定："工隶臣斩首及人为斩首以免者，皆令为工。"这一规定的目的就是保证手工业生产所需要的劳动力资源。又据《秦律杂抄》所记，不是本年度应生产的产品，又没有朝廷的命令，而擅敢制作他器物的，工师和丞各罚二甲。

（3）关于产品质量的规定。秦对手工业生产的产品质量非常重视，建立了严格的考核制度。秦律规定，凡手工业产品都要刻上生产者及管理者的姓名，并定期检查评比。凡考评时产品质量被评为下等的，罚工师一甲、丞和曹长各一盾；连续三年被评为下等的，罚工师一甲、丞和曹长各二甲。各县官营手工业机构即工官所上交的产品，评为下等的，罚该工官的啬夫一甲，县令、丞、吏、曹长各一盾。城旦做工而被评为下等的，每人笞一百。所造大车被评为下等的，罚司空啬夫一盾，徒各笞五十。此外，关于对漆园及采矿管理中的质量及考核问题，秦律也有详细的规定。

5. 关于商业贸易方面的立法

秦时虽然重本抑末，但实际上商业贸易也有相当程度的发展。为了维护正常的贸易，秦制定了有关商品价格、货币比价、度量衡误差限度等法令，对其商业贸易进行调整。

（1）出售的商品必须标明价格。《金布律》规定：在出售的商品上须系签标明价格，但价格不到一钱的小商品可不标价。《关市律》规定："受钱必辄入其钱缿中"（缿：一种盛钱的小孔瓶，可放入而不便轻易取出），并且"令市者见其入"，即当着买主的面让其看着将钱放进瓶中，否则，罚一甲。可见，秦时对贸易的管理是非常周密的。

（2）衡器的标准化。因衡器涉及国家统一度量衡制度的贯彻实施，与商品交换和市场管理有着直接关系，所以秦以法律的形式将衡器具体确定下来。《效律》明文规定了衡器的误差限

① 秦汉时把原有一定地位的人交给官吏审处，称为"下吏"。

度："衡石不正，十六两以上，赀官啬夫一甲；不盈十六两到八两，赀一盾。桶不正，二升以上，赀一甲；不盈二升到一升，赀一盾。"又规定："斗不正，半升以上，赀一甲；不盈半升到少半升，赀一盾。半石不正，少半升以上；参不正，六分升以上；升不正，二十分升一以上；黄金衡累不正，半铢以上，赀各一盾。"

(3) 限制对外贸易。秦朝实行外贸管制政策，凡邦客（即外籍商贾）到秦境内经商者，只有将许可凭证送交有关官吏查验后方可进行交易，称"布使"。若尚未"布使"即交易者，则要受罚一甲。秦律还严禁珠宝出口。《法律答问》规定，将珠玉偷运出境以及卖给邦客的，捕获后应将珠玉上交内史，内史酌量给捕获者以奖励：若被捕犯人应处耐罪以上，捕获者与捕获其他罪犯受同样的奖励；如只应处罚金，则不予奖赏。

6. 关于金融管理方面的立法

(1) 货币规格和比价。从秦简看，秦时以金、钱、布为流通货币。《金布律》规定："布袤八尺，幅广二尺五寸。布恶，其广袤不如式者，不行。钱十一当一布。其出入钱以当金、布，律。"这一方面对"布"的规格作出具体要求，不合规格者不得流通；另一方面又确定了货币的比价，即十一钱折合一布，若以出入钱来折合黄金或布，应按法律规定进行。

(2) 货币的流通。《金布律》规定："钱善不善，杂实之"，"百姓市用钱，美恶杂之，勿敢异"，"贾市居列者及官府之吏，毋敢择行钱、布；择行钱、布者，列伍长弗告，吏循之不谨，皆有罪"。也即是说，好、坏钱应一起使用，百姓在交易中使用钱、布，不得挑拣、选择，否则，选择者连同列伍长不告发、吏检察不严者，都要受刑罚处罚。

(3) 严禁私铸钱币。秦的钱币制造，由国家垄断，民间私铸钱币属犯罪行为。《封诊式》中有一份爰书，记载了丙、丁二人私铸钱，被士伍甲发现并将二人连同所铸之钱及钱范一并送往官府的经过，说明当时私铸钱要受刑罚制裁，并允许公民揭发并扭送至官府。

7. 关于赋税徭役管理方面的立法

秦朝虽然处于中国统一的专制主义中央集权统治建立的初期，但已有了一套比较完备的赋税和徭役立法。

(1) 赋税立法。秦朝征收的赋税，有田赋、户赋和口赋。

田赋，即按照土地的数量征收的赋税。由于田赋对封建国家非常重要，所以，逃避田赋自然是法律所禁止的。《法律答问》说："已租诸民，弗言，为匿田；未租，不论为匿田。"即官吏向百姓收取田赋而不上报为"匿田"罪。

户赋，就是按户征收的赋税。商鞅变法时就规定："民有二男以上不分异者，倍其赋。"这里的"赋"就是指户赋。云梦秦简中也有关于户赋的规定。《法律答问》载："何谓'匿户'及'敖童弗傅'？匿户弗徭、使，弗令出户赋之谓也。"就是说，凡达到一定年龄的男子，都要向国家登记立户，并缴纳户赋。如果隐匿人户，不征发徭役、不加役使，也不命缴纳户赋，就是匿户。匿户要受到刑事处罚。

口赋，就是人头税，即按人纳税。根据法律规定，以人和户为征税单位，到一定的法定年龄，男女不分，贫富无异，都必须向封建国家缴纳法定的税金。秦朝的口赋是以户籍为征收依据的，因此，秦朝十分重视户籍管理。据记载，秦自商鞅变法时，就已经建立了一套严密的户籍制度。如商鞅变法时规定："令民为什伍，而相牧司连坐。"[①] "令民为什伍"即是把人民按五家为一伍、十家为一什的方法编制的户籍管理制度；又令"四境之内丈夫女子皆有名于上，

① 《史记·商君列传》。

生者著，死者削”①。“名”即“名籍”。在云梦秦简《秦律杂抄·傅律》里，也有关于户籍方面的内容。

（2）徭役立法。秦的徭役也是按户籍征发的。秦律规定：男子十七岁傅籍，六十免老，其间都要按规定服劳役。在应服役期间，得随时听候国家的调遣，不得逃匿。云梦秦简《法律答问》规定，不能按期报到服役称“不会”，要“笞五十”，游荡不满一年被捉到的再笞五十。服役谎报到期提前回家者被称为“寡归不如辞”，罚居边服役四个月。接到征发命令逃避服役的被称为“逋事”，到服役地点报到后逃亡的是“乏徭”，这些行为都要受到严惩。秦朝的徭役是非常繁重的。史称“始皇既并天下，北筑长城，南戍五岭，又有骊山、阿房之役，兵不足用，乃至发谪”②。当时动用劳动力总数“北筑长城四十余万，南戍五岭五十余万，骊山、阿房之役，各七十余万”③。这样庞大的征发徭役数字，对于一个两千万人口的国家来说，其繁重程度可想而知。沉重的徭役负担，致使“民不聊生，天下骚动，而胜、广起矣”④，而秦遂以亡。

（四）行政法规

秦代行政法规的内容相当全面，几乎涉及当时行政活动的各个领域，主要有《置吏律》《除吏律》《除弟子律》《尉杂》《内史杂》《傅律》《徭律》《司空》《军爵律》《屯表律》《戍律》《行书》《游士律》《属邦》《公车司马猎律》《中劳律》等，具体内容有以下几个方面。

1. 确立皇帝制度

秦统一全国后，秦王嬴政认为自己“德兼三皇，功过五帝”，故更名号为“皇帝”，自称“始皇帝”，规定“命为制，令为诏”，“自称为朕”，独揽全国政治、经济、军事、行政、立法、司法、监察等大权，即“天下之事无小大皆决于上”⑤；制定一套详备的仪礼规范，赋予皇帝种种特权，以维护其独尊的权威，并确立皇帝对国家行政事务所拥有的最后处断权。

2. 行政机构的设置

（1）中央机关。秦朝在中央设置了三公九卿的行政机构体系。三公指丞相、太尉和御史大夫。丞相是皇帝下面的最高行政长官，辅佐皇帝总理政务。太尉是掌管军事的最高官吏。《汉书·百官公卿表》曰：“太尉，秦官，金印紫绶，掌武事。”御史大夫为副丞相，具体负责转呈群臣章奏和下达皇帝的诏令，并兼理监察、举劾官吏。三公分置属吏，组成丞相府、太尉府和御史府，是国家的中枢机构。

三公之下设列卿作为执行机构，即奉常，掌管宗庙礼仪；郎中令，掌管“宫殿门户”，统辖皇帝的侍从警卫；卫尉，掌管“宫门卫屯兵”，亦为负责皇室警卫的机构；太仆，掌管宫廷御马和国家的马政；宗正，掌管皇族事务；治粟内史，掌管全国租税钱谷和财政收支；少府，掌管皇室山海池泽税收；廷尉，负责司法，掌管刑辟；典客，负责国家的外交和少数民族事务；主爵中尉，管理分封诸侯的事务。列卿在汉代以后演化为九卿，成为封建政权中行政机构的中枢。

（2）地方机关。秦在地方设郡、县两级机构。郡以郡守为长官，执掌一郡的全部政务和司法。郡守由朝廷任命，直接受朝廷节制。郡守之下设郡尉，执掌本郡军事政务。各郡还有朝廷派出的监察御史，负责该郡的监察工作。县置县令、县长，是县的行政长官。万户以上的县长官称为县令，不满万户的县长官称为县长，主管一县政务和司法。县之下有乡、里等行政区划。

3. 官吏管理制度

封建国家机器的运转，离不开封建官吏，官吏的才能及忠实程度，直接关系到封建国家政

---

① 《商君书·境内》。

②③④ 《文献通考·兵考一》。

⑤ 《史记·秦始皇本纪》。

权能否巩固，因此，秦非常重视治吏。为了加强吏治，秦法对官吏的选任、官吏的职责、官吏的考核以及官吏的奖惩等方面都制定了十分严密的规范。

（1）官吏的选任。秦简《为吏之道》对官吏应当具备的条件作了规定："凡为吏之道，必精絜（洁），正直，谨慎坚固，审悉毋（无）私，微密纤察，审当赏罚……吏有五善：一曰忠信敬上，二曰清廉毋谤，三曰举事审当，四曰喜为善行，五曰恭敬多让。"可见，秦对官吏的基本要求是必须五善：忠君、廉洁奉公、宽厚平和、严格执法、勤于职务和讲求工作效率。此外，任官还有一些限制，如不得任用"废官"；所用佐吏必须是壮年；啬夫被调任其他官府，不得将原任官府的佐、吏，调至新任官府任用，以防相互勾结、营私舞弊。

秦朝选任官吏的方式有察举制、征召制和任子制。察举制度，即由朝廷或主管官员进行考察的一种由下而上举荐人才为官的方式。为了保证所荐之人确实是德才兼备的人才，秦规定了"保任连坐制"，即保荐人对被保荐人的不胜任和犯罪要负连带责任。《史记·范雎蔡泽列传》载："秦之法，任人而所任不善者，各以其罪罪之。"范雎为秦昭王相，因举荐郑平安为将军，后郑平安率军伐赵，兵败投降，范雎受追究，被免相职。征召制度，即朝廷采取自上而下的征召方式将各地有名望的人士揽到官府为官。任子制度，又称葆子制度，即一定级别的官吏保举自己的子弟为官。云梦秦简中多次出现关于葆子的记载。

（2）官吏的职责。按照秦律要求，各级官吏必须严格执行职务。云梦秦简的《田律》《厩苑律》《仓律》《工律》《徭律》《效律》《内史杂》，《封诊式》中的《治狱》《讯狱》等各篇，对各类官吏的职责都作了明确的规定。比如，《厩苑律》要求司牧之官在官有牛马死亡时立即向所在县呈报，由县检验后将已死牛马上缴；如因报不及时而使牛马腐败，须按未腐败时的价格赔偿。《仓律》则要求管仓之官在谷物、刍槁入仓时就须登记入仓的簿籍，上报内史，如果不履行职责，就要受到相应的处罚。《法律答问》载："啬夫不以官为事，以奸为事，论可（何）殴（也）？当迁。"即官吏不履行职责，以权谋私，要处以迁刑。官吏知法与否是衡量"良吏"与"恶吏"的标准之一。《语书》云："凡良吏明法律令……恶吏不明法律令。"因此，《内史杂》要求"县各告都官在其县者，写其官之用律"，即各级官员须抄写所须遵用的法律。

（3）官吏的考核。秦对官吏的考核，分为定期的地方对中央的上计制度和对诸曹官吏结合具体职掌进行的定期或不定期的考课两种。"上计制度"，就是每年年初由地方官郡守、县令制订年度工作计划，内容包括土地的开垦、人口的增长、赋役的征发、司法治安状况等方面，并将计划上报中央，年终由中央有关部门根据该官吏的计划对其工作进行考核，评出优劣，并给予奖惩。对下级官吏的考绩称为课，标准要根据具体职掌而定，考评的结果分为"最"和"殿"两类，"最"者有奖励提升，"殿"者笞罚。

（4）官吏的惩治。秦律对官吏的不法行为进行惩治，根据不同的情况，分别规定了行政责任、民事责任和刑事责任。秦律规定，凡不履行职责义务的官吏，均要给予行政处分，包括：谇，即训诫斥责；罚金，如赀一盾、赀一甲等；免，即免除其职务，以后还有机会任职；废，撤职永不叙用。秦律还规定，官吏在执行公务时，由于自身的过失使国家财产蒙受损失者，除承担相应的刑事或行政责任外，还要负民事赔偿责任。如《效律》规定："仓漏朽禾粟，及积禾粟而败之"，不仅负有责任的官啬夫要被谇或赀，而且"令官啬夫、冗吏共偿败禾粟。禾粟虽败而尚可食也，程之，以其耗石数论负之"，即由啬夫和群吏一起赔偿或估算，以腐败损耗的石数赔偿。又规定："官啬夫，冗吏皆共偿不备之货"，即啬夫和众吏都应当共同赔偿不足数的财货。《工律》规定："假公器者，其事已及免，官辄收其假，弗亟收者有罪。其假者死亡，有罪无责也，吏代偿。"即借用公器物的，其事务完成及免除时，官府应当立即收回所借器物，不及时收回的有罪。如果借用者死亡或者犯罪而未将器物追还的，由吏代为赔偿。

第二节　秦朝的司法制度

一、司法机关

（一）皇帝掌握最高司法权

秦朝是中国历史上第一个中央集权的封建王朝，皇帝是封建专制的核心，总揽一切大权，既掌握着国家的最高军政大权，又拥有最高立法权，还控制着国家的最高司法审判权。皇帝对司法权的控制，主要有两种方式：一是亲自审案，史载秦始皇“躬操文墨，昼断狱，夜理书，自程决事”①。二是严密控制司法机关的审判活动，对一些重大案件享有最后决定权。

（二）中央司法机关

（1）廷尉。九卿之一，是秦朝的中央最高审判机关和最高司法官，其职责是审理皇帝交办的案件和地方不能审理的重大案件，以及审核、平决各郡的疑难案件。

（2）丞相。最高行政长官，由于古代中国司法、行政并无严格的区分，因而有时也负责审理皇帝交办的案件。

（3）御史大夫。该职是丞相之副，除职掌群臣奏章和下达皇帝诏令之外，还负责监察和亲理诏狱。

（三）地方司法机关

秦朝地方分郡、县两级，实行司法与行政合一，由长官郡守、县令负责司法审判。郡设决曹掾具体负责司法审判。县的县丞除协助县令处理文书、仓库事务外，还协助县令办理狱讼案件。

二、诉讼制度

（一）诉讼的提出

秦朝诉讼的提出大体有两种形式，即官吏的纠举和举发。

（1）官吏的纠举。类似于近现代的公诉，如《封诊式》所载的“盗马”“群盗”“贼死”“经死”即属于这一类。秦律规定，发现有人有此类犯罪，里典、伍老等负有及时向官府纠举的法律责任。

（2）告举。类似于现代的自诉，秦简《封诊式》所载的“争牛”“告臣”“黥妾”“迁子”“告子”就是以自诉形式起诉的案例。

秦律对告举案件有一些特别规定。一是强制告奸，即“公室告”必须告。《法律答问》解释曰：“贼杀伤、盗它（他）人，为公室告”。意指告发他人的杀伤和盗窃行为，官府必须受理。二是“家罪”与“非公室告”不许告。秦律规定：“父子同居，杀伤父臣妾、畜产及盗之，父已死，或告，勿听，是谓家罪。”而“子盗父母，父母擅杀、刑、髡子及臣妾，不为公室告”；“子告父母、臣妾告主，非公室告，勿听”。“非公室告”是指控告子女盗窃自己的财产或家长刑杀伤害子女奴妾等行为的案件，凡属非公室告案件，司法机关不予受理；“而行告，告者罪”，如果坚持告发，则告者有罪；若是他人接替告发，也不能受理。三是禁止诬告和告不

① 《汉书·刑法志》。

实。对于诬告，秦朝实行反坐原则，对告不实也要根据情况处罚。云梦秦简《法律答问》载："甲盗羊，乙知，即端告曰甲盗牛，问乙为诬人，且为告不审？为告盗加赃。"这里的"告盗加赃"显属法律禁止之列。

（二）案件的审理

1. 双方当事人到庭

秦朝同西周一样，在案件审讯时要求双方当事人须到庭。云梦秦简《封诊式》收录了23个案件的处理程序，除《贼死》《穴盗》两案的作案人在逃，《经死》一案的自缢尚待查清之外，其余20个案例均提到了原告与被告。

2. 讯问

在案件审理过程中，讯问是必经程序，也是最重要的环节。它包括讯问告发人、被告人和证人，其中以讯问被告人获取口供最为关键。为此，秦律允许司法官吏有条件地实施刑讯。秦朝在一般情况下并不提倡刑讯，认为"能以书从迹其言，勿笞掠而得人情为上；笞掠为下"①，即能根据口供而查证，弄清犯罪事实者为最好；审讯时动用刑具，经刑讯弄清案情的是下策。但当司法官吏认为当事人回答问题不实、狡辩时，则允许刑讯，"诘之极而数訑，更言不服，其律当笞掠者，乃笞掠"②，即反复诘问至犯人辞穷，犯人多次欺骗或不断改变口供，拒不服罪，依法应当拷打的，就可以刑讯。不过对刑讯的详情要以"爰书"的形式记录下来。

3. 调查与勘验

司法机关受理案件后，一面通知被告人所在地的基层组织的里典，令其将被告人的姓名、身份、籍贯、有无前科、判过何种刑以及赦免与否等问题写成书面材料，一面派县丞等前往发案地点，然后进行现场勘验与检验，收集证据。勘验要作出详细笔录，称为"爰书"。秦重勘验，从而推动了法医检验技术和司法鉴定水平的发展和提高。如《封诊式》中保存的《贼死》《凶杀》两案现场勘验"爰书"中，详细地记录了发案现场的地点、方位，受害人的位置、衣着、鞋履、年龄、性别、肤色、身长、发式、特征，尸体刀伤的部位、深度、长度以及流血状况，并对尸体的临时处置情况、呈送的物证、讯问证人的有关内容等有详尽的记载。

调查勘验过程中需要查封的要查封，亦即"封守"。封是指查封财产、物品，守是指看守家属。封守要有详细记录，如被查封的房屋、牲畜、人口或衣物等，均须写清楚回报到县。"封守"是秦时诉讼制度中一项法定的常用程序。

4. 判决与再审

从云梦秦简《法律答问》看，秦有判决、上诉、复核或再审等诉讼阶段。案件终结后应向当事人"读鞫"（宣读判决书）。罪犯不服，可以申请再审。若对判决不服，当事人有权"乞鞫"，即提出重新审理的要求。这种要求既可以由其本人提出，也可以由他人代为提出。但这种要求只有在判决以后提出才可受理，若在案件判决前提出则不能受理。

（三）秦朝诉讼制度的主要影响

作为中国古代第一个中央集权的专制王朝，秦朝在中国历史上具有承上启下的重要地位，其司法制度对后世也产生了重要影响。如皇帝掌握最高司法权，行政与司法不分，限制子女和奴婢的诉讼权利，在审判中有条件地实行刑讯，重视现场勘验以及案件的"乞鞫"（上诉）制度等，都为后世所承袭。

---

① 《睡虎地秦墓竹简》，245～246页，北京，文物出版社，1978。

② 同上书，246页。

三、监察制度

秦朝的中央监察机关为御史台。西周时已有“御史”之名，其职责是掌管文书。至秦时，御史成为纠察百官的最高监察官吏。御史大夫乃御史之长，全面掌握群臣奏章和下达皇帝诏令，并监察文武百官。御史大夫之下设御史中丞二人，协助御史大夫问事，掌管朝廷的图籍秘书，并处理直达皇帝的一切奏章，在殿中察举违法官吏。御史中丞之下设御史（亦称侍御史）若干，主管地方送达中央的文件，并具体从事纠举办案。

秦在地方还设有监御史。这是由中央派往地方执行监察任务的官吏，其主要职责是对所在郡的官吏实行纠察，并参与治理刑狱。

秦朝开创了中国监察制度的先河，虽然其监察制度不完善，监察机关及其职能尚不全面，且不是专职的监察机构，但是，由御史监察百官的制度历朝都予以承袭，可见其影响是十分深远的。

课后复习

1. 秦朝法律的指导思想有何特点？
2. 秦朝在维护皇权方面有哪些规定？
3. 秦朝是如何运用法律手段管理经济的？
4. 秦朝的司法制度有何特点？

第五章
汉朝的法律

提要

公元前206年，秦朝的暴虐统治在农民战争中倾覆。在秦帝国的废墟上，建立起了汉朝。汉朝分为西汉和东汉。公元前202年，汉王刘邦在楚汉战争中战胜西楚霸王项羽，定都长安，史称西汉。公元8年，权臣王莽篡汉建立新朝。公元25年刘秀重建汉王朝，定都洛阳，史称东汉。两汉时期是封建专制主义中央集权统治的巩固和发展时期，汉代的法制也在承用秦制的基础上改革创新，使封建法制得以最后确立，并对后世封建立法产生深远影响，“历代之律，皆以汉《九章》为宗”[①]。汉代开创的“礼法结合”的封建法律体系“自汉以后，沿唐及宋，迄于元明，虽代有增损，而无敢轻议成规”[②]。文景时期的刑制改革以及司法制度方面的“春秋决狱”、录囚制度等也对后世产生了重大影响。

重点问题

1. 汉朝法律指导思想的变化。
2. 汉朝刑法原则的发展。
3. 汉朝刑罚制度改革。
4. “春秋决狱”。
5. 汉朝监察制度的发展变化。

第一节　汉朝法律指导思想的变化

一、汉初黄老学派与“无为而治”

黄老思想在政治方面的主要特点是主张“无为而治”。《论衡·自然》曰：“黄者，黄帝也；老者，老子也。黄、老之操，身中恬淡，其治无为，正身共（恭）己，而阴阳自和，无心于为而物自化，无意于生而物自成。”

历经秦朝的苛政和连年战争，汉初社会生产遭到严重破坏，经济凋残，“民失作业而大饥

① 《明史·刑法志》。
② 程树德：《九朝律考·汉律考》，北京，中华书局，1963。

馑"，"人相食，死者过半"[①]。在这样的历史条件下，弃乱思治，使人民得以休养生息，恢复和发展生产，巩固刚刚建立的封建政权，成为当时的要务。刘邦令陆贾总结秦亡的教训作为借鉴，陆贾根据黄老思想，结合当时的社会情况，提出："事逾烦，天下逾乱；法逾滋，而奸逾炽"，所以"道莫大于无为"[②]。黄老"无为而治"的治国思想，为汉初统治者所采用。"无为而治"的思想，反映在立法指导思想上就是"轻徭薄赋""约法省刑"。

汉初统治者多次减轻徭役赋税。高祖刘邦规定田租十五而税一。文帝十三年（公元前167年）又诏谕郡县"务省徭役以信民"。景帝时把田租减为三十而税一。在约法省刑方面，刘邦进咸阳时曾宣布废除秦代苛法。惠帝四年（公元前191年）"省法令妨吏民者，除挟书律"[③]；高后元年（公元前187年）"除三族罪，妖言令"[④]，以及"复弛商贾之律"[⑤]；文帝元年（公元前179年）"尽除收帑相坐律令"；文帝五年（公元前175年），"除盗铸钱令"[⑥]；文帝十三年（公元前167年），"除肉刑"，"除田之租税"[⑦]，等等。汉初七十年间推行黄老思想，结果导致了"文景之治"。

二、"独尊儒术"与新儒家的法律思想

（一）"独尊儒术"的原因与确立过程

汉初社会的经济、政治经过七十年的恢复与发展后，国家积累了大量物质财富。据说，当时粮食吃不完，堆在仓里发霉；钱放在府库里，因穿钱的绳子腐烂，不能数清。但与经济繁荣同步出现的却是诸侯坐大、豪强骄纵，有与中央分庭抗礼之势，直接威胁到中央集权统治的安全。在对外政策方面，汉初对崛起漠北的匈奴一味妥协退让，企求平安，导致匈奴步步紧逼，烽火连连，外患日重。在这种形势下，汉初奉行的"清静无为"思想已不合时宜，统治者必须寻求新的治国方略以救时弊。

汉武帝时"诏举贤良方正，极言纳谏之士"，策问天下，董仲舒以"《春秋》大一统"思想应对。他提出"罢黜百家，独尊儒术"，建议"诸不在六艺之科孔子之术者，皆绝其道，勿使并进"[⑧]，即以"孔子之术"来取代诸子百家的思想。董仲舒的建议被汉武帝采纳，儒家从而获得正统和独尊的地位。

（二）儒家法思想的主要内容

董仲舒提出的新儒学，是以儒学为主体，兼糅阴阳、法、道诸家之说，是全面而系统、以儒法结合为特色的新的封建统治理论。

其法律思想主要包括以下几个方面。

（1）君权神授。新儒家思想认为皇帝的地位是至高无上的，其权力是由天所授，是代表上天来统治人世的，"天子受命于天，天下受命于天子"[⑨]。因此，天子的权力是神圣不可侵犯的。儒家强调皇帝的权威，董仲舒则利用神权使这种权威合法化和神秘化。因此，任何侵犯皇权的言行都被视为大逆不道的罪行，要被处以最严厉的刑罚。

---

① 《汉书·食货志》。
② 陆贾：《新语·无为》。
③ 《汉书·惠帝纪》。
④ 《汉书·高后纪》。
⑤ 《史记·平准书》。
⑥⑦ 《汉书·文帝纪》。
⑧ 《汉书·董仲舒传》。
⑨ 董仲舒：《春秋繁露·为人者天》。

董仲舒像

（2）德主刑辅。关于德与刑的关系，董仲舒仍坚持儒家的“德主刑辅”论。他认为“天道之大者在阴阳。阳为德，阴为刑；刑主杀而德主生。是故阳常居大夏，而以生育养长为事；阴常居在冬，而积于空虚不用之处。以此见天之任德不任刑也”①。在董仲舒看来，德、刑之间有主次之分，“阴者，阳之助也”，故“刑者，德之辅也”②，两者的关系是德主刑辅。以德教为本、刑罚为辅，才能使百姓“晓于礼谊（义）而耻犯其上”，社会才能安定而有序。

（3）“三纲”“五常”，礼律融合。所谓“三纲”，即君为臣纲、父为子纲、夫为妻纲；“五常”即“仁、义、礼、智、信”五常之道。“三纲”作为封建制度下的三方面基本关系，最早是由法家的代表人物韩非提出来的。董仲舒结合其阴阳学说，将这三方面基本关系提升归纳为“三纲”。他说：“君臣、父子、夫妇之义，皆取之阴阳之道。君为阳，臣为阴；父为阳，子为阴；夫为阳，妻为阴。”③ 而由于“阳贵而阴贱，天之制也”④，所以，君为臣纲、父为子纲、夫为妻纲的“三纲”顺乎天意，合乎阴阳，必须遵守。这样，“三纲”“五常”既是社会的道德准则，又是社会立法的根本原则。

三、法律的儒家化

中国古代的立法，从战国到秦都是以法家思想为指导的，因而在以《法经》、秦律为代表建立起来的成文法体系里体现的是法家的思想，汉初的《九章律》也是在《法经》、秦律基础上制定，体现的也是法家的思想。自汉武帝时起，儒家思想获得独尊的地位，成为汉统治者治国的基本指导思想。这样，一个明显的分歧就出现了，儒家的指导思想与法家化的法律之间难

① 《汉书·董仲舒传》。

②④ 董仲舒：《春秋繁露·天辨人在》。

③ 《春秋繁露义证·基义》。

于统一。汉朝统治者为了解决法律指导思想与法律条文之间的矛盾和脱节现象，实现法律儒家化，采取了三项措施：一是直接确立一些体现儒家思想的法律制度，如“亲亲得相首匿”制度、恤刑制度等，这些制度都具有很强的操作性，用以改造旧律；二是“春秋决狱”；三是引经注律。后两项措施是汉代法律儒家化的主要途径。

武帝坐朝笔问仲舒

“春秋决狱”，又称“引经决狱”“经义断狱”，是西汉武帝时期董仲舒等人提倡的一种断狱方式，即以《春秋》为代表的儒家经典的精神来定罪量刑。“春秋决狱”的基本精神和本质就是“论心定罪”。“春秋之治狱，论心定罪。志善而违于法者免，志恶而合于法者诛。”[①] 即司法者在办案时主要根据行为人的主观动机（“志”“心”）定罪：动机善良而行为违法者，可以免除责任；动机邪恶者，即使行为合法，也要予以处罚。而“志善”或“志恶”，是依儒家的纲纪伦常来确定。由董仲舒开创的“春秋决狱”，在汉代成为一种风气。据《后汉书·应劭传》记载：“故胶东相董仲舒老病致仕，朝廷每有政议，数遣廷尉张汤亲至陋巷，问其得失，于是作《春秋决狱》二百三十二事，动以经对，言之详矣。”董仲舒的弟子吕步舒“持节使决淮南狱……以《春秋》之义正之，天子皆以为是”[②]。兒宽善据《春秋》经义断狱，深得廷尉张汤的赞扬。[③] 汉宣帝时的廷尉于定国“学《春秋》……其决疑平法，务在哀鳏寡，罪疑从轻”[④]。这实际上是汉代儒家依凭皇权的力量在法制领域的一场变革。它的触角首先伸向了司法领域，继之又通过“决事比”（判例法）的方式渗入立法领域，其目的是促使法律儒家化。在“春秋决狱”过程中形成的一些符合儒家礼治精神的法律观念，如“君亲无将”“原心定罪”“父子相隐”“以功覆过”等，为后世封建法典所吸收，从而促进了礼法结合。但“引经决狱”导致了在审判过程中过分强调犯罪者的主观动机，也为司法任意出入人罪开了方便之门。

“引经决狱”之风的盛行，又开启了引经注律之风。在“引经决狱”的过程中，遇到经义与律文有矛盾的时候，总是需要作出解释，而当时修改律典又不太容易，故一些儒生干脆撰写一些用儒家经义解释律文的著作，使律典中的条文合乎儒家的经义。当这种法律解释得到皇帝的批准而具有法律效力之后，法律的儒家化得到进一步深入。

① 《盐铁论·刑德》。

② 《史记·儒林列传》。

③ 参见《汉书·公孙弘卜式兒宽传》。

④ 《汉书·隽疏于薛平彭传》。

“春秋决狱”的两个案例

春秋决狱的核心是“论心定罪”，即以人们的主观动机是否符合儒家所倡导的礼义标准来决定刑事责任的有无与轻重。从下面两个典型案例中我们可以对春秋决狱有一个初步的认识。

甲本来没有儿子，抱路边的一个弃儿乙回家，抚养成人。乙长大后杀了人，回来把事情告诉了甲。甲为了使乙免受处罚，就把他藏匿起来。按照汉朝法律的规定，对甲应以匿奸罪论处，判以重刑。但是董仲舒认为，按照《春秋》的精神，父子应该相容隐，所谓“父为子隐，子为父隐，直在其中也”。甲虽然不是乙的生父，但从小抚养其长大，两人的关系形同亲生父子，所以甲不应受处罚。

还有一个与之相反的例子：甲把儿子乙自小送人，乙长大后，有一次甲喝醉了酒，就告诉乙说：“我是你父亲。”乙很生气，就打了甲。依照法律，殴打父亲要处以死刑。董仲舒却说乙不该被判有罪，因为甲未对儿子尽到做父亲的责任，两人并无父子恩义可言。

第二节　汉朝立法概况与法律形式

一、立法活动

（一）“约法三章”

刘邦初入关中，为博取民心，曾与关中父老“约法三章”：“杀人者死，伤人及盗抵罪。”①蠲除繁苛，此为汉代立法的开端。

（二）《九章律》

定都长安后，汉高祖基于“四夷未附，兵革未息”的现实，认为“三章之法不足以御奸”，急需制定成文律典，于是，命“韩信申军法，张苍为章程”②，又令丞相萧何制律令。萧何“捃摭（选择）秦法，取其宜于时者，作律九章”③。《九章律》是在《法经》六篇的基础上增加《户律》（主要规定户籍、赋税和婚姻之事）、《兴律》（主要规定征发徭役、城防守备之事）、《厩律》（主要规定牛马畜牧和驿传之事）三章，合为九章。《九章律》是汉代法律体系的主干，不仅两汉承用，对后世也有很大的影响。

（三）《傍章》

《傍章》，又称《汉仪》，是叔孙通参照先秦和秦朝礼仪而制定的维护皇帝尊严和权威的礼仪制度。《晋书·刑法志》说：“叔孙通益律所不及，傍章十八篇。”因“与律令同录，藏于理官”，即与律令同录，有依傍于律令之意，故而称《傍章》。

（四）《越宫律》和《朝律》

《越宫律》和《朝律》是武帝时由张汤、赵禹制定。《晋书·刑法志》说：“张汤越宫律二十七篇，赵禹朝律六篇。”其中，《越宫律》是有关宫廷警卫的法律，《朝律》是有关朝贺制度的法律。

《九章律》《傍章》《越宫律》《朝律》这四部律共计六十篇，合称“汉律六十篇”，构成汉律的基本框架。

---

①③　《汉书·刑法志》。

②　《汉书·司马迁传》。

二、汉朝的法律形式

汉朝的法律形式主要有律、令、比。

（一）律

律，是封建国家制定颁行的成文法典和单行法律。前者如《九章律》，后者如《越宫律》《告律》《钱律》《均输律》等。

（二）令

令，是根据时事需要随时颁布的单行法规。所谓“天子诏所增损，不在律上者为令”①。可见，令是皇帝于律之外所发布的命令、文告。令的法律效力高于律，可以变更或代替律的有关规定。汉宣帝时，廷尉杜周在回答对他办案“不循三尺法，专以人主意指为狱”的指责时说：“三尺安出哉？前主所是著为律，后主所是疏为令。当时为是，何古之法乎！”② 杜周认为：成文法是怎样制定出来的？不都是皇帝意旨的体现吗？前面皇帝的意旨是律，后面皇帝的意旨体现出来就是令。汉令极多，涉及面广，诸如尊养老人的《养老令》、管理监狱的《狱令》、考核官吏的《功令》、限制刑具的《箠令》、府库管理的《金布令》，等等，以至于“盈于几阁，典者不能遍睹”③，只能编为令甲、令乙、令丙，以便于官吏检索。

（三）比

比，又称决事比，即可以用来比照断案的典型判例。凡“律无条，取比类以决之”。“比”源于秦朝“廷行事”，汉朝比的形成方式有两种：一是由特殊案件上升而来，如《腹非之法比》④；二是官府汇编、整理的判例集成或含有案例的诏令册，如江陵张家山汉简中的《奏谳书》、武威出土的《王杖诏令书》等。见于史籍的还有《春秋决事比》《廷尉比》《嫁娶辞讼比》等。“比”的数量也很多。到武帝时，仅死罪决事比就有一万三千余例。比是一种灵活的法律形式，能补令之不足，同时也为司法官吏破坏法制提供了方便条件，奸吏以此“因缘为市，所欲活则出生议，所欲陷则与死比”⑤。

第三节　汉朝法律的主要内容

一、刑事立法

（一）刑法原则的进一步发展

汉朝的刑法原则基本承袭秦制，但也有变化和发展。

（1）“亲亲得相首匿”，指在一定范围的亲属之间，除犯谋反、大逆外，均可以互相包庇、隐匿犯罪行为而免除或减轻刑罚。这一原则渊源于儒家思想。孔子曾说：“父为子隐，子为父隐，直在其中矣。”⑥ 汉代便将这一思想确定为具体的刑法原则。汉宣帝地节四年（公元前66年）诏：“自今，子首匿父母，妻匿夫，孙匿大父母，皆勿坐。其父母匿子，夫匿妻，大父母

① 《汉书·宣帝纪》文颖注。

② 《汉书·杜周传》。

③ 《汉书·刑法志》。

④ 参见上书。

⑤ 《后汉书·桓谭冯衍列传上》。

⑥ 《论语·子路》。

匿孙，罪殊死，皆上请廷尉以闻。”[①] 根据这一原则，卑幼隐匿尊长犯罪，皆不负刑事责任；尊长隐匿卑幼，除死罪上请减免外，其他也不负刑事责任。这一原则对后世法律有深远的影响。

（2）上请原则。上请，又称先请，是指一定范围内的官僚贵族犯罪后，司法机关不得擅自拘决，而需奏请皇帝裁决。这是贵族官僚享有的一项法律特权。上请肇始于高祖七年（公元前200年）诏：“令郎中有罪耐以上，请之。”[②] 其后宣帝又“诏……吏六百石位大夫，有罪先请”[③]。后来平帝、光武帝也重申“先请之制”，并将此项特权的官贵范围扩大到县令、郡守、皇帝宗室、王公列侯及其嗣子、廉吏，等等。1971年发现的甘肃省甘谷汉简保存的一份东汉恒帝颁布于州县的诏策中，仍强调“宗室（同姓）诸侯，五属内居国界，有罪请，五属以外便以法令治”[④]。这说明至东汉末年，还保留了皇帝宗室五服亲的上请特权。

（3）矜恤原则，是指老幼废疾者或妇人犯罪，可在量刑和监禁方面给予优待的原则。惠帝时诏令规定：“民年七十以上若不满十岁有罪当刑者，皆完之。”[⑤] 景帝时又规定：“年八十以上，八岁以下，及孕者未乳，师、硃儒当鞠系者，颂（关押时不戴刑具）系之。”[⑥] 宣帝时下诏：“诸年八十以上，非诬告杀伤人，皆勿坐。”1981年出土的武威《王杖诏书令》中又将矜恤范围扩大到七十以上老人。至东汉时，年龄在八十岁以上、八岁以下的男子，除了杀人罪外，其他所有的罪名都不予追究。仅为从犯的妇女只要不是“不道”罪名，也都可以免予处分。矜老恤幼的原则既可以标榜统治者的仁慈，又不会对封建统治造成重大危害，还有利于社会矛盾的缓和。

（二）刑罚制度的重大改革

1.“文景”时期刑制改革的社会背景

汉初沿袭了秦朝以肉刑为主、广泛适用死刑及连坐的残酷的刑罚制度。萧何定律时，“其刑名仍多沿袭秦制，如夷三族、枭首、腰斩、弃市、宫、刖、黥城旦、鬼薪诸刑，皆本秦制也”[⑦]。近年出土的江陵张家山汉简《奏谳书》中保留的汉初案例，有黥、劓、斩左趾等刑，也可以证明这点。为了缓和社会矛盾，汉文帝时期对刑罚制度进行了重大改革。

自高祖以来数十年间，实行与民休息、轻徭薄赋政策，经济繁荣了，社会也较安定，“化行天下，告讦之俗易。吏安其官，民乐其业。畜积岁增，户口浸息”；人人自爱而“重犯法”，以至刑罚大省，一年“断狱四百，有刑措之风”[⑧]，从而为汉文帝进行重大刑罚改革创造了条件，而“缇萦上书”直接促使了刑制改革的进行。

2. 刑制改革的主要内容

据《汉书·刑法志》载，“缇萦上书”发生在汉文帝十三年（公元前167年）。当时，齐太仓令淳于公有罪当刑，诏令押解长安。淳于公无男，只有五女。在被押解至长安时，他骂道：“只怪我只生女儿不生儿子，遇到急难的事没有用处。”他15岁的小女儿缇萦听后，很是悲痛，于是就跟随父亲到了长安。到长安后，缇萦上书文帝，痛陈肉刑之弊：“刑者不可复属，虽后欲改过自新，其道无由也。”意思是人犯罪处了肉刑，毁坏的肢体不能再长，要想改过自新，

①③　《汉书·宣帝纪》。

②　《汉书·高帝纪》。

④　甘肃省博物馆：《汉简研究论文集》，兰州，甘肃人民出版社，1984。

⑤　《汉书·惠帝纪》。

⑥⑧　《汉书·刑法志》。

⑦　程树德：《九朝律考·汉律考》。

也没有出路了。她表示自愿没官为奴，“以赎父刑罪，使得自新”。文帝“怜悲其意”，下诏说：“刑至断肢体，刻肌肤，终身不息”，是“不德”，表示要以其他手段代替。丞相张苍和御史大夫冯敬提出了改革方案，获得文帝的批准。

缇萦上书引发的大变革

汉文帝十三年（公元前167年），齐太仓令淳于公犯了罪，按规定应当处以肉刑，被押往长安。他的小女儿缇萦非常悲痛，一路跟随父亲来到长安，向汉文帝上书说：“我父亲做官时，人们都称赞他为人正直廉洁，现在他犯了法要受肉刑处罚。被处死的人不可复活，被残损的肢体不能再生，即使想改过自新，也为时已晚。我甘愿入官府为奴以赎抵父罪，使他能有改过的机会，重新做人。”文帝被缇萦的孝心深深感动，也觉得她所言确有道理，感叹道：“法律规定了肉刑，但仍有作奸犯科的人存在。问题出在什么地方呢？难道不是因为我恩德少、教化不明吗？施行肉刑断裂人的肢体，削刻人的皮肤，使人终身残疾，这种刑罚是多么不人道，这怎么称得上是民之父母所为呢？我要废除肉刑，用其他刑罚来代替。”于是文帝免除了对淳于公的处罚，并下令御史提出废除肉刑的办法，从而拉开了汉代刑制改革的序幕。丞相张苍、御史大夫冯敬等经过商议，拟定了具体的方案：把黥改为髡钳城旦、舂；把劓改为笞三百；把斩左趾改为笞五百；把斩右趾改为弃市。

文帝刑制改革的主要内容是：凡当完者，完为城旦、舂；当黥者，髡钳为城旦、舂；当劓者，笞三百；当斩左趾者，笞五百；当斩右趾者，弃市。就是用徒刑、笞刑和死刑以代替黥刑、劓刑和刖刑三种肉刑。黥刑改为髡钳城旦、舂，即五年劳役；劓刑改为笞三百；斩左趾改为笞五百，斩右趾改为弃市（死刑）。

文帝废肉刑之举，初步改革了奴隶制时代以来野蛮残酷的刑罚手段，使刑制向文明发展。但文帝废肉刑的具体措施又有不当：一是改轻从重，如以弃市取代斩右趾；二是笞刑的数量太多，或笞三百或笞五百，往往是“笞未毕而人已死”。所以班固称之为“外有轻刑之名，内实杀人”①。故刑制有继续改革的必要。

景帝时，针对文帝改制后的弊端，进一步改革，其内容之一是减少笞数。景帝曾两次下诏，第一次是将笞五百减为三百，将笞三百减为二百。第二次是将笞三百减为二百，将笞二百减为一百。同时颁布《箠令》，规定笞刑刑具的规格和笞刑行刑的部位与方法。《箠令》规定：“笞者，箠长五尺，其本大一寸，其竹也，末薄半寸，皆平其节。当笞者笞臀，毋得更人，毕一罪乃更人。”据此，刑具的规格是：竹板长五尺，宽一寸，末梢薄半寸，并削平竹节；笞打的部位是臀部，笞打过程中不得换人。这样就减轻了笞刑对身体的伤害程度，也改变了“笞未毕而人已死”的状况。

3. 刑制改革的历史意义及局限

文景时期的刑制改革在中国法制史上具有重大意义，它标志着封建制刑罚制度从野蛮走向相对文明，废除了刻肌肤、断肢体的刑罚也有利于保护劳动力、发展社会经济，同时也为封建制五刑的建立奠定了基础。

汉代刑罚制度虽经文景二帝的改革，但仍然不完善。一是刑制仍然很繁杂、残酷。死刑有枭首、腰斩和弃市三等；徒刑有城旦、舂，鬼薪、白粲，司寇，罚作等；身体刑有笞刑；财产刑有罚金和赎刑等。其他还有禁锢刑（禁止入仕做官），斩右趾、宫刑和族刑又曾废而复用。二是刑等结构不合理。“死刑既重，而生刑又轻，民易犯之。”② 死刑降一等即为髡钳城旦、舂

①② 《汉书·刑法志》。

（五年徒刑）。因此，封建刑制需要进一步完善。

（三）汉朝的主要罪名

汉朝的罪名多承袭秦制，如盗窃罪、妄言罪、非所宜言罪、诽谤妖言罪，等等。但汉朝也根据社会发展的需要，创设了一系列的新罪名。

1. 危害中央集权的犯罪

汉朝前期诸侯坐大，危及中央集权和国家的统一，为削弱和打击地方割据势力，汉朝出现了一些新罪名。

（1）酎金不如法。酎，是一种醇酒。金，是帝王酎祭宗庙时诸侯所献的贡金。皇帝召集诸侯祭祀时，大祀日饮酎酒，诸侯献金助祭。文帝颁布的《酎金律》规定，皇帝酎（醇酒）祭宗庙时，诸侯陪祭所献贡金“少不如斤两，色恶”，不如法，“王削县，侯免国”①。

（2）阿党、附益。阿党，是指“诸侯有罪，傅相（朝廷指派监督诸侯的官吏）不举奏，为阿党”②。附益则系指在朝官员“阿媚诸侯”，“欲增益诸侯王”，助其获取非法利益。对阿党、附益犯罪，一般要处以死刑。

（3）事国人过律。该罪是指诸侯役使封国人数超过法律规定的限度。此种犯罪具有与中央争夺人力、物力的后患，因而为法律所不允许，犯者被削爵为民。

（4）非正。非正，是指非嫡系正宗者继承爵位。构成此罪，依律免为庶人。武帝元狩二年（公元前121年），复阳侯陈强“坐父（陈）拾非（陈）嘉子，免”。成帝河平四年（公元前25年），“嗣杜侯福，坐非正，免”。

（5）僭越。汉代诸侯百官的器用、服饰、乘舆各有规制，如有“逾制”，即构成僭越罪。《史记·淮南衡山传》载，淮南王刘长，“居处无度，为黄屋盖乘舆，出入拟于天子”，因此被免为庶人。

以上罪名的设置，对于维护统一的中央集权制度起到了一定的作用，同时对汉朝社会和经济的发展也起到了推动作用。

2. 危害皇权的犯罪

汉律在维护皇权、防止侵害皇帝的权力、危害皇帝的尊严以及皇帝的安全方面设置了一系列罪名。

（1）矫诏（矫制）和废格诏令。诏、制是皇帝下达旨意的书面表现形式。矫诏（矫制）就是篡改或诈称皇帝诏令的行为。因其直接侵犯了皇权，重者要被处以腰斩之刑。废格，是指对皇帝的诏令或旨意予以阻止或不加执行。由于该行为侵犯了皇帝的至上权威，重者也要被处弃市之刑。

（2）欺谩、诋欺、诬罔。欺谩，是指对皇帝有不忠、欺骗、轻慢的行为；诋欺，是指对皇帝有毁辱的行为；诬罔，是指对皇帝有诬蔑并故意欺骗的行为。这些犯罪都严重侵害了君主的专制权力，犯者均要被处以重刑。如昭帝始元元年（公元前86年），“司隶校尉积雒阳李仲季主为廷尉，四年坐诬罔下狱，弃市”③。

（3）腹非。该罪是指不满于皇帝政令而非议于心的行为，是秦朝诽谤罪的发展。武帝时论改币制，张汤奏报大农令颜异身居九卿，“见令不便，不入言而腹非，论死。自是后有腹非之法比”。

① 《汉书·武帝纪》注引《汉仪注》。

② 《汉书·高五王传》张晏注。

③ 《汉书·百官公卿表下》。

（4）不敬。这是一种侵犯皇帝尊严的犯罪，所谓“亏礼废节，谓之不敬”①。该罪名适用范围广泛，言论方面的不敬有非议先帝、上书触讳、非所宜言等，行为方面的不敬有征召不到、奉诏不恭、坐骑至司马门、犯跸等，一般都从严惩罚。如宣帝甘露元年（公元前53年），嗣侯魏弘“坐酎宗庙骑至司马门，不敬，削爵一级，为关内侯”②。

（5）祝诅、巫蛊。祝诅是祈求鬼神降灾于皇帝，巫蛊是以巫术加害于皇帝，这些行为都被认为是直接侵犯人身安全的最严重的犯罪。汉武帝时曾屡兴巫蛊大狱，即使是皇后、太子、公主、丞相等皇亲权贵，亦不得幸免死罪。

（6）阑入宫殿门。应劭曰：“无符籍妄入宫曰阑。”③ 阑入，即无凭证擅自闯入。宫殿是皇帝起居及办公之所，为了保障皇帝的人身安全，门禁森严，任何人不经传唤，不得擅入。贾谊《新书·等齐》篇说：天子宫门曰司马，阑入者处城旦刑，阑入殿门之罪最重，处弃市。武帝征和二年（公元前91年），嗣侯曹宗“坐与中人奸，阑入宫掖门，入财赎，完为城旦”④。

3. 危害封建政权的犯罪

汉初由于统治者采取了较为宽缓的政策，因而阶级矛盾相对缓和。武帝时由于征发无度，百姓贫耗，矛盾加剧，农民纷纷反抗，统治者便采用严刑峻法加以镇压，并设置了一系列新罪名。

（1）大逆无道。该罪又称“强盗”“群盗”“谋反”罪，是严重危害封建统治秩序、危及封建政权的犯罪。犯此罪者，本犯腰斩，“父母妻子同产无少长皆弃市”⑤。

（2）首匿。“首匿，为头目而藏匿罪人也”⑥，指首谋藏匿犯罪者。因汉武帝时犯罪增多，为督促官民检举和镇压犯罪，加强镇压藏匿罪犯的“首匿”罪，犯者皆处死刑。如《汉书·王子侯表》载，宣帝“元康元年（公元前65年），坐首匿群盗，弃市”。

（3）通行饮食。该罪亦称“通行饮食群盗”罪，即供给“群盗”饮食、通风报信或充当向导的行为。汉朝“通行饮食，罪至大辟”⑦。武帝后期“群盗滋起”，“以法诛通行饮食，坐相连郡，甚者数千人”⑧。

（4）群盗起不发觉。此罪是汉朝的统治者为了及时镇压人民的反抗而设。武帝时颁布的《沈命法》规定：“群盗起不发觉，发觉而弗捕满品者，二千石以下至小吏主者皆死。”⑨ 沈命，师古曰：“沈，没也，敢蔽匿盗贼者，没其命也。”《沈命法》就是惩处隐匿“盗贼”之法。根据该法规定，如果“群盗起”，有关官吏未发觉或者发觉了而未全部捕获，郡守以下皆处死。

（5）见知故纵。“见知”，是指官吏获知别人犯罪时必须举告，不告者与之同罪；故纵，是指对应该判刑的必须判刑，不判者为“故纵”；如因过失不举告的，以赎罪论；如未看见也不知道的，不受罚。《汉书·刑法志》载，武帝时，“作见知故纵、监临部主之法”。

---

① 《晋书·刑法志》。

② 《汉书·外戚恩泽侯表》。

③ 《汉书·成帝纪》注。

④ 《汉书·高惠高后文功臣表》。

⑤ 《汉书·匡张孔马传》。

⑥ 《急就篇》。

⑦ 《后汉书·郭陈列传》。

⑧⑨ 《汉书·酷吏传》。

二、民事法规

（一）所有权

汉朝的土地所有权分两种形式：一是属于国家所有的“官田”，二是属于私人所有的“私田”。汉朝颁布了《田律》《田令》等专门法规，确保官田、私田不受侵犯。官田属国家所有，不许私人侵占或买卖。安乐侯李蔡为丞相，因盗取阳陵外官地三顷，“颇卖得四十余万，又盗取神道外地一亩……当下狱，自杀”①。私田属私人所有，对私田所有权的确认以土地买卖契券为依据，居延汉简中的“长乐里乐奴隶卖田券”即是这类买卖双方对所有权转让或拥有的凭证。法律要求“讼则案券以正（证）之”，对土地私有权实行保护。

汉律还保护除土地所有权以外的其他财产的所有权。从汉律中的《盗律》的内容即可看出，对侵犯私有财产的盗罪，都要处以重刑，如规定“盗马者死，盗牛者加”。

（二）债

（1）买卖契约。汉朝的买卖契约叫“券书”。买卖契约既是双方买卖关系确立的依据，又可作为发生诉讼时的证据。东汉郑玄对《周礼·秋官·士师》注云：“若今时市买，为券书以别之，各得其一，讼则按券以正之。”

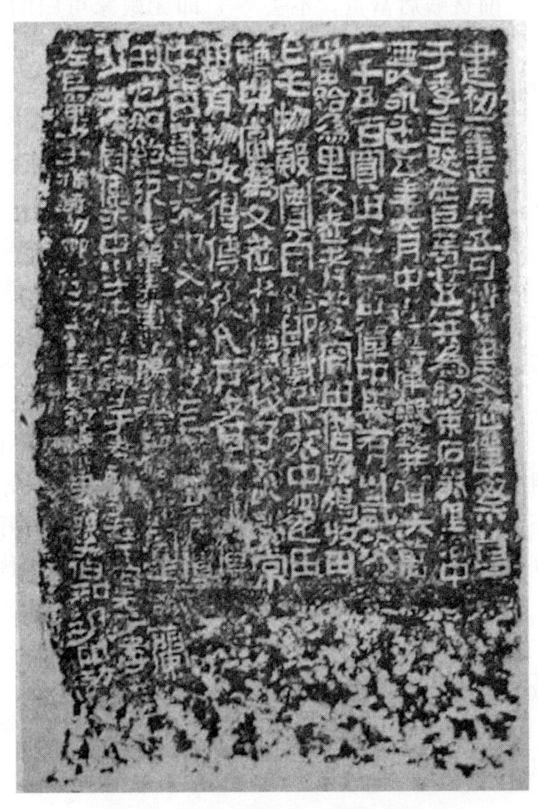

汉侍廷里父老僤买田约束石券拓片

（2）借贷契约。随着经济的发展，汉朝的借贷关系也很活跃，许多贵族和商贾参与其中。师古曰：“言富贾有钱，假托其名，代之为主，放与他人，以取利息而共分之，或受报谢，别

① 《汉书·李广传》。

取财物。”[1] 在借贷关系中，汉律保护债权人的利益，凡是不能按期履行债务者，要承担法律责任，如河阳侯“坐不偿人责（债）过六月，免”[2]。另一方面，为防止利率过高，超过债务人正常的承受限度，激化社会矛盾，汉代又采取措施，限制高利贷。景帝时即规定借贷的最高年利率不得超过20%，并对利息收入征收“贳贷税”。后来，对于超过法定利率放贷的，以“取息过律”追究刑事责任，如武帝时，旁光侯殷“坐贷子钱，不占租，取息过律……免”[3]。

（三）婚姻与家庭

（1）婚姻。汉朝的婚姻制度基本上沿袭西周以来的传统，在婚姻形式上仍实行一夫一妻多妾制。妻与妾有严格的区分，若乱妻妾位，要受到严厉的制裁。在夫妻关系中，夫与妻处于不平等的法律地位，法律维护夫权。男子可以纳妾，妻子不得反对。《汉书·元后传》载，王禁妻因不满其夫“多娶傍妻”，即被丈夫以“妒”为由休弃。夫妻同罪而异罚，例如，同为通奸罪，丈夫仅处鬼薪（三年徒刑），妻子却要处弃市。婚姻关系的解除，仍以“七去三不去”为原则：“七去”又称“七弃”或“七出”，是丈夫休妻的七项法定理由，即：无子、淫佚、不事姑舅、口舌、盗窃、妒忌、恶疾。因为“不顺父母，为其逆德也；无子，为其绝世也；淫，为其乱族也；妒，为其乱家也；有恶疾，为其不可与共粢盛（祭祖供品）也；口多言，为其离亲也；盗窃，为其反义也”[4]。“三不去”是对男子休妻的三项限制性规定，即“有所取无所归，不去；与更三年丧，不去；前贫贱后富贵，不去”[5]，即无娘家可归的，曾为公婆守孝三年的，前贫贱后富贵的三种情况不得休妻。但事实上，男子操纵了遗弃妻子的主动权，妇女在婚后虽然“事奉循公姥”，昼夜勤劳作，如公婆稍不欢心，也可强迫夫妻离异。《后汉书·列女传》载：“广汉姜诗……事母至孝，妻奉顺尤笃。母好饮江水，水去舍六七里，妻常溯流而汲。后值风，不时得还，母渴，诗责而遣之。”汉时由于儒家思想影响才开始，所以，法律和舆论对休妻和寡妇再嫁较为宽容。

（2）家庭。汉朝统治者倡言以“孝”治天下。汉宣帝下诏：“导民以孝，是天下顺。”[6] 因此，“不孝”则为重罪，告父母即为不孝，当“弃市”，如汉武帝时，衡山王刘赐谋反，被其太子刘爽告发，刘爽反而“坐告王父，不孝，弃市”。殴父母者“当枭首”，杀父母“以大逆论”，即本犯腰斩，妻、子弃市。为提倡孝道，汉朝“不禁报怨”，允许子弟为报父兄之仇而杀人。东汉章帝时“有人侮辱人父者，而其子杀之，肃宗贳其死刑而降宥之，自后因以为比。是时遂定其议，以为《轻侮法》”[7]。此后民间“私结冤仇，子孙相报”，出现了丁尽户绝的现象，增加了社会不安定因素。汉朝统治者还颁布了《养老令》《王杖诏书令》等尊老、养老法令，规定七十岁以上的老者享有王杖（皇帝所赐符节，获六百石官吏待遇，侮辱王杖者弃市）、免赋税、免予刑事处罚等权利，敬养老人的孝子顺孙或其扶养人也可获得免税优待，以此推行孝道，巩固小农经济家庭。

（四）继承

汉朝的继承关系分爵位继承和财产继承。爵位继承采用宗法嫡长子继承制，强调“立嗣必子”“传子适（嫡）孙”。“非子”“非正”要受到除国、免爵的惩罚。例如，宣帝时封武将赵充国为营午侯，侯位传到他孙子赵钦时，钦抱养了一个儿子，起名赵岑。钦死后，岑继位，被人

---

① 《汉书·谷永杜邺传》颜师古注。

② 《汉书·高惠高后文功臣表》。

③ 《汉书·王子侯表》。

④⑤ 《大戴礼记·本命篇》。

⑥ 《汉书·宣帝纪》。

⑦ 《后汉书·邓张徐张胡列传》。

告发，“岑坐非子免，国除”[①]。财产继承权依法采用诸子均分制，惠帝时中央大夫陆贾病危居家，“有五男，乃出所使越得橐中装卖千金，分其子，子二百金，令为生产”[②]。汉朝已有遗嘱继承，其书面遗嘱叫“先令书”。近年在扬州仪征出土的汉平帝元始五年（公元5年）的朱凌《先令券书》（即遗嘱文书），为我们提供了认识汉朝遗书形式以及其在财产继承关系中的作用的珍贵资料：朱凌为长子，临终前在官方公证人和亲邻的见证下，由其母亲参与，立下遗嘱，对死后家庭土地、财产的分配、使用作出具体安排。[③]《太平御览》对遗嘱继承也有记载。据《太平御览》卷八百三十六引应劭《风俗通》云：“沛中有富豪，家赀三千万，小妇子是男，又早失母，其大妇女甚不贤。公病困，恐死后必当争财，男儿必不得全，因呼族人为遗令，云‘悉以财属女，但以一剑与男，年十五以付之’。儿后大，姐不肯与剑，男乃诣官诉之。司空何武曰：‘剑，所以断决也。限年十五，有智力足也。女及婿温饱十五年已幸矣！’议者皆服，谓武原情度事得其理。”从这一记载我们可以看出，女子通过遗嘱的方式享有继承权，同时遗嘱继承也得到司法的认可。

三、经济法规

（一）抑商法令

重农抑商是春秋、战国以来一直奉行的政策，汉朝继续推行这一政策，颁布了一系列法令来限制商业的发展。

（1）盐铁酒专卖法。汉初弛山泽之禁，武帝时鉴于富商大贾“冶铸煮盐，财或累万金”却不佐国家之急，于是将盐铁之利收归官营，下令“敢私铸铁器煮盐者，钛左趾，没入其器物”[④]。盐铁官营不仅削弱了地方和富商大贾的势力，也充实了封建中央政权的物质基础。

酒的专卖始于汉武帝天汉三年（公元前98年），从此，酒的产销开始由国家垄断，以后历代王朝沿此做法。

（2）“缗钱令”与“告缗令”。汉代重征商税，武帝时期更为突出。元狩四年（公元前119年）鉴于商贾“积货逐利”的状况，颁布了《缗钱令》，要求吏民如实向政府呈报财物数额，政府据此征税。商人纳税尤重：“率缗钱二千而算一”，即财物按6%纳税，比手工业者税额多一倍；“商贾轺车二算，船五丈以上一算”，比有车的吏民税额也多一倍。该令称，凡有财匿而不报，或以多报少者，予以惩罚，“戍边一岁，没入缗钱。有能告者，以其半畀（给）之”[⑤]。为贯彻《缗钱令》，武帝元鼎三年（公元前114年）又发布《告缗令》。据《汉书·食货志》记载，“告缗遍天下，中家以上大氐（抵）皆遇告”，即不少商人被治以匿缗钱罪，商贾中家以上大多破产。汉朝据此既达到了抑商的目的，也大大充实了府库。

（3）均输平准法。汉朝实行均输平准法的目的，在于使“富商大贾亡所牟大利”。汉武帝采用桑弘羊的建议，于各郡国设置均输官，令各地将原先直接贡纳京师的实物折价，加上运费金额，按照当地市价折合成一定数量的土特产品，就地交给均输官；均输官除将其中部分优质品上贡京城外，其余都运往价贵之地出售，称为均输。所谓平准，是在京师设立平准机构，各地运来的贡物、官工业制造的器物等商品均储存于此。当某种商品价格上涨时，平准即以较低价格出售；反之，如某种商品价格过低，就由平准收买，使物价保持稳定。这样，既平抑了物

---

① 《汉书·赵充国辛庆忌传》。

② 《史记·郦生陆贾列传》。

③ 参见扬州博物馆：《江苏·仪征胥浦101号西汉墓》，载《文物》，1987（1）。

④⑤ 《汉书·食货志》。

价，又使富商大贾无大利可图。

除上述抑商法令之外，汉朝还命令“贾人皆不得名田、为吏，犯者以律论”[①]，即禁止商人及家属占田或入仕为官。在汉律“七科谪”中，被罚戍边的七种人中，除罪吏、逃亡、赘婿之外，其余四种皆为本人或父祖有市籍的商贾。商人地位之低由此可见。

（二）货币法令

货币是商品交换的媒介和重要流通手段。文帝时，曾“除盗铸钱令，使民放铸”[②]，结果金融秩序混乱，地方割据势力膨胀。景帝平定“七国之乱”以后，颁布了“铸钱伪黄金弃市律”，首次宣布了封建国家对货币金融的控制权，结束了放任私铸钱币的政策。汉武帝时又禁止盗铸钱，规定“盗铸诸金钱，罪皆死”；同时，命令“悉禁郡国毋铸钱，专令上林（皇苑）三官铸”，并令天下“非三官钱不得行”，郡国以前所铸之钱全部销毁，铜输三官，即以中央三官铸造的五铢钱为全国唯一通行的货币。从此，中央彻底掌握了货币铸造权，终汉之世，没有改变。而盗铸钱币一直是汉朝的重大罪名，在居延汉简中就有宣帝时在全国通缉“铸伪钱盗贼”的“名捕诏书”[③]。

（三）对外贸易立法

汉武帝时期，汉朝统治者一方面通过和亲与互市，缓和与匈奴的矛盾；另一方面与西域诸国建立友好关系，对匈奴予以牵制。闻名于世的“丝绸之路”就是武帝时派遣使节四出探寻通往境外各国的路径过程中形成的。这条道路以京城长安为起点，经过河西走廊，一直通往中亚各国，再往西可到大秦（罗马）。据《后汉书·西域传》载，东汉时在丝绸之路上，“驰命走驿，不绝于时月；商胡贩客，日款于塞下”。可见贸易往来十分频繁。

西汉王朝从国家安全及规范贸易活动等方面考虑，规定：凡参与互市的私商，必须领取符传（凭证），得到政府许可，才能参与贸易。与境外贸易，必须是经批准的随使节同行的商队。汉律规定，不准将违禁物品（铁、兵器、马匹、铜钱）与匈奴互市，违者治罪。汉律也把匈奴的某些物品列为“禁物”，不准购买，违者同样治罪。汉景帝中元二年（公元前148年），宋子“侯九坐买塞外禁物罪，国除”[④]。

而汉朝在同西域和中亚各国的贸易中，却采取优惠的政策，如在与匈奴互市中不准输出的铁器和铜钱，却允许在同上述地区的贸易中输出，且无数量的限制。对于来汉朝进行贸易的西域使臣和商贾，由大鸿胪出面接待，以厚礼相待。

第四节　汉朝的司法制度

一、主要司法机关

（一）中央司法机关

皇帝掌握最高审判权，对疑难、重大案件有最后裁决权。廷尉是最高司法机关，其长官也

① 《汉书·哀帝纪》。
② 《汉书·食货志下》。
③ 《居延汉简释文合校》，20、21A。
④ 《史记·高祖功臣侯者年表》。

叫延尉，其职权主要是“掌平狱，奏当所应。凡郡国谳疑罪，皆处当以报”①，即受理平决地方移送中央的重大疑难案件，审理皇帝直接交办的诏狱。在新发现的汉简《奏谳书》中就有大量的上报“议罪”案件，如“八年四月甲辰朔乙巳，南郡守强言之”，“十年七月辛卯朔癸巳，胡状、丞熹敢谳之”。此外，作为中央最高行政长官的丞相和作为监察机关的长官御史大夫与御史中丞，有权与廷尉承诏治狱，如“廷尉梁相与丞相长史、御史中丞及五二千石杂治东平王云狱”②。

（二）地方司法机关

汉朝地方仍实行行政兼理司法的体制。地方司法机关基本上是郡守、县令兼理司法。郡守下设决曹椽史，县令下设县丞佐理司法。一般案件均由地方守令自行审理判决，审判权限亦无明确分工。如遇重大疑难案件，则须逐级上报廷尉，直至由皇帝裁决。东汉时期，汉灵帝曾在郡之上设立了州，长官称州牧，州牧便成了地方上最高一级的司法长官。

二、诉讼与审判制度

（一）告劾

“告劾”即起诉。汉代的“告劾”包括：一是由当事人直接到官府告诉，相当于现在的“自诉”；二是由官府（主要是监察官吏与司隶校尉）察举非法、举劾犯罪，相当于现在的“公诉”。

汉朝在起诉方面的特点：一是加强官吏纠举犯罪和吏民告发犯罪，如前述提到的“见知故纵、监临部主之法”和《告缗令》的规定。二是限制诉讼权，如“亲亲得相首匿”规定的，卑幼不得举告尊长，告父母为不孝，不孝者枭首；也不准媳妇告公婆，设有“妇告威姑”的罪名。又如，一般也不允许越级上诉或诣阙上书，只是在“刑罪不中，众冤失职”的前提下，小民才有越诉的可能。

（二）审判

汉朝的审判又称为“鞫狱”。司法官审讯时除注意收集书证、物证及证人证言等外，尤其重视被告人的口供，为获取口供，普遍实行刑讯拷打。加之法律对司法官的责任要求是“缓深故之罪，急纵出之诛”。所以，汉朝法官多“以苛为察，以刻为明”，审讯中的“榜笞数千”“烧铁钳灼”等记载屡见于史籍。

审讯之后，对被告宣判。司法官对被告宣读判决书，汉代称为“读鞫”。

（三）复审

（1）“乞鞫”。如罪犯对“读鞫”不服，可在三个月内进行“乞鞫”，即向上级司法机关请求复审。“在期内者听，期外者不听，若今时徒论决满三月，不得乞鞫。”③ 可见，汉朝时期“乞鞫”以三个月为限，过了三个月，便不得请求复审。

（2）“奏谳”，是汉朝疑狱逐级上报复审的制度。《汉书·刑法志》载：“高皇帝七年（公元前200年），制诏御史：狱之疑者，吏或不敢决，有罪者久而不论，无罪者久系不决。自今以来，县道官狱疑者，各谳所属二千石官，二千石官以其罪名当报之。所不能决者，皆移廷尉，廷尉亦当报之。廷尉所不能决，谨具为奏，傅所当比律、令以闻。”此诏规定的奏谳程序是逐级谳报：县道有疑难案件则奏谳至郡守，郡守不能决则奏谳到廷尉，若廷尉仍无法决疑就上奏皇帝，同时附上判决意见和所依据的律条和令文，以供皇帝参考裁决。近年出土的张家山《奏

---

① 《后汉书·百官志》。

② 《汉书·王嘉传》。

③ 《周礼·秋官·朝士》郑玄注引汉律。

谳书》简册二百余支，案例二十余件，保留了这种疑狱奏谳制度的记录，其中有逐级奏谳的，也有由县直上中央廷尉而获“廷报”处断指令的。奏谳制度对于统一适用法律、慎重处理刑案、减少冤狱错案具有一定作用。

（四）录囚

录囚，是指上级司法机关或皇帝亲自审录囚犯，发现冤狱即时平反的一项制度。汉朝的录囚先是官吏录囚。西汉时就有州刺史与郡太守定期巡视辖区录囚之事，《汉书·隽疏于薛平彭传》载：“每行县录囚徒还，其母辄问不疑：‘有所平反，活几何人？’”皇帝录囚始于东汉。据《后汉书·第五钟离宋寒列传》记载，会稽太守第五伦因犯法而入廷尉狱，“会帝幸廷尉录囚徒，得免归田里”。又据《后汉书·第五钟离宋寒列传》载，永平年间，汉明帝治楚王英案，数千人遭牵连而被捕。当时参与审理该案的侍御史寒郎上书明帝，称被捕者中必有受冤枉者，明帝采纳其建议，亲自到洛阳狱录囚徒，理出千余人。明帝之后，东汉历代帝王也多有录囚的活动。录囚制度是受儒家“仁政恤刑”“天人感应”等学说影响而产生的。录囚活动，使一些冤假错案得到平反，对于改善司法状况、稳定社会秩序都有积极作用。

（五）秋冬行刑

所谓秋冬行刑，就是除罪大恶极者决不待时外，死刑执行的期限放在立秋以后、冬至以前执行的制度。该项制度是以董仲舒“阴阳五行”和“天人感应”理论为依据。董仲舒认为“阳为德，阴为刑。刑主杀而德主生”①。由于天是“任德不任刑”，因而，君王应养德，在万物生长之时不可执行死刑，刑杀宜在秋冬施行，以顺上天“肃杀”之意。秋冬行刑既可增加司法镇压的威慑力，客观上因为把涉及死刑的重案放在农闲的秋冬季节，对农业生产也是有利的。汉朝秋冬行刑的制度对后世有很大的影响，明清时期的“秋审”“朝审”制度皆源于此。

三、监察制度的发展

汉朝的监察制度在沿袭秦朝的基础上又有所发展，形成了从中央到地方较为完备的监察体系。

（一）中央监察机关

汉朝中央的最高监察机关为御史府，也叫御史大夫寺，长官为御史大夫，地位仅次于丞相，协助丞相总理国政，同时职掌全国的最高监察权。御史府还设有属官——御史中丞和侍御史。御史中丞主管监督百官，纠察不法以及考课百官，荐举人才，等等。西汉末年，宰相由三公制改为三司制，具体的职权范围发生变化。为适应这种变化，汉成帝绥和元年（公元前8年）改御史大夫为大司空；东汉初又去“大”字，改为司空，实际职权是掌管土木工程，原来的监察权便由御史中丞担任，这时御史中丞便成为专职的最高监察长官。

西汉的御史大夫除职掌监察百官的职权外，还享有统兵征讨之权。如宣帝本始二年（公元前72年）御史大夫田广明为祁连将军，击匈奴。② 这说明西汉还没有形成单一、专门的监察机构。

（二）地方司法机关

（1）司隶校尉。司隶校尉负责“督大奸猾”③，“掌察举百官以下，及京师近郡犯法者”④，

① 《汉书·董仲舒传》。
② 参见《汉书·宣帝纪》。
③ 《文献通考》，卷之十一《职官》。
④ 《后汉书·百官志四》。

即司隶校尉拥有对特别重大的案件实施纠察、缉逮和督察百官之权。司隶校尉还有众多属官，如都官从事、功曹从事、别驾从事、簿曹从事、兵曹从事、郡国从事等。可见其机构严密、职权广泛，反映了汉朝整个官僚机构控制的加强。

（2）州刺史。西汉前期是以监御史（郡监）监督郡守。惠帝时“相国奏遣御史监三辅（京城附近）郡察辞诏凡九条，称《监御史九条》”。汉武帝时，为了有效控制地方，对监察体制作了改革，于元封五年（公元前106年）废除监察郡国的丞相史，将全国分为十三州部，除京师所在的州长官称司隶校尉外，余十二州，每个州部设部刺史一人，秩六百石，直属御史大夫，派驻地方，“有常治所”。各部刺史根据汉武帝手订的《六条问事》办事。《六条问事》的内容为：“一条，强宗豪右田宅逾制，以强凌弱，以众暴寡。二条，二千石不奉诏书，遵承典制，倍（背）公向私，旁诏守利，侵渔百姓，聚敛为奸。三条，二千石不恤疑狱，风厉杀人，怒则任刑，喜则淫赏，烦扰刻暴，剥截黎元，为百姓所疾，山崩石裂，袄祥讹言。四条，二千石选署不平，苛阿所爱，蔽贤宠顽。五条，二千石子弟恃怙荣势，请托所监。六条，二千石违公下比，阿附豪强，通行货赂，割损正令也。”[①] 意即：强宗豪右田宅超过限制，且横行不法，以强凌弱的；二千石官（郡守）不尊奉诏书，不按典章制度办事，背公徇私，鱼肉百姓，贪污受贿、聚敛财富而为奸邪之事的；二千石官不认真办理案件，随个人喜怒而滥加赏罚，严苛残暴，侵害百姓的；二千石官选用下属不公平，依个人喜恶而任用职事的；二千石官的子弟倚仗权势，横行不法，为所欲为的；二千石官勾结地方豪强，通过贿赂结党营私、歪曲法律规定的。凡六条之内，刺史均可调查核实，上章弹劾。

汉朝的监察制度较之秦朝的有了进一步发展，监察机构的设置更加严密，监察机关的活动对于吏治的整饬及世风的廓清，都曾起过重要的作用。汉时颁布的《监御史九条》和《六条问事》是中国法制史上最早的监察立法。这些都对后世有借鉴意义。

课后复习

1. 汉朝的法律指导思想有什么变化？
2. 汉朝的刑法原则有哪些？
3. 简述汉朝的刑罚改革的内容及意义。
4. 简述“春秋决狱”的实质及影响。
5. 与秦朝相比，汉朝时监察制度有哪些发展？

---

① 《汉书·百官公卿表》颜师古注引《汉官典职仪》。

第六章
三国两晋南北朝的法律

提　要

东汉末年，魏、蜀、吴三国鼎立，军阀混战。公元 280 年，三国归晋，史称西晋，出现了统一的局面。316 年，匈奴入侵，西晋灭亡。以后，北方少数民族进入中原，先后依汉制建立了 16 个政权，史称“五胡十六国”。439 年，鲜卑族拓跋氏统一了混战于黄河流域的北方各国，建立了北魏。534 年，北魏分裂为东魏和西魏。550 年，高洋取代东魏，建立北齐。557 年，宇文觉取代西魏，建立北周。577 年，北周灭北齐，统一北方。自北魏建立至 581 年杨坚废周静帝建立隋朝，这一时期，史称北朝。与此同时，在南方，原驻守江南的西晋宗室司马睿在士族集团的支持下，于 317 年在建康（今南京）称帝，建立东晋。420 年，东晋大臣刘裕篡位，建立刘宋王朝。此后，历经齐、梁、陈各朝，直至 589 年隋灭陈，这一时期，史称南朝。

三国两晋南北朝在中国封建法律发展史中上承秦汉、下启隋唐，处于重要的过渡阶段。这一时期立法活动频繁，形成了每一新朝代在建立时即制定新法典颁行天下的惯例。与南北对峙的政治局面相对应，法典也分为南北两系。北朝先后有《北魏律》《北齐律》《北周律》，南朝则先沿用《晋律》后有《南梁律》《南陈律》。随着中国古代律学的形成与发展，这一时期的法典编纂水平、立法技术都有了很大提高。就法律内容而言，这一时期的法律以“礼律融合”为主要特点，确定了一系列反映儒家伦理精神的法律原则和制度，从而基本完成了中国传统法律儒家化的进程，为中华法系在隋唐时期的发展与最终成熟奠定了坚实的基础。这一时期的刑罚制度也发生了很大变化，法定刑已有逐渐简化、减轻的趋势，废除了宫刑，广泛适用流、徒刑，封建制五刑的雏形已现。

重点问题

1. 三国两晋南北朝的立法活动及主要法典。
2. 法律形式的演变。
3. 律学的发展与立法技术的提高。
4. 封建特权法律制度的发展。
5. 封建刑罚制度的发展。
6. 法律的儒家化。

第一节　三国两晋南北朝时期法律的主要发展变化

一、主要立法活动及其成果

三国两晋南北朝时期，各王朝都根据形势的需要进行过多次立法活动，制定了一系列日趋完善的封建法典，其中成就突出、内容详备、对后世影响比较大的有以下几部。

（一）曹魏的《新律》

三国时期，魏、蜀、吴各国均进行过立法活动，如蜀国曾制定《蜀科》，丞相诸葛亮为蜀国拟定了科令、军令等一系列律令。据史书记载，吴国也进行过两次立法活动。由于各国均奉汉朝为正统，其法律在总体上也多依汉制。

魏武帝曹操在位时，因当时三分天下、战事频繁，无暇组织编纂新的法典，又因其名义上仍为汉臣，所以除了制定《甲子科》外，基本上沿用秦汉旧律。魏明帝即位后，鉴于汉末律令繁杂、刑罚严苛，诏令尚书陈群等人参酌汉律，制定了《新律》18 篇，于太和三年（公元 229 年）十月颁行，史称《魏律》。虽然这部法律早已失传，但据《晋书・刑法志》记载，这次修律对秦汉以来相沿的旧律进行了重大改革。首先，在法典体例上，把汉律中规定刑罚种类和刑法原则的《具律》改为《刑名》，并置于全律之首，使法典体例更为科学合理，为后来历代封建法典所沿用。这是我国古代法典编纂技术上的一个重大进步。其次，内容上，在汉代《九章律》的基础上又增加《诈伪》《断狱》等九篇，并调整了法典中与篇目不统一的内容，使法典的内容更丰富、结构更合理。最后，首次将“八议”制度明确写入法典，使封建贵族官僚的等级特权进一步制度化、法律化。此外，《魏律》还改革了刑罚制度，减轻了某些刑罚。《魏律》在法典体例和内容上所作的改革与创新，对后世历代封建法典的制定产生了重要影响。

（二）西晋的《泰始律》

曹魏末年，司马昭在做晋王时就开始议论改定律令。晋武帝（司马炎）泰始三年（公元 267 年）正式颁行天下，史称《泰始律》（又称《晋律》）。该律共 20 篇、620 条。《泰始律》完成后，著名律学家张斐、杜预为之作注，经晋武帝批准一并颁行，注解与律文具有同等法律效力。因此，后人把张、杜的注解与《泰始律》视为一体，称为“张杜律”。张、杜的注解兼采汉代律家诸说之长，反映了当时律学发展的成果，更便于官吏对律文的理解和运用，并对后世法典的制定及“律疏一体”法典模式的形成产生了直接影响。

《泰始律》在形式和内容上较前代律典又有了重大发展。首先，体例更严谨，结构更合理。《泰始律》沿袭魏律《刑名》第一的体例，又在其后增加《法例》篇。同时，对律典的篇章体例进行了调整，使其更加合理规范。其次，在内容上进一步纳礼入律，“礼律并重”成为其突出特色。由于《泰始律》出自众名儒之手，因而儒家的礼义道德观念和规范越来越多地渗透于法典之中，最突出的表现就是确立了“准五服制罪”的原则，即所谓“峻礼教之防，准五服以制罪”①。此后，“五服制罪”一直为历代法典所遵循。最后，文字简约，法律概念进一步规范化。汉朝实行“春秋决狱”，诸儒纷纷引经注律，导致律令章句日趋繁杂。晋律以汉魏律为基础，对其进行了精简，加之有律学家张斐、杜预的注解，《泰始律》从整体上看，比以往的法典更加规范和科学。

---

① 《晋书・刑法志》。

《泰始律》是三国两晋南北时期唯一颁行全国的法典，也是这一时期影响最大的法典之一，尤其是东晋及宋、齐、梁、陈各朝，前后三百七十余年间，基本上沿用《泰始律》，而上述各朝自身在法制上少有建树，以致形成“晋以后律分南北二支，北优于南”① 的局面。

（三）《北魏律》和《北齐律》

北朝各王朝的统治者均为鲜卑族贵族，他们在进入中原后，启用大批汉族律学家，既积极吸取两汉魏晋以来的法律文化，又不拘泥于汉族传统思想的束缚，因而在立法上能够综核名实，编纂、修订出优于南朝的法典、律令，使北朝的法律迅速改变了初入中原时的落后面貌，最终成为隋唐王朝以至后世各封建王朝立法的蓝本。北朝法典中最有影响的是《北魏律》和《北齐律》。

北魏首开北朝重视法典编纂之风，其修律的规模和频繁程度都大大超过前朝。在其统治的一百余年中，见于史书记载的立法活动有九次。《北魏律》的制定最终完成于孝文帝太和十年（公元 486 年），全律共 20 卷，见于史书记载的篇目有 15 篇。《北魏律》融会了汉代以来的儒学和律学成果，将更多的儒家规范纳入法律，其体例和内容在魏晋律的基础上均有新的发展。“唐宋以来相沿之律，皆属北系，而寻流溯源，当以元魏之律为北系诸律之嚆矢。”② 足见其在中国法制史上的重要地位。

《北齐律》的制定前后经历了 15 年，至武成帝河清三年（公元 564 年）完成，全律共 12 篇、949 条，是三国两晋南北朝时期立法成就最高，对后代封建法典影响最直接、最深远的一部法典。它集中总结了两汉魏晋以来的封建立法经验，使封建法典的体例和内容进一步完善。在体例上，《北齐律》把《刑名》《法例》合为一篇，称为《名例》，仍置于全律之首，作为总则统率《禁卫》《婚户》《擅兴》《违制》《诈伪》《斗讼》《贼盗》《捕断》《毁损》《厩牧》《杂律》等其余 11 篇。这种体例被隋、唐及至明、清各朝封建法典相沿不改。同时，12 篇的规模及篇名也基本上为隋、唐、宋代法典所继承。在内容上，《北齐律》首次将严重危害封建统治秩序的重大犯罪归纳为“重罪十条”，这是后世“十恶”罪的前身。此外，《北齐律》在封建刑罚体系的确立上，也起到了承前启后的作用。《北齐律》在中国法制史上以“法令明审，科条简要”而著称，体现了较高的立法水平。《北齐律》虽已散失，但其体例、篇目、重大原则、基本制度和刑罚体系等，均可于唐律中得其仿佛。“南北朝诸律，北优于南，而北朝尤以齐律为最。”③

二、法律形式的变化

秦汉以来，法律形式繁杂，彼此区别亦不严谨。三国两晋南北朝时期法律形式在汉朝的基础上增加了格和式，形成了多种法律形式相互补充、相辅相成的封建法律体系，为隋唐时期律、令、格、式并行奠定了基础。

律在多种法律形式中居于主导地位，是实现统治所依据的基本法典。三国两晋南北朝时期，在法律形式上变化最大的是令。汉朝律、令概念比较含混，二者之间的界限也不明显，所谓“前主所是著为律，后主所是疏为令”④，“天子诏所增损，不在律上者为令”⑤。西晋张、杜注律时，将律、令二者的概念、界限及相互关系作了明确的区分。所谓“律以正罪名，令以存事制”⑥，

①②③ 程树德：《九朝律考·后魏律考序》，卷五，339 页。

④ 《汉书·杜周传》。

⑤ 《汉书·宣帝纪》注。

⑥ 《太平御览·刑法部·律令下》。

“违令有罪则入律”①，表明律是定罪量刑方面的相对稳定的基本法典，令则是典章制度方面的政令法规。违令致罪者，依律定罪处刑。可见，二者之间是一种主次关系。

格是律的重要补充形式。东魏制定《麟趾格》，正式将格作为独立的法典。北齐在制定法典的同时，将律无正条规定者编为《别条权格》，与律并行，格又成为律的辅助形式。

式源于秦《封诊式》和汉“品式章程”，具有行政性法规的性质。西魏文帝时编订《大统式》，这是我国历史上第一部式的汇编。式上升为当时主要的法律形式。

综上所述，三国两晋南北朝时期法律形式较以前有较大变化，已由汉朝的律、令、比逐步演变为律、令、格、式。格、式与律、令并行，开隋唐以降律、令、格、式并行的先河。

三、法典结构的变化与立法技术的进步

三国两晋南北朝时期，律学得到长足的发展。律学的发展，促进了法典体例结构的科学化、规范化和封建法典编纂技术的迅速提高。从总体上看，这一时期的法典与前朝法典相比较，内部逻辑结构更加严谨，法律概念更加明确，法律条文更加简洁。

第一，在法典的体例结构上，形成了总则在前、分则在后的模式。中国封建法典的源头——《法经》将具有总则性质的《具律》置于最后一篇，秦律沿袭了这一模式。汉朝《九章律》因袭《法经》体例，在《具律》之后增加三篇，致《具律》既不在首也不在尾，结构上显得不够合理。曹魏《新律》则将总则性质的《具律》改为《刑名》，并提前至第一篇，统率分则各篇。《晋律》将魏律《刑名》分为《刑名》《法例》两篇，将《刑名》冠于律首。《北齐律》进一步改革法典体例，将《刑名》《法例》合为一篇，称为《名例》，仍置于全律之首。从此，《名例》的名称及与其他各篇的关系被固定下来，为后世历代封建法典继承，法典的体例结构更加科学。

第二，法典内容的逻辑关系日趋严谨合理。自《法经》以来，封建法典的内容不断增加，法律调整的关系也越来越广泛。随着篇幅的膨胀扩展，法典的篇名以及与篇名相对应的内容也在不断调整，如《魏律》将汉律中劫略等从《盗律》中分离出来，另立一篇《劫略律》，使名实相符。至北齐定律12篇，对各篇依一定逻辑关系顺序排列，各篇篇名及相应的内容也基本确定下来。《北齐律》的这种内部格局为后来隋、唐、宋的法典所沿袭。

第三，法律概念及术语的解释和使用更加规范化。张斐、杜预等律学家用比较精练、准确的语言对一些罪名和法律术语作了解释，如“亏礼废节，谓之不敬”，“逆节绝理，谓之不道”，“陵上僭贵，谓之恶逆”，“二人对议，谓之谋”，“三人，谓之群”，“知而犯之，谓之故”，“不意误犯，谓之过失”，“倡首先言，谓之造意”，“不和谓之强”②，等等。这些解释是对古代刑法理论和汉朝以来立法、司法经验的总结和精辟概括，言简意赅，便于司法官在司法实践中准确理解和严格适用法律，同时也为隋、唐时期封建律学的进一步发展和封建立法的进一步完善作出了学理上的贡献。

第四，法典的条文由庞杂走向简要。汉朝开始“春秋决狱”，诸儒引经注律，律学得以形成，同时也导致律令日趋繁杂。据记载，东汉末年遗留的律例、法令及具有法律效力的解释达26 272条、773万字之多。③ 曹魏定律，删繁就简，将不宜为法的内容，另行分类。西晋时，立法者基于“刑之本在于简直”④ 的认识，精简律令，将律令减至2 926条、约126 300字，成为封建法典由繁至简的里程碑。至《北齐律》12篇、949条，虽字数不详，但史称其法令明

①② 《晋书·刑法志》。

③ 参见上书。

④ 《晋书·羊祜杜预传》。

审、科条简要。

四、士族门阀特权的法律化

东汉末年以来，土地兼并加剧，豪门士族集团的势力日益膨胀，它们占有大片庄园和大量部曲、奴婢，拥有私家武装，凭借自己的经济实力割据一方，成为当时封建朝廷实行政治统治必须依赖的阶级基础和社会支柱。贵族、官僚、大地主三者逐渐合为一体，垄断着国家政权。一部分世家大族为保护既得利益，极力维护儒家强调的社会等级秩序，并建立起了士族门阀制度。与此状况相适应，这一时期的法律制度也发生了一系列新的变化，最突出的表现就是士族门阀特权法律化，即“八议”制度入律，“官当”制度出现，九品中正制产生和品官占田制确立。

（一）“八议”

所谓“八议”，是指法律规定的八种人犯罪，一般官府无权审判，必须奏请皇帝裁决，皇帝根据其身份及犯罪情况进行减免刑罚的制度。这八种人是：亲，指皇亲国戚；故，指皇帝的故旧；贤，指贤德之人；能，指统治才能出众的人；功，指对国家有大功勋者；贵，指上层贵族官僚；勤，指为国家服务勤劳，有大贡献的人；宾，指前朝的贵族及其后代。一般情况下，“八议”之人犯流刑以下罪，均可减一等论处，若犯“十恶”罪，则不得减免。

“八议”制度源于西周时的“八辟”，是“刑不上大夫”的“礼治”原则在刑法适用上的具体体现。秦、汉时期，虽然也出现过维护贵族官僚特权的规定和案例，但未见“八议”入律的记载。至三国时期，随着儒家主张的礼越来越多地纳入法律，为了维护在国家中居于统治地位的士族贵族的特权，魏明帝制定的《新律》，首次正式把“八议”写入法典之中，使封建贵族官僚的司法特权得到公开的、明确的、严格的保护。自此直至明、清，“八议”成为后世历代封建法典中的一项重要制度，历经一千六百余年而相沿不改。

（二）“官当”

所谓“官当”，是法律允许贵族官僚用官品和爵位抵当徒、流罪的一项法律制度，是封建等级特权原则在法律中的又一具体体现。

《晋律》在沿用“八议”同时，规定免官可比免三岁刑，虽不能确定晋代是否以“免”抵罪，但这种做法实为以后“官当”制之滥觞。“官当”作为一项制度，形成于南北朝时期的北魏和南陈。北魏首创以爵位抵罪并折当劳役刑的制度，《北魏律》中明确规定，五等列爵及官品从第五品起以官阶当徒刑三年；免官的，三年之后按原来的官阶降一级任用。《陈律》则正式使用“官当”一词，官当的标准是：“五岁四岁刑，若有官，准当二年，余并居作。其三岁刑，若有官，准当二年，余一年赎。若公坐过误，罚金。其二岁刑，有官者，赎论。一岁刑，无官亦赎论。”①

从“八议”到“官当”，能够享受减免刑罚特权的范围进一步扩大，而“官当”后的损失则被控制在最低限度之内。“官当”制度明确、细致，便于在实践中掌握实施，是对“八议”以外一般官吏的特殊保护，而“官当”与赎刑的结合，则使这种保护更加严密。在这一时期，由于高官显爵几乎被士族大地主垄断，因而“官当”成为保护犯罪的贵族官僚地主逃脱刑罚制裁的手段。“官当”制度确立以后，隋、唐、宋的封建法典均予以沿用。明、清法律中虽未明确规定“官当”之制，却代之以罚俸、革职等一系列制度，以继续维护封建官僚的等级特权。

---

① 《隋书·刑法志》。

（三）九品中正制

九品中正制是曹魏时期创立、三国两晋南北朝时期长期沿用的一项官吏选拔制度。由于东汉末年的连年战乱，地方基层乡里组织遭到严重破坏，“乡举里选”的推荐用人制度也被迫终止。曹操根据时代的需要，提出“唯才是举”，只要有才能，都可选拔为官。他选拔各地声望高的人士出任“中正官”，将当地士人按才能分为九等，由政府按等选任官吏。这是九品中正制的萌芽。

220年，曹丕即位后，采纳尚书陈群的建议，开始实行九品中正制。根据这项制度的规定，郡设小中正官，州设大中正官。中正官的职责是依照家世、才能以及德行将辖区内的士人分成上上、上中、上下、中上、中中、中下、下上、下中、下下九等。由小中正官将品评结果申报大中正官，再经大中正官申报司徒，最后由中央按照品等高下任官。

由于这些大小中正官照例由担任中央高级官职的各地富室豪强兼任，他们为了维护自身的利益，在品评人物时愈来愈注重出身家世标准，以便把他们的代表推举上来，从而形成了“上品无寒门，下品无世族”的局面。这种现象在两晋时发展到顶峰，对南北朝也产生了很大的影响。因此，九品中正制实际成为官僚贵族集团，尤其是门阀士族阶层垄断官职权势地位、巩固等级特权的政治法律工具。

（四）品官占田制

法律在确认豪门士族政治特权的同时，也极力保护其经济利益。西晋太康元年（公元280年）制定了按照官品占田、占客、荫亲属的法律——《品官占田荫客令》，明确赋予各级官僚贵族按照官品高低依法占有免税土地和免役人口的经济特权。根据该法令，一品官可占田五十顷，占佃客十五户。以下品级官按照等级递减，至九品官可占田十顷，占佃客一户。此外，各级官员还可依官品高低，荫庇亲属，最高可以荫九族，低者亦可荫三世。这些土地和人口，并非限制官员占有的法定限额，而是法律允许他们可以享受免税特权或者免除劳役的合法数额。在此之外，他们还可以额外占有，只不过要向国家纳税、服役而已。品官占田制在法律上确认了豪门士族从国家总户口中割取一部分为私属、从国家总赋税中割取一部分为私租的合法性。

品官占田制对东晋南朝的影响很大。南朝时期的刘宋大明年间（公元457年—公元464年）即仿效此法颁布了《占山格》，规定：一至二品官可占山三顷，三至四品官可占二顷半，五至六品官可占二顷，七至八品官可占一顷半，九品及百姓可占一顷。这实际是官僚贵族特权在经济领域的进一步扩大。

第二节　魏晋律学及刑法制度的演变

一、律学的发展

汉朝以来，随着“引经决狱”“经义注律”的盛行，律学因与政治伦理的结合而日兴。私家给律所作的注疏、解释不断增多，在当时社会上出现了许多著名的律学家和父子、子孙相继为业的法律世家，他们凭着对前朝和当时法律的熟悉，总结了封建法制数百年来的经验教训，并对法律科学的独特规律进行了精心探讨，使封建律学在三国两晋南北朝时期获得长足发展。

这一时期，律学研究不再仅仅是对古代法律的起源、本质与作用的一般论述，而是侧重于对律典的体例、篇章、逻辑结构和概念以及定罪量刑等具体问题的研究，并取得了具体的成果。如改汉《九章律》第四篇《具律》为《刑名》，冠于律首。又如，张斐在《律注要略》一书中对《晋律》20个名词的解释，多为后世修律所接受，特别是他对确定犯罪性质、区分犯罪情节的15个名词的解释，对许多法律术语和概念的规范化作出了积极的贡献。其中对“故”“失”“过失”的解释，与今天刑法理论对故意和两种过失的理解已相差不远。这一时期的律学成果逐渐为传统法律所吸收，《北魏律》的“累犯加重”“共犯以造意为首”就是例证。

杜预在《律解》的上奏中说：“法者，盖绳墨之断例，非穷理尽性之书也。”这使律学亦成为注释之学，加之东晋以降，官方注释地位的确立，私家言论大受限制，从而使律学研究走向衰微。

杜预像

法理学意义上的探讨大大落后于对律文的注释，结果是律学也回到训诂的老路上，像张斐这样的律学家也渐次消失了。除了注释章句的律学内容得以发展外，律学中“学”的内容已近衰竭。然而，律学仍不失其在中国法律史中的重要地位。《唐律疏议》这部集古代中国传统法典之大成的法典，无论是刑名概念的解释还是法律适用原则的确定，无论是其语言特色及注释风格还是其内容的周密与完整，等等，都带有饱受律学浸润的痕迹。因此，没有汉魏律学的发展，唐律及其疏议有如是卓著之成就是不可能的。

二、“重罪十条”的出现及内容

“重罪十条”正式入律，始于北齐。所谓“重罪十条”即后世法典中之“十恶”，是封建统治者认为直接危害其根本利益的十种严重犯罪的统称。《北齐律》规定的“重罪十条”是：“一曰反逆，二曰大逆，三曰叛，四曰降，五曰恶逆，六曰不道，七曰不敬，八曰不孝，九曰不义，十曰内乱。其犯此十者，不在八议论赎之限。”[①] 任何人凡犯其中之一者，一律从重严惩，不得享有减免特权。

① 《隋书·刑法志》。

汉朝已有“不道”“不孝”等罪名，所谓“汉制九章，虽并湮没，其不道不敬之目见存”[①]。其他如“作上”“犯上”“大不敬”“大逆”“降叛”“禽兽行”等罪名，也见于秦汉以来律令之中。《魏律》规定：“夫五刑之罪，莫大于不孝。”[②]《晋律》不孝罪弃市，《北魏律》、南朝《宋律》皆严惩不孝罪。北齐则将此罪列入“重罪十条”，虽为“八议”之人，亦不减免。张斐在上《律表》时，解释说：“亏礼废节，谓之不敬”，“逆节绝理，谓之不道”。由此可见，此时这些罪名的概念仍较笼统，不像后世那样具有明确、具体的含义。

南北朝时，对于严重危害政权和礼教的行为，都进一步确定罪名，并施行最严酷的刑罚。《北魏律》规定：“大逆不道，腰斩，诛其同籍，年十四以下腐刑，女子没县官。”且将“害其亲者”视为大逆之重者，处轘刑；将“为蛊毒者”视为不道，“男女皆斩，而焚其家”[③]。《南梁律》则规定：“其谋反、大逆以上皆斩；父子同产田，无少长皆弃市；母妻姊妹及应从坐弃市者，妻子女妾同补奚官为奴婢。赀财没官。”[④]

《北齐律》总结历代立法经验，首创“重罪十条”罪名。“重罪十条”广泛涉及君主政权和封建宗法制度及伦理道德的各个方面，进一步把礼法结合起来，强化了对君权、父权、夫权的维护。这一规定具有深厚的社会文化根源，故隋唐律在此基础上发展为“十恶”定制，并为宋、元、明、清历代所承袭。

三、“准五服制罪”原则的形成

“五服”制度是中国古代礼制中为死去的亲属服丧的制度。这一制度规定，血缘关系亲疏不同的亲属间，服丧的时间、所穿丧服的缝制方法及服丧期间应遵守的礼仪规则有所不同。关系亲的服制重，关系疏的服制轻。据此，服制分为五等：斩衰、齐衰、大功、小功、缌麻。

西晋《泰始律》以儒家思想为指导，首次确立了“峻礼教之防，准五服以制罪”的定罪量刑原则。所谓“准五服以制罪”，就是对于九族之内的亲属之间相互侵害的犯罪行为，要根据五服所表示的远近亲疏关系来定罪量刑。亲属相犯，以卑犯尊者，处罚重于常人，关系越亲，处罚越重；若以尊犯卑，则相反。亲属相奸，处罚重于常人，关系越亲，处罚越重。亲属相盗，处罚轻于常人，关系越亲，处罚越轻。“准五服以制罪”，不仅适用于亲属间相互侵犯、伤害的情形，而且适用于民事权利义务关系。

“准五服以制罪”将儒家礼的原则引入刑事立法原则，是汉朝以来“礼律融合”的又一发展。自西晋定律直至明清，“准五服以制罪”一直是各朝法律的重要组成部分，对法律实践产生了巨大影响。

四、宫刑的彻底废除与流刑的确立

（一）宫刑的彻底废除

宫刑是一种非常残酷和不人道的肉刑。汉文帝废除肉刑后，宫刑一直被作为减死一等的代替性质的刑罚。魏晋时，由于阶级矛盾和统治阶级内部矛盾的尖锐化，统治集团内部要求恢复肉刑的声浪迭起，因而多次引起关于肉刑的争论。主张恢复肉刑的一派，魏有陈群、钟繇、李

① 《唐律疏议·名例》。

② 《三国志·魏书》，卷四《三少帝纪》。

③ 《魏书·刑罚志》。

④ 《隋书·刑法志》。

胜，晋有刘颂、卫展等人，他们宣称“使淫者下蚕室，盗者刖其足”，可以达到杀一儆百的目的。反对恢复肉刑的一派，魏有杨修、王郎、夏侯玄，晋有周颖、王导等人，他们以“仁政”为标榜，认为肉刑“非悦民之道”①，尤其是唯恐恢复宫刑会引起更大的反抗。这场争论，时断时续，旷日持久，而恢复肉刑的主张终不果行。

三国两晋南北朝的法律，就法定刑罚而言，是沿着进一步废止肉刑的方向发展的。魏晋和南朝的法律，都无宫刑。北朝北魏、东魏还有腐刑的记载。西魏文帝大统十三年（公元 547 年）下诏：应处以宫刑的，免刑，收为官奴。北齐后主天统五年（公元 569 年），“诏应宫刑者普免刑为官口”②。至此，才真正结束了宫刑的历史。

（二）流刑的出现与确立

秦汉法律无流刑，有迁徙刑。汉朝将迁徙刑作为死刑减等之法，不属常刑，多施用于对王公大臣的宽免，而且没有依远近分等差的制度。

魏晋肉刑之议，反对恢复肉刑的一派针对“废肉刑而死者更众”的说法，主张用减死一等之法代替肉刑。这一主张，后来主要是通过确立流刑制度来实现的。《北魏律》和《北齐律》依据“赦死从流”的原则，已将流刑列为法定刑，但此时只称“远流”，而无明确固定的远近之分。南朝在梁武帝天监三年（公元 504 年）以后，也出现了流的名目。北周大律依《尚书·虞书·舜典》“五流有宅，五宅三居”之义，首创流刑五等之制，把流刑分为卫、要、荒、镇、蕃五等，以去皇畿二千五百里到四千五百里为五等，每等相差五百里，服流刑者均加鞭笞。从此，流刑为五刑之一，唐朝开始，历代相沿。将流刑定为法定刑，填补了西汉废肉刑以来徒刑和死刑之间的空白，为隋、唐确立封建制五刑奠定了基础。

五、刑罚制度的完善与五刑体系的形成

三国两晋南北朝时期的刑罚制度在中国刑罚制度发展史上是一个重要的过渡阶段，它上承秦、汉，下启隋、唐，整个发展过程呈刑罚逐步减轻、体系日益规范的趋势。

曹魏《新律》将法定刑分为死、髡、完、作、赎、罚金、杂抵罪等数种，并减轻某些刑罚，如废除投书弃市、限制从坐范围、禁诬告和私自复仇等。

《晋律》将法定刑分为五种：死、髡、赎、杂抵罪和罚金。死刑有三，分别是枭首、腰斩和弃市；髡刑有四，分别是髡钳五岁刑，笞二百以及四、三、二岁刑；赎罪有五（适用于非恶意的犯罪），分别是赎死缴金二斤，赎五、四、三、二岁刑则依次缴金一斤十二两、一斤八两、一斤四两和一斤；杂抵罪和罚金也各有五等。

《北魏律》定刑为六：死、流、宫、徒、鞭、杖。鞭、杖刑在北魏之前早已存在，但未被列入主刑。北魏将鞭、杖列入法定刑之中，刑的等差不明确。北周定鞭自六十至一百分为五等，杖自十至五十分为五等，每等均以十为等差，数额趋于规范化。

徒刑作为限制人身自由、强制囚犯劳役的刑罚自西周以来就存在。至北魏时正式以“徒”为主刑刑名，史书上有时也称为“刑”或“年刑”。至北周时，徒刑自五年至一年的制度正式固定下来。

由上述可见，到北朝后期，已形成了以死、流、徒、鞭、杖五种刑罚为主刑的刑罚体系，隋、唐在此基础上稍加损益，形成了以笞、杖、徒、流、死为内容的封建刑名体系。

---

① 《三国志·魏书》，卷一十三《钟繇华歆王朗传》。

② 《北齐书·后主幼主纪》。

第三节 三国两晋南北朝时期的司法制度

一、司法机关的沿革与变化

三国两晋南北朝时期各王朝的司法机关基本承袭汉制，在中央，大都以廷尉为最高审判机关。同时，为了适应这一时期形势的需要，又在汉制的基础上作了一些改变。如吴国将中央审判机构改称为大理，北周则称为秋官大司寇。魏明帝时，在廷尉之下增设律博士一职，专门负责教授法律知识，以提高司法官吏的专业素质和审判水平。西晋承袭了这一做法，并增设了其他职官。北齐将最高审判机构正式改称为大理寺，并增设了属吏，律博士由一人增至四人，司法机关的规模显著扩大，中央司法机构更趋完备。此后，大理寺这一名称为后世所沿用，只不过在不同的朝代，其职权又有所不同。

这一时期，开始有新的朝廷机构参与司法审判。东汉后三省制渐成，尚书台脱离少府成为中央最高行政机构。这一重大变革，给司法机构发展带来了深刻影响。此时虽尚无刑部，但尚书台之下均置有负责司法、行政和兼理刑狱的机构；曹魏承汉制，保留三公曹，又增设比部郎，以掌管刑狱；晋初以三公尚书掌刑狱，武帝太康年间废三公尚书，改以吏部尚书掌管刑狱；北齐以尚书省的殿中尚书统三公曹，掌管断罪之事，都官尚书统比部曹，掌管拟订诏书、律令、勾验等事务。

中央行政机构兼理司法事务，标志着司法制度逐渐走上司法、行政与审判分离而又彼此牵制的道路，反映了传统司法机构完善与强化的趋势。这一变化为隋、唐司法机构中央三省制的确立奠定了基础。

三国两晋南北朝时期，在地方仍是行政与司法不分，行政机关兼理司法审判事务。东汉末年以来，州由原来中央划定的地方监察区域变为一级正式的地方行政机构，地方司法审级增加为州、郡、县三级，司法权由县令、郡太守、州刺史掌领。江南各朝重视京畿地区司法职能，赋予其与中央同等权力。各级地方行政长官掌握较大的司法权，一般案件州、郡一级即可决断，只有重大疑难案件才上报廷尉。后来，随着中央司法权的加强，地方的司法权才逐步受到限制。

二、诉讼制度的发展

三国两晋南北朝时期，各王朝的统治者为在分裂动乱中加强中央集权，缓和阶级矛盾，稳定统治秩序，又创立了一些新的诉讼制度。这些制度对于隋、唐以至后代司法制度的完善产生了重要影响。

（一）死刑奏报制度的建立

秦、汉时期，对于死刑的奏报制度尚没有明确的法律规定，一般情况下，郡守无须奏请皇帝事先批准，就有权决定判处死刑。至三国时期，这一权力的行使开始受到限制。魏明帝青龙四年（公元236年）曾下诏，令廷尉及各级狱官对死罪重犯要详审复核，有乞求恩赦者，应及时奏闻朝廷。南朝自宋开始，死刑奏报皇帝批准渐成惯例。至北魏时，法律明确规定“当死者，部案奏闻。”“诸州国之大辟，皆先谳报乃施行”①，以示对执行死刑的慎重。从此，地方

① 《魏书·刑罚志》。

的死刑决定权收归中央，死刑奏报制度正式确立，并为后世各朝所继承。

（二）刑讯制度的发展

中国古代历来重视口供在定罪中的作用，作为获取口供主要手段的刑讯，是历代诉讼制度的一项重要内容。刑讯早在西周就已见于史料。至三国两晋南北朝时期，由于士族豪门地主统治的腐朽及长期社会动乱的影响，司法状况与这一时期立法内容的完善和立法技术的提高严重脱节。司法官在审判过程中，贪暴害民，滥施刑讯，把法律完全抛在一边，致使刑讯在这一时期普遍施行而且恶性发展。北魏时为获取口供，“乃为重枷，大几围，复以缒石悬于囚颈，伤内至骨，更使壮卒迭搏之。囚率不堪，因以诬服”①。北齐的刑讯方法也很残酷，“用车辐……夹指压踝，又立之烧犁耳上……既不胜其苦，皆致诬伏”②。南朝梁有“测罚”之法，对不招供者强行断食多日，以饥饿来逼迫囚犯招供。而陈则有所谓“测立”之制：对不招供的人犯先鞭二十、笞三十，然后身戴刑具，在高一尺、上圆尖、仅可容囚犯两足的土垛上站立。首次站立的时间为七刻，七日鞭打一次，鞭数满一百五十仍不招供的，可免死。③ 而实际情况是“重械之下，危堕之上，无人不服，诬枉者多”④。刑讯制度的恶性发展，反映了这一时期社会的黑暗和司法状况的混乱。

（三）“登闻鼓”直诉制度的建立

在我国古代，法律允许有重大冤屈者可以不受诉讼级别的限制，将冤屈直接诉于皇帝或者钦差大臣，这就是直诉制度。关于直诉的规定，周代有路鼓、肺石之制。秦汉时期在皇宫外设置“路鼓”，作为紧急军情大事报警之用，也有人擂鼓申诉鸣冤，但这些均非定制。直诉作为制度形成于西晋。晋武帝在朝堂外正式设置“登闻鼓”（“登闻”是立即使皇帝得知的意思），允许有重大冤屈者不受审级的限制，击鼓向皇帝直诉。《魏书·刑罚志》也记载北魏设登闻鼓接收诉状的事例。这一制度一直延续到清代。

（四）“察囚”制度的建立

南北朝各代还普遍推行由朝廷派出特使到各地“察囚”的制度。如北魏文成帝曾遣尚书穆伏真等 30 人巡行州郡，听由“冤枉不能自申”者诣使告状。梁武帝曾下诏：凡是远处州县，“可遣法官近侍，递录囚徒，如有枉滞，以时奏闻”⑤。就是说，对乡县牢狱，可派审判官和侍从官对狱中人犯进行复核，如发现有冤枉和疏漏，要及时上奏。

课后复习

1. 简述三国两晋南北朝时期各主要法典的特点。
2. 简述《北齐律》的主要特点及对封建立法的贡献。
3. 评述三国两晋南北朝时期律学的发展及对封建立法的影响。
4. 论述《北齐律》中“重罪十条”的确立及影响。
5. 论述三国两晋南北朝时期刑罚制度的逐步完善。

① 《魏书·刑罚志》。
② 《隋书·刑法志》。
③ 参见上书。
④ 《陈书·儒林列传》。
⑤ 《梁书·本纪第二·武帝中》。

第七章
隋唐的法律

提要

公元581年，北周权臣杨坚夺取政权，建立隋朝。公元589年，隋军南下灭陈，结束了西晋末年以来南北的长期分裂局面。隋末，李渊父子起兵反隋，于公元618年推翻隋朝，建立唐朝。

隋代在继承和借鉴前朝法制经验的基础上制定的《开皇律》，对以往的法律进行了重大改革，并为唐律所继承，成为制定唐律的蓝本。唐朝统治者吸取隋朝法律的教训，确立了以“德主刑辅”为核心的立法指导思想，并依此审慎而富有成效地进行了大规模的立法活动。唐律以其严密的体系、丰富的内容、成熟的技术和鲜明的特色，成为中华法系代表性的法典。唐律是在中国古代社会特定的经济、文化、社会背景下形成的，它是维护封建皇权与特权以及小农经济、维护封建伦理道德、维持国家机器正常运转的有效工具和有力武器，对于唐朝政治的稳定和经济、文化的发展，起到了积极的促进和保障作用。

重点问题

1. 《开皇律》及其历史地位。
2. 唐朝立法指导思想。
3. 唐朝主要立法活动。
4. 唐朝主要法律形式。
5. 唐律的基本内容。
6. 唐朝的司法制度。

第一节　隋朝《开皇律》与唐初立法

一、《开皇律》的制定及特点

（一）隋朝的立法活动

隋朝建立后，开国君主隋文帝杨坚针对后周刑政苛酷以致“群心崩骇”的状况，为了稳定人心，巩固刚刚建立的国家政权，于开皇元年（公元581年）诏令高颎等大臣总结魏晋以来的立法经验，修订刑律，制定“新律”，力图“以轻代重，化死为生”[①]。但这部法典未传于世。

① 《隋书·刑法志》。

开皇三年（公元583年），鉴于“新律”法条繁多、人多陷罪的状况，隋文帝又命大臣苏威、牛弘等人以《北齐律》为蓝本，以“宽简”为原则，制定出了历史上著名的《开皇律》，于同年正式颁行。《开皇律》共12篇、500条，在中国法制史上以“刑网简要，疏而不失”①而著称。《开皇律》在体例和内容方面都有所改革和创新，成为制定唐律的蓝本。

公元604年，杨广夺取帝位，是为隋炀帝。次年改元大业，删修刑律。大业三年（公元607年），新律修成并颁行全国，定名为《大业律》。《大业律》删去旧律十恶之条，“其五刑之内，降从轻典者二百余条，其枷杖决罚讯囚之制，并轻于旧”②。在体例上改《开皇律》12篇为18篇，《名例》《擅兴》《捕亡》《杂律》《诈伪》《断狱》六篇不变，改《卫禁》为《卫宫》，改《职制》为《违制》，分《户婚》篇为《户律》《婚律》两篇，分《厩库》篇为《仓库》《厩牧》两篇，分《贼盗》为《贼律》《盗律》两篇，又增《请赇》《告劾》《关市》《斗讼》四篇。

隋炀帝以“矫情饰行，以钓虚名”著称于世，他诏颁《大业律》意在欺世盗名，无意于真正落实。由于社会阶级矛盾急剧激化，隋炀帝旋即更立严刑，敕令天下窃盗以上罪，不分轻重，一律处斩。大业九年（公元613年）又诏：“为盗者，籍没其家”。此后，又恢复枭首、灭九族等酷刑。因隋炀帝自毁法制，滥施淫刑，各地官吏“生杀任情”，“不复依准科律”③，从而加速了隋王朝的灭亡。

（二）《开皇律》的内容和特点

《开皇律》继承了魏晋以来各朝优秀法律文化成果，并在此基础上作出重大改革，使封建法典在体例和内容上得到进一步完善。

从篇章体例看，《开皇律》篇章体例更加简要。《开皇律》采《北齐律》12篇的结构：仍定《名例》第一，其下分别为《卫禁》《职制》《户婚》《厩库》《擅兴》《贼盗》《斗讼》《诈伪》《杂律》《捕亡》《断狱》各篇。与北齐不同的是，改《禁卫》为《卫禁》，突出了对皇室的安全保卫；改《婚户》为《户婚》，增加了内容，体现了对田土、赋役制度的重视；把《捕断》分为《捕亡》《断狱》，并将其移至最后，形成整部法典总则在前、分则在后，实体在前、程序在后的体例格局。这样，自战国、秦、汉起，中经三国两晋南北朝，直至隋修《开皇律》，封建刑律12篇的结构模式最终确定下来，并为唐、宋律所承袭。

从刑罚制度上看，《开皇律》删除不少苛酷刑罚，确立了封建制五刑。隋以前的刑罚制度，经过了一个漫长的发展过程。奴隶制时期的五刑主要以毁人肢体、刻人肌肤的肉刑为主，带有浓厚的报复主义色彩。从战国、秦、汉开始，社会经济的发展需要更多的劳动力，同时，统治者对刑罚目的的认识也越来越深入，于是，一种以束缚自由的劳役刑为主的刑罚体系逐渐形成。北魏时，初步形成了死、流、徒、鞭、杖的五刑体制。死刑分为枭首、斩、绞，流、徒刑附加鞭、笞刑。但无论是北魏、北齐、北周还是南朝的梁、陈，刑罚制度都比较混乱，刑罚比较严酷。隋代废除磬、枭首、裂等残酷的生命刑，把死刑法定为绞、斩两种；改流刑五等为流刑三等，并缩短距离，分别为一千里、一千五百里、二千里，一律不加鞭刑；改一至五年的五等徒刑，为徒一年、徒一年半、徒二年、徒二年半、徒三年五等，并且取消附加的鞭、笞刑；改鞭刑为杖刑，杖六十至杖一百，分为五等；笞刑分笞十至笞五十共五等，每等均以十为差。《开皇律》的五刑，以惩罚犯罪为目的，去重就轻、删繁就简，所确立的刑种和刑等，构成了一个相对合理的刑罚体系。同时，五刑各自独立适用，以单一刑罚代替了以往的复合刑罚，无疑是历史上的进步，也是隋代政治、经济发展，社会文明程度提高的一种反映。隋代五刑体系的出现，标志着封建刑罚制度趋于成熟，并直接影响到唐代。

---

①②③ 《隋书·刑法志》。

从刑律的内容上看，《开皇律》创设了“十恶”制度。《开皇律》吸收北齐“重罪十条”而加损益，将其正式定名为“十恶”。《隋书·刑法志》载，《开皇律》的“十恶之条”是“一曰谋反，二曰谋大逆，三曰谋叛，四曰恶逆，五曰不道，六曰大不敬，七曰不孝，八曰不睦，九曰不义，十曰内乱。犯十恶及故杀人狱成者，虽会赦，犹除名”。隋改北齐“反逆”“大逆”“叛”“降”为“谋反”“谋大逆”“谋叛”。“谋”即预谋，一字之增，在于强调把反、叛等严重犯罪扼杀于谋划阶段，从而加重对这类犯罪的打击。同北齐重视现行犯相比，隋律严厉惩治预谋犯罪。这是一个重要变化，它反映了封建统治经验的丰富与提高。此外，增设“不睦”条，以更好地维护封建宗法关系。

从封建特权法的角度看，《开皇律》继承发展了前朝的特权法律制度。《开皇律》在承袭了魏、晋、南北朝的“八议”“官当”“听赎”等制度的基础上，又有所发展。《开皇律》创设“例减”之制，即“八议”人员、七品以上官犯罪非“十恶”者，依例自然减刑一等。《开皇律》还规定官吏无论犯公罪还是犯私罪，均可以官当徒、以官当流，且条文明确具体。凡“犯私罪以官当徒者”，应当判处徒刑三年的，“五品以上，一官当徒二年”，余罪听赎；“九品以上，一官当徒一年”[①]，余者听赎。应判徒刑二年的，五品以上官，一官当徒二年，不再追究；九品以上官，一官当徒一年，余者听赎。应判徒刑一年的，九品以上官，一官当徒一年，不再追究。犯私罪当处流刑者，“三流同比徒三年”，即以官当流二千里，比当徒三年；当流一千五百里，比当徒二年；当流一千里，比当徒一年。“若犯公罪者，徒各加一年，当流者各加一等”[②]，即比照犯公罪当徒多当一年的制度，犯公罪当流者也多当一个刑等。《开皇律》的“例减”与“三流同比徒三年”的规定，为违法犯罪的贵族官僚地主提供了更多的司法保障，反映了隋代法律维护封建特权的固有性质。

隋初制定的《开皇律》代表了隋朝立法的最高成就，它承袭了前朝立法的丰富经验，经过删繁就简，补充完善，使封建法典的编纂进一步系统、规范，为我国封建法典的定型化作出了贡献。由于《开皇律》中所规定的各项基本制度均被唐律直接继承，后来又为宋、明、清各朝法典所沿用，因而《开皇律》在中国法制发展史上具有极其重要的历史地位。

二、唐朝法律的指导思想与唐律的制定

（一）唐朝法律的指导思想

亲身经历了隋末农民大起义的唐初统治集团深知人心向背的重要性，认识到“为君之道，须先存百姓，若损百姓以奉其身，犹割股以啖腹，腹饱而身毙”[③]，因而它们提出了“安人宁国”的治国方针。为贯彻这一方针，以唐太宗为主的封建统治集团在推行轻徭薄赋、休养生息及选用良吏等措施缓和阶级矛盾的同时，注意吸取历史上各王朝治乱兴衰的经验，尤其是暴政亡隋的历史教训，确立了唐朝法制的指导思想。概括起来，这一思想主要包括以下方面内容。

(1)“德主刑辅”，礼法并用。自汉朝以来，“德主刑辅”逐渐成为封建正统法律思想的核心。唐初统治者继承和发展了这种法律思想，以之指导唐朝的立法和执法活动。“德主刑辅”的要义就是“德礼为政教之本，刑罚为政教之用”[④]，即将“德礼”和“刑罚”作为治理国家、教化百姓的相辅相成的两大手段。在实施治理和教化的过程中，“德礼”处于根本的、主导的

①② 《隋书·刑法志》。

③ 《贞观政要》，卷一《论君道》。

④ 《唐律疏议·名例》。

地位，“刑罚”处于辅助的、派生的地位。唐初统治者一再强调德刑相济、礼法并用，即重视“德”的指导作用；要求国家制定法律、适用刑罚以儒家的礼义为标准，同时又不放弃刑罚的使用；主张“失礼之禁，着在刑书”①。正如《唐律疏议·名例》中所解释，德和刑“犹昏晓阳秋相须而成者也”。法虽然是“国之权衡”“时之准绳”，但不能专任刑法，而要以德礼教化为主，二者的关系如同“执御之有鞭策也……马尽其力，则有鞭策无所用”②。也就是说，要多德少刑、先德后刑，而不能相反。唐初统治集团的这种思想指导着唐朝各项重大立法活动，从而使唐律具备了礼法结合、“一准乎礼”的基本特点。

（2）宽严适中，简约易知。鉴于“炀帝忌刻，法令尤峻，人不堪命，遂至于亡”③ 的教训，为了贯彻“德主刑辅”的思想，唐初统治者强调立法务求宽简。所谓“宽”即宽平，是针对隋朝法律的严苛而言的。唐太宗李世民即位后，主张“以宽仁治天下”，对刑法的适用尤其慎重。基于这一认识，唐初立法以仁恕宽厚为原则，“削繁去蠹，变重为轻者，不可胜纪”④，对唐律能够做到“得古今之平”具有直接影响。“简”即简约，是针对隋朝法律的繁杂而言的，要求立法简明扼要，尽可能使百姓容易理解法律的内容，使官员能够把握律条、正确适用法律。唐朝开国皇帝高祖要求修订的法令“使人共解……务使易知”⑤。贞观十年（公元 636 年），唐太宗对大臣们说：“国家法令，惟须简约，不可一罪作数种条。格式既多，官人不能尽记，更生奸诈……宜令审细，毋使互文。”⑥ 这说明，统治者已认识到法令简约对于官吏严格执法、避免“出入人罪”和百姓知法守法、自觉减少犯罪的作用。在这种思想指导下，经过多次修订的唐律，结构严谨，文字简洁，注疏确切，举例适当，成为中国乃至世界法制史上的经典之作。

（3）注重法律的稳定性。这一思想要求在立法时应当审慎，不轻易制定新的法令。法令一旦制定出来，就要坚决执行，不轻易改变和废止。在这方面，唐初统治者对历史的经验教训有深刻体会。贞观十一年（公元 637 年），唐太宗就曾说过，“诏令格式，若不常定，则人心多惑，奸诈益生……令宜详思此议，不可轻出诏令，必须审定，以为永式”⑦，还说：“法令不可数变，数变则烦，官长不能尽记，又前后差违，吏得以为奸。”⑧ 即法令不可多次变化，多变就会烦琐，还会造成前后法令的冲突，导致人心不稳、执法不一，官民无所适从，腐败及社会秩序混乱由此而生。为维护法律的严肃性和权威性，唐初统治者在立法时注意法律的连贯性、统一性。在每次修改法令时，都要经过正式的程序，不能由一个机构独立立法。即便皇帝的制敕也要经过中书省起草、门下省复核才能正式下达尚书省执行。对前代法律的修改，也采取十分审慎的态度，字斟句酌，反复推敲，力求使制定出来的法律能在相当长的时间内保持稳定。《唐律疏议·职制》规定：律、令、式不适合现实需要，应当进行修改的，必须上报尚书省，经集合七品以上京官讨论后，再上报皇帝。如果没有按照这个程序进行，直接向皇帝报告修改法律的，要判处两年徒刑。据《新唐书·刑法志》记载，“自房玄龄等更定律、令、格、式，讫太宗世，用之无所变改”。即使是高宗永徽年间修订的闻名于世的《唐律疏议》，对前代的《贞观律》也没有作大的改动，只是增撰了一个对律文进行注释、疏解的“律疏”，以便阐明律义和重要制度的源流演变，解决司法实践中具体条文的适用问题。

（4）执法严明，一断以律。制定完备的法律是实施统治的前提条件，但有良法，不一定有

① 《全唐文》，卷七《薄葬诏》。

② 《贞观政要》，卷五《论公平》。

③④ 《旧唐书》，卷五十《刑法志》。

⑤ 《旧唐书》，卷五十七《刘文静传》。

⑥⑦ 《贞观政要》，卷八《论赦令》。

⑧ 《资治通鉴》，卷一百九十四。

良好的法制，不一定有稳固的统治；完备的法律只有得到有效的实施，才能真正发挥它应有的作用。继隋而起的唐初统治集团居安思危，吸取隋朝立法完善但又弃法毁法以致速亡的教训，深知依法办事、取信于民的重要。魏征曾劝告唐太宗："居人上者，其身正，不令而行；其身不正，虽令不从。"[①] 李世民在历史上以虚心纳谏而著称，他经常鼓励臣下对自己因个人一时的喜怒而决事不如法的行为进行劝谏，并及时纠正法律适用过程中的失误。除自己自觉守法外，他还要求各级官吏不分亲疏贵贱，一律严格执法。据记载，"贞观之初，志存公道，人有所犯，一一于法"[②]。《唐律疏议》有"诸断罪皆须引律令格式正文"条，强调依法断罪量刑。唐初法制严明，不仅表现在依法办事上，还表现在对违法者不分贵贱一律惩处上。唐律就其本身而言，是官僚贵族的特权法，但为了维护统治的正常秩序，它也要求贵族、官僚在法律规定的范围内行使自己的特权，否则，就给予严惩。

（二）唐朝的立法活动和主要法典

为保证国家的长治久安，唐朝统治者非常重视法律的制定与完善，在"德主刑辅"等思想的指导下，相继进行了一系列的修订编纂法律的活动。

(1)《武德律》。这是唐朝建立后修订的第一部法典，于唐高祖（李渊）武德七年（公元624年）颁行。《武德律》以隋朝《开皇律》为基础，仍然保持了12篇、500条的结构，并新增了武德二年（公元619年）为适应新形势的需要而制定的"五十三条新格"。《武德律》是一部过渡性的法典，但其采用《开皇律》为立法蓝本的做法对唐朝立法产生了很大的影响。

(2)《贞观律》。唐太宗李世民即位后，鉴于《武德律》已不能适应当时形势的需要，便命令长孙无忌和房玄龄等人在《武德律》的基础上修订新法典。贞观十一年（公元637年），《贞观律》颁行天下，仍为12篇、500条。

与《武德律》相比，《贞观律》所作的改动主要集中于刑罚制度的减轻与完善，包括：第一，废除斩趾酷刑，增设加役流。高祖时曾将死刑中的绞刑减等为斩右趾，至太宗定律时认为，斩趾虽能保全性命，但仍属残酷的肉刑，于是在《贞观律》中予以修改，应处绞者，直接服加役流刑，即犯人至流放地后，在流刑强制服劳役一年的基础上，增加服劳役两年，作为宽恕死罪的办法。加役流后来成为轻重介于死刑与流刑之间的一种刑罚。第二，大大减少了旧律中重刑条款的数量。《贞观律》比旧律减少死罪92条，减流入徒71条。第三，缩小了族刑连坐的范围，改变了凡犯反逆兄弟连坐俱死的规定，相对减轻了某些刑罚。第四，确立五刑、"十恶"、"八议"、请、减、赎、当、免及化外人有犯、类推、死刑复奏等基本原则和制度。

(3)《永徽律疏》。又称《唐律疏议》，是唐朝立法的最高成就，也是中国封建制法律的典型代表。唐高宗时期，唐朝的政治、经济、文化已发展到鼎盛阶段。永徽二年（公元651年），唐高宗命长孙无忌等人以《贞观律》为蓝本，稍加修改，制定出了《永徽律》12篇、502条。同时，鉴于当时中央和地方的审判中对法律条文理解不一，每年科举考试也缺乏统一标准的情况，高宗又下令对《永徽律》逐条逐句地进行统一而详细的解释，阐明《永徽律》的精神实质、重要原则和制度的源流演变及立法意图，并预先设想在司法中可能会发生的问题，设置"问""答"进行举例说明，以解决法律适用中的疑难问题。这些内容称为"律疏"，附于律文之下，经皇帝批准，于永徽四年（公元653年）颁行天下，律文与律疏具有同等法律效力。这部法典时称《永徽律疏》，元代以后称为《唐律疏议》。

---

① 《魏郑公谏录》，卷八。

② 《贞观政要》，卷五《论公平》。

《永徽律疏》是我国迄今为止完整保存下来的一部最早、最完备、影响最大的封建成文法典。它总结了中国历代统治者立法和注律的经验，结构严谨，篇目、律条设置与排列合理，具有内在的逻辑性，标志着中国封建立法技术达到最高水平。它继承了汉朝以来德主刑辅的思想和礼律结合的传统，使中国封建法律至此发展到最成熟、最完备的阶段。《永徽律疏》以其丰富的内容、高超的技术和鲜明的特色而成为中华法系的代表性法典，并对当时中国周边的其他亚洲国家和后世各王朝的封建立法产生极为深远的影响。《永徽律疏》在整个中国法律制度发展史上占有重要地位，在世界法制史上也独树一帜。

(4)《唐六典》。这是记载唐朝中央与地方官制的一部重要文献。唐玄宗于开元十年（公元722年）命令大臣以当时的国家行政体制为基础，仿照西周《周官》一书依官职分类的体例编纂《唐六典》，至开元二十六年（公元738年）完成，共30卷，分理、教、礼、政、刑、事六部分。由于唐朝官制和西周已有很大差别，《唐六典》在编纂时只留下“六典”之名，所有篇目完全是按唐代官制来设置的，其内容包括唐朝国家机构的设置，官员的编制、品级及职责，官员的选拔、任用、考核、监督、奖惩、俸禄、退休等各项制度和规定。《唐六典》在结构上分为正文和注文两大部分，正文记述唐代的官制，注文叙述了官制的源流、演变。该典资料浩繁，涉及政治、经济、文化、军事等方面，称得上是一部中国古代历史的百科全书。《唐六典》开启了中国古代行政立法法典化的先河，开创了中国古代立法编制行政法典的传统，此后，单纯行政性质的立法规定和制度开始从“律”和“礼制”中分离出来，形成了刑事法与行政法并行的立法格局，宋编制“条法事类”，明清制定“会典”，都渊源于此。

(5)《大中刑律统类》。唐朝末年，唐宣宗于大中年间（847年—859年）命大臣将刑律各篇分为若干“门”，每门下又分别附之以相关内容的敕、令、格、式，编制成了这部《大中刑律统类》。这种以律为主、分类编排的法典编纂形式便于官吏使用，对后来五代及宋朝的立法产生了重大影响。

（三）唐朝主要法律形式

唐朝的法律形式主要有四种：律、令、格、式。这四种形式之间相互配合、相辅相成，组成一个严密的法律体系，共同完成维护封建国家统治秩序的任务。

(1) 律。“律以正刑定罪。”① 律是封建国家的基本法典，是各种法律形式中最具权威性、稳定性最强、适用最广的法律规范，如《贞观律》《永徽律》等。唐律所调整的社会关系十分广泛，几乎涉及社会生活的各个方面，包含现代社会中民事、婚姻、继承、经济、行政、司法、军事、环境及诉讼等多方面的内容。其作用在于“正刑定罪”，即把一切危害封建国家利益和社会秩序的行为规定为犯罪，并以相应的刑罚手段予以制裁。

(2) 令。“令以设范立制。”② 令是经过系统整理公布的关于国家各种制度的法规，涉及的领域也非常广泛，如涉及经济方面的有《田令》《户令》《赋役令》《关市令》；涉及行政方面的有《官制令》《选举令》《官品令》；涉及司法方面的有《狱官令》；等等。其作用是“设范立制”，是律的重要补充，故“律无正文者，则行令”。令的内容是根据形势需要随时制定的，是具体规定某一方面事务的规范，因此，随着时间的推移，令的数量会越来越多。为保证法令的有效性和统一适用，唐朝统治者在修律的同时，也十分重视令的整理编订工作，仅唐太宗时编订的《贞观令》就有30卷。此外还有《武德令》《开元令》等。

(3) 格。“格以禁违正邪。”③ 格是皇帝针对某一国家机关或某一具体事项临时发布的，经过分类整理汇编后颁行天下的各种单行敕令，又称“敕格”。一般意义的制敕只针对特定对象，

①②③ 《唐六典》，卷六《尚书刑部》。

在特定时间内有效，只有经过一定程序整编为“格”的制敕，才具有普遍、永久性的法律效力。格源于汉魏之际的科，南北朝时以格代科，从此，格作为一种法律形式为隋唐所沿用。其中涉及国家各部门及百官日常办事规则的内容较多，即“百官所常行之事”，可以作为对违反者定罪量刑的依据。唐朝重要的格有《武德格》《贞观格》《开元格》等。格涉及的范围很广，且具体灵活，是法律、法令的重要补充。

（4）式。“式以轨物程事。”① 式是国家机关的办事细则和公文程式，在唐朝也称为“永式”，具有行政规范的性质。式具有相当的强制力，违反者不仅要受到行政处罚，也可能构成《杂律》中的“违式罪”，可被处以笞四十。唐朝重要的式有《武德式》《贞观式》《永徽式》《开元式》等。

唐朝以律、令、格、式四种法律形式组成的法律体系中，律为主，令、格、式为补充，凡违背令、格、式的行为及其他犯罪行为，一律依律予以刑罚处罚。如违反《田令》《户令》，私卖口分田或脱逃赋税的，依《唐律·户婚律》的有关规定处罚，违反《狱官律》规定的狱官职责的，依《唐律·断狱律》的有关规定处罚；违反《仪制令》中的“行路贱避贵”、《礼部式》中的不同品级的官员穿着相应颜色的官服等规定，均依《唐律·杂律》中的有关条文处罚，等等。总之，令、格、式是对国家各项制度的正面规定，律是对违反这些规定的行为的刑罚制裁。律、令、格、式的综合运用，既保证了法律的稳定性，又赋予法律一定的灵活性。

（四）唐律的篇章结构

中国古代法典的体例结构经过长期的分合沿革，至《北齐律》和《开皇律》基本上固定下来。唐律继承了前代优秀的立法成果，在这方面基本未作大的改动。《唐律疏议》共 12 篇、502 条，其篇目依次为：《名例》《卫禁》《职制》《户婚》《厩库》《擅兴》《贼盗》《斗讼》《诈伪》《杂律》《捕亡》《断狱》。篇目的排列有其内在的规律，体现了立法者对各项内容及其关系的认识。

在《唐律疏议》中，名例律列于全律之首，相当于现代刑法中的总则，是统率其他各篇的大纲和贯彻全律始终的核心，在 12 篇中居于首要地位。它集中规定了唐律的立法宗旨和五刑、“十恶”、“八议”等各项重要的法律制度、刑罚制度及适用于各分则的刑法原则等，是唐律基本精神、原则和特点的集中体现。其后九篇为分则，规定了各种具体的犯罪及其相应的刑罚。最后两篇规定有关追捕逃犯和审判、执行方面的内容，在现代法律中多属于程序法的范畴。虽然这只是一种大致的划分，但《唐律疏议》中所确定的这种总则在前、分则在后，实体在前、程序在后的体例结构，与中国早期的法律相比，科学性、系统性和规范性大大加强，表明封建统治阶级的立法技术已具有相当高的水平。

第二节　《唐律疏议》的主要内容和基本精神

一、《名例》的主要内容

《唐律疏议·名例》继承、发展了以往各代的立法成果，确立了中国古代法律的基本制度和主要原则，具有现代刑法典中“总则”的地位和意义。

① 《唐六典》，卷六《尚书刑部》。

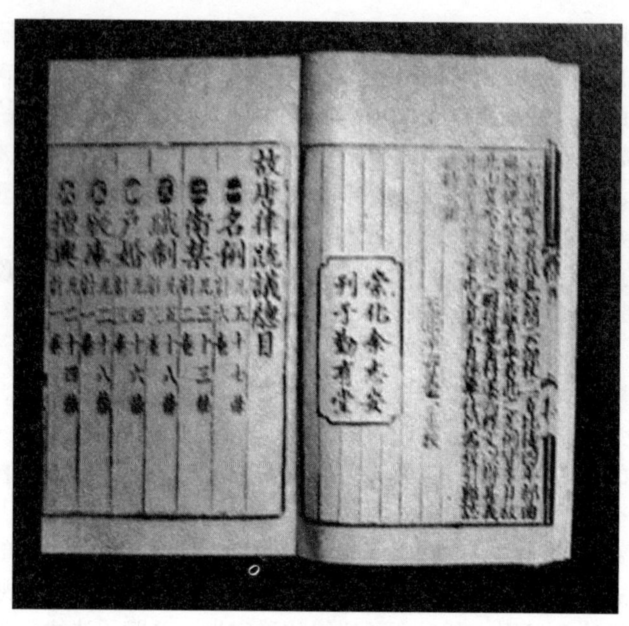

《唐律疏议》书影

（一）五刑

唐律中的五刑制度源于隋朝《开皇律》，包括笞、杖、徒、流、死五种基本的法定刑罚，与《开皇律》相比，仅在细节规定上稍有改变。

（1）笞刑，即用法定规格的荆条责打犯人的臀或腿，责打的数量自十至五十分为五等，每等加十，是五刑中最轻的一种，用于惩罚轻微或过失的犯罪行为。

（2）杖刑，即用法定规格的“常行杖”（又称法杖）击打犯人的臀、腿或背，责打的数量自六十至一百分为五等，每等加十，稍重于笞刑。《断狱律》规定笞杖刑累计不得超过二百下。

（3）徒刑，即在一定时期内剥夺犯人的人身自由并强迫其戴着钳或枷服劳役，自一年到三年分为五等，每等加半年，是一种兼具羞辱性和奴役性的惩罚劳动。

（4）流刑，即将人犯遣送到指定的边远地区，强制其戴着钳或枷服劳役一年，且不准擅自迁回原籍的一种刑罚，自二千里至三千里分为三等，每等加五百里，是仅次于死刑的一种较重的刑罚。唐太宗时创设的“加役流”作为死刑减等处理的一种刑罚，在流放地服劳役时间为三年。妇女犯流罪的，在原地服劳役三年。

（5）死刑，即剥夺犯人生命的刑罚，是五刑中最重的一种，分为斩、绞两等。斩为砍头，绞是用木棍逐渐绞紧套在死囚脖子上的绳圈，使其窒息毙命的行刑方式。绞因得以保全遗体而稍轻于斩。

唐律规定的五刑制与前代相比，有以下特点：首先，五种刑罚的排序一改隋律由重到轻的排列为由轻到重，且某些刑罚有所减轻，在历代封建法典中属于较为轻缓的刑制。其次，依照唐律的规定，除了犯“十恶”应死之罪、犯“不孝”应处流刑不得赎罪外，判处其他各刑，均准许以铜赎罪，赎金的数额根据刑法的轻重依次递加。五刑共二十等，自笞十赎铜一斤至死刑赎铜一百二十斤不等。赎刑的实行造成了封建社会“富者得生，贫者独死”的局面。

（二）“十恶”

“十恶”是直接危害封建统治阶级根本利益，威胁封建统治秩序，为“常赦所不原”的十种性质最严重的犯罪行为。《唐律疏议·名例》中有关“十恶”的疏议说：“五刑之中，十恶尤切，亏损名教，毁裂冠冕，特标篇首，以为明诫。”所以，犯此十条者为“常赦所不原”，通常称为“十恶不赦”。

唐律中的“十恶”罪名包括：（1）谋反，即谋危社稷，指谋害皇帝、危害国家的行为。（2）谋大逆，指预谋毁坏皇帝的宗庙、山陵和宫阙的行为。（3）谋叛，指背叛朝廷，私通或者投奔敌伪政权的行为。（4）恶逆，指殴打或谋杀祖父母、父母等尊亲属的行为。（5）不道，指杀一家非死罪三人、肢解人及造蓄蛊毒、厌魅的行为。（6）大不敬，指盗窃皇帝祭祀物品或皇帝御用物。盗窃或伪造皇帝印玺、调配御药误违原方、御膳误犯食禁、御舟误不牢固，以及指斥皇帝、对使臣无人臣之礼等损害皇帝尊严的行为。（7）不孝，指控告祖父母、父母，祖父母、父母在却别籍异财，对祖父母、父母供养有缺，居父母丧身自嫁娶或服丧违礼，闻祖父母、父母丧匿不举哀或诈称祖父母、父母死等行为。（8）不睦，指谋杀或卖五服以内的亲属，及殴打、控告丈夫及大功以上尊亲属的行为。（9）不义，指杀本属上司、受业老师，及闻夫丧匿不举哀，作乐，改着吉服出嫁等违礼的行为。（10）内乱，指奸小功以上亲属及父祖妾等乱伦行为。

唐律规定的这十种严重犯罪大致可分为三类：第一类是严重侵害皇权的犯罪，如谋反、谋大逆、谋叛、大不敬；第二类是危害家族伦理道德秩序的犯罪，如恶逆、不孝、不睦、内乱等；第三类是严重危害社会秩序的犯罪，如不道等。对这三类犯罪，唐律中不仅规定了最严厉的刑罚，而且规定，凡犯“十恶”者，不得享有法律规定的“八议”等减免刑罚的特权。

（三）“八议”等一系列维护封建贵族官僚特权的规定

（1）“八议”。“八议”最初源于西周时期的“八辟”，三国时期正式写入曹魏律。唐律沿袭“八议”之制，对八类特权人物犯罪给予减免刑罚的待遇。根据《唐律疏议·名例》的注疏，享有这一特权的八类人是：1）亲，即皇亲国戚。2）故，即皇帝的故旧。3）贤，即品行可供人效法的贤人君子。4）能，即具有杰出才能的人。5）功，即对国家有卓越功勋的人。6）贵，即职事官三品以上、散官二品以上及有一品爵位的人。7）勤，即为国家服务极其勤劳的人。8）宾，即前代皇室之后被尊为国宾者。

唐律规定，以上八种人犯死罪时，一般司法机关无权审理，必须将其犯罪事实及应享受特权的理由上报皇帝，由皇帝召集朝臣共同讨论，最后由皇帝作出裁决，一般均可予以减免刑罚的优待。按照通例，“八议”之人如犯一般死罪，可以降为流罪；若犯流罪以下，则可直接减一等处罚；但是，犯“十恶”者不得适用“八议”的规定。

（2）请，是指皇太子妃大功以上亲、应议者期以上亲及孙、官爵五品以上官吏，这些人在犯死罪时必须奏请皇帝裁决，司法机关按照法律提供判刑意见。应“请”之人犯流罪以下，则可直接减一等处罚。应请者的范围与“八议”比有所扩大，但适用时的限制也较前者严格，除犯“十恶”者外，凡犯反逆缘坐、杀人、监守自盗、盗略人、受财枉法等罪者，也不得享有这项特权。

（3）减，是指七品以上官及应请者的直系亲属以及兄弟、姊妹、妻子，凡犯流罪以下，可以照例减一等处罚。犯死罪则依法定刑处罚。

（4）赎，是指应议、请、减者及九品以上官，七品以上官之祖父母、父母、妻、子、孙，凡犯流罪以下，均可以铜赎罪。但法律规定应判处加役流、反逆缘坐流和会赦犹流者不适用此规定。

（5）当，即官当，是指凡议、请、减以下的官员，犯罪后可以官品抵罪。流罪折徒刑四年进行官当。犯徒以下罪，若是私罪，五品以上，一官可抵徒刑二年，五品以下九品以上，一官可抵徒刑一年；若是公罪，则各可多当徒刑一年。唐律还规定，凡一人有多种官爵的，可先以高者当，再以低者及历任官当。“若罪小官大，罪轻不尽其官，则可留官收赎；若罪大官小，官不尽其罪，余罪亦可收赎。”① 官当先以现任官职的官品抵罪，不够时可以用历任官职的官品抵罪。如果官当后还留有余罪的，可以铜赎罪。因官当而免官者，一年以后仍可降一级任用。

由上述规定可以看出，唐律中规定的这一整套办法，已将各级官僚贵族的特权上升为系统、规范而详密的法律制度，使不同等级的贵族官僚在犯罪后，均可通过适用相应的法律条文来逃脱或减轻法律对自己的制裁。不仅如此，他们一定范围的亲属也可享受相应的优待，而且官爵越高，享受的优待越多。恰如后人所说，唐律的“优礼臣下，可谓无微不至矣”②。当然，适用以上特权规定，均以不危害地主阶级的根本利益即国家统治秩序稳定为前提，若犯“十恶”重罪，则绝不宽恕。

（四）主要的刑法适用原则

《唐律疏议·名例》集中规定了定罪量刑的原则，对于分则各篇的适用具有普遍的指导作用。这些原则主要包括以下各项：

（1）区分公罪与私罪。唐律规定，对于官员犯罪，首先要分清属于公罪还是私罪，然后根据犯罪性质及主观恶性的不同，再确定适用轻重不同的刑罚。所谓公罪，是指“缘公事致罪而无私曲者”，即公务上的原因导致某些失误或差错，而不是为了追求私利而犯罪。所谓私罪包括两种：一种是指“不缘公事，私自犯者”，即所犯之罪与公事无关，如盗窃、强奸等；另一种是指“虽缘公事，意涉阿曲”的犯罪，即利用职权，徇私枉法，如受人嘱托，枉法裁判等，虽因公事，也以私罪论处。对于官员犯罪的处罚，原则是公罪从轻、私罪从重。适用官当时，也要区分公罪和私罪，犯公罪者可以多当一年徒刑。

唐律之所以要区分公罪与私罪，主要目的在于保护各级官吏执行公务、行使职权的积极性，以便提高封建国家的统治效能；同时，防止某些官吏假公济私，以权谋私，保证封建法制的统一。

（2）老幼废疾减免刑罚。虽然唐律中没有明确提出“刑事责任能力”的概念，但《唐律疏议·名例》中对不同年龄和不同身体状况的人的犯罪，规定了不同的刑事责任。唐律将“老”分为七十岁以上、八十岁以上和九十岁以上三档将“小”分为十五岁以下、十岁以下和七岁以下三档将残疾人分为“废疾”和“笃疾”两档。其承担刑事责任的原则为：1）十五岁以上七十岁以下犯任何罪，均承担完全的刑事责任。2）十五岁以下、七十岁以上及废疾，犯流罪以下，可以收赎。3）十岁以下、八十岁以上及笃疾，犯反逆、杀人应死者，上请，其他犯罪不加刑。4）七岁以下、九十岁以上，虽有死罪，也不判刑。同时还规定，犯罪时虽未老疾，事发时老疾者，依老疾论；犯罪时幼小，事发时长大，依幼小论。这些原则性的规定表明了立法者轻刑省罚的立法意图，是儒家矜老恤幼的“仁政”思想在定罪量刑中的具体体现。当然，由于老幼废疾之人一般来讲不会对社会造成很大危害，因此，对他们实行减免刑罚的优待，也不会威胁到统治秩序的稳定。

（3）同居相隐不为罪。这项原则来源于儒家主张的“父子相隐”的思想。西汉武帝时曾把“亲亲得相首匿”确立为一条基本的刑法适用原则。唐朝立法仍以儒家思想为指导，完全继承了封建法制礼法结合的传统，不但继续规定了这一原则，而且允许相隐的范围比西汉时又有所扩大。唐律规定：凡同财共居者以及大功以上亲属、外祖父母、外孙、孙之妻、夫之兄弟及兄弟之妻，有罪皆可互相包庇隐瞒，部曲、奴婢也可以为主人隐瞒犯罪，即使为犯罪者通报消

① 《唐律疏议·名例》。
② 薛允升：《唐明律合编》，卷九，北京，中国书店，1980。

息，帮助其隐藏逃亡，也不负刑事责任。小功以下亲属相容隐者，减凡人三等处罚。唐律规定的这一原则，是儒家“亲亲”原则的体现，其目的在于以法律的力量将儒家的宗法伦理道德观念灌输于全社会，使之成为每个人思想和行为的准则，得以维护封建家族秩序，进而巩固封建国家的统治。但唐律同时又规定，犯谋反、谋大逆、谋叛者不得适用这一原则，说明维护家族利益必须以维护国家利益为前提。

(4) 自首减免刑罚。《唐律疏议·名例》规定：“……犯罪未发而自首者，原其罪。”即在犯罪行为被发觉之前，就主动到官府坦白认罪，构成自首，可以免予追究刑事责任。如果犯罪已被人告发，才去自首，只能减轻刑事处罚。自首可以免除刑罚，但赃物仍须如数归还物主或国家。对自首不实或不尽者，均有相应的处罚。这一原则的规定是对前代同类规定的继承和发展，它有利于分化瓦解犯罪分子，提高破案效率，稳定社会秩序。

(5) 共犯区分首从。唐律规定，两人以上共同犯罪称为共犯，其中，“造意为首，余并为从”，即提议的主谋者是首犯，其他参加者为从犯。但在某些特殊情况下，区分首从的标准有所不同，如若家长与家人共犯，无论由谁“造意”，只处罚同居的家长。如果家长依律不负刑事责任，则处罚次家长。若外人和监临主守共同犯罪，即使是外人“造意”，也以监临主守为首犯论处。对共犯的处刑原则是：“造意”者依律处断，随从者减一等处罚。此规定有利于区别犯罪者在共同犯罪中所发挥的不同作用，重点打击首犯。但对于某些严重的犯罪，如谋反、谋大逆、谋叛（已行）及强盗等，则不分首从，一律严惩。

(6) 再犯、累犯加重。唐律中的再犯，是指“诸犯罪已发及已配而更为罪者”①，即犯罪已被告发或已被决配而又犯新罪者，对再犯采取加重处罚的原则。唐律中的累犯，是指经官府判决，构成三次以上犯罪的罪犯，即屡教不改的惯犯。这种犯罪对封建统治具有更大的危险性，因此，比再犯的处罚更重，可以加重至死刑。

(7) 数罪并发以重者论。唐律对一人犯数罪，同时被查获审判的，采取“重罪吸收轻罪”原则，以重罪处罚；量刑相等的，以一罪处罚。如果一罪被判决执行后，又发现有余罪的，余罪轻或者相等的，不再追究；余罪重，则改判，以重罪为所应判处的刑罚，减去已执行的刑罚，即为应判的刑罚。

(8) 疑罪以赎论。对于无法证明的犯罪，唐律称为“疑罪”。《唐律疏议·断狱》规定，对于没有确凿证据证明的犯罪，仍然要认定被告人有疑罪，按照所被怀疑的罪名定罪后，要被告以铜赎罪。

(9) 涉外案件的处理原则。唐律将在中国的外国人称为“化外人”。唐朝系当时经济、政治、文化的交流中心，外国来唐朝学习、经商的人很多，难免发生一些涉外刑事或民事纠纷。为了妥善解决这方面的法律适用问题，唐律规定了处理这类案件的基本原则，即“诸化外人，同类自相犯者，各依本俗法；异类相犯者，以法律论”②。换言之，凡属同一个国家的“化外人”互相侵犯时，依照该国的法律处理；若是唐朝人与“化外人”或不同国家的“化外人”互相侵犯，则适用唐朝的法律。按照现在的法学理论，唐朝处理涉外案件采用的是有条件的属人法和属地法相结合的原则。这样既维护了唐王朝的国家主权，又尊重了外国习俗和法律，有利于与其他各国的正常交往。

(10) 类推原则。司法实践中可能遇到的问题是复杂多样的，当处理某一案件而法律没有明确规定时，唐律规定可以适用类推原则，即“诸断罪而无正条，其应出罪者，则举重以明

① 《唐律疏议·名例》，卷四。

② 《唐律疏议·名例》，卷六。

轻……其应入罪者，则举轻以明重”[1]。其中所说的“出罪”是指减轻或免除刑罚，其“入罪”是指确定有罪或加重刑罚。适用类推的具体办法是：必须是同类案件，对于应当从轻处理的罪，法律列举重款，轻者通过类推可以自明，这就是所谓“举重以明轻”；对于应当从重处理的罪，法律列举轻款，重者通过类推可以自明，这就是所谓“举轻以明重”。这一规定使得封建法网更加严密，适用法律更加灵活，不论某一行为是否被法律明文规定为犯罪，只要被认为“不应得为而为之”，均可通过类推予以制裁。

除上述主要刑法适用原则以外，在《名例》及其他各篇中还规定了一些其他原则，如区分犯罪的故意与过失、合并论罪、同罪异罚，等等。所有这些原则都是历代统治者立法和司法经验的结晶，是唐律打击各类犯罪的基本法律依据。

二、分则各篇的主要内容

《唐律疏议》共 12 篇，除第一篇《名例》为总则性质的规定外，其余 11 篇的主要内容依次为：

《卫禁》，共 33 条，是关于护卫皇帝及宫殿、太庙、陵墓，保卫城镇、官府、武库、关津要塞和边防等方面的法律规定，其基本精神在于保护皇帝的人身安全，维护皇帝的权威和国防安宁。

《职制》，共 59 条，是关于国家官职设置，官吏的选拔、考核、职责及失职、渎职的处理，以及交通、驿传等方面的法律规定，内容侧重于惩治官吏的失职、渎职和贪赃枉法行为。

《户婚》，共 46 条，是关于户籍、赋役、田宅和婚姻家庭等方面的法律规定，重点在于保证国家的赋役来源，维护封建的婚姻家庭关系。

《厩库》，共 28 条，是关于公私牲畜饲养和使用管理及官府仓库管理等方面的法律规定，用以保护国家和私人的资产财物。

《擅兴》，共 24 条，是关于军队征调、军需供给和工程兴造等方面的法律规定，严惩擅自调动军队、主将临阵先退以及擅自征发民工兴建工程等犯罪行为。

《贼盗》，共 54 条，是关于惩治属于“十恶”范围的犯罪和重大杀人、伤害等危害封建统治秩序的犯罪，以及强盗、窃盗、监守自盗等侵犯公私财物等方面犯罪的法律规定，是唐律中量刑最重的一篇。

《斗讼》，共 60 条，是关于斗殴和告诉方面的法律规定，惩治斗殴、杀伤、越诉、诬告、教唆词讼等行为。

《诈伪》，共 27 条，是关于惩治伪造印信、符玺、兵符及官私文书和欺骗财物、诈取官爵等行为的法律规定，其中对带有政治性的诈伪处刑更重。

《杂律》，共 62 条，是无法单独列入上述各篇的各种犯罪的汇集，范围极广，包括买卖、借贷、市场管理、伪造货币、赌博、放火、决堤和强奸、和奸等方面的内容。

《捕亡》，共 18 条，是关于追捕和处罚逃犯、逃丁、逃兵等方面的法律规定，惩罚官吏在追捕过程中的失职、泄密等行为。

《断狱》，共 34 条，是关于禁囚、审讯、判决、复核、执行和监狱管理等方面的法律规定，从内容上看，具有刑事程序法的特征。

从以上各篇的内容可以看出，唐律是一部包容范围极为广泛的综合性法典，它把刑法作为

[1] 《唐律疏议·名例》，卷六。

基本手段，调整涉及政治、经济、行政、军事、司法以及婚姻家庭等众多方面的社会关系。条文详密，排列有序，文字简约，可谓封建法典中经典之作。

三、《唐律疏议》的基本精神

唐律作为全面维护唐朝的政治、经济、文化等各项制度的基本规范，所包含的内容十分广泛。其基本精神，可以概括为以下几个方面。

（一）维护君主专制与等级特权

古代中国是一个等级社会，宗法等级秩序一直是社会的基本统治秩序。位于宗法等级宝塔顶端的是皇帝，其次是各级贵族官僚，最下层是广大百姓。为了保证这一宗法等级秩序的稳定，唐律继承了汉朝以来礼律融合的传统，把维护封建皇权、特权以及等级秩序作为首要任务。这也是贯彻于唐律各条的基本精神。

唐律首先在法律上确认了君权的神圣不可侵犯性。任何企图推翻皇帝统治，毁坏皇室宗庙、陵墓、宫殿，背叛皇帝家天下的行为都被称为谋反、谋大逆、谋叛，只要是“谋”，无论行为是否实施、是否造成损害后果，均构成“十恶”大罪，应当予以最严厉的打击。除此之外，凡是触犯皇帝的行为，一律视为无人臣之礼，作为大不敬被列入“十恶”。为体现特别“尊君”之意，唐律各篇遍布处罚有碍皇帝生命安全、尊严及权力行使的规定，其中专涉侵犯皇帝而处死刑的条文就不下20条。

为了维护贵族官僚的特权，根据“刑不上大夫”的礼治要求，唐律在“尊君”的同时，赋予官吏在法律上议、请、减、赎、当的特权，优待官吏无微不至。但上述特权，被严格限定在“君为臣纲”的范畴之内，必须与尊君相一致。倘若官吏犯有“十恶”大罪，则一概予以严惩，君主所赐予的特权也就丧失。

为了维护不平等的封建等级社会秩序，唐律严格区分良人与贱民。良人及不同类别的贱民的权利、义务相差悬殊，其中奴婢的地位“律比畜产”。为了显示社会等级的不同，唐律规定良贱之间不得通婚，还专门规定一些贱民侵害良人的罪名。良贱相犯时，量刑上适用不同的标准。在诉讼时，除谋叛以上罪，部曲、奴婢不得告发主人及其亲属，否则，被处以重刑。

（二）维护家族伦理道德秩序

在中国古代，政治国家的形成以氏族血缘组织为“原形”，构成了“家国同构”的模式。因而，家族组织是中国古代社会的真正基础，唐朝也不例外。按照儒家“亲亲”“尊尊”的“礼治”主张，“家齐而后国治”，“君子之事亲孝，故忠可移于君”，齐家与治国是相辅相成的。因此，“治国必先齐其家”[①]。唐律以儒家的伦理道德观念为思想基础，继承了西周及汉晋以来礼法结合的传统，将法律规范和道德规范紧密地融为一体，使维护封建家族主义与维护封建专制主义统一起来，通过维护家庭中的父权和夫权，进而维护君权；通过建立和保持稳定的封建家庭秩序，实现封建国家统治的长治久安。这也是贯穿唐律始终的基本精神。

家长是君主在家庭中的代表，家国相通，孝忠相维。唐律对父权的维护突出表现在以刑罚的手段全面确认父系尊长在家庭中的绝对权威。首先，严惩“不孝”的犯罪行为。唐律将子孙的一系列违礼行为列为“十恶”之一的“不孝”，处以重刑，如违犯教令，供养有缺，闻祖父母、父母丧匿不举哀，居父母丧嫁娶，告发和骂詈祖父母及父母，等等，均被处以重刑（徒、流甚至死刑）。同时，祖父母、父母因实施教令而殴杀子孙的，比常人殴杀罪减轻处罚，而且

① 《礼记·大学》。

告发子孙不孝或违犯教令可以不受“同居相隐”的限制，以此来保障以父权为核心的封建家庭秩序。其次，确保家长在家庭中的财产权。家庭（家族）的财产是家长权威的物质基础，唐律规定：祖父母、父母在，子孙别籍异财（即另立户籍，分割家财）者徒三年，甚至未经家长许可，私自动用家庭财产的，也要依数量多少被处以一定刑罚。最后，确保尊长对卑幼的主婚权。《唐律·户婚律》规定：“诸嫁娶违律，祖父母、父母主婚者，独坐主婚。”即使卑幼在外地已自行订婚，只要尚未正式结婚，仍应服从尊长安排。另据《斗讼》和《贼盗》等篇的规定，尊长若与卑幼有相互侵害的行为，法律对卑幼的处罚均重于常人，且关系越亲，处罚越重，对尊长的处罚轻于常人。与国家赋予家长较大权力相对应，家长在一定程度上承担封建国家的部分职能，对家庭成员的行为负有较重的法律责任。

在封建家长制的社会中，婚姻的目的只是“上以事宗庙，而下以继后世”[①]，即祭祀祖先、延续后代。娶妻不仅仅是男子个人的事，更是男方家族的延续和兴旺的需要。唐朝的结婚仍以“六礼”为必经程序，尤其强调婚约和聘财；同时，要求由父母主婚，并达到法定婚龄，以此作为婚姻成立的必备条件。唐律中规定，对不服从尊长主婚的卑幼和已报婚书及有私约而悔婚的女家处以刑罚，而男家自悔者无罪，只是聘财不得追还。唐律允许男子纳妾，以承祀宗族血脉，但必须严格区别嫡庶，以避免引起家庭财产继承纷争。法律对有妻更娶妻、同姓为婚、良贱为婚、立嫡违法等有损家族利益的行为予以刑罚制裁。

在离婚方面，唐律虽允许“夫妇不相安谐而和离”（即夫妻双方自愿离婚），但离婚必须遵循贯注着儒家伦理精神的“七出”“三不去”“义绝”等原则。

此外，唐律沿袭魏晋以来“准五服制罪”的传统，对血缘亲疏、尊卑长幼名分不同的亲属之间互相侵害的行为，仍实行“同罪异罚”的原则，尊长犯卑幼，服制愈重处罚愈轻；卑幼犯尊长，服制愈重处罚愈重；严惩亲属间的“奸非”等非礼行为，以维护封建家庭伦理道德。

（三）维护小农经济

中国是一个传统的农业古国，自给自足的小农经济一直是中国封建制度的经济基础。保护小农经济，发展以家庭为中心的封建生产，进而维护封建专制制度，是唐律的另一基本精神。

为了巩固封建国家的经济基础，维护封建的经济关系，保证封建国家的赋税收入和各种经济利益，唐律从各方面作了详细规定。

唐律规定了小农经济国家的基本经济制度。唐高祖武德七年（公元 624 年）颁布《均田法》和《租庸调法》，强制编制户籍，规定不同年龄、不同身份的人应受田的亩数及受田农民应向国家负担的赋税徭役，以保证国家正常的经济收入，维护国家机器的正常运转。此外，唐朝还颁布了《赋役令》，对赋役制度的具体实施作了规定。唐朝中叶，根据情况的变化，又颁布法令改行“两税法”，以缓解国家的财政困难。

唐律对违反国家赋役制度的行为给予严厉的刑罚制裁。如违反《均田令》，私卖口分田、占田过限或官吏侵夺公私田等，均处以一定刑罚。由于充足的劳动力是国家赋役的来源，因而在《唐律疏议·户婚》中集中规定了严惩脱户、漏口、增减年貌、相冒合户及私入道等犯罪行为：“脱户”是指全户不向官府申报户口；“漏口”是指一户之中漏报应税人口；“增减年貌”是指增加年龄冒充“老”或减少年龄冒充“小”及虚报病残等；“相冒合户”是指几户相互间私自合户及冒充三品以上官和郡王的一定范围的亲属的行为；“私入道”是指未经官府批准并发给凭证即私自出家入佛、入道的行为。上述行为都是为了逃避国家的赋税徭役，因此，唐律根据不同情节分别规定了轻重不等的刑罚。唐律还规定，农村基层长官和州县官必须认真检查

---

① 《礼记·昏义》。

下属农民的户籍登记情况，若发生脱户、漏口或者增减年貌的行为而有未发觉或知情不报等情形，均要被处以一定刑罚，最重的要判处三年徒刑。

唐律还严惩不利于农业生产的行为，如田地荒芜、种植不如法的，辖区的官吏要被处以刑罚；保护堤防、兴修水利不力的，要对主管官吏杖七十；不了解灾情、不报告灾情的，要对地方官杖七十；擅杀牛马者，徒一年半；等等。

除了小农经济的核心——农业生产外，商业、手工业的发展也关系到封建国家的经济利益，因此，唐律对危害商业、手工业发展的行为，也给予相应的处罚。《唐律疏议·杂律》规定，禁止市场垄断和投机，违者杖八十；商品价格均由官府统一评定，官吏对物价的评定不公平的，要追究责任；商家不得欺行霸市，任意哄抬或压低物价；凡在市场交易的商品必须符合质量标准，否则对制造者和主管官吏处以刑罚；度量衡必须依法校准；禁止私铸钱和走私，违犯者处以严刑，与化外番人私自交易者，依商品价计赃量刑；等等。

四、《唐律疏议》的历史地位和影响

唐律是封建法律之集大成者，是中华法系的代表性法典。中华法系与世界其他四大法系并称为世界五大法系。中华法系与其他法系既有共通之处，又有自身固有的特点，它以自己独特的风采影响着亚洲其他国家，在世界法律史上占有重要的地位。

唐律是我国封建社会发展到鼎盛阶段的产物，它对于当时社会经济的繁荣、政治的稳定和文化的进步，起了极大的推动和保障作用。在中国法制史上，唐律居于承前启后、继往开来的重要地位。一方面，它系统总结和全面继承了夏商以来，尤其是秦汉以来历代王朝立法与司法的丰富经验和优秀成果，并在此基础上加以补充完善，形成了以德主刑辅为核心的立法思想，确立了封建制五刑的刑罚制度，“十恶”制度，八议、官当、请、减、赎等封建特权制度，七出、义绝、嫡长子继承制等民事制度，同居相隐、准五服制罪、老幼废疾减免刑罚、五听、法官责任、死刑复奏、秋冬行刑、依律断罪等一系列刑法适用原则和诉讼审判制度，使封建法律不论是在体例的科学、内容的丰富方面还是在技术的完善方面，都大大超越了前代的水平，作为中国数千年灿烂法律文化的结晶而当之无愧地成为中华法系的典型代表。另一方面，由于唐律体现了中国封建立法的最高成就，因而后代修订法律时皆以唐律为楷模和蓝本，虽在某些方面“随时损益”，但其基本精神和主要内容都未超出唐律的范围。如宋初制定的基本法典《宋刑统》，篇目和内容完全沿袭唐律，除在相关条文下增编了一些同类的敕令格式外，几乎就是唐律的翻版。元朝“参照唐宋之制”，修订了《至元新格》。明初定律时，明太祖令臣下“日进（唐律）二十条”，以便遵循唐律的精神，沿用唐律的制度，所制定的《大明律》虽体例上作了改变，但基本精神和各项原则制度一仍唐旧。在明律基础上制定的《大清律》，其条文与唐律完全相同的有四百余条。由此可见唐律对后世各王朝的封建立法所产生的广泛而深刻的影响。

唐律不仅促进了当时和后代的社会发展及法律的完善，在中国历史和法律史上占有重要地位，而且具有广泛的世界性影响。在当时，强盛的唐王朝是亚洲政治、经济、文化的中心。东南亚各封建国家仰慕唐朝的包括法律在内的先进文化，纷纷来唐朝学习交流。这不仅使唐律的影响远远传播于国外，而且唐律的许多内容也成为这些封建国家修订法律时参照的典范。其中受影响最大的是日本。日本“大化革新”以后，编订的成文法典《近江令》，其篇目大都同于《贞观令》。公元701年颁行的日本封建法律史上具有划时代意义的《太宝律令》，其篇目、结构与唐律相仿，只在内容上作了部分简化，如改“八议”为“六议”（去议勤、议宾），改“十恶”为“八虐”（去不睦、内乱），等等。朝鲜法制在高丽王朝统治的四百余年中，基本上沿袭唐制。据《历朝宪章类志·刑律志》载，安南的李朝颁布《刑法》，陈朝颁布《国朝刑律》，究其根源大体“遵用唐宋之制”。而黎朝“参用隋唐”，折中宋、元、明诸律而制定的《鸿德刑律》，成为安南“历代遵行”的成宪。由此可见唐律对周围这些封建国家之法律的影响。

第三节　唐朝法律的主要内容

一、民事法律

（一）人的身份

唐朝是一个典型的身份社会，不同身份的人在法律适用上有所不同。唐律将人分为官与民两大阶层，而民又可分为良人、贱民两大类。

和前代一样，在唐朝，官被认定为民的统治者，是代表皇帝统治百姓的高人一等的特权阶层。隋唐时期确立了科举选官的制度，从理论上而言，官的身份不是世袭的，可以通过科举考试取得。但据近代学者对唐朝的官僚阶层所作的定量分析，唐朝官僚阶层的主体是士族。除了“安史之乱”时期，在唐朝的任何其他一个时期，这种士族出身的官僚都要占整个官僚队伍的60%以上，平均为67%；而没有任何家族背景的官僚至多不过30%，平均才21%而已。[①] 可见在唐朝官僚层依然是一个自我封闭的特权集团。除了参政方面的优先权之外，官僚阶层还可以按照品级占有土地、役使下属的百姓。按照唐朝《衣服令》《仪制令》《丧葬令》等法令，他们在衣、食（至少是在食具上）、住、行、生、婚、丧、葬等方面都依照自己的官爵而有不同的规格待遇，处处与民不同。即使是犯罪了，他们也享有各种减免刑罚的特权。

唐律中的良人，指的是普通百姓。在单纯的民事法律关系中，良人之间是相互平等的民事主体。良人在职业上，大体分为四类：士、农、工、商。开元七年（公元719年）所定《户令》规定：“诸习学文武者为士，肆力耕桑者为农，巧作贸易者为工，屠沽兴贩者为商（工商皆为家专其业，以求利者，其织韧组之类，非也）。工商之家不得预于士，食禄之人不得夺下人之利。”从事不同的职业者，具有不同的社会地位，也享有不同的政治权利以及在某些方面不同的法律特权。但在单纯的以财产交换为内容的民事法律关系中，他们仍处于同等的地位。

贱民相对于良人，不具备独立的民事法律主体身份。部分贱民甚至不具备独立的人格，而只作为一种特殊的财产。贱民因其身份上的不同，又可分作两大类：官贱民与私贱民。官贱民包括官奴婢、官户、工乐户、杂户、太常音声人等；私贱民包括奴婢、部曲、客女等。同属贱民，其身份仍有区别。奴婢在法律上不具备独立的人格，而只被视作财产。《唐律疏议·贼盗》规定：“部曲不同资财，奴婢同资财。”私贱民可以因“自赎”或主人“放良”而改变贱民身份，获得良人身份。但主人“放良”，须经官府备案；贱民“自赎”，须得主人同意。

中国古代没有人的民事行为能力这一法律概念，但有相近的概念，这就是“成丁”。唐朝《户令》规定：3岁以下为“黄”，15岁以下为“小”，20岁以下为“中”，满21岁为“丁”。但同时又规定，凡满18岁的中男就可以按照“丁男”的份额受田。《唐律疏议·户婚》的“嫁娶违律”罪规定，这一罪名在男子18岁以下、女子未曾出嫁的情况下，仅处罚主婚人；又规定父母死后，18岁以上者才可以分家另立门户。可见，实际上唐朝仍然是以18岁作为成年年龄的。其成丁年龄提高到21岁只是作为“轻徭薄赋”、实施仁政的表示。

---

① 参见毛汉光：《中国中古社会史略论稿》，载《台湾历史语言研究所集刊》，第47册，1976。

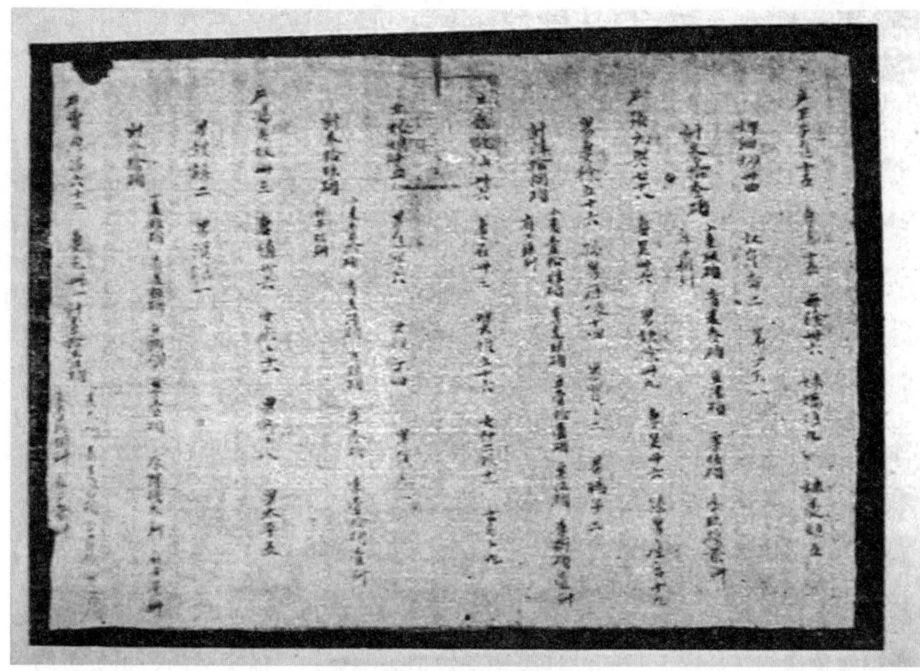

唐户口给粮记簿残卷

（二）所有权

唐律注重保护以封建土地所有制为核心的社会经济基础。凡属破坏封建国有土地制度的行为，或者破坏封建私有土地制度的行为，都要受到法律的制裁。唐初颁行《均田令》后，出现了土地为国家所有但由农民个人使用的“口分田”制度。为维护封建国家利益，并将流离失所的农民固着在土地上，唐律严禁农民私卖“口分田”，凡“卖口分田者，一亩笞十，二十亩加一等，罪止杖一百；地还本主，财没不追”[①]。与此同时，唐律严禁妄认公私田与盗耕种公私田，违者要判处一年或二年徒刑。此外，唐律还严格禁止官吏凭借势力侵夺公田、私田以及占田过限等违法行为，有犯者，分别判处笞、杖、徒刑不等。上述规定的实施，对于稳固初唐的封建土地所有制、谨防土地兼并的盛行、维护其统治的稳定，发挥了重要作用。

唐律还规定了一些在特定情况下所有权确定的方式及对所有权的保护。

地下埋藏物的所有权，按唐律的规定，原则上属于土地所有人所有。官有土地内的地下埋藏物，属官府所有，任何人发现，均应上交官府。私人土地内的埋藏物，由该土地所有人所有。但若由他人发现该埋藏物，则由发现人与所有人共同所有该埋藏物。至于在私人土地内发现的具有文物价值的古器具，则必须上交官府，由官府给付报酬。[②]

财物所有人遗失其财物后，仍对其所遗失的财物拥有所有权。他人拾到该物，不得即据为己有，而必须送交官府，由官府告示，通知物主认领。满一年尚无人认领者，其物收为官府所有。捡拾物品人若在五日之内尚未将所捡物品送交官府，即被视为非法侵犯该物品的所有权，从而构成犯罪。[③]

对于他人在江河中漂散流失的竹木材料，如果有人将其收集并堆放于岸上，因收集人付出了一定的劳动，并阻止了该竹木的流失，故在所有权的归属方面，确定了与捡拾阑遗物（唐律

---

① 《唐律疏议·贼盗》。

②③　参见《唐律疏议·杂律》。

令将遗失物称为阑遗物——编者注）不同的原则。据《杂令》，将他人在江河中漂散流失的竹木材料收集、堆放于岸上者，应即向附近官府报告，并在所收集的竹木之上，标立文字，说明收集情况。原主认领时，应将所认领竹木的20％至40％赏予收集者。若满30日无人认领，则所有竹木归收集者所有。①

对于生产孳息，即以家畜活体为主要内容的财物因自身繁殖而新产生的权益，唐律规定了不同的所有权确定方式：马、牛等家畜在为他人所盗后产有驹、犊等时，被盗的马、牛及所生的驹、犊等均仍归原物主所有。若马、牛等被盗后又被转卖他人，再产有驹、犊等，此时马驹及牛犊的所有权区别不同情况而有不同的归属：知道马、牛为所盗物而买入，其所生驹、犊连同原马、牛一起，归还原主。若不知为盗物，则所生驹、犊由后买者保留。在唐朝奴婢被视同财物，因此，对于奴婢所生子女的所有权，按照马、牛所产驹、犊一样对待。

对于山间野外的自生、无主之物，唐律规定了一种“加功所有”的原则，即对于山野之无主物，由首先对其实施收集性劳动者所有。《唐律·贼盗》规定，窃取他人收集的山野之中无主的草、木、药、石等物，要按盗窃罪论处。

（三）契约

唐律规定，契约订立的前提是当事人双方“两情和同”，即在双方自愿的条件下，订立契约。唐朝民间契约，在形式上已基本形成较为统一的格式。契约的内容一般包括标的、价金、交割方式、担保及违约责任等。契约的种类主要包括买卖契约、借贷契约、租赁契约等。

在债务关系上，唐律注重保护债权人的利益。债务人不履行契约，有违契不偿的行为的，要受笞二十至杖六十的处罚，并且强制其“备偿”。同时又规定，债权人向债务人索取财物时，不得超出契约上的规定，否则，要以“坐赃论”。上述规定反映出唐朝高度发达的封建经济关系的需求促进了当时民事关系的发展。

在契约关系上，唐律强调买卖房屋、地产、奴婢、牲畜等“要并立市券”，即签订契约，如“已过价，不立市券，过三日笞三十；卖者，减一等”②。订立契约后，“有旧病者三日内听悔，无病欺者市如法，违者笞四十”③。

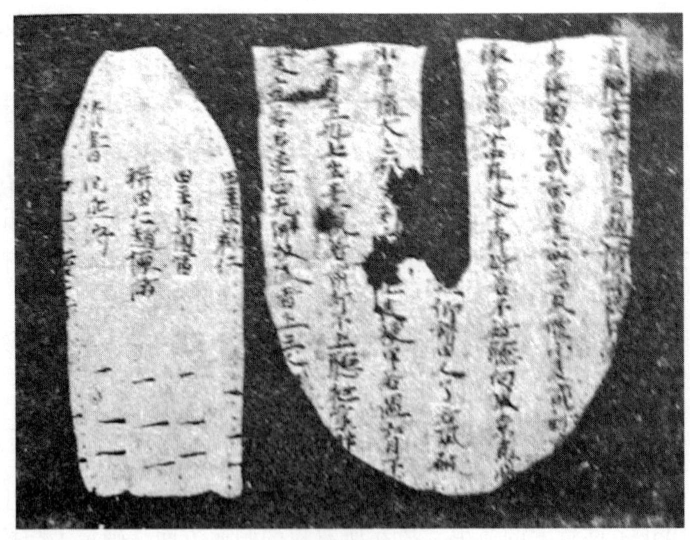

唐代田契

① 参见《唐律疏议·杂律》。

②③ 同上书。

（四）婚姻家庭和继承

唐律规定，建立婚姻关系，须订立“婚书”。尊长享有子女的主婚权，故婚书由婚姻当事人双方的尊长合意订立。婚书订立，男女双方的婚姻关系即初步确立，受到法律保护。《唐律疏议·户婚》规定：“诸许嫁女，已报婚书及私约而辄悔者，杖六十。”订立婚书之后，男女之家必须确保依婚书所定，正式确立婚姻关系，不得以他人假冒。如女方假冒，处一年徒刑；男方假冒，则罪加一等。

唐律承袭了以往的传统，严格禁止“同姓为婚”，违者，各徒二年。为维护以尊卑贵贱为核心的封建等级制度，法律严禁良贱通婚，如杂户隐瞒身份与良人为婚，要杖一百；良人私娶官户女者，判处一年半徒刑。

在婚姻年龄方面，不同时期有不同规定。贞观元年（公元627年），定男年20、女年15为法定婚龄。开元二十二年（公元734年）时，将婚龄降低，男年15、女年13即可嫁娶。

在离婚上，唐律规定了“七出”与“义绝”等项制度。凡妻子无子、淫佚、不事姑舅、口舌、盗窃、妒忌、恶疾，都可以作为丈夫“出妻”的理由。与此同时，唐律又规定了“三不去”的原则。所谓“三不去”，是指“经持舅姑之丧”“娶时贱而后贵”“有所受无所归”，具备了其中的一个条件，丈夫就不得休妻。“义绝”是指夫或妻杀伤对方直系尊亲或旁系尊亲的行为。这种行为构成法律上的强制离婚的要件。《唐律疏议·户婚》规定：“诸犯义绝者离之，违者，徒一年。”但在实际上，丈夫居于家庭的支配地位，他们可以采用各种名目休妻而另娶。妻则受到夫家的严格控制，不得以任何理由离家出走。违者，“徒二年”。这些规定反映了封建夫妻关系上的不平等，也是“夫为妻纲”这一儒家纲常原则在法律上的体现。

唐代称协议离婚为“和离”，即两和相离。唐律解释“和离”为“夫妻不相安谐，谓彼此情不相得，两愿离者”。法律允许夫妻双方因“情不相得”而自愿解除婚姻关系。

在家庭生活方面，唐律从教令权、财产处分权和主婚权等方面，保护家长在家庭中的特权地位。唐律规定，子孙必须遵从祖父母、父母的教令，否则，构成“违犯教令”罪；祖父母、父母在，子孙不得别立户籍，不得分异财产，违者构成“别籍异财”罪；子孙缔结婚姻关系，由祖父母、父母主婚，子孙不得自专；家庭财产由家长支配，其他成员未经许可，不得占有、使用家庭财产，否则构成犯罪。

唐律在规定家长在家庭中享有较多权力的同时，也规定在某些法律关系中，由家长独自承担家庭义务。家庭成员共同犯罪，一般不依普通的共同犯罪处罚原则处罚主、从犯，而由家长独立承担刑事责任。

唐朝的继承包括宗祧继承和财产继承。在宗祧继承方面，唐律沿袭历来的嫡长子继承原则，贵族爵位的继承顺序为：一嫡子，二嫡孙，三嫡子的“同母弟”，四庶子，五嫡孙的同母弟，六庶孙，以下依次类推。如在上述范围内仍无宗祧继承人，允许收养同宗辈分相当的人，以保证宗统后继有人。

在财产继承方面，唐朝法律仍然强调“诸子均分”的原则，《唐律疏议·户婚》规定分家时不平均即构成犯罪。唐律《户令》明确规定父母死后，所有的土地财物由同居的兄弟（无论嫡子、庶子）平分，但各人妻子所带来的嫁妆即使妻子已经死亡仍不得计入家产总额平分。已经分居3年以上，或失踪6年以上的兄弟不得参加平分。尚未娶妻的兄弟应另外分得一份聘财，未婚的姑母以及姐妹也可以分得一份相当于尚未娶妻的兄弟应另外分得的聘财1/2数额的嫁妆。兄弟中已有人去世的，由其子（包括养子、继子在内）代为继承（与现代民法中的代位继承相当）；如果兄弟已经全部死亡的，就由所有的下一代儿子平分。兄弟死亡后妻子愿意守寡的，可以分得丈夫的份额，但如果日后想要改嫁，所得的财产不得带走。

二、经济法律

（一）赋税制度

唐律对赋税制度作了严格规定，要求所有居民农户必须按照法律规定如数按期交纳税金与田赋，违者必予处罚。鉴于隋炀帝横征暴敛导致隋王朝灭亡的教训，唐朝统治者对征收赋税的官吏作了法律上的约束：官吏擅自增加赋税的构成犯罪，不但多征部分没入官府，并且“计所擅坐赃论”；如果中饱私囊，则以枉法论处，最高刑可处加役流。此外，唐律对于差科赋役违法及不均平者，规定了“杖六十”的处罚。唐朝一方面强调按期如数交纳赋税，另一方面又注意差役赋敛的限度，以期平息农民群众的反抗情绪，维护王朝的长久统治。

（二）市场管理

唐朝注意加强对各类市场的管理，要求主管市场的官吏必须公平议市价，如有从中舞弊者，“计所贵贱，坐赃论”①。对于垄断市场，随意哄抬物价者，如果“利自入者”，则给予杖八十的处罚。

（三）度量衡的规范化与产品的标准化

唐律在度量衡的规范化与产品的标准化方面，也作了严格规定。凡市场通行的度量衡，如斗、秤等，必须经管理市场官吏的鉴定，并加盖官印，方准使用。违者，分别情节，给予笞至杖的处罚。

唐朝要求各类产品必须达到标准化，必须符合国家质量要求。如是“器用之物，及绢布之属”制作不牢，以假充真，长短宽狭不合要求而擅自出卖者，“各杖六十”。如果主管官吏知情不加处理的，与行为人同罪论处；如主管官吏不知情，则罪减二等。

（四）货币制度

唐朝货币制度严格，严禁“私铸钱”等各种违法犯罪行为。《唐律疏议·杂律》规定，违犯国家制造货币的法令，私制货币者，流三千里；造钱模具已经具备，即便没有制造货币，也要判处徒刑二年；如果有私造货币的犯意，尽管模具没有完备并不能造者，也要给予杖一百的处罚。国家的制币部门，如果不按国家的统一标准，制造钱币“薄小”，以“取铜以求利者”，判处徒刑一年。

三、行政法律

唐朝的行政法律在继承秦、汉、晋、隋法制成果的基础上，又有所发展。《唐律疏议》的《职制》《唐六典》以及许多的令与式，构成了唐朝行政法规的完整系统。《唐律疏议》把唐朝行政法规的性质明确地解释为“职司法制”，即专门针对国家各级行政机关而设立的法律。

（一）唐朝政权体制

唐朝的中央政权体制沿用了隋朝的三省六部制。三省为尚书省、中书省和门下省。尚书省以尚书令或左右仆射为长官，下设左右丞等官吏；中书省以中书令为长官，以中书侍郎为副职，其下设有众多的属吏。门下省以侍中为长官，门下侍郎为副职，并设有若干属吏。三省的长官集体出任宰相，决定国家大事。皇帝的一切诏、敕，均须在宰相会议上讨论决定。如颁布，还需要宰相附署，盖上“中书门下之印”才能生效，否则就是违制，中央和地方各部门可以不予执行。唐朝在实行宰相具体负责制的同时，还明确划分了三省的权限。唐太宗对于门

① 《唐律疏议·杂律》。

下、中书二省的职能是这样界定的：中书省专门负责批答公文、奏折，起草诏命，颁发制书。门下省负责审核，各级机构上报的奏折、公文，首先经过门下省审阅，才能送中书省；门下省还拥有封驳权，对于以皇帝名义发出的、由中书省起草的诏令，门下省在审阅时，如认为有不妥之处，即可封还中书省，由其重新拟订。当中书省与门下省发生矛盾时，或者对案件处理出现争议的时候，两省先于政事堂议处，然后奏闻皇帝[①]，由天子作最后的裁决。尚书省是最高行政执行机关，国家的重大事项由尚书省组织实施；皇帝的诏令由中书省起草，经门下省审核后，亦由尚书省下发。

尚书省之下设有吏、户、礼、兵、刑、工六部，六部以尚书为长官，以侍郎为副职，并设有若干属吏。六部分掌官吏、财政、教育、仪礼、军事、司法行政、审判、水利与营造等项工作，具体行使行政管理大权。

唐朝中央设置相对独立的监察机构——御史台。御史台以御史大夫为长官，以御史中丞二人为辅佐。御史台下设台院、察院、殿院等三院。由此，完善了从封建中央到地方的行政监察与司法监察。

台院，设侍御史若干人，承担御史台在朝中的主要职责，负责监察中央百官、参与大理寺的审判与处理皇帝直接交办的案件。

殿院，设殿中侍御史若干人，主要承担对朝仪进行监察的职责，专掌纠察朝仪、巡视京都以及朝会、郊祀等，以维护皇帝的尊严为其基本职责。

察院，设监察御史若干人，执掌地方州县官吏的监察工作（包括行政与司法）。自太宗始，以“道”为监察区，全国共分十道（后增至十五道），每道设监察御史一人（叫巡按史）。监察御史品位不高，但权力很大。同其他台的御史一样，都是皇帝的“耳目之官”，行使行政监察与司法监察的重要权能。

唐朝中央还设有“三师”（太师、太傅、太保）、“三公”（太尉、司徒、司空）等顾问军国大计的高级官僚的名誉职称。此外，还有九寺五监的设置。所谓九寺，是指太常、光禄、卫尉、宗正、太仆、大理、鸿胪、司农、太府等寺。所谓五监，是指国子、少府、将作、军器、都水五监。作为国家行政的具体执行机构，五监实际上是六部的附属机构。总之，在中央，唐朝的行政、立法、执行、监察机构形成了一套完整的制度，达到了比较完善的程度。这些机构相互制约、相互配合，对于巩固封建君主专制制度、强化封建国家的统治效能发挥了重要作用，为后世王朝所效仿。

唐朝地方分州、县两级。州以刺史为长官，县以县令为长官，刺史、县令配有属官，协助处理州、县范围内的各项事务。地方实行行政、军事、司法等合一的制度，刺史、县令是地方“掌兵、刑、钱、谷等事”的最高长官，既负责行政管理，也负责司法审判与治安管理。唐朝还设有一些临时性的地方行政机构，但后来演变成为一级地方行政机关。如“道”，本是作为相对独立的监察区，后来演变成为高于州一级的地方行政机关。唐朝的基层设有乡、里等机构。乡正、里正除负责协助官府征发赋税、徭役外，还负有管理当地治安的责任。

（二）职官制度

在职官制度方面，唐朝进一步完善了对职官的录选、考核、升迁、致仕等项制度。

唐因隋制，继续实行科举选官制度，并使其进一步系统化、完备化。为选录人才，各地每年都举行考试。在京国子监的生徒、地方各州县的报考者均可参加。在地方考试合格者再由州县保举送京城，参加由尚书省组织的考试。此种考试每年定期举行，故又称“常举”。“常举”

① 参见《资治通鉴》，卷二百九十二。

考试，设有多科，以“明经”“进士”二科最受重视。尤其是中进士者，是朝廷任用重要官员的主要人选。

“常举”之外，皇帝根据一些特殊或临时性需要，专门下诏考录人才。此种考试，由皇帝颁发专门的制诏，故又名“制举”。制举所确定的项目及日期，均无定准，由皇帝临时决定。“制举”考中者，随即能受到重用：原为平民者立即得以授官，原为有官品者即晋品升职。但由“制举”而为官者未参加“常举”的考录程序，因此，他们在社会上常被看作非正途出身，多被列为“杂色”。

通过各种考试，即取得为官资格。再经过吏部组织的省试，合格者即可由吏部授其以官职。省试主要从四个方面进行考察：一曰身，取其体貌丰伟；二曰言，取其言词辩正；三曰书，取其楷书遒美；四曰判，取其文理优长。吏部所试身、言、书、判四事中，以判最为重要。

职官任职，应忠于职守、勤于施政，以保证各级政府较高的行政效率及良好的政府形象。唐朝法律确立了严格的职官考绩制度。在时间上，分岁课与定课。岁课在基层机构进行，每年举行一次。在中央，由各司自行主持对本司官吏的考核；在地方，由各州县主持对本属官吏的考核。定课为全国性的统一考核，由吏部考功司统一组织，在全国范围内对各级官吏实施考核。考功郎中管朝廷外文武官吏的考核。[①] 但经由吏部考核者，受品级上的限制：四品以下官受吏部考功司考核，三品以上官则由皇帝亲自加以考核。

为提高行政效率，保证各级行政机构在人员上正常的新老交替，唐朝确定了严格的官吏致仕（即退休）制度。官吏致仕的法定年龄为 70 岁。一般情况下，官吏年满 70 岁欲致仕者，本人提出申请，经批准后即可致仕。由于官吏品级不同，唐律规定了不同的审批程序：六品以下官致仕，本人首先向尚书省提出申请，再由尚书省统一奏请皇帝，由皇帝批准。五品以上官致仕，直接奏请皇帝批准。

（三）对官吏失职、渎职行为的处罚

官吏不遵守国家规定的行政规范，玩忽职守，严重失职、渎职的，都要被处以严厉的惩罚。《唐律疏议》严格规定了官府职员的数额，凡官署编制过限者，都要追究主管官吏的刑事责任；逾制的，超过一人，杖一百，三人加一等。此外，唐律还严格要求地方刺史、县令职司其守，不得无故私出辖界，若故意违反以致贻误公事者，要给予杖刑之处罚。至于官吏应当值班而不值班者、应入宫值宿而不值宿者，以及限期已满不即时赴任者，都分别情况处以笞至徒等不同的刑罚。在官府廨院及仓库内失火者，弃毁符、节、印及门钥者，弃毁制书及官文书者，主守官物而丢失账簿导致计有错数者，分别处以杖乃至绞刑等刑罚。

四、刑事法律

唐朝的刑事法律规范与前代相比，已发展到比较完备的程度，从刑法学角度看，《唐律疏议》把《名例》置于律首，起到了唐律总则的作用。相当于近代刑事法律分则的内容，则散见于唐律中的《卫禁》《厩库》《斗讼》《诈伪》等各篇。由于上节对《名例》中关于刑罚及刑法适用原则等内容已作论述，下面主要论述唐律规定的犯罪种类及相应的处罚。

唐律规定的犯罪，大致可以归纳为危害皇权与封建国家的政治性犯罪、侵犯人身罪、侵犯财产罪、官吏职务犯罪、破坏家庭秩序罪、破坏公共秩序罪共六类，涉及经济、政治、文化、

① 参见《唐六典》，卷二《尚书吏部》。

教育、军事、司法等社会关系的各个领域，形成了比较完整的罪名体系。

（一）危害皇权与封建国家的政治性犯罪

在封建专制体制下，皇帝就是国家的象征，危害皇帝的权力及人身、尊严就是危害国家，因此，这一类犯罪的性质最为严重。在唐律中，这类犯罪主要包括谋反、谋大逆、谋叛、大不敬。上述犯罪，重者不但本人被处以死刑，还要亲属连坐，资财、田宅、部曲、家仆被充公，并且实行“常赦不原”的原则。唐律对这些犯罪处以严刑，充分表明唐朝统治者对危害皇权与封建国家的政治性犯罪所采取的态度，反映了唐朝刑事法律严酷镇压各类政治反抗的本质。

除此之外，唐律对妨碍皇帝政令上传下达的各种行为也予以严厉的打击。皇帝的诏令、制书是皇帝行使皇权的形式，为维护诏令、制书的畅顺传达，唐律规定了一系列罪名，如应奏不奏、上书奏事有误、诈为制书等。甚至制书本身有误，他人也不得擅自改动，否则，就构成制书误辄改定罪。

唐律还特别注重保护皇帝的人身安全和尊严。皇帝起居生活和议事论政的场所都得到特殊保护，严禁无关人员进入，否则，就构成阑入宫殿等罪名。凡是皇帝参与的活动，都必须按照法定的次序和礼仪进行，如有失误，也会构成犯罪。甚至误犯皇帝庙讳，也要治罪。

（二）侵犯人身安全罪

这类罪主要包括杀人、伤害和强奸等犯罪。这类犯罪不仅侵犯了统治阶级及社会一般成员的生命安全，也严重破坏了封建社会秩序，因此，它们也被唐律列为重点打击的对象。

唐律根据行为人的主观情况，将杀人罪区分为“六杀”，这是对封建刑法理论的重大发展。所谓“六杀”，即“谋杀”“故杀”“斗杀”“误杀”“过失杀”“戏杀”等。“谋杀”指预谋杀人；“故杀”指事先虽无预谋，但情急杀人时已有杀人的意念；“斗杀”指在斗殴中出于激愤失手将人杀死；“误杀”指由于种种原因错置了杀人对象；“过失杀”指“耳目所不及，思虑所不至”，即出于过失杀人；“戏杀”指“以力共戏”，而导致杀人。基于上述区别，唐律对“六杀”规定了不同的处罚：谋杀人，已有预备的，徒三年；已造成被害人受伤的，绞；受害人死亡的，斩；若奴婢杀主，子孙谋杀尊亲属，则以“十恶”论处。故意杀人，处以斩或者绞刑。误杀，减杀人罪一等即流三千里处罚。斗杀，处绞刑。戏杀，减斗杀二等即徒三年处罚。过失杀，一般“以赎论”，允许以铜赎罪。“六杀”理论的出现，反映了唐朝刑法的完备与立法技术的发展。

唐律中的伤害罪，大多是由斗殴所造成的伤害。《唐律疏议》规定：“相争为斗，相击为殴。”即使斗殴没有造成杀害的结果，也要笞四十。唐律从主观上将斗殴分为故意斗殴、共谋斗殴、以威势使人斗殴和聚众斗殴；从双方身份上分为凡人斗殴、亲属间斗殴、良贱斗殴、以民殴官或者官殴民、学生殴业师等，且因身份不同而处以不同的刑罚；从手段上看，有手足殴、他物殴、兵刃殴等；从伤害程度上看，以“见血为伤”，伤及表皮以及一般的口、鼻、耳出血为轻伤，伤人一肢体或者瞎一目为重伤，伤两处以上及断舌、损坏生殖器官等为严重伤害。伤害罪的量刑从杖八十至流三千里不等；若伤害致死的，则以杀人论。

为了准确区别伤害罪和伤害致死的杀人罪，唐律特别规定了保辜制度：“手足殴伤人限十日，以他物殴伤人者二十日，以刃及汤火伤人者三十日，折跌支体及破骨者五十日。”也即在限定的时间内受伤者死去，伤人者承担杀人的责任；限外死去或者限内因其他原因造成死亡者，伤人者只承担伤人的刑事责任。保辜制度一方面力争正确认定加害人的法律责任，另一方面要求行为人对被害人采取积极医疗措施，使之早日康复以减轻自身的罪责，这对于减轻犯罪后果、缓和社会矛盾起到了良好的作用。

唐律有关强奸罪的规定，尤其注重加害人与被害人的身份。亲属间的强奸行为、贱民强奸良人、奴婢强奸主人，被列为“十恶”，加重处罚。若主人强奸自己的奴婢或者奴婢的妻女，则主人不承担刑事责任。

（三）侵犯财产罪

唐律沿袭前代传统，称侵犯财产的行为为“盗”。由于盗的方法不同，唐律将盗罪分为强盗罪、窃盗罪两种。强盗罪是以威胁或者暴力手段公开非法取得他人财物，窃盗罪是以隐秘的手段非法取人财物。唐律根据强盗罪、窃盗罪危害社会的程度，给予行为人不同的处罚。犯强盗罪“不得财徒二年，一尺徒三年”，“十匹及伤人者，绞；杀人者，斩”。犯窃盗罪“不得财笞五十；一尺杖六十，一匹加一等”，“五十匹加役流”①。

在盗窃罪中，还有一类不同于强盗和窃盗的行为，即“监临主守盗”，指直接掌管国家财物的官员，利用职务之便，盗取自己所掌管财物的行为。对于此类犯罪，唐律规定，加普通盗窃罪二等处罚。

（四）官吏职务犯罪

唐朝在赋予官吏种种法律特权的同时，对于官吏守职有缺、违制违纪及贪赃枉法的行为，也给予严惩。

唐律规定，官吏必须在规定的期限上任，否则，晚到一天笞十，罪止徒一年。地方州、县官到任后非因公事不得离开自己的辖区，违者构成“私出界”罪，杖一百。地方官对本辖区内发生的杀人、强盗、盗窃等重大刑事案件负有失察之责的，要被处以笞刑。

官吏履行职责时应当严格遵守各种行政规制。如随意增设机构、增加员额的，构成署置过限及不应置而置罪。各种文书的传达有专门的人员负责，若其他人经手，虽无误亦处杖或者徒刑。此外还有举荐不合格人才的贡举非其人罪，耽误或者妨碍有关军需物资征调、发遣的乏军兴罪，以及上书奏事有误等罪名。

以严刑峻法惩治官吏贪赃枉法，是古代法律的一项重要内容。唐律首次将六种非法攫取公私财物的行为归纳到一起，冠以“六赃”之名，即强盗、窃盗、受财枉法、受财不枉法、受所监临财物及坐赃。其中，受财枉法、受财不枉法、受所监临财物及坐赃罪的主体都是官吏，赃的多寡是确定罪行轻重的主要依据。赃的形态不仅包括钱物，而且包括他人为之付出的劳役。唐律规定，受财枉法的，赃一尺杖一百，一匹加一等，十五匹处绞刑；受财不枉法的，赃一尺杖九十，二匹加一等，三十匹加役流；受所监临财物的，受一尺笞九十，一匹加一等，五十匹流二千里；坐赃的，一尺笞二十，罪止徒三年。

（五）破坏家庭秩序罪

在封建社会，父权、夫权是家庭的核心，法律维护尊长在家庭生活中的特殊地位和权力。“十恶”中的恶逆、不孝、不睦、不义、内乱等罪名的设定，都是出于这一目的。唐律还通过设定其他罪名，要求子孙服从祖父母、父母的教令；祖父母、父母去世后，要辞官回家，为其服丧守制，以示孝心；违反者，分别构成违反教令、供养有阙、匿丧等罪。子孙不能任职于和祖父母、父母名讳相同的官府、职务，否则，构成冒荣居官罪。

唐律对家庭秩序的保护，还表现在对家庭、家族内部的奸淫乱伦行为的严惩上。唐律对于普通男女之间的通奸行为，各处徒一年半的刑罚，但通奸男女之间有五服亲属关系的，加重处罚；亲属关系越重，处罚越重，直至处以绞刑。

（六）破坏公共秩序罪

唐律从社会治安的角度，以设立不同的罪名，以保证公共秩序的正常和稳定，如禁止在城内

① 《唐律疏议·贼盗》。

街道上及人群中奔驰车马；禁止向城内有人处及官私住宅任意射击、投石等；在城市内和人口密集的地方，禁止散布流言，惊扰民众。

唐律严加防范水火隐患。法律禁止在庄稼生长和收获的季节在田野里烧火，违者构成非时烧田野罪；发现火灾，附近之人均有救火的义务，不救者以见火不告不救治罪。为用水、报仇或者自家利益而盗决堤防的，构成盗决堤防、故决堤防罪。官吏没有及时修筑堤坝的，则以不修堤防和修堤失时罪处罚。

此外，唐律还严禁私人拥有、盗取和制造武器，严禁赌博等可能危害社会治安的一切活动。

第四节　唐朝的司法制度

一、司法机关

（一）中央司法机关

在唐朝，中央一级设有大理寺、刑部和御史台三个主要司法机关，称为“三法司”，分别负责行使审判、复核和监察等项司法职能。

（1）大理寺，中央最高审判机关，由秦汉廷尉演变而来，以卿、少卿为正、副长官，下设正、丞、主簿、司直、评事及众多属吏。大理寺负责审理中央百官犯罪及京师徒刑以上的犯罪案件。流案件判决后须送刑部复核，死刑案件判决后则须奏报皇帝批准。此外，大理寺对于刑部移送的地方死刑案件有重审权。

（2）刑部，中央最高司法机行政机关，由两晋南北朝时期的“三公曹”“二千石曹”“比部”等尚书台机构发展而来，属尚书省，为中央六部之一，以尚书、侍郎为正副长官。刑部除负责有关的司法事务外，还负责复核大理寺判决的流刑以下案件及地方判决的徒刑以上案件，如有疑问或发现错案，徒流以下案件有权驳回原审判机关重审，死刑案件则移送大理寺重审。同时，刑部还负责全国的狱囚管理，受理各地在押囚犯的申诉。

（3）御史台，中央最高监察机关，以御史大夫、御史中丞为正、副长官。御史台负责监督百官的言行及大理寺的审判和刑部的复核活动，有权参与重大或疑难案件的审理，并受理行政上诉案件。

在一般情况下，上述三大司法机关各司其职、互相配合，同时又互相监督、彼此制约，以利于司法效能的充分发挥和皇帝对司法权的控制。一旦遇到具有全国性影响的案件或重大疑难案件，由大理寺卿、刑部尚书和御史中丞共同审理。这种由三法司主要长官会审重大疑难案件的制度称作“三司推事”。必要时，皇帝还会命令刑部与中书、门下二省集议，以示慎重。地方若有重大疑难案件不能审断，但又不便移送中央的，由中央派“三司使”即大理寺评事、刑部员外郎、监察御史前往当地审理，称为“小三司推事”。

（二）地方司法机构

唐朝地方设州、县两级政权机构，实行行政与司法合一的制度。州、县长官既是地方行政首脑，又是当地司法长官，行使地方的司法审判权。为了提高工作效率，州刺史之下设司法参军为司法辅佐，县令之下以法佐、史等为司法辅佐。唐朝基层分设乡正、里正与村正，负责地方治安，并有权处理轻微的刑事案件与调解田宅、婚姻等民事案件。

唐初为加强对京畿地区的控制，在京城长安设立京兆府。京兆府以府尹为长官，少尹二人为副职，下设法曹、司法参军作为司法辅佐。京兆府尹不但主管京畿地区的行政，而且有权审理京师百官徒刑以下的案件，以及隶属辖区管辖的各类案件，从而具有中央与地方两级司法机关的性质，在唐朝整个司法体系中居于特殊的地位。

二、诉讼审判制度

唐朝虽然没有专门的诉讼法典，但在《唐律疏议》的《名例》《斗讼》《捕亡》《断狱》及唐令中的《捕亡令》《狱官令》中，都有许多条目是关于诉讼程序的规定。

（一）诉讼制度

1. 诉讼的提起

在唐朝，诉讼的提起主要有告诉、告发和举劾三种方式。

告诉，是指当事人亲自到官府控告，也可由亲属代诉。控告犯罪行为一般要有诉状，诉状应注明日期，并如实陈述事实经过，不得称疑，违者笞五十。官府也不能受理“称疑”的诉状。禁止诬告、教唆诉讼、投匿名书告人等行为。

告发，是指他人举告或揭发犯罪行为。对谋叛以上重罪，人人皆有告发的义务，应告不告者要判处流刑甚至死刑，即使是亲属，也不适用同居相隐原则。

举劾，是指各级官吏和监察机关代表国家纠举犯罪，提起诉讼。对于监察机关和各部门的主管官员而言，举劾监察对象和所属官吏的犯罪，是其法定的职责，应纠举而不纠举或纠举不及时的，要负刑事责任。

2. 诉讼程序及直诉

唐朝的审级自下而上分为县、州、大理寺三级，唐律规定，诉讼必须逐级进行，一般情况下不得越诉，否则，越诉者和受理者均须负刑事责任。但若告谋叛以上的重大犯罪，或遇到重大冤情等特殊情况，唐律允许当事人直诉，即突破审级的限制，直接赴京向有关部门甚至向皇帝本人投状告诉。

在唐朝，直诉的方式有邀车驾、挝登闻鼓及上表申诉三种。对前两者，唐律规定，主管的官府必须立即受理，否则，加罪一等，而且允许其亲属代诉。但同时，对直诉也规定了严格的限制，如直诉者陈诉不实的，要杖八十；直接冲撞皇帝仪仗的，杖六十。

3. 对告诉权的限制

唐律对告诉权的限制有两类：第一，根据“同居相为隐不为罪”原则，家族内部不得告发。除谋叛以上的重罪外，卑幼不得告尊长，部曲、奴婢不得告主人，否则，处以绞刑。第二，10 岁以下、80 岁以上及笃疾者，以及狱中的罪犯，除谋叛以上重罪及侵犯自己利益的犯罪外，一般不得告发他人犯罪。唐《杂令》规定，凡田宅、婚姻、钱债之类的案件，只能在每年的十月初一至第二年的三月三十日这六个月内起诉和受理。凡法律规定告诉权受限制者举告的案件，官府不得受理，否则，要对司法官处以刑罚。

（二）案件的审判

1. 回避制度

司法机关在接受诉状后，就开始进入审讯程序。为了防止司法官在审讯过程中因亲故仇嫌关系而妨碍公正审判，《唐六典》中第一次规定了回避制度，当时称为“换推”：“凡鞫狱官与被鞫人有亲属仇嫌者，皆听更之。”也就是说，若承审官与当事人有某种利害关系，准许更换承审官。这一规定对于保证司法公正有一定作用。

2. 证据与拷讯

唐朝法律认定的证据有当事人的口供、物证和旁证等。在封建专制制度下，审讯采取“纠问式”，定案主要依据口供。为了取得口供，唐律允许拷讯。但在“宽仁”“慎刑”思想的指导下，唐律总结和继承了以往有关证据与刑讯方面的立法经验，对刑讯作了一系列严格的限制。

(1) 刑讯的条件与证据。唐律规定，拷讯必须在有其他旁证但事实仍然不清的情况下，由主审官和其他参审官共同决定才能进行；未依法定程序拷讯的，承审官要负刑事责任。

(2) 刑讯方法。首先，刑讯必须使用符合标准规格的常行杖，以杖外他法拷打或者拷打造成罪囚死亡者，承审官要负刑事责任。其次，拷囚不得超过三次，每次间隔应为 20 天，杖打总数不得超过二百，杖罪以下不得超过所犯之数。若拷讯数满仍不招供者，必须取保释放。凡有违犯，承审官要负刑事责任。再次，拷讯数满，被拷者仍不承认的，应当反拷告状之人，以查明有无诬告等情形，同时规定反拷的限制。

(3) 禁止刑讯的情形。对两类人禁止使用刑讯：一是具有特权身份的人，如应议、请、减之人；二是老幼废疾之人，指年 70 以上、15 以下、一肢废、腰脊折、痴哑、侏儒及怀孕和生产的妇女等。对于上述两种人，唐律规定，不得进行拷讯，要依多数证据定罪，即必须有三人以上证实其犯罪事实，才能定罪。

3. 判决

唐律继承了魏晋以来律学家们“律法断罪，皆当以法律令正文”的主张，明确规定：“诸断罪皆须具引律、令、格、式正文，违者笞三十。”[①] 也即要求司法官在判决时，必须全面、正确地引用法律条文，作为定罪量刑的依据，否则，司法官要承担被鞭笞三十的刑事责任。皇帝针对具体事项所发布的诏令，如果没有经过立法程序上升为法律，则只对特定的事和人具有效力。

若司法官不依律断罪，适用法律错误，以致造成“出入人罪”的，要依律追究司法官的刑事责任。所谓出罪，是指把有罪判为无罪或重罪判为轻罪；所谓入罪，是指把无罪判为有罪或轻罪判为重罪。司法官故意出入人罪的，依律处刑；过失出入人罪的，减等处罚。唐律作此规定，意在强调司法官的责任，借以保证法律的统一适用，减少冤案的发生。

依法作出的徒流以上的判决，应当向犯人及其家属宣布，允许其“服辩”，即申诉其是否服罪及对判决的意见。如犯人不服判决，允许其提出上诉。

4. 上诉制度

唐朝的上诉案件，先由原审机关重审。如不服，可逐级上诉。受理上诉的机关有州、尚书省、三司和皇帝四级，一般不得越级。向皇帝申诉的方式有上表、击登闻鼓或立于肺石之下。

唐太宗录囚的故事

《新唐书·太宗本纪》载：“（六年）十二月辛未，虑囚，纵死罪者归其家……（七年）九月，纵囚来归，皆赦之。”

《资治通鉴·唐纪十》更详细地记述了这件事：“辛未，帝亲录系囚，见应死者，闵之，纵之归家，期以来秋来就死。仍敕天下死囚，皆纵遣，使至期来诣京师。”“去岁所纵天下死囚凡三百九十人，无人督帅，皆如期自诣朝堂，无一人亡匿者。”

（三）刑罚的执行及监狱管理

1. 死刑复奏制度与秋冬行刑

死刑是五刑中最重的一种，判决和执行死刑事关重大。为了缓和阶级矛盾，同时把司法大

---

① 《唐律疏议·断狱》，卷三十。

权牢牢控制在皇帝手中，在三国两晋南北朝时期，死刑复奏制度就已正式确立。隋朝规定了死刑“三复奏”制度。唐律在此基础上，又作了更加详细而严格的规定：凡各地方的死刑判决作出后，必须三次奏报皇帝批准，待批准下达三日后方可执行。未经三次奏报批准的或批准后未满三日执行的，均处以相应的刑罚。对京师判决的死刑案要求更加严格，须经过“五复奏”。

唐朝沿袭汉朝以来秋冬行刑制度，规定死刑必须在秋分以后、立春以前执行。在此法定时间以外执行的，要处以一年徒刑。这与汉朝行刑“不违天时”的精神是完全一致的。但唐律同时规定，若犯恶逆以上重罪及部曲、奴婢杀主等死罪，不仅只需经过一复奏即可执行，而且不受时间的限制。前者反映了唐朝统治者对待死刑执行的慎重态度，后者则反映了统治者绝不因此而贻误对危害统治秩序的重罪的严厉制裁。

2. 其他刑罚的执行

除死刑外，其他刑罚的执行也必须严格遵守法律的规定。如笞、杖决罚的部位或刑具规格不如法律所规定的，要处以笞刑；因之致死人命者，处徒刑一年。判处徒、流刑应送配所而稽留不送，或应役不役的，依照违法的时间长短处以相应的刑罚。孕妇应决罚或应处死刑的，须于产后百日进行，未满期限执行或因而致伤、致死的，对行刑官依律处刑。其他如收赎、官当、缘坐、监管等不如法律所规定的，同样对行刑官处以一定的刑罚。

3. 监狱的设置及管理

唐朝的监狱大致可分为三种：在中央设有大理狱，关押皇帝敕令逮捕的重犯和朝廷要犯；在京师设有京兆府狱和河南狱，关押京城地区的罪犯；在地方，各州县设有自己的监狱，关押当地的囚犯。各监狱皆设有专职的主管官吏，监狱的管理也有一整套严格详密的制度，如依男女、贵贱不同分别关押，何种囚徒应戴何种械具都有区分。囚犯的衣食、医药要依律予以保障，若因狱官的失职或管理不善造成囚徒死伤的，狱官要负相应的刑事责任，等等。当然，这些具有进步性的、较为完备的制度，在具体的运作中总是难于落实的。

三、监察制度

在继承前代经验的基础上，唐朝根据当时社会政治、经济状况的发展变化，建立起了组织完备、职责明确的监察制度——御史台和谏官制度。

（一）御史台制度

唐朝御史台是独立于一般行政机关之外，对中央和地方百官进行监察的专门机构，下设三院：台院、殿院、察院。台院，设侍御史六人，负责对中央百官的违法行为进行纠举、弹劾、推鞫，参与大理寺的审判和审理皇帝交付的重大案件。殿院，设殿中侍御史六人，主要监察殿廷之内百官的活动，并巡视京城及其他朝会、郊祀等，以维护朝廷礼仪秩序和皇帝的尊严。察院，设监察御史十五人，负责纠察州县地方官的违法行为，是皇帝设在地方的耳目。台院、殿院、察院除设御史掌监察外，还设有众多属吏处理院务及其他事务。

唐朝的御史台虽然参与审判活动，但与大理寺、刑部的职能不同，它不直接对案件进行审理，而是作为法律监督机关参与案件的审理，其主要职责是纠核官吏在审判中的违法行为，以保证吏治的清明。

（二）谏官制度

除了御史台以外，唐朝还有一种由谏官行使的、针对皇帝和决策机关的自下而上的监督，这就是谏官制度。唐朝谏官隶属中央的中书、门下两省，其名号很多，主要有：左/右散骑常侍、左/右谏议大夫、左/右补阙、拾遗、起居郎、起居舍人、给事中等。

唐朝谏官的职责主要有以下方面：第一，谏议，以皇帝为对象，皇帝的个人生活直至王国大政都在谏议之列，如谏止皇帝奢侈、滥用刑罚、穷兵黩武及谏议时政得失等。第二，封驳，即还封皇帝处置失宜的诏命，驳正臣下有违误的奏章。第三，知起居事，即通过掌记天子言行，与宰臣入阁记事，掌记政事，对皇帝及左右近臣进行监督。第四，知匦事。武则天时期于朝堂设置匦（箱子）四枚，接受臣民有关劝农、谏论时政、自陈冤屈、治国谋略方面的投书。补阙、拾遗与御史等人充任理匦使，在朝堂知掌匦事，受纳诉状，每日所投书，晚上一并奏报皇帝。

综上所述，御史代表皇帝自上而下监督百官。谏官则自下而上，以皇帝为监察对象。这样就形成以上察下、以下督上的双向监察制。这种制度完备而富有活力，一方面监督了百官的违法行为，另一方面也限制了皇帝的极端专制。这种监察制度对于维护唐朝君主专制体制、保证唐朝政治的长期稳定发挥了重要作用。

第五节　人物及思想

一、韩愈

韩愈（768—824），字退之，邓州南阳（今河南孟县西）人，世称昌黎先生。

韩愈以抑佛倡儒为己任，针对佛教的祖统论，提出了以光大儒学为目标的道统论。韩愈认为，“道”起自尧，递相传于舜、禹、汤、文、武、周公、孔子、孟子，“轲之死，不得其传焉”，儒学式微导致“唱释老于其间，鼓天下之众而从之”①，因此，韩愈当仁不让承担起承继道统的使命。韩愈认为，道的基本内容是仁义，道是道德与政治一体化之上的最高原则，人类社会合理、正常的政治道德秩序都是它的体现。从道的原则出发，韩愈系统论证了君主专制的合理性：君主的出现是社会发展的必然，君主自产生之后便成为一种不能取代的决定性力量，社会分工的原则就是君主治人，臣工为治之具，黎民则受治于君主，君主专制的最佳手段是愚民术。此思想是对儒家君主专制理论的发展。

韩愈的人性论承袭自董仲舒的“性三品”说，认为性有上、中、下三品，“上焉者，善焉而已矣；中焉者，可导而上下也；下焉者，恶焉而已矣”②。此说与孔子的“惟上智与下愚不移”说相呼应，主张：上品与下品皆一成不变，唯中品具可塑性。上品之人是当然的统治者，下品之人天生可制。韩愈由此为社会等级秩序制造了理论依据。

韩愈以承继儒家道统为己任，虽非常注重道德教化的功用，但“德主刑辅”往往流于表面，实践中不可避免地转向重刑。关于复仇这一棘手问题，韩愈认为，“不许复仇，则伤孝子之心，而乖先王之训；许复仇，则人将倚法专杀，无以禁止其端矣”，因此，不能预定成制，应因事制宜、具体情况具体分析。他建议：“凡复仇者，事发，具申尚书省集议奏闻，酌其宜而处之，则经律无失其指矣。”③ 此亦为古代统治者对复仇的基本态度。

二、白居易

白居易（772—846），字乐天，原籍太原，自号香山居士。

---

①② 《韩昌黎文集·原性》。

③ 《韩昌黎文集·复仇状》。

白居易认为礼、刑并无主次轻重之分，孰先孰后要视时势而定，且单纯依靠德礼、刑罚尚嫌不够，必须增加一个黄老清静无为之“道”，此“道”可使“人俭朴而俗清和”，皆非德礼、刑罚所能致。“夫刑者，可以禁人之恶，不能防人之情；礼者，可以防人之情，不能率人之性；道者，可以率人之性，又不能禁人之恶。”① 要想面面俱到、做到十全十美，必须将刑、礼、道三者有机结合，“循环表里，迭相为用”。此思想实际上融汇了法、儒、道三家的思想，企图集三家之长，得出一种高明、完善的统治策略。

白居易认为贫穷导致犯罪，“食足财丰而后礼教所由兴也，礼行教立而后刑罚所由措也”②。刑罚的繁简，取决于犯罪的多寡；而犯罪的多寡，又是由百姓生活的贫富决定的。白居易坚决反对恢复肉刑，认为“议事者宜征其实，用刑者宜酌其情”③。

白居易认为，司法官吏对社会法律秩序的好坏起着决定作用，法律再好，如果“官吏不得其人”，也是枉然，因此，必须选任明习法令的“君子”来行法治狱，方能“准法科罪”，使“舞文之弊，不生于刀笔之下”。为此，朝廷应该“悬法学为上科，则应之者必俊乂也；升法直为清列，则授之者必贤良也”④。白居易认为诉讼断狱要“不背人情、合于法意”，不拘泥于纲常名教，“狱贵察情，法须可久”，以情、法为断狱的准绳。可见，他对于纲常名教在司法领域的扩张持抵制态度。

课后复习

1. 试述《开皇律》的主要内容及影响。
2. 试述唐初立法指导思想的确立及主要内容。
3. 试述唐朝的主要法律形式及其相互关系。
4. 试述《唐律疏议》的体例结构及各篇的主要内容。
5. 论述唐律的基本内容和特点。

---

① 《白居易集·策林三》。
② 《白居易集·策林四》。
③ 《白居易集·议肉刑》。
④ 《白居易集·策林五十六》。

第八章 宋、辽、金、元的法律

提 要

公元960年，宋太祖赵匡胤建立宋朝。公元1127年，金兵攻占开封，宋高宗赵构迁都临安，史称南宋。公元1279年，南宋为元所灭。公元916年契丹族耶律阿保机建契丹国，公元947年改国号大辽。公元1125年，辽为金所灭。公元1115年，女真族完颜部阿骨打建大金国，公元1234年金为蒙古军所灭。公元1271年，蒙古贵族忽必烈建立元朝，公元1368年元为明所灭。

本章主要讲述宋、辽、金、元的法律。宋朝的法律在继承了唐律的基础上又有大量的创制，立法以《宋刑统》为代表，以编敕、制例为补充；刑事法律方面出现了《折杖法》、刺配和凌迟刑；民事、商事立法取得一定成果，田宅交易、典权、租佃和借贷等契约关系相当发达，对后世有很大影响。宋朝的司法制度也颇具特色，诉讼审判制度进一步完善。辽、金和元代法律带有明显的少数民族政权立法的特征，同时受到汉族先进法律文化的影响。

重点问题

1. 宋、辽、金、元立法的主要内容及特点。
2. 宋朝民事、商事法律规范的发展。
3. 宋、元司法机构与诉讼制度。

第一节 宋朝法律

一、宋朝的立法思想

（一）“强干弱枝”

宋初，宋太祖等当权者经历过“五代十国”之乱，深知“君弱臣强”是变乱的根源。他们总结历史教训，将强化中央集权作为立法指导思想。为此，宋初废除节度使统领州郡的制度，由朝廷直接派出朝官管理州郡事务，并且另设通判，监督并牵制知州行动。至宋太宗时，全国分为十五路，设转运使专门负责财政税收和水陆转运，将财政收入全部控制于朝廷。为了削弱地方的军事力量，将藩镇所辖军队中的精锐兵力收补到中央禁军之中，致使地方军队大大丧失作战能力。宋初统治者的这些集权措施，充分体现了“强干弱枝”“轻重相制”的立法思想，极大地削弱了地方势力赖以抗衡中央的政治、经济和军事基础，使宋朝的中央集权达到前所未有的程度。

（二）“通商惠工”

宋初为厉行中央集权所采取的种种措施导致出现冗官、冗兵、冗费的“三冗”弊端，致使北宋政府面临财政危机。另外，伴随着生产工具的发明和改进，生产力和土地私有制深入发展，宋朝商品经济出现高度繁荣，并带来观念上的变化，人们已不再讳言财利，而开始强调“利义均重”。宋太宗提倡“通商惠工”[①]，宋神宗强调“政事之先，理财为急”[②]，王安石则认为“治天下之财者，莫如法”[③]。为此，宋朝颁布了一系列调整财产关系及适应封建商品经济发展的法律、法令，包括王安石变法期间的《青苗法》《方田法》《农田水利法》《市易法》和专门调整海外贸易的《市舶条法》等。义利并重的立法思想使宋朝民商法律在“以刑为主”的中国封建法制史中显得较有特色。

二、立法概况

（一）《宋刑统》

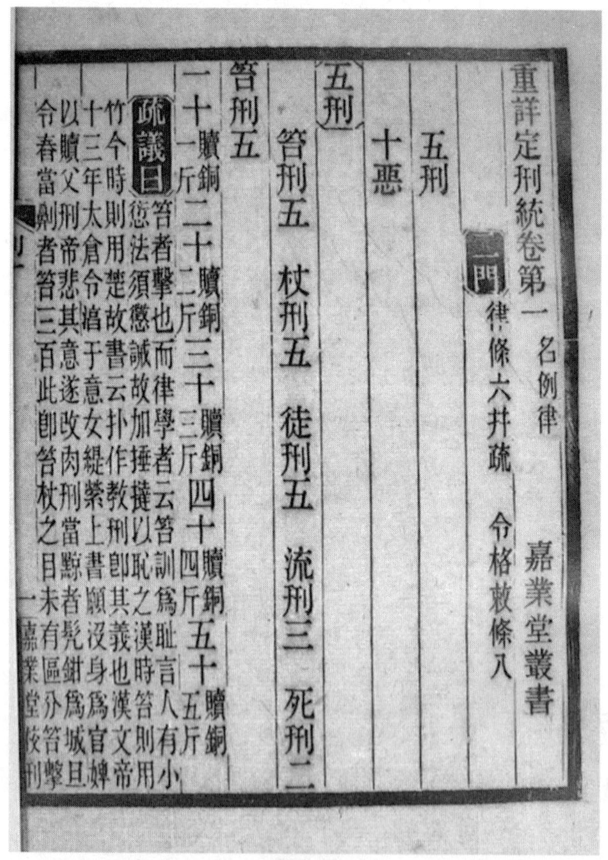
重詳定刑統卷第一 名例律 嘉業堂叢書
一門 律條六幷疏 令格敕條八
五刑
十惡
五刑
笞刑五 杖刑五 徒刑五 流刑三 死刑二
笞刑五
一十 贖銅一斤 二十 贖銅二斤 三十 贖銅三斤 四十 贖銅四斤 五十 贖銅五斤
疏議曰 笞者擊也而律學者云笞訓爲恥言人有小愆法須懲誡故加捶撻以恥之漢時笞則用竹今時則用楚故書云扑作教刑即其義也漢文帝十三年太倉令淳于意女緹縈上書願沒身爲官婢以贖父刑帝悲其意遂改肉刑當黥者髡鉗爲城旦令春當劓者笞三百此即笞杖之目未有區分笞擊
一 嘉業堂校刊

《宋刑统》书影

① 《宋会要辑稿·食货》，十七之十三。

② 《宋史》，卷一百八十六《食货志下一》。

③ 《王临川集》，卷七十三。

宋太祖建隆四年（公元963年），在工部尚书窦仪等人的奏请下，开始修订宋代新的法典。同年七月，法典完成，由宋太祖诏“付大理寺刻板摹印，颁行天下”，成为历史上第一部刊印颁行的法典，也是宋朝一部最基本的法典。其全称《宋建隆详定刑统》，简称《宋刑统》，共30卷、12篇、502条。《宋刑统》就律目名称、律条数量、律文和律疏内容而言，与《唐律疏议》基本一样，但在体例和内容方面和《唐律疏议》相比，又有一定的发展变化。

1.《宋刑统》体例上的变化

第一，篇下分门类编。《宋刑统》虽然以《唐律疏议》12篇为主干，但每篇之下又分门，“门”就是将同类或相近的法律条文归结为一个单元。这种编排方式为司法人员运用法律提供了方便。

第二，附加敕令格式。《宋刑统》收编的法律形式中除了和《唐律疏议》相同的律文和律疏之外，还有涉及刑事内容的敕、令、格、式。窦仪等将唐开元二年（公元714年）到宋建隆三年（公元962年）期间敕、令、格、式中有关刑事法律规范的177条加以选编，附在各卷律疏之后，并在每条之前标明“准”字，表示经过皇帝批准，与律文和律疏具有同等效力。

第三，增设“臣等起请”条。《宋刑统》在体例上的另一个创新是在附加的敕、令、格、式之间，又夹有“起请条目”32条，均以“臣等参详”的形式附在律文之后。“起请条目”主要是对原律文和敕、令、格、式的内容根据形势发展的需要加以调整，作出新的解释、规定和变动建议，具有法律效力。

第四，汇总“余条准此”为一门。“余条准此”，是指具有类推性质的条文。《唐律疏议》内原有此类条文44条，散列在有关律文之后。《宋刑统》把这些规定集中编附在《名例律》之后，另辟为一门，便于司法人员检索查用。

2.《宋刑统》内容上的发展

第一，《宋刑统》在刑罚制度方面突出的一个变化是创建《折杖法》，即用决杖来代替笞、杖、徒、流的刑罚方法，但不能代替死刑。

第二，对官吏犯赃罪的处罚规定比《唐律疏议》有明显的减轻。《唐律疏议》中规定，官吏犯赃十五匹绞，《宋刑统》中则改为二十匹绞。对无禄者犯赃枉法亦放宽了处罚标准。

第三，对盗罪加重处罚。《唐律疏议》中规定，诸强盗持杖者，虽不得财，亦流三千里；《宋刑统》中规定，凡持杖行劫，“不问有赃无赃，并处死”。同时对窃盗罪的处罚也明显重于《唐律疏议》。

第四，民事、商事方面的立法比《唐律疏议》明显增多。《宋刑统·户婚律》中增设的“户绝资产”门、“死商钱物”门、“典卖指当论竞物业”门和“婚田入务”门，都是《唐律疏议》所没有的。

（二）编敕

敕，是指皇帝在特定时间对特定的人或事临时发布的诏令，具有极强的灵活性和针对性。编敕，是指将单行的散敕加以整理、删修，使其具有普遍性法律效力，上升为一般法律形式的立法活动。宋朝负责编敕的专门工作机构称为编修敕令所。

编敕是宋朝一项重要和频繁的立法活动。大凡新帝即位或改元，均要进行编敕，不仅朝廷，地方各司、路、州、县亦有编敕。宋朝时编敕种类之多、规模之大、范围之广，堪称中国古代立法史之最。据统计，宋朝时编敕达220部之多，有1.4万余卷。[①] 宋朝时编敕与律的关系是：宋仁宗以前基本上是“敕律并行”；至宋神宗时敕的地位提高，“凡律所不载者，一断于

① 参见《宋史研究论丛》，79页，保定，河北大学出版社，1990。

敕”，敕已到了足以破律、代律的地步。

（三）编例

编例也是宋朝重要的立法活动，始于北宋中期，盛于南宋。宋朝的例是在秦朝的廷行事、汉朝的决事比基础上发展而来。例，是指将由中央司法机关或皇帝审断的典型案例，作为后来定罪量刑的依据，使之成为惯例。编例，是指将原本临时性的具体的案例经过编修程序，上升为具有普遍效力的法律形式。两宋著名的编例有：北宋神宗时的《熙宁法寺断例》和南宋高宗时的《绍兴刑名疑难断例》等。

由于例是一种灵活方便的法律形式，既能适应形势变化的需要，又能及时反映封建统治者的意志和要求，所以它在宋朝的地位越来越高。虽然宋朝法律中明文规定“法所不载，然后用例”①，然而到北宋后期，又出现了“引例破法”的弊端。至南宋，例的实际地位已高于法令，官吏在司法中往往是“法令虽具，然吏一切以例从事，法当然而无例，则事皆泥而不行”②。可见，宋朝不仅以敕破律、代律，而且又以例破律、代律。敕、例的广泛运用是导致宋朝法制混乱的重要原因之一。宋朝编例对明、清时期的法典采用律例合编的体例产生了深远的影响。

（四）条法事类

南宋时，将敕、令、格、式等多种法律形式依据“事”来分门别类，加以重新组合编纂，形成了“条法事类”这一新的法典编纂体例。而原来的编敕，是按敕、令、格、式四种法律形式分开编撰，缺少条理，难于检索使用。相比较而言，条法事类具有内容集中、便于查阅的特点，司法官吏检阅时，有关某一事类的法令一目了然。南宋时，著名的条法事类有：宋孝宗时颁布的宋朝第一部以“条法事类”为体例的综合性法典——《淳熙条法事类》，宋宁宗时期的《庆元条法事类》。其中《庆元条法事类》至今留有残本。

三、法律内容的主要发展变化

（一）刑法的特点与刑罚制度的变化

1. 刑法的特点

宋朝的刑法基本上因袭唐律，但由于宋代中央集权的加强，阶级矛盾的尖锐复杂，其有关刑事犯罪的立法亦发生了显著的变化。其变化趋势有两个突出特点：一是官吏犯赃罪的立法逐步由严而宽，刑罚由重而轻；二是贼盗罪的立法逐步由宽而严，刑罚由轻而重。③

其一，贪墨之罪。宋初，为激励官吏奉公守法，严惩贪墨之罪，“凡罪罚悉从轻减，独于治赃吏最严”④。宋太祖、太宗两朝“官吏受赃者常赦不原”，对官吏犯罪，通常严惩不贷，重者处死，轻者刺配远恶地区。在实际操作当中，官吏犯赃罪大多被处以弃市之刑。据《宋史》《续资治通鉴长编》所载统计，宋太祖、太宗两朝官员因赃罪弃市者五十余人，其中不乏中央高官要员。足见宋初对赃墨官吏用法之严厉。但自宋真宗朝起，对赃官“稍从宽待”⑤，打击力度呈由重转轻之势：官吏犯赃弃市之法基本不用，对坐赃当死的官吏多以决配代替极刑。至南宋高宗时，“其于用法，每从宽厚，罪有过贷，而未尝过杀”⑥。宋朝惩治赃官由重转轻的后果是败坏了吏治，削弱了法律的权威。

---

①② 《宋史》，卷一百九十九《刑法志》。

③ 参见郭东旭：《宋代法制研究》，141页，保定，河北大学出版社，2000。

④ 赵翼：《廿十史札记》，477页，北京，商务印书馆，1958。

⑤ 《建炎以来朝野杂记》，甲集卷六《建炎至嘉泰申严赃吏主禁》。

⑥ 《宋史》，卷二百《刑法志二》。

其二，惩治盗贼的重法。宋初，太祖鉴于五代时的刑法过于严苛，为了稳定政权，标榜“仁政”，曾于建隆三年（公元 962 年）制定《宋刑统》时提出“临下以简，必务哀矜”的立法方针。为表示轻刑之意，太祖多次更改《窃盗律》和《强盗法》，并且还首创《折杖法》，以替代笞、杖、徒、流之刑。其后，随着阶级矛盾和社会矛盾的不断激化，刑罚渐趋于加重，仁宗时出现了“天下盗贼纵横”①、“郡县悉不能制御”② 的严重局面。为此，仁宗嘉祐七年（公元 1062 年）不得不于常法之外制定针对特定地区、特定犯罪的特别法规——《窝藏重法》，以严惩窝藏盗贼的行为。随后，出于对京畿地区安全的考虑，京城开封诸县被划为“重法地”，凡在“重法地”内犯贼盗罪者，被加重处罚。至英宗时，随着地方民众反抗的加剧，“重法地”的范围逐渐扩展到各个重要的府、州、军，其量刑也日益加重。英宗于治平三年（公元 1066 年）四月五日诏：“开封府长垣、考城、东明县，并曹、濮、澶、滑州诸县，获强劫罪死者，以分所当得家产给告人，本房骨肉送千里外州军编管，即遇赦降与知人欲告案问，欲举自首、灾伤减等，并配沙门岛。罪至徒者，刺配广南远恶州军牢城，以家产之半赏告人，本房骨肉送五百里外州军编管，编管者遇赦毋还。”③ 意即凡在开封府长垣、考城、东明县以及曹州、濮州、澶州、滑州这些重法地内，犯劫盗罪当判处死刑者，没收其家财奖赏给告发人，并将其妻子、子女流放至千里外由州军编管，即使遇到赦令，仍须发配至沙门岛。凡犯劫盗罪应当判处徒刑者，发配到岭南这些边远恶劣的地区，没收其家财的一半以奖赏告发人，并将其妻子、子女流放至五百里外由州军编管，被编管者即使遇到赦令也不得返还原居住地。英宗的重法，不仅把重法地由京畿扩大到京东、河北的一些州县，而且连坐家属，籍没家产赏告人。

宋神宗年间，面对农民起义不断爆发的局势，在承袭仁宗、英宗重法的基础上，神宗于熙宁四年（公元 1071 年）再颁行《盗贼重法》，规定：凡犯劫盗罪应当判处死刑者，没收其家财以奖赏告发人，并将其妻子、子女流放到千里之外安置。犯窃盗之罪，决杖后发配到五百里之外或邻州。即使在非重法之地隐藏重法之人，亦以重法论处。与仁宗、英宗朝“重法”相比，神宗时期修订的《盗贼重法》有两个实质变化：一是扩大了重法地的适用地区。二是提出“重法之人”的概念。所谓重法之人，主要指武力犯禁之人。无论重法之人的犯罪活动发生在什么地方，一经捕获，便依重法地内的犯罪标准论处，不仅诛杀本人，而且籍没家产、株连亲属。

2. 刑罚制度的变化

宋朝的刑罚制度，在唐律笞、杖、徒、流、死刑的基础上有所发展变化。

第一，《折杖法》。宋太祖为了改变五代以来刑罚严苛的弊端，推行宽仁之治，于建隆四年（公元 963 年）颁行《折杖法》，即用脊杖和臀杖分别取代原来的流、徒、杖、笞刑。具体的折换办法是：笞、杖刑一律折换成臀杖，依原刑等分别杖七下至二十下，杖后释放。徒刑折换成脊杖，依原刑等分别杖十三下至二十下，杖后释放。流刑折换成脊杖，依原刑等分别杖十七下至二十下，杖后就地配役一年。其中加役流则脊杖二十，就地配役三年。《折杖法》的设立使“流罪得免远徙，徒罪得免役年，笞杖得减决数”，但对死罪、反逆、强盗等严重犯罪亦不得适用。宋初的《折杖法》对于减轻刑罚及缓和社会矛盾具有一定的作用，但其中的刑种和刑等设置轻重悬殊，并不科学合理。

第二，刺配。刺配源于后晋天福年间的刺面之法，《宋刑统》中对此法并无规定。后为消除因施行《折杖法》而造成的死刑与配役刑之间的刑差太大、轻重失平的弊端，宋开始使用刺

① 李焘：《续资治通鉴长编》，卷一百四十三。

② 《宋会要辑稿·兵》，十一《捕贼二》。

③ 《宋会要辑稿·兵》，十一之二十六。

配刑。凡被处以刺配之刑者，均要先杖脊，后黥面，再发配到边远地区或指定场所强制服劳役或军役。这种“一人之身一事之犯而兼受三刑”[①]，显然是宋朝时刑罚加重的表现。刑罚最初为宽恕死罪之刑，后随着对贼盗罪的加重处罚，凡犯贼盗罪而被流放的犯人，也须被杖脊和刺面，遂使刺配之人越来越多。南宋时被判此刑者一度竟多达十多万人，连各郡城牢都不能容纳，于是投诸大海以毙命。宋朝时有关刺配的诏敕亦日多，仁宗时《庆历编敕》有关刺配内容的条款已达170条，神宗时《熙宁编敕》的相关内容升至200条，至南宋孝宗时编敕的刺配条款增至570余条。刺配对后世刑罚制度影响极坏，是刑罚制度上的一种倒退，在宋朝和后世都颇遭非议。

第三，凌迟。凌迟始于五代时的西辽，是一种碎而割之，使被刑者极端痛苦，慢慢死亡的一种酷刑。按沈家本《历代刑法考·刑法分考》解释，凌迟的“凌”与丘陵的“陵”相通，“陵迟之义，本言山之由渐而高，杀人者欲其死之徐而不速也”。史书说受刑者往往“身具白骨，而口眼之具尤动；四肢分落，而呻痛之声未息”。宋仁宗因荆湖地区杀人祭鬼之事常有发生，乃下诏：“自今首谋若加工者，凌迟斩”。由此开宋朝适用该刑之先例。宋神宗时将其作为常用刑，予以广泛适用。南宋《庆元条法事类》将凌迟与斩、绞并列，使之正式成为法定刑种。以后，元、明、清凌迟之刑沿袭不变。

（二）民事、商事法律的发展变化

两宋时期随着商品经济的繁荣，重义轻利的传统观念有所扭转，民事、商事法律关系与法律制度较唐朝有了一定的发展和变化。

1. 民事法律的发展变化

（1）民事权利主体范围的扩大。宋朝由于商品经济的发展，契约关系的盛行与租佃制的兴起，农民的人身依附关系大为削弱，民事权利主体的范围也随之发生变化。最突出的变化是宋朝的城乡客户、雇工、人力（男仆）、女使（女仆），即唐朝没有独立人格的“贱民”，在宋朝却成为国家的编户齐民，享有了权利主体资格。宋朝的客户取代了部曲。部曲在唐朝是地主的私属，不具有独立的地位，法律上不是民事权利的主体。《宋刑统》虽然仍沿袭唐律，保留了部曲的概念，但在实际生活中，部曲已上升为客户，不再是地主的私属。另外，契约关系下的雇工代替了唐朝轮差劳役制下的工匠，人力、女使代替了奴婢而成为国家编户齐民。

（2）土地所有权。两宋时期，废除均田制，承认土地私有权，推行“不抑兼并”“不立田制”的经济政策。为了维护土地私有权，制定了一些新的法令。

第一，依法承认新垦荒田的所有权。宋初太祖、太宗为鼓励百姓开垦荒田，规定“垦田即为永业”；现佃“满五年，田主无自陈者，给佃者为永业”[②]。这就是说，只要农民垦荒或耕种无人认领的土地满五年的，国家一律承认其拥有土地所有权。

第二，关于土地的添附。宋律既维护以地主土地所有制为核心的私有权，同时又对私有财产的原始取得和归属作了补充规定，调整的范围比唐律广泛。对于河流淤涨出的土地，唐朝规定，隔界的淤涨土地收归国有。《宋刑统》卷十三《户婚律》规定：“诸田为水浸射不依旧流，新出之地，先给被侵之家。若别县界，新出依收授法，其两岸异管，从正流为断。”即是说，因水浸射私田改道，新出田地，应先给被侵之家。此规定既保护了被侵者的利益，也新增加了土地所有权的取得条件及断其归属的办法。

第三，严禁盗卖田产等侵犯所有权的行为。宋朝盗卖田产之事时常发生，为此宋法规定，

---

① 丘濬：《大学衍义补》。

② 《宋史》，卷一百八十三《食货志上四》。

盗卖田产者，“杖一百，赃重者准盗论。牙保知情与同罪”[1]。对于知情而买者，钱没官。卑幼私自出卖田产，田还原主，买卖无效。

（3）契约。随着宋朝商品经济快速发展，交易活动普遍契约化，两宋的契约制度也进一步成熟完善起来，使汉唐以来的有关民事契约的法律得到了很大的发展。中国古代契约的要件格式，发展到南宋时已基本定型。

田宅买卖契约。宋朝建立了完整的田宅买卖契约制度，规定田宅买卖必须经过下列四个程序。

首先，田产买卖先问亲邻。“应典卖、倚当物业，先问房亲，房亲不要，次问四邻，四邻不要，他人并得交易。”在四邻中，还有先上邻后下邻的规定，东、南为上邻，西、北为下邻。北宋后期又改为只问有亲之邻。南宋宁宗时进一步规定“曰亲曰邻，止有其一者，俱不在批退之数”[2]。换句话说，虽为邻而非亲，或虽为亲而非邻，都不能优先典、买。宋朝规定亲邻有回赎权，如果未经征求亲邻意见即出卖田宅，亲邻有权按照所卖价格赎回田宅。

其次，到官府印契、缴纳契税。只有在缴纳契税钱后，官府在契约上加盖官印，交易才算有效。加盖了官印的契约称为“红契”，具有法律效力，反之则叫“白契”，不具法律效力。投税印契后，官府发给纳税人纳税的凭证即“凭由”。

再次，过割赋役。过割，是指订立买卖契约后田宅所负担的国家赋税必须从原业主的赋税册上“割除”，“过户”到买受人处。宋律规定：凡出卖田宅，要根据法律在契约上详细记载土地面积、土地等级、房屋大小、承担的赋税，并由官府在双方赋税账簿内改换登记后，才能加盖官印。凡未过割税赋的契约，“异时论诉到官，富豪得产之家，虽有契书，即不凭据受理”[3]。也就是说，如果没有过割税赋，往后买卖田宅的交易双方发生了纠纷争讼时，即使买受田宅的富豪之家持有契约，官府也不会受理争讼。由此可见宋朝对典卖田宅即时割税的重视。

最后，原主离业。在田宅买卖成立后，出卖人必须放弃占有，称之为“离业”。宋仁宗皇祐年间规定：出卖田宅后，原业主应该离业，不得留在原业为买受人的佃客。[4]

典当契约。典当作为不动产转移的独立方式，是在宋朝形成和发展起来的。不动产典当主要是指田宅典当，宋朝一般称典卖，是一种附有回赎条件的特殊的买卖，故又称活卖，法律对此规定得较为细密。动产的典当，一般称为“质”，在宋朝也十分普遍。在不动产即田宅出典的程序上，和田宅买卖完全相同，同样要经过“先问亲邻”“印契赋税”“原主离业”的程序。宋朝法律特别规定田宅出典必须使用官印标准契约文本，即须使用正契和合同契：业主出典所立之契为典主所执，是为典契正本，称正契，上书出典主姓名、居住区域，所典田宅的种类、号数、面积、坐落方位、四至界止，典主姓名、交易价格、货币种类和数量、货币的交收以及产权担保等内容；而业主所执之契为副本，称合同契。出典人日后若想赎回田地，须凭合同契以相验证。

除须具备上述程序之外，宋朝法律对典当契约还有一些规定：一是明确规定严禁“一物两典”，违犯者“准盗论”，以维护典权人的利益。二是契约中明确约定回赎的期限，期限内业主有权回赎该项产业。典主可以享有占有、使用、收益的权利，但无权处分。对于没有约定回赎期限，或约定不清的典卖契约，法律规定在30年内允许回赎，过期不赎。三是关于赎金的交付时限，法律规定要在典契届满120天内交付典主。

---

① 《名公书判清明集》，卷五《从兄盗卖已死弟田产》。

② 《名公书判清明集》，卷四《漕司送下互争田产》。

③ 《宋会要辑稿·食货》，六十一之六十七。

④ 参见《宋史》，卷一百七十三《食货志上一》。

租佃契约。两宋民事法律关系的发展还体现在租赁契约关系的变化上。两宋时租佃土地活动十分普遍，租佃制取代了唐朝时的部曲制。佃农租种田主土地，以双方签订的租佃契约为凭，契约中必须载明地租方式、租种期限、地租数额以及交租日期等事项。随着两宋租佃契约的进一步发展，佃农逐渐获得一定的人身自由。据《宋会要辑稿·食货》载，宋仁宗时诏曰："自今后客户起移，更不取主人凭由，须每田收田毕，商量去往，各取稳便。"即从今以后，佃农的去留不再由地主单方面决定，须在每年秋收后，由双方商量去留，各得其便。这说明，租佃制下的佃农较之部曲制下的部曲，对地主的人身依附关系有所减轻。但是，在租佃关系中，佃农与地主的法律地位仍然不平等。倘若佃农违背契约不交钱或迟交地租，就要受到法律的追究。北宋法律规定："十月初一日以后，正月三十日以前，皆知县受理地主词诉，取索佃户欠租之日。"[①] 主客之间有犯，同罪异罚。《宋史·刑法志一》载："佃客犯主，加凡人一等；主犯之，杖以下勿论，徒以上减凡人一等。"

借贷契约。宋朝对借与贷作了明确区分：借指使用借贷，而贷指消费借贷。前者包括衣服、帷帐、器玩、奴婢、利钱的借贷，称为"负债"；付利之债，称为"出举"。《宋刑统·杂律》规定，凡"出举"之契约成立，采取"任依私契，官不为理"的不干涉原则。但对借贷利息规定："每月取利不得过六分，积日虽多，不得过一倍。"凡属违律取利者，要受到法律制裁。为了维护债权人的利益，对负债违契不偿者，可告官强制其偿还。[②]

(4) 继承制度。同唐律相比，宋朝有关继承的法律规定更加详备，除沿用唐律有关继承的规定外，又针对出现的新问题，增加了户绝资产的继承、死亡客商钱物的继承等内容。

户绝资产的继承。所谓户绝，是指家无男性子嗣之户。北宋时，户绝资产的处分原则是除用于丧葬费以外，全部由未嫁女继承，出嫁女只享有 1/3 的继承权，其余入官；无女则归近亲，无亲戚则入官。但到南宋时，子女的财产继承法发生变化。父母双亡后，在室女可以和兄弟共同继承财产，享有相当于兄弟应得份额一半的遗产权。可见，女儿的继承地位有所提高。

死亡客商钱物的继承。为了处理死亡客商的遗产，《宋刑统》中增添了"死商钱物"门。在沿用唐及五代已有敕令的同时，结合本朝遗产继承的办法，宋律确定了对死亡客商遗产的处理原则，规定：第一，死亡客商如有父母、妻、子、亲兄弟、未嫁之姊妹、未嫁女和亲侄等随行者，可任其继承收管。如相随之人不在此范围的，只能由父母、妻、儿持官府的公文前来收认。其后继承人的范围又有所缩小，亲兄弟、亲侄儿等均被排除。第二，如死亡客商无一人相伴，先由官府保管，并通知其原籍追访亲属。待父兄、子弟等有继承权人前来识认。第三，死亡客商在海外的直系亲属可以认领财物。这些规定保证了死商钱物所有权的转移，反映了宋朝继承法的发达。

2. 商事类法律的发展变化

宋朝时商业的规模比唐朝时有所提高和扩大，商事立法也比唐朝的范围更广泛、内容更完善。

(1) 商人社会地位提高。我国自秦汉以降，历代封建王朝都实行重农抑商的政策，法律上也公开歧视商人，视商业为"末业"。到了宋朝，重农抑商的思想在商品经济的冲击下，有了一定程度的转变。南宋陈耆卿甚至认为，士农工商"皆百姓之本业"[③]。故宋朝时商人的社会地位比唐朝时有所提高，这主要表现在：首先，他们有了正式的户籍，被编入坊廓户中。其

① 《黄氏日钞》，卷七十《再申提刑司乞将理索将归县状》。

② 参见《宋刑统·杂律·受寄财物辄费用门》，引《杂令》。

③ 《嘉定赤城志》，卷三十七。

次，宋朝取消了唐朝“工商之子，不当仕”[1] 的规定，允许工商之子参加科举考试。最后，禁止勒索商贾。自宋初，官吏盘剥、勒索商人的现象非常普遍，如官吏杂买市场物品多不给现钱而折支茶叶[2]，致使“市肆商贾亏本失业者不可胜数”[3]，故宋朝颁布敕令，严禁留难、勒索商人。凡遇客旅贩卖谷物，其经由官司如取非理骚扰阻节，许客人经尚书省越诉。另外，为禁止官吏借采购官需物品勒索商人，宋朝加强了对市场的管理，建立了“书市买牌”制度：官府将所要购买的物品和价格书写在牌子上，公之于市，有愿成交的商人和官府到市买处按牌交易，官府一手交钱，商人一手交货。宋朝的这些法律制度一方面使商业活动规范化，另一方面也保护了商人的利益，使商人的社会地位有所上升。

(2) 禁榷法。所谓禁榷，是指实行国家专卖，禁止私卖。宋朝财政匮乏，禁榷是其获取财政收入的重要手段之一。宋朝时禁榷（专卖）范围有所扩大，盐、酒、茶、金、银、铜、锡、铅、矾、铁、煤等均被列为禁榷物种。在禁榷律法中，以盐法、茶法、酒法最为重要和完备。宋朝称食盐的专卖为“榷盐”、茶的专卖为“榷茶”、酒及酒曲的专卖为“榷酤”。禁榷法的主要内容有：第一，盐、茶、酒和酒曲由官府经营，主要分官卖与商销两种形式。“官卖”就是由官府直接运销食盐、茶、酒和酒曲。“商销”就是商人按规定向官府缴纳钱物，由官府给其凭证后运销食盐、茶、酒和酒曲。第二，严惩私自生产和贩卖食盐、茶、酒和酒曲。[4] 第三，对告发犯私盐、茶、酒和酒曲者实行奖励。[5]

(3) 海外贸易法的完善。两宋为强化对外贸易的管理，制定了专门的外贸法规《市舶条法》，其主要内容包括：第一，设立外贸机构。宋朝在地方设置对外贸易组织——市舶司、市易司、博易务、牙行、海关、洋行等，其中以市舶司最为重要。市舶司设提举一人，主要职责为接待中外贡使商贾、征收税率、管理商品互易、结交番客等。第二，无论官府、私人进行海外贸易，都必须向两浙市舶司申请，经批准给券（即签证）后才能起航，否则，没收其物货。宋太宗端拱二年（公元 989 年）五月诏令：“自今商旅出海外蕃国贩易者，须于两浙市舶司陈牒，请官给券以行，违者没入其宝货。”第三，海外贸易应遵守官府的有关禁令。如出于国防需要，不能超越禁地；禁止贩运人口、兵器和铜钱出海。第四，外商靠岸后，必须先由市舶司进行检查，征购其中的榷禁物品，对其他货物抽取 1/10 的税金，然后允许其上岸交易。第五，维护外商的合法权益。宋时，外国商人只要得到官府的允许，领取市舶司颁发的“验符”或其他官方凭证，都受中国政府的保护，并可在中国定居。宋神宗熙宁时“番客带妻儿过广州居住”。外国商人在华的财产，受到法律的保护，不许他人侵犯，如有中国之贪官、“奸民”染指侵犯，“许番商越诉、计赃罪之”。宋朝海外贸易法令的完善有效地促进了中外商贸往来。

（三）行政法规

两宋的行政体制正处于由唐向元、明、清过渡的历史时期，虽然终宋之世没有制定像《唐六典》或明、清《会典》那样的行政法典，但两宋的行政立法活动、行政法规的数量，都远远超过了以前各朝（代），在两宋三百余年的统治中，历朝对行政法律均有所编纂，其中有综合性行政立法，如宋神宗熙宁九年（公元 1076 年）练亨甫编订的《熙宁省府寺监公使例条贯》[6]；有科举选官立法，如宋神宗熙宁十年（公元 1077 年）范镗编修的《熙宁贡举敕式》11 卷；有

① 《旧唐书》，卷一百五十八。

② 参见《宋会要辑稿·食货》，三十七之六。

③ 《宋会要辑稿·刑法》，二之二十八。

④ 参见《庆元条法事类·榷禁门》。

⑤ 参见司马光：《涑水纪闻》，卷十五：“有买卖私盐，所有告讦，重给赏钱，以犯人家财充赏。”

⑥ 参见《宋会要辑稿·刑法》。

官吏管理立法，如英宗治平元年（公元 1064 年）知审官院王珪主持修成《嘉祐审官院编敕》15 卷；有官员俸禄立法，如宋仁宗嘉祐二年（公元 1057 年）张方平编修《嘉祐禄令》[1] 10 卷。

两宋三百多年间，行政立法频繁，法规很多，但保留至今的只有《吏部七司法》残卷、《景定吏部条例》及《庆元条法事类》数种。其中在《庆元条法事类》的职制门中，对官吏的职掌、禁谒、朝参、赴选、寄居、待阙、保官，监司巡历、按举、给假、致仕、殁于王事、恩泽等，都有非常详细的规定。在宋朝敕的效力高于律的效力的情况下，《庆元条法事类》职制门中的规定，代表了宋朝行政法的概貌，是研究宋朝行政法的重要文献资料。

四、司法制度

（一）司法体制

1. 中央司法机关

中央司法机关主要为大理寺、刑部、御史台和审刑院。

大理寺。宋初，设大理寺作为中央最高审判机构，负责审理地方各州县上报的刑事案件。神宗元丰改制后，京师百官案件也由大理寺负责掌管。为避免大理寺审判失误，实行审判分离。

刑部。宋神宗官职改革前，刑部的职能主要是复核大理寺所评断的全国死刑已决案件及官员叙复、昭雪等事。元丰改制后，审刑院与在京刑狱司并入刑部，其职能扩大为“掌刑法、狱讼、奏谳、赦宥、叙复之事”。

御史台。本是专门的司法监督机构，负责纠弹百官，后来其职权有所扩大。除拥有司法监督权外，御史台还兼有审判重大案件的职能，受理官员犯法的重大案件或奉旨审讯皇帝交办的诏狱。

审刑院。太宗淳化二年（公元 991 年）在中央三大司法机关之外另设审刑院，由皇帝指派亲信大臣出任长官知院事。凡原大理寺审理的案件均先经审刑院登记备案，然后由大理寺审理，刑部复核后，再由审刑院审核，知院事或其属下的评议官拟订书面意见，奏请皇帝作出最终裁决。审刑院的设置是皇帝直接控制司法审判权的典型表现。宋神宗元丰三年（公元 1080 年）审刑院被撤销，其职权复归刑部。

2. 地方司法机构

宋朝的地方司法机构分路、州（府、军、监）、县三级。

路。为强化对地方司法机关的监督控制，宋初在各路设固定的提点刑狱司，简称提刑司。它是中央在地方的司法派出机构，负责监督本路的司法事务，复核、审查所属州县的判决，巡视监狱在押囚犯，处理积压不决的案件，纠弹官吏的违法失职行为。

州。州设知州、通判为正副长官，兼掌审判权。州可以直接受理诉状，有权判决徒以上案件，但对死刑案件所作判决，必须上报提刑司复核；重大疑难案件报刑部，由大理寺审议。宋朝州级的审判官员，在知州、通判之下，有专职司法的录事参军、司理参军、司法参军及判官、推官等。其法定审判机构有州院和司理院。州院由录事参军为长官，专司民事案件。司理院由司理参军任长官，“掌狱讼勘鞫之事，不兼他职”[2]，即专职审理刑事案件，故称“鞫司”。司法参军则专掌“议法断刑”，称之为“谳司”。宋法规定，“鞫司”专掌审问案情而无权检法断刑，“谳司”管检法断刑，而无权过问审讯。“鞫谳分司”可谓宋朝州级司法审判的一个突出特征。

县。宋朝的县是司法审判活动的基层单位，是刑事、民事案件的初审机构。县无专职司法

① 参见《玉海》，卷六十六。

② 《文献通考》，卷六十三。

官员，其审判活动主要由知县或县令兼理。县级对刑事案件的判决权，仅限于杖以下罪；对徒以上的刑狱仅有预审权，即将案情审理清楚，提出处理意见，送州复审断决。

（二）诉讼程序与审判制度

1. 诉讼制度

宋朝刑事诉讼基本沿袭唐制，但民事诉讼和前朝相比，有所变化。

第一，关于民事诉讼的管辖。宋朝地方民事诉讼的管辖并没有严格的审级限制，一般是原告就被告居所地告诉，县对田宅、户婚、继承、债负等纠纷，具有决定性的审断权。州可以接受县未受理的民事案和上诉案。如果当事人不服判决，可以逐级上诉，也可以向其他州县提出诉讼请求，或请求原审机关复审。

宋朝中央民事案件的审决权属于户部。宋初，三司各部分设推官、判官，受理“在京诸司事干钱谷当追究者”①，应诏审理民间财产案件。元丰改制后，户部置推勘检法官，凡“在京诸司事干钱谷当追究者，从杖以下即定断”②。南宋时户部职权扩大，负责天下“田务券责之理直民讼”，即受理地方审断不直的民事案件，或由本部推勘检法官直接审理，或转由监司州县更审，皆由户部决定。可以说宋朝户部是民事案件的终审机关。

第二，规定了民事诉讼受理的时间，即“务限”。《宋刑统》有“婚田入务”专条，所有论竞田宅、婚姻、债务之类“取十月一日以后，许官司受理，至正月三十日住接词状，三月三十日以前断遣须毕，如未毕，具停滞刑狱事由闻奏”。也就是说，每年农历十月一日至次年的正月三十日，州县官府可以受理民事诉讼，其他时间不能受理；如果原已受理的民事案件尚未审理完毕，可延长审理至三月底。但三月底以后，不仅不能接案，也不能审案。受理期间称“务开”，非受理期间称“入务”。限定民事案件的诉讼、审理时间，目的是不影响农业生产。为防止豪强地主趁入务之际，不肯给赎业主出典之地，侵夺百姓财产，宋律又作了补充规定：虽在入务期限，但有涉及侵夺财产的案件，“亦许官司受理”③。

第三，规定民事诉讼的时效。宋朝的民事诉讼中，以产权纠纷最为突出。为防止因产权纠纷无期限的兴讼，宋律对不同形式的产权纠纷规定了不同的诉讼时效：由分家析产引起的产权纠纷，三年之后诉讼者不受理；因遗嘱继承所发生的产权纠纷，如满十年再诉，亦不受理。

第四，规定须有结案凭证。宋朝在民事诉讼案件结案后，由官府给当事人出具“断由”作为结案凭证和上诉证据。这是宋朝民事诉讼中的一个创举。

2. 证据制度

宋朝非常重视证据的收集与运用。刑事诉讼证据由审判官吏负责收集，民事诉讼案件由当事人负责举证。宋朝的刑事诉讼中使用实物证据最多，而这些物证的收集是由司法机关通过现场勘验、检查、搜查获得的。对于人命重案尤为重视检验与现场勘验，认为这是审理刑事案件的重要前提。宋朝设有专门的检验官，制定了严格的检验制度，规定有初检、复检程序。官府接到报案后，必须立刻派遣官员前往案发地进行初检，验毕即时申报上级；然后由上级部门派遣复检官进行复检，对初检加以核实，监督有无错误和伪弊。南宋孝宗淳熙元年（公元1174年），浙西提点刑狱郑兴裔创制了一种新的检验笔录形式——“检验格目”，后推向全国使用，要求“检覆必给三本：一申所属，一申本司，一给被害之家”。宋理宗嘉定四年（公元1211年）又下发湖南提刑司制《湖南正背人刑》与《检验格目》并用。对现场勘验的重视，客观上

① 《宋会要辑稿·刑法》，三之六十八。

② 《宋史》，卷二百零一《刑法志三》。

③ 《宋会要辑稿·刑法三》。

推动了法医学的发展，宋朝相继出现了一些总结检验经验和理论的著作，如郑克的《折狱龟鉴》、桂万荣的《棠阴比事》、宋慈的《洗冤集录》，等等。其中以宋慈所著《洗冤集录》最具代表性、成就最高，书中对尸体检验、现场勘察、疑难鉴定、现场勘验所应注意的各种问题等方面都有精湛独到的阐述。《洗冤集录》集宋朝检验技术和经验之大成，是中国和世界历史上最早的一部系统的法医学著作，不仅被元、明、清奉为司法勘验之圭臬，而且在明朝就被译成英、法、德、荷兰、朝鲜、日本等国文字，传往各国。

《洗冤录》书影

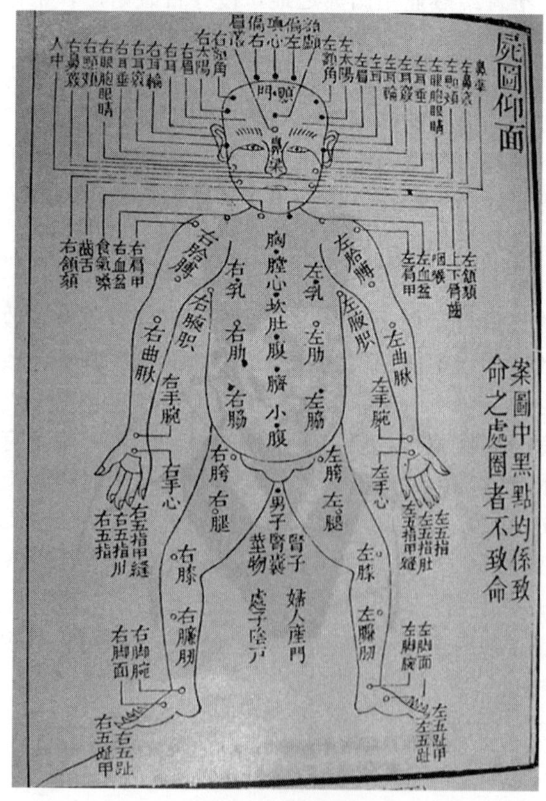

勘验尸体图正面

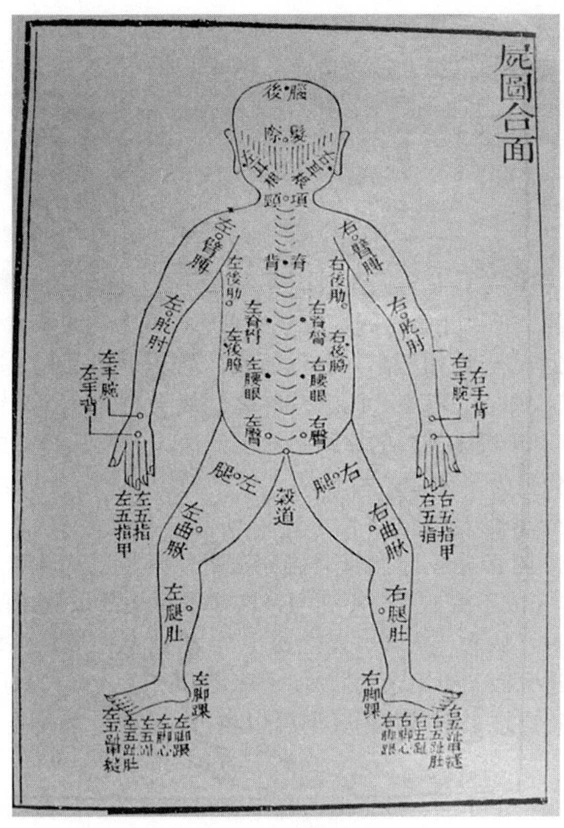

勘验尸体图背面

3. 翻异别勘制度

翻异，是指当事人推翻原来的口供。当事人翻异后，司法机关必须重新审理。此称别勘。别勘分为原审机构改派同级其他司法官重审的“移司别推”和上级司法机构差官重审的“差官别推”两种。宋朝允许当事人翻异，按法律之规定，翻异可以有三至五次，妄为翻异者罪加一等。但实际执行时较为宽松，有多达 7 次者。① 翻异别勘制在一定程度上有利于防止冤假错案。

4. 理雪、驳议制度

理雪。宋朝法律规定，判决生效后，犯人及其家属如有不服，可以依程序逐级进行申诉，称为“理雪”。具体程序为：属“断遣不当”者，从所属县诉起，经本州、转运司、提刑司、尚书本部、御史台，直到登闻鼓院、登闻检院，必须依次投诉，不得越诉，但所经官司不理或限满尚未与决，则可以依次向上级陈诉。受理申诉案的官司都应在期限内组织无干碍官吏审理，对于大案要案，则临时组成特别法庭性质的“推勘院”审理。对当事人申诉也有时效期限，即判决生效已过三年者，不许理诉。“命官犯罪经断后，如有理雪者，在三年外更不施行。”②

驳议。宋律规定，检法官适用法条，必须依据犯罪情节，欲了解案情，必须审阅案卷，因此，又赋予了检法官驳正冤狱的责任。宋太祖建隆二年（公元 961 年）九月诏：若检法官能够

① 参见《宋会要辑稿·刑法》，三之八十四。

② 《宋会要辑稿·刑法》，三之十九。

"举驳别勘，因此驳议从死得生，即理为雪活"。凡"雪活得人者，替罢日刑部给与优牒，许非时参选"[①]，即作为破格提拔的依据。这项规定，两宋相沿不衰。若举驳不当，予以杖刑；当驳而不驳，致使罪有出入，比照推司罪减一等或三等。

五、人物及思想

（一）包拯

包拯（999—1062）字希仁，北宋庐州合肥（今属安徽）人，是中国古代"清官"的象征。

包拯秉持"于国有利、于民无害"的经济立法思想，认为：国家欲富足，必先富民，然后富有所出。"民者，国之本也，财用所出，安危所系。"[②] 限制民间盐、茶、冶铁业发展的"禁榷之法"虽"于国有利"，却于民有害，国家一时之利终会付之东流。因此，立法应"公私利济"，要本着"于国有利、于民无害"的原则来修正旧法。包拯从法律的角度来保护工商业发展。这种思想在中国古代极为罕见。

包拯意识到国家法令不稳定的危害性，建议朝廷"凡处置事宜，申明制度，不可不慎重"[③]，以求"法存画一，国有常格"，如此，国家法令便有了稳定性和严肃性，方可"示信于天下"。当然，法律并非一成不变，变与不变当以法律本身是否合乎时宜为转移。

包拯以廉明公正著称，认为"贪者，民之贼也"，对贪墨之风深恶痛绝，主张对贪官予以严厉制裁，对贪官"纵遇大赦，更不录用"，使"廉吏知所劝，贪夫知所惧"[④]。此外，包拯从司法监察的角度出发，提出"去刻薄"的轻刑思想和"慎狱讼"的防止司法冤滥思想。

（二）王安石

王安石（1021—1086）字介甫，号半山，北宋抚州临川（今江西临川）人。王安石任神宗朝宰相八年，实行"熙宁新法"。后哲宗继位，司马光当政，尽废新法。

针对当时"官乱于上，民贫于下，风俗日以薄，才力日以困穷"[⑤] 的现状，王安石认为挽救政治危机的方法是变法，并为此提出"三不足"为理论前提：一是"天变不足畏"，"天地与人，了不相关"，即日月之食及地震之类，"皆有常数，不足畏忌"[⑥]。此既流露出朴素的唯物论，也为变法做理论准备。二是"祖宗不足法"。面对反对派"祖宗之法不可变也"的谬论，王安石认为三代圣王都不拘泥于旧制而有所更易，对祖宗之法是"法其意"，而对具体的"施设之方"则应"废世之宜而通其变"，应"视时势之可否，而因人情之患苦，变更天下之弊法"[⑦]。三是"人言不足恤"。王安石认为，鼠目寸光的流俗之见不足恤。他告诫神宗，若遇事为流俗所牵制，将一事无成。王安石的"三不足"乃是古代变法理论的提炼。

王安石变法的内容主要包括"大明法度"和"众建贤才"两个方面："盖夫天下至大器也，非大明法度，不足以维持；非众建贤才，不足保守。"[⑧] 变法有破有立，变更弊法是破，立法则应立善法："盖君子之为政，立善法于天下，则天下治；立善法于一国，则一国治。"[⑨] 针对积贫积弱的现实，王安石将完善理财之法放在首位。在人治社会，徒"善法"难以自行，还必须

① 《宋会要辑稿·刑法》，四之九十三。

② 《包拯集·请罢天下科率》。

③ 《包拯集·慎命令》。

④ 《包拯集·择官》。

⑤⑧ 《王文公文集·上时政书》。

⑥ 《王文公文集·洪范书》。

⑦ 《王文公文集·上仁宗皇帝言事书》。

⑨ 《王文公文集·周公》。

依靠各级官吏严格执法，“善法”才能起作用，“守天下之法者，吏也。吏不良，则有法而莫守”[①]。现实则是良吏甚少，因此，“必先索天下之材而用之。如能用天下之材，则能复先王之法度”[②]，因此，王安石设计了一套针对贤才的“教之、养之、取之、任之”及“考绩之法”的“众建贤才”制度。王安石要求培养的贤才是全面型的贤才，必须掌握理解法律。为此，他一方面主张建立律学学校，专门教授律令和断狱之法；另一方面又建议在科举考试中新设“明法科”，以“律令、刑统大义、断案”为考试内容。这说明，王安石反对官吏不懂法律而仅依经义断案，导致司法上的主观任意，而失统一法律准绳。

王安石大变法度，最担心的是新法虽立，若不能严格遵守，便是一纸空文，所以他对守法问题非常重视。他认为，君主应带头守法，保证新法的推行。王安石明确主张不得“舍法以论罪”，“有司议罪，惟当守法”[③]，不允许司法官吏以情理为轻重，如果出现法律与情理相抵触的情况，则必须有奏请圣裁。王安石无条件反对复仇，认为当今之世，“明天子在上，自方伯、诸侯以至有司，各修其职，其能杀不辜者少矣”，万一无辜被杀，也应通过其他途径申冤，“以告于天子，则天子诛其不能听者，而为之施刑于其仇”[④]。

从王安石主张官吏学法律、守法律、否定复仇来看，其思想中法家成分居多，儒家的道德礼义观淡薄。这是隋唐以后思想家中很少见的。

（三）朱熹

朱熹（1130—1200）字元晦，号晦庵，南宁徽州婺源（今江西婺源）人，为两宋理学集大成者。

朱熹的理学，其根本宗旨在于论证君主专制的等级社会的合理性、永恒性。朱熹认为，理为宇宙之根本，天地万物皆由理而生，“未有天地之先，毕竟是先有此理”[⑤]，“君臣之理”即君主专制政治是永恒绝对的。他并把“三纲五常”上升到天理的高度，且把“君为臣纲”列为三纲之首。万物皆产生于一个理，朱熹称之为“太极”，此为“理一”；由太极派生的万事万物又千差万别，此为“分殊”；形形色色的事物全由太极派生，体现着一个天理，此即为“理一分殊”。“分犹定位耳”，天地上下“各有一定之分”[⑥]，此“分”就是社会的等级划分、等级差别。等级差别是“定分”，又称为“天分”，是不能变更的，因为“‘天分’，即天理也”[⑦]，所以，人必须“安于定分，不敢少过始得”[⑧]，最终归结为政治法律秩序的“定位”。

一方面，朱熹继承了正统法律思想中德主刑辅的德刑关系论；另一方面，他大力鼓吹重刑主义。朱熹先批评了轻刑主义：“今人说轻刑者，只见所犯之人为可悯，而不知被伤之人尤可念也。如劫盗杀人者，人多为之求生。殊不念死者之为无辜，是知为盗贼计，而不为良民计也。”[⑨] 犯罪意味着违反天理，对罪犯重刑诛杀，即使“伤民之肌肤、残民之躯命”[⑩]，也是合乎天理的，因此，朱熹提出“以严为本，而以宽济之”的司法主张，与重刑主义相适应；并主张恢复肉刑。德主刑辅只是儒家法律思想的表层，自董仲舒开始，新儒学已经吸收了法家重刑

① 《王文公文集·度支副使厅壁题名记》。
② 《王文公文集·材论》。
③ 《王文公文集·文献通考·刑考九》。
④ 《王文公文集·复仇解》。
⑤ 《朱子语类·卷一》。
⑥ 《朱子语类·答林之王》。
⑦ 《朱子语类·卷九五》。
⑧ 《朱子语类·卷六一》。
⑨ 《朱子语类·卷一百一十》。
⑩ 《朱子大全·卷十四》。

论的精髓，在德礼的幌子下，改头换面地对重刑主义进行了儒家化的包装。

朱熹认为，“天下之道，有正有权。正者万世之常，权者一时之用”。“正”者即常道，正常的规则和做法；“权”即超出常道之外的权宜之法。从司法的角度看，断狱严格按照律令条文，这就是“正”；如果离开法律条文而断之以情理，就称为“权”。朱熹主张听讼以“权”，尤其是“涉于人伦风化之本”案件，有司不必拘泥于法律条文，而应以“经术义理裁之”，否则，“天理民彝几何不至于泯灭，而舜之所谓无刑者又何日而可期哉?”[①] 自法律儒家化后，对于触犯纲常伦理的行为在法律中已经规定了严厉的处罚，但朱熹犹嫌不足，显然是认为法律纲常人伦化的程度还不够，必须在司法审判中弥补不足。

朱熹的以“存天理、灭人欲”为核心的法律思想，是对正统法律思想的一种补充和发展。他在使正统法律思想朝哲理化方向推进的同时，又对诸如德刑关系等问题进行了更具体、更现实的阐释，并披露了正统法律思想的重刑主义实质，为人们纠正偏误、重新认识正统法律思想的本质提供了证据。

第二节　辽、金立法概况及法律的主要特点

一、立法概况

（一）辽代主要立法

作为北方少数民族政权的辽代，最初在其统治地区“以国制治契丹，以汉制待汉人”，实行分治原则，即对居住于游牧地区的契丹民族适用本民族原有的习惯法，而对以农业为主的汉族地区适用《唐律》。公元921年，辽太祖耶律阿保机令臣下“定律令”，对契丹诸游牧部族的习惯法进行了统一编纂、整理，制定了《治契丹及诸夷之法》，这是契丹最早的一部基本法律。辽代法制变革和大规模的纂修法典是在辽圣宗和兴宗两朝。兴宗重熙五年（公元1036年）时参照唐朝法制，制颁了《重熙条制》，共547条。这是辽代基本的成文法典。辽道宗耶律洪基于咸雍六年（公元1070年），以“契丹汉人风俗不同，国法不可异施”为由，对《重熙条制》进行了较大规模的修改，“凡合于律令者，具载之；其不合者，别存之”，增订为789条[②]，是为《咸雍重修条制》，适用于契丹人和汉人。但是该法仅行用了19年，因过于烦琐被明令废止，故道宗于大安五年（公元1089年）下令“复行旧法”[③]，重新适用《重熙条例》。

（二）金国的主要立法

金国建立初期，在法律上基本沿袭了女真族的习惯法，以所谓“祖宗旧俗法度”为治国之本。在先后征服的原辽、宋地区，基本上是保留当地原有的契丹法律或者宋朝法律。随着政权的逐步稳固，金国开始接受汉法。金熙宗皇统年间（公元1141年—公元1149年），金国以女真旧制为基础，兼采隋、唐之制和辽、宋之法，制定了金国第一部法典《皇统制》。海陵王正隆年间（公元1156年—公元1161年），金国制定了《续降制书》，与《皇统制》并行，造成了多种法令并行的局面。为此，金世宗于大定十九年（公元1179年），在《皇统制》、正隆《续降制书》、大定《军前权宜条理》及《续行条理》的基础上，制定并颁行了《大定重修制条》，

---

① 《朱子大全》，文十四《奏札》。

② 参见《辽史・刑法志》。

③ 《辽史・道宗纪五》。

共12卷、1190条。[1] 金章宗即位后，改变了以前金国律、令、制条合一的法典体例，而采用唐、宋以来的律文和律疏合编的体例，先后制定了《明昌律义》和《泰和律义》。《泰和律义》共30卷、12篇、563条，采取了制条“准律文修定”的原则，篇目和基本内容与《唐律》相同。与《泰和律义》同年完成的金国法律还有《律令》20卷、《新定敕条》3卷和《六部格式》30卷。

二、法律的主要特点

（一）借鉴汉族法律文化

辽、金立法的过程，也是接受和学习汉族法律文化的过程。辽代的《重熙条例》就是参照唐朝法律而制定的。辽代的刑事法律，更是大量继承了唐、宋法律的原则和制度，如“十恶”之制：辽初实行契丹人与汉人分治的原则，“十恶”的罪名仅对汉人普遍适用。至辽圣宗时，规定“契丹人犯十恶者依汉律”，使这一罪名也普遍适用于契丹人。而对于贵族、官员犯罪，同样规定了“八议”的司法特权。此外，唐、宋法律中的赎刑制度，也为辽代的法律所沿袭。金国的《皇统制》亦是在“兼采隋唐之制，参辽宋之法”的基础上编纂而成的；《泰和律义》的篇目和内容基本上也是沿袭《唐律》。这些都说明了辽、金的法制深受先进的汉族法律文化的影响。

（二）体现民族歧视和民族压迫

辽、金法律对本族人予以保护，而对汉人实行歧视和压迫，最明显的表现是同罪异罚。“往时虏杀汉人则罚，汉人杀虏则死。”[2] 汉人被契丹人殴打致死的，仅“以牛、马偿之，弗诛也”；若是汉人殴杀契丹人，不仅本人要被处死，亲属也要沦为奴婢。当然，自辽圣宗改革法律以来，这种情形在较大程度上得到改变。辽圣宗时，“更定法令”，规定契丹人与汉人犯罪“一等科之”，“犯十恶，亦以律”[3]。

（三）保留和发展本民族法律

尽管辽、金的社会制度发生了由奴隶社会向封建社会的转变，但依靠军事征服方式建立的辽、金，不可避免地保存着奴隶制游牧生产方式的残余影响，保存着与这种生产方式相联系的较为落后的法律形态与法律意识。这使辽、金的法制既具有封建的属性，又带有本民族习惯法的鲜明特色，形成区别于以往朝代的特点。如辽熙宗以前允许主人对奴婢私用刑罚，奴婢不具有法律主体地位。辽代的刑罚，大量保留了原来部族时期的习惯法。虽然与辽代的法律相比，金国的法律在吸收以唐、宋法律为代表的汉族法律文化方面更为显著，但在刑法内容方面，结合本民族和统治政权的实际情况，对有些规定作了较大的改变。例如，加重了对盗罪的处罚：对盗罪除了依法治罪外，还要加三倍追罚赃款，后又规定盗罪要附加刺字。

（四）刑罚残酷

辽代的法定刑与唐、宋的法定刑大同小异，共有死、流、徒、杖四种。在规定法定刑时，辽代还保留了不少非法酷刑。辽代对反叛者处以投高崖、活埋等带有民族传统刑罚色彩的酷刑，此外，还有木剑、木棒、铁骨朵、五车轘杀、枭磔、射鬼箭、肢解、炮掷、钉割、脔杀等刑罚。[4]

---

① 参见《金史·世宗纪》。

② 欧阳修：《六一居士集》，卷六。

③ 《辽史·刑法志上》，卷三十一。

④ 参见上书。

金之传统，本无轻重贵贱之别，继续贯彻了女真族固有习惯法中的平等精神，一定程度上限制了封建的法律特权。金太宗时，皇帝都可受到杖罚，群臣百官稍犯条法，即行杖决，不会因是亲贵而享受法律上的特权。到金后期，"八议"正式入律，但其适用范围小于唐、宋律所规定的范围。金的刑罚基本依照唐、宋五刑，略有变化而已。其中，徒刑分为七等，附加杖刑。五刑允许以铜赎罪，但数量比唐时增加许多。实际上金国还有大量的酷刑，如杖刑时，以铁刃置于杖端；罪犯要被割去耳鼻，以示与常人不同，等等。至于官员法外用刑的情形，更是层出不穷。

第三节　元朝法律

一、立法指导思想

（一）以儒治国

成吉思汗的近臣耶律楚材极力主张奉行儒家崇尚德教的思想，提出了"以儒治国"的主张。继耶律楚材之后，元世祖忽必烈的重要谋臣刘秉忠也极力提倡尊孔重儒，主张以"三纲五常之教"作为治国之本；在法律上，主张贯彻儒家的轻刑、慎刑思想，用纲常礼教进行教化，反对滥用刑杀。元世祖忽必烈采用了这些儒臣的建议，"信用儒术"①。此后，元朝皇帝基本上都以儒术治国。至元朝中期，通达儒术的元仁宗曾深有感悟地说："修身治国，儒道为切"，"儒者可尚"②。所以，维护封建伦理纲常的儒家传统法条如"准五服制罪""十恶""八议"等，均被元朝法律继承。

（二）附会汉法

作为一个少数民族政权，元朝与辽、金、西夏一样，在其法律制度的建立中，必然经历了一个借鉴汉族法律的过程。汉法的先进性和权威性是元朝统治者不能否认的，而儒家的纲纪礼义是成为中原之主所必行的"中国之道"，因此，奉行汉法，也是元朝统治者的需要。重视汉法的作用始于元世祖忽必烈，他接受汉儒的建议，明确提出了"附会汉法""参照唐宋之制"的法制指导思想。在此思想的指导下，元朝统治者参照唐、宋法律，进行了一系列的立法工作，形成了独具特色的元朝法制。

（三）保存旧制，民族分治

元朝在实行汉法的同时，亦保留了许多蒙古旧制，可谓"附会汉法"与"讲前代之定制"③，并行不悖。其表现是：元朝建立后，仍把不适应新形势的旧法《大札撒》奉为圣书。对许多涉及蒙古贵族统治利益的旧制度、旧风尚作了相当大的保留，如继续推行分封采邑制、蓄奴制等。元朝在保存蒙古旧制的基础上，还实行民族分治，即以蒙古旧制（习惯法）治蒙古人，而以汉法治南人（汉人）。

二、立法概况

（一）蒙古汗国的法律

蒙古汗国早在成吉思汗统治时期，就开始了法律制度的草创工作，相继发布了一系列"札

① 《元史·世祖本纪十四》，卷十七。
② 《元史·仁宗本纪三》，卷二十六。
③ 《元史·世祖本纪一》，卷四。

撒”。“札撒”是在蒙古族长期历史中形成的各种习惯和行为规范的基础上制定而成的，分散的“札撒”在公元1225年经成吉思汗下令整理后成为系统性的成文法律，史称《大札撒》。其主要内容包括：不同身份人之间的关系、行为规范，以及许多蒙古族的民族习惯和迷信禁忌等。另据《元史・郭宝玉传》载，成吉思汗曾令郭宝玉制定法律，颁布了《条画五章》。该法规定：出军不得妄杀；刑狱唯重罪处死，其余杂犯量情笞决；僧道无益于国、有损于民者悉行禁止之类。[①] 这是蒙古政权第一次“汉化”的立法。忽必烈即位之后，还吸收金国汉化的经验，凡涉及北方汉人刑名之事，准许援用金《泰和律》，所谓“百司断理狱讼，循用金律”[②]。直到忽必烈在建国号为“大元”的同时，才“禁行金《泰和律》”[③]。

（二）《至元新格》

这是元世祖至元年间颁行的一部综合性法典，也是元朝统一中国后颁布的第一部法典。至元二十八年（公元1291年），朝廷准中书右丞何荣祖所请，将公规、选格、治民、理财、赋役、课程、仓库、造作、御盗、察狱共十事辑为一书，颁行天下，名曰《至元新格》。

（三）《风宪宏纲》

这是一部有关朝廷纲纪和吏治的法典。世祖至元五年（公元1268年）制定了《宪台格例》36条，至元十四年（公元1277年）制定了《行台条画》29条，作为监察机关的活动准则。仁宗时，命令长期担任监察官的赵世延等，将“格例条画有关风纪者，类集成书”，称之为《风宪宏纲》。

（四）《大元通制》

由于《至元新格》内容过于简单，无法适应司法实践的需要，所以，在《至元新格》颁布后不久，元朝君臣决定再制定一部比较完备的法典。至治三年（公元1323年），元英宗命令主政儒臣完颜纳丹、黄伯启等在《至元新格》和《风宪宏纲》的基础上，制定了《大元通制》，并于同年颁行。《大元通制》共分诏制、条格、断例、令类四部分，总计2 539条，其中，诏制94条、条格1151条、断例717条、令类577条。元朝的诏制相当于唐、宋的敕条。条格，是元朝皇帝亲自发布，或直接由中书省等中央行政机关颁发给下属部门的政令，相当于唐、宋时的令、格、式。断例，既包括“断一事而为一例”的断案事例，又包括了用于司法实践中的唐、宋旧律。《大元通制》的断例部分的篇目仿唐、宋旧律，分《名例》《卫禁》等20篇，共717条，其部分内容保留在《元史・刑法志》中。可见，《大元通制》的篇目体系和条文的具体内容都沿袭了唐、宋法典。

（五）《至正条格》

这是元朝的最后一部法典。《大元通制》颁布后，由于朝廷仍续降诏令，加上司法格例繁杂，给官吏留下了任意取舍与解释的可乘之机，致使法令前后抵牾。元顺帝于至元四年（公元1338年）命中书平章政事阿吉剌编定条格。阿吉剌等以《大元通制》为基础，同时补充了一些新颁的诏制和条格，于至正五年（公元1345年）修成《至正条格》，并于次年颁行天下，内容包括诏制、条格、断例等共两千九百余条，其体例基本上与《大元通制》的相同。

（六）《元典章》

这是由元朝地方官吏主持编纂的一部法律汇编，后由中书省核准在全国颁行。《元典章》汇集元英宗至治初年以前元朝五十年间有关经济、政治、军事及法律等方面的圣旨、条格和断

---

① 参见《元史・郭宝玉传》，卷一百四十九。

② 《元史・刑法志一》，卷一百二。

③ 《元史・世祖本纪四》，卷七。

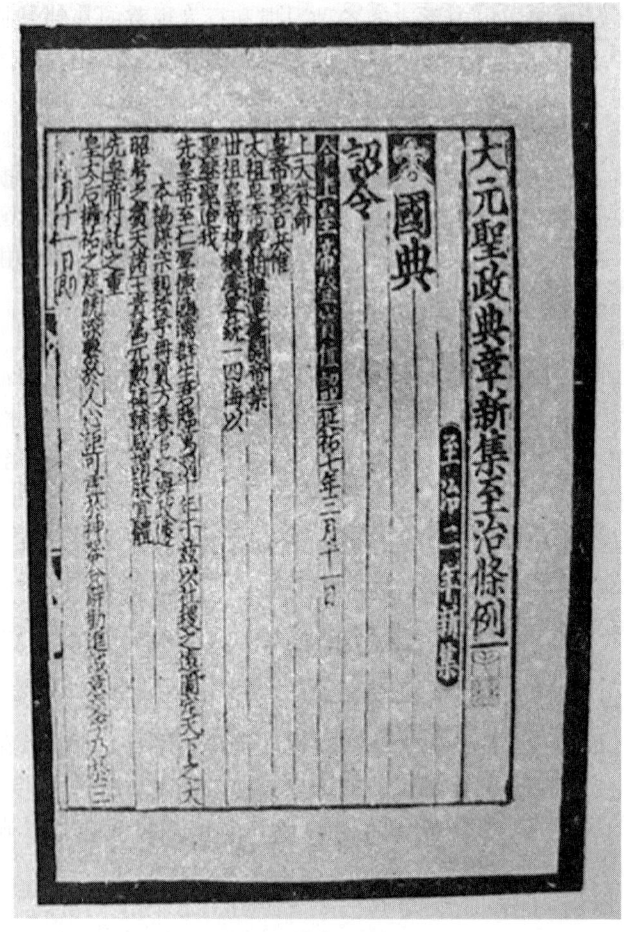

《元典章》书影

例，由《前集》和《新集》组成。《前集》60卷，分为诏令、圣政、朝纲、台纲、吏部、户部、礼部、兵部、刑部、工部十门，共373目，目下有若干断例、条格。《新集》不分卷，分为国典、朝纲、吏部、户部、礼部、兵部、刑部、工部八门。《元典章》按六部分篇的编纂体例对《大明律》产生了直接的影响。

三、法律的主要特点

（一）五刑体制的变化

元朝时刑名与前朝的一样，也以笞、杖、徒、流、死五刑为基础，但和唐、宋的五刑制度相比，在内容上又发生了一定变化。

（1）笞刑、杖刑和徒刑。元朝笞杖刑的一个最突出的变化就是将处罚的尾数改为“七”，即笞刑分为七、十七、二十七、三十七、四十七、五十七，共六等，杖刑分为六十七、七十七、八十七、九十七、一百零七，共五等。变革的依据在于，元世祖提出：“天饶他一下，地饶他一下，我饶他一下。”① 此意在标榜统治者有“用刑宽恕”之心。但实际上元朝此种做法非但没有减轻笞杖刑，反而增加了笞杖刑的执行数目。以隋、唐、宋为例，它们的笞刑都是十

① 叶子奇：《草木子·杂制篇》，64页，北京，中华书局，1959。

至五十共五等，杖刑则为六十至一百共五等。而元朝的笞刑为七至五十七共六等，杖刑为六十七至一百零七共五等。至于徒刑的变化，是附加了杖刑，共分为五等：一年至一年半，杖六十七；二年至二年半，杖七十七；三年，杖八十七；四年，杖九十七；五年，杖一百零七。徒刑五年折杖一百零七，就是后来杖刑最高刑为一百零七的由来。

(2) 流刑和死刑。元朝的流刑沿袭了宋朝的“配军之制”，称为“出军”。与前朝不同的是元朝的流刑不分里数，只列辽阳、湖广、迤北；且南人犯罪迁于北方辽阳和迤北，北人犯罪迁于南方湖广。死刑则分为斩与凌迟两种，无绞刑。五代以来不经常适用的凌迟刑，被明确规定在《大元通制》之中，成为常用的手段。凡属谋反罪的首犯，一律被凌迟处死。其后进一步将同谋者及知而不举者，一并凌迟处死。对于子孙杀死祖父母、父母，以及奸妇、奸夫亲手杀死亲夫者，也都凌迟处死。

（二）法律形式的变化

元朝的法律形式不以“律”为主，而是以条格、断例为主。元朝立法深受宋朝编敕的影响，立法者不断把历代皇帝所下达的敕令编入法典，从而使其在法典中占有突出的位置。如《至正条格》中条格有 1 700 条，占全律一半以上；《大元通制》中条格也几乎占全律的一半。另外，元朝立法还深受宋朝编例的影响，致使断例也在法典中占重要地位，如《至正条格》中断例多达 1 059 条，而《至正条格》的总条数是 2 905 条。元朝的法律形式以条格和断例为主，势必会破坏法典内在的统一和协调，为官吏贪赃枉法、出入人罪开了方便之门。《续文献通考》卷一百三十九记载：“元时条格繁冗，所以其害不胜。”

（三）“四等人”制度和民族歧视政策

元朝按种族及归属元朝统治的先后将全国所有居民划分为四个社会等级，即蒙古人、色目人（包括西夏、回回、西域人）、汉人（黄河以北原金国辖区内的汉族人和契丹、女真、高丽、渤海人等）和南人（黄河以南原南宋辖区内的汉人与其他少数民族）四等，并贱称汉人为“汉子”、南人为“蛮子”。从《元典章》《通制条格》等书中所载有关敕旨、条令来看，元朝的等级划分是法定的，蒙古人、色目人、汉人、南人的政治地位和法律地位不同：蒙古人地位最高，享有优越的法律特权；南人则最受蒙古统治者的歧视，法律地位最为低下。

在行政方面，保证蒙古贵族对国家官僚机构的控制权。元朝选任官吏时，强调种族与出身，无论是中央各部门如中书省、枢密院、御史台的长官，还是地方行省的行台、宣慰使、廉访使，抑或路、府、州县的长官，一律由蒙古人担任，副职则由色目人充任，汉人和南人只能担任中下级官吏或属吏。

在科举考试方面，蒙古人和色目人只考两场，汉人和南人却要考三场。考试时分两组，蒙古人、色目人为一组，汉人、南人为一组；不仅分卷考试，而且分榜题名：蒙古人与色目人为右榜（蒙古人以右为上），汉人、南人为左榜。考取后放官，也有高下之分。大体上蒙古人高色目人一等，色目人高汉人、南人一等。

在土地所有权方面，蒙古贵族同样占有优势。元朝建立后，将原南宋一部分的官田赐给蒙古贵族，他们在受赐占有的土地上，可以自行委派庄官，收取田租。同时，蒙古贵族还倚仗权势，用各种手段和方法强占民田和官田。

在法律上，蒙古贵族更是享有种种特权，在对待一般汉人、南人上，非常明显地体现了民族歧视与民族压迫的性质。元朝在刑罚的适用上实行“南北异制”。

第一，在审理方面，蒙古人的一般诉讼由其所在地的千户和蒙古法官审理，蒙古贵族的诉讼和蒙古人、色目人的重要诉讼则由大宗正府审理。汉人、南人的一般诉讼由其所在州、县审理，由蒙古官员主持；其重要诉讼则由刑部审理。

第二，在量刑方面实行同罪异罚原则。元朝法律明文规定："蒙古人打汉人不得还。"[①] 蒙古人殴打汉人后，"汉人不得还报，指立证见于所在官司赴诉，如有违犯之人，严行断罪"[②]。事实上，由蒙古人把持的"所在官司"只会作出偏袒蒙古人而不利于汉人的判决。对于杀人重罪，一般情况下，"诸杀人者死，仍于家属征烧埋银五十两给苦主"，但"蒙古人因争及乘醉殴死汉人者，断罚出征，并全征烧埋银"。"汉人殴死蒙古人"，不仅要处死[③]，还要照付烧埋银（丧葬费）。元朝法律还规定，汉人、南人犯强盗、窃盗罪者，不但判处刑罚，而且要判处黥刑等附加刑。但对于蒙古人犯强盗、窃盗罪者，却规定"不在刺字之条"。如果汉族司法官吏不遵守法规，"辄将蒙古人刺字者，杖七十七"，"除名"，并由施刑人将"已刺字，去之"。

第三，在狱政方面，依元律的规定，蒙古人除了犯死罪，概不监禁，甚至也不拘执，死罪监禁也不准拷掠。

第四，禁止汉人和南人持有和收藏兵器。元朝法律规定：严禁汉人、南人私藏兵器和一切铁制器物，诸如铁骨朵、铁尺、含刀刃的铁拄杖等。发现者，一律重刑处置。如私有全副弓箭十付（一付为一弓三十箭），都要处以死刑。并且禁止汉人、南人私造兵器，违者处死。即便是汉人为兵，也只在出征时发给兵器，平时须交还官府。为了削弱汉人的战斗力，元朝法律竟不许汉人狩猎习武，对"集众祠祷""赛神赛社""立集聚众买卖"等活动也一律禁止。

四、司法制度

（一）司法机关设置的特点

1. 中央司法机构

元朝时中央专职的司法机关主要有大宗正府、刑部、宣政院等。

大宗正府始设于至元二年（公元1265年），既是管理蒙古贵族事务的机构，又是具有独立管辖范围的中央司法机关。大宗正府"以诸王为府长"，设蒙古断事官——达鲁花赤受理蒙古王公贵族案件，并掌管京师附近上都、大都地区的蒙古人和色目人的诉讼案件。大宗正府的地位极高，其长官"秩从一品"，与中书省、枢密院并列，既独立于刑部，又不受御史台监察，是由蒙古王公垄断的独立于法律监督之外的中央司法机构。

刑部为元朝中央主要司法行政及审判机构，与唐、宋刑部的职能相比，增加了审判权，它以尚书与侍郎为正、副长官，执"掌天下刑名法律之政令"[④]，负责审理地方上报的重大案件，平反冤狱，以及复审、复核、录囚等各项工作。

宣政院为元朝所独有，是宗教管理和宗教审判的最高专门机关，官员由僧侣担任。地方各路设行宣政院，在我国历史上首次形成了一个宗教与世俗权力并行的特殊司法体系。僧侣与民人涉诉案件，除奸盗、诈伪、人命等重案可由地方长官审理报宣政院外，其他民事、刑事案件地方官不得擅断。僧侣自相争告及其他一般案件，都由寺院主持审理。为了控制宣政院的审判权，元成宗时曾下诏："自今僧官、僧人犯罪，御史台与内外宣政院同鞫，宣政院官徇私不公者，听御史台治之。"[⑤] 故从元成宗、武宗二朝起，宣政院的审判权逐渐被限制甚至取消。

---

① 《元典章·刑部六》。

② 《元典章·刑部架例》。

③ 参见《元典章·刑法志》。

④ 《元史·百官志一》，卷八十五。

⑤ 《元史·成宗本纪三》，卷二十。

2. 地方司法机构

元朝的地方机构分为行省、路、府（州）、县各级。

行省为地方最高行政及司法机关，其司法方面的职能并不是十分突出。凡地方的重案要通过行省上报中央，刑部的判决也要经行省下达地方执行。

路是一级重要的地方机构，设有总管府，“以蒙古人充各路达鲁花赤，汉人充总管，回回人充同知，永为定制”①。达鲁花赤为路最高行政和司法长官，既负责司法审判的具体事务，又有审判的批准权和上报权。总管府设有推官，“专掌推刑狱，平反冤滞，督理州县刑名之事”②。州、府、县的情况，大体与路相似。元朝时地方司法机构的审判权限是自行断决杖罪以下案件，徒、流、死罪则由司法监察机构复审，无冤，移文本于路，然后申奏刑部。

（二）诉讼制度的变化

元朝的诉讼制度基本上是沿袭宋朝的，并在宋朝的基础上又有所发展变化。

（1）“诉讼”独立成篇。元朝以前的法律，没有规定“诉讼”的专篇。现据《元典章》《事林广记·刑法类·大元通制》《元史·刑法志》的记载，《诉讼》已在元朝的法律中独立成篇。与唐律的《斗讼》《断狱》相比，其变化是民事诉讼与刑事诉讼、程序法与实体法已出现了初步分离的趋势，如对民事诉讼的当事人一般不许羁押，军官巡检不得受理民事案件，推官专管刑狱，正官专理词讼，等等。③

（2）诉讼代理制度。元朝法律规定有两种情况可由人代诉：一是“凡七十岁以上，十五岁以下，笃废疾，法度不合加刑者，可令书状人代诉”④。据《元史·刑法志四·诉讼》，“诸老废笃疾，事须争诉，止令同属亲属深知本末者代之”，以示对年老者或有疾者施以体恤。二是“闲居官与百姓争论，也可令子侄代诉”⑤。《元史·刑法志四·诉讼》载：“诸致仕得代官，不得已与齐民讼，许其亲属家人代诉，所司毋侵扰之。”也就是说，退休官员遇讼事，可令其亲属家人代诉，以示尊重。但是，妇人、典客、干人不得为人代诉。若妇人寡居无依及有男子干碍，事须告理者，可不拘此例。元朝的代理制度大多是用于田宅、婚姻、继承等民事诉讼中。

（3）调解制度。元朝在民事诉讼中，广泛运用调解方式来解决民事纠纷，成为当时的一大特色。首先，元朝强调基层社长的调解作用，即“诸论诉婚姻、家财、田宅、债负，若不系违法重事，并听社长以量谕解，免使妨废农务，烦挠官司”⑥。社长对邻里纠纷的调解，属民间调解，有助于化解矛盾。其次，元朝还强调各级司法机关对民事纠纷的调解作用，双方接受调解后，调解就具有法律效力。

（三）监察制度的发展

（1）中央监察机关。元朝的中央监察机关是御史台，御史台负责纠举内外百官违法犯罪的案件，监督京师地区以及外省州县司法审判工作。御史台以御史大夫为长官，“秩从一品”，同中书令等比肩，成为元朝中央相对分立的司法监察与司法审判的机关。御史台的直属机构有殿中司、察院和内八道肃政廉访司。殿中司主管朝会班列失序等事项。察院主掌监督和举劾官吏。内八道肃政廉访司负责督察京师附近地区的行政和吏治。

（2）地方监察机关。元朝为了加强对地方的监督，在地方上还设立行御史台。行御史台原

① 《元史·世祖本纪三》，卷六。

② 《元典章·刑部二·推官专管刑狱》。

③ 参见《元典章·刑部·诉讼》。

④⑤ 《事林广记·公理类·告状新式》。

⑥ 《至元新格》。

是御史台的派出机关，后来演变成地方监察机关。元朝设有江南行御史台和陕西行御史台。[①]江南行御史台下辖十道肃政廉访司。陕西行御史台下辖四道肃政廉访司。肃政廉访司的主要职责是监察地方官吏。

（3）司法实践中的半军事化特征。元朝设有军事特别审判机关，体现了司法实践中的半军事化特征。枢密院作为中央最高军事机关，设有由蒙古军官充任的断事官，即达鲁花赤，专“掌处决军府之狱讼”[②]。此外，元朝实行军民分治的政策，把军人之家编入军籍，称为“军户”。元统治者还在驻蒙古军和军户的地方设立由枢密院统辖的奥鲁机关（管军官），兼管军民婚姻、负债、斗殴、私奸、杂犯等不属官军管辖的民事诉讼。其余“干碍人命重刑、私害公事、强窃盗贼、印造伪钞”等较严重的犯罪则由管军官与行政官共同审理。[③]

课后复习

1. 简述《宋刑统》的主要内容和特点。
2. 宋朝的刑罚制度有何发展变化？
3. 宋朝的民事、商事法律有何发展变化？
4. 宋、元的司法制度有哪些特色？
5. 辽、金的法律有何特色？
6. 元朝的法律在民族歧视和民族压迫方面的具体表现有哪些？

---

① 参见《元史·百官志二》，卷八十六。

② 同上书。

③ 参见《元典章·刑部一·刑名》。

第九章 明朝的法律

提 要

公元1368年朱元璋在南京建立明朝，至公元1644年，明朝被农民起义军推翻。明朝的法律着重维护君主专制中央集权的政治体制。立法思想方面奉行“重典治国”的原则，立法成果主要有《大明律》《明大诰》《明会典》。刑法方面强调“重其重罪”及“重典治吏”。民事、商事法制方面则强化对传统商业的法律调控。司法方面大大加强了中央对司法权的控制，完善了会审制度，并建立了“厂卫”特务机构干预司法。

重点问题

1. 明初的立法思想及《大明律》的修订。
2. 《明大诰》与《明会典》的内容。
3. 明朝刑罚制度的发展变化。
4. 明朝民事立法的发展变化。
5. 明朝司法机构的变化。

第一节 明初立法思想与立法概况

一、立法思想

(一)“明刑弼教”“重典治国”

明王朝建立初期，由于连年战争的破坏，社会经济凋敝，农民反抗封建统治的活动此起彼伏，统治阶级内部也存在着激烈的斗争。朱元璋因此认为他所处的时代属于“乱世”，宣称“吾治乱世，刑不得不重”[①]，并以“明刑弼教”“重典治国”作为立法指导原则。明太祖朱元璋的“治乱世用重典”包括“重典治吏”与“重典治民”两个方面，并把治吏作为治国的重点。

基于元末中央集权势力削弱，致使朝廷“威福下移，驯至于乱”[②] 的教训，朱元璋尤为重

① 《明史·刑法志一》，卷九十三。
② 《明史》，卷一《太祖本纪一》。

视防范官吏腐败与强化吏治，明令宣布："故今严法禁，但遇官吏蠹害吾民者，罪之不恕。"[①] 洪武十三年（公元 1380 年）左丞相胡惟庸谋反，先后杀戮近三万人；洪武二十六年（公元 1393 年），大将蓝玉谋反，根据口供牵引，被灭族约有一万五千人。另外朱元璋对于腐化的官吏也严惩不贷，如洪武九年（公元 1376 年）的"空印案"[②]，逮捕数百官吏。洪武十八年（公元 1385 年）因户部粮仓亏空七百多万石，株连户部侍郎郭桓以下官吏数万人下狱。

"重典治国"的另一含义是要严厉镇压民间的犯上作乱行为。朱元璋把明初的各种农民起义视为对朱明王朝的严重威胁，他曾公开承认"民经乱世，欲度兵荒，务习奸滑，至难齐也"[③]。为此，他主张："反元政，尚严厉"[④]，"出五刑酷法以治之"，"刑不得不猛"，从而使"人知所警惕，不敢轻易犯法"[⑤]，以此达到重典治国的目的。值得注意的是，当明初社会形势趋于稳定后，朱元璋晚年对"重典治世"政策的局限性有所认识，故及时调整了刑事政策。他曾对皇太孙朱允炆说："吾治乱世，刑不得不重。汝治平世，刑自当轻，所谓刑罚世轻世重也。"[⑥] 大意是：在混乱的时代，我治理国家，刑罚不得不重；在承平的时代，你治理国家，刑罚自然要轻。所谓刑罚要随着时代的治乱而有轻有重，重典只是"权多处置，顿挫奸顽，非守成之君所常用法"[⑦]。在洪武三十年（公元 1397 年）制定《大明律》时，他要求以"务合中正"为原则，所修的明律要"传之万世"。因此，洪武三十年（公元 1397 年）制定的《大明律》比唐、宋法律苛重，但比明初的律令、条例还是轻得多。尽管朱元璋在其统治的后期有意识地废除了某些苛酷的刑罚手段，但"重典治乱世"的原则由于适应了强化君主专制的需要，故作为治国的根本方针被后世沿袭下来，成为明朝占统治地位的法律指导思想。

（二）"明礼以导民""定律以绳顽"

朱元璋在强调"重典治国"的同时，也清醒地认识到，独任刑罚虽然可以取得一时之效，但并非长治久安之策。他主张"明礼以导民，定律以绳顽"[⑧]，即把伦理道德预防犯罪的职能同法律镇压犯罪职能有机地结合起来，以刑惩罚犯罪，以礼教民守法，做到"猛烈之治，宽仁之诏，相辅而行"[⑨]。朱元璋"礼法并用"的思想在明朝的立法中得到充分的体现。《大明律》卷首曾将"八礼图"与"二刑图"并列，"八礼图"即丧服图，它是以尊尊、亲亲，长幼有序、男女有别的封建礼教为依据制定的丧礼服制。朱元璋说："此书（即《大明律》）首列二刑图，次列八礼图者，重礼也。"[⑩] 洪武五年（公元 1372 年），朱元璋下令在全国城乡设置"申明亭"，就是对百姓进行教化的一个创新措施。"申明亭"内经常公布一些"教民榜文"和"圣谕"，使礼教深入民心。

二、立法概况

（一）《大明律》

《大明律》是明太祖朱元璋命大臣参照唐律并总结明朝建立后三十年间立法和司法的经验

① 《明太祖实录》，卷三十九。
② 空印，是指预先在空白文书上加盖官印的官场陋习。
③ 《皇明祖训・序》。
④ 《明史纪事本末》，卷十四。
⑤ 《明太祖实录》，卷二百三十九。
⑥⑧⑩ 《明史・刑法志一》，卷九十三。
⑦ 《明太祖实录》，卷二百三十八。
⑨ 《明史・刑法志二》，卷九十四。

而制定的。据《明史·刑法志》的记述，大明律“草创于吴元年”，即朱元璋平定武昌做吴王时就开始了起草工作；“更定于洪武六年”，当时撰定的《大明律》，篇章体例一准于唐律；“整齐于洪武二十二年”，此时法典的篇章体例作了较大调整，《大明律》基本定型；“至三十年始颁示天下”。可见，《大明律》从起草、修改到颁行，共历时三十余年。对此，《明史·刑法志》评价说：“日久而虑精，一代法始定。”

《大明律》是我国封建法律史上颇具代表性的成文法典，共分 30 卷、460 条，比唐律精简 42 条。在体例结构上，《大明律》既承袭了以往，又有重大变化：首先，《大明律》按照以往“名例第一”的原则，将刑律总则的有关内容冠于全律之首作为第一卷，共计 47 条。其次，《大明律》的分则与唐律的有所不同，作了重大调整。洪武二十二年（公元 1389 年），朱元璋在大规模惩治贪赃和诛戮反逆的政治风暴之后，重新修订《大明律》。其时，宰相与中书省机构均已被废置，由六部分掌中书省职权。所以这次修律改变了唐以来沿袭八百年的封建法典编纂体例，以《名例律》冠于篇首，下按行政六部的体例，分别排列律文，即《吏律》（包括职制、公式）2 卷、33 条，《户律》（包括户役、田宅、婚姻、仓库、课程、钱债、户厘）7 卷、95 条，《礼律》（包括祭祀、礼制）2 卷、26 条，《兵律》（包括宫卫、军政、关津、厩牧、邮驿）5 卷、75 条，《刑律》（包括盗贼、人命、斗殴、骂詈、诉讼、受赃、诈伪、犯奸、杂犯、捕亡、断狱）11 卷、171 条，《工律》（包括营造、河防）2 卷、13 条。同时各篇的门类划分亦较细，并在卷首附有“五刑之图”“狱具之图”“丧服总图”“六赃图”等图表，使援引者一目了然。

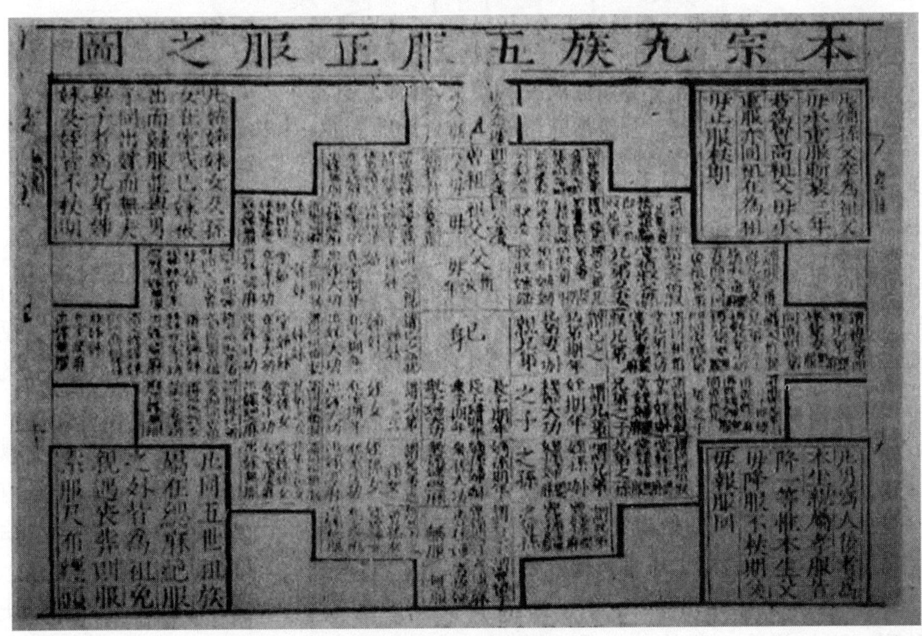

《大明律》中的服制图

《大明律》首创按朝廷六部的政务范围分目的新体例，具有分类贴切、内容集中、条理清晰、文字简明的特点。对此，清人沈家本评论说：“千数百年之律书，至是面目为之一大变。”[①]《大明律》作为明朝的基本法典，自颁行之日直至明末通行不改，并且对清朝立法产生了重要影响。

① 沈家本：《寄簃文存》，卷六《重刻明律序》。

（二）《明大诰》

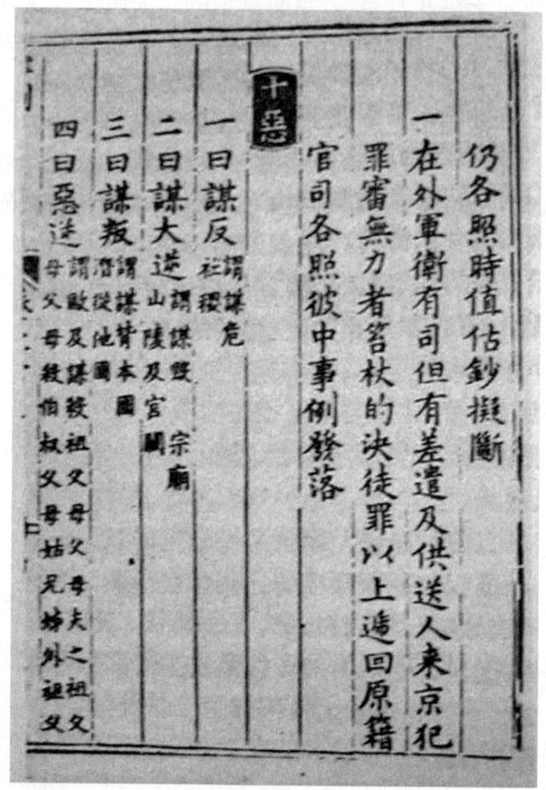
仍各照時值估鈔擬斷
一在外軍衛有司但有差遣及供送人來京犯
罪審無力者笞杖的決徒罪以上遞回原籍
官司各照彼中事例發落
十惡
一曰謀反謂謀危社稷
二曰謀大逆謂謀毀宗廟山陵及宮闕
三曰謀叛謂謀背本國潛從他國
四曰惡逆謂毆及謀殺祖父母父母夫之祖父母父母殺伯叔父母姑兄姊外祖父

《明大诰》书影

朱元璋为了防范“法外遗奸”，又于洪武十八年（公元1385年）至洪武二十年（公元1387年）亲自制定带有特别刑事立法性质的《明大诰》，用以严惩臣民犯罪，弥补律文规定的不足。《明大诰》由《大诰一编》《大诰续编》《大诰三编》《大诰武臣》组成，其内容大致包括一些由朱元璋亲自审判的有典型意义的案例、新制定的特别法令，以及告诫、“训导”臣民的文告共四个方面。

《明大诰》是重典治国的特殊产物，其刑罚比《大明律》的刑罚严酷。《明大诰》规定的罪名往往是律典上没有的，比如“断指诽谤”“寰中士夫不为君用”等。即使是律典上有的罪名，《明大诰》的处罚往往要重于律典。例如，“有司滥收无籍之徒”，明律规定罪止杖一百、徒三年，《明大诰》则宣布“族诛”。又如，“民不纳粮”，明律规定罪止杖一百，《明大诰》则给予“全家迁出化外”的处罚。《明大诰》规定的刑罚往往也是五刑以外的，甚至是一些历史上久已不用的酷刑，诸如族诛、枭首、断手、斩趾、刖足、墨面文身、挑筋去膝盖、阉割为奴，等等。① 同时，《明大诰》突出了重典治吏的精神：在《明大诰》236条中，治吏之条占80%以上，有关惩治贪官污吏和豪强作恶的规定尤多，如违背君臣之礼、玩忽职守、滥设官吏、贪赃受贿、粮长贪赃、豪强害民等等。这说明《明大诰》以治吏为重点。

朱元璋为了确保《明大诰》能在全国范围内得到贯彻执行，在颁行《明大诰》时宣布：“朕出是诰，昭示祸福，一切官民诸色人等，户户在此一本，若犯笞杖徒流罪名，每减一等，

① 参见沈家本：《明大诰峻令考》，载《历代刑法考》，第4册，1899～1942页，北京，中华书局，1985。

无者每加一等，所在臣民，熟观为戒。”[①] 还规定，家中不收藏《明大诰》、不遵守《明大诰》的，要“迁居化外，永不令归”。他命令各类学校讲授《明大诰》，科举考试考《明大诰》，令乡民集会宣讲《明大诰》。结果全国上下讲读《明大诰》成风，甚至“有讲读大诰师生来朝者十九万余人”。直至洪武三十年（公元1397年），朱元璋选择《明大诰》中重要条目36条列入《钦定律诰》，附载于《大明律》后，统称《大明律诰》。此后，《明大诰》中的峻令基本废置不用。《明史·刑法志》记载：“自《律诰》出，而《大诰》所载诸峻令未尝轻用。”

（三）《明会典》

《明会典》是明朝官修的以调整行政活动为主要内容的法典。自明英宗统治时期开始编纂具有封建行政法典性质的《大明会典》，至明孝宗弘治十五年（公元1502年），《大明会典》初步编成，共180卷，后又经武宗正德年间“内阁重加参校，补正遗阙”[②]，正式颁行天下。后经正德、嘉靖、万历年间几次重修。《明会典》基本上是仿照《唐六典》的编纂体例，以六部官制为纲，分述各行政机构的职掌、建制、沿革、管理制度以及礼仪、礼制及其他制度。《明会典》在继承《唐六典》的基础上，又比《唐六典》有所发展变化，主要表现在“六部之中更分司科，司科之下又标种种条目”，从而使明朝会典的体例结构更系统、规范，更便于执行。

（四）删修条例

用例之风始于北宋，至明朝时，例的应用愈益广泛。洪武三十年（公元1397年）《大明律》颁行后，朱元璋下令：“子孙守之，群臣有稍议更改，即坐以变乱祖制之罪。”[③] 朱元璋以后的明朝皇帝，只能靠编订条例去解决不断变化的社会问题，致使条例的数量越来越多。这一时期，例不仅多，且相当杂乱，因此，朝廷有必要整理、修删条例。孝宗于弘治十三年（公元1500年）令尚书白昂与九卿对例进行统一删修，制定《问刑条例》，并诏颁天下，与律并行。神宗万历十三年（公元1585年）刑部尚书舒化等编辑前朝诏令及《捕盗条格》等，共计382条。朝廷部门及各地官府在翻刻律典时往往将《问刑条例》和《大明律》编在一起，或者将各条例分别编订在相关的律条后面，形成律例合编的体例。

明朝在修订《问刑条例》的过程中，始终把握“立例以辅律，贵依律以定例”的原则，以《大明律》作为纂修条例的基础和出发点，及时对《大明律》过时的条款予以修正，又针对当时出现的社会问题适时补充了新的规定。这种做法，既保持了明律的稳定性，又利于法律的统一适用。当然，明明皇帝为了强化绝对专制，任意破坏法律，在司法实际中时常造成“妄引条例，故入人罪”“以例代律”“以例破律”的后果。

第二节 法律内容的发展及特点

一、刑事法律的发展与特点

（一）“轻其轻罪”“重其重罪”的刑法原则

明朝统治者在总结以往王朝和自身统治经验的基础上，在刑罚适用上以“重其所重”“轻其所轻”为原则。对“贼盗”及“帑项钱粮”之类直接危及专制统治的政治性犯罪以及盗窃、

① 《大诰·颁行大诰第七十四》。

② 正德四年（公元1509年）《御制大明会典·序》。

③ 《明史·刑法志一》，卷九十三。

抢劫财产等严重的财产型的犯罪的量刑明显重于唐律；对“事关典礼及风俗教化”一类非直接侵犯专制政权的犯罪的量刑轻于唐律。

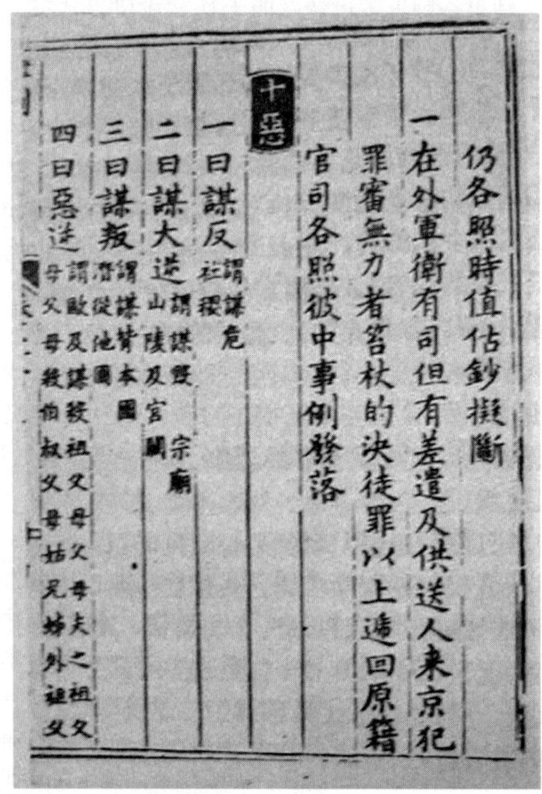
仍各照時值估鈔擬斷
一在外軍衛有司但有差遣及供送人來京犯
罪審無力者笞杖的決徒罪以上遞回原籍
官司各照彼中事例發落
十惡
一曰謀反 謂謀危社稷
二曰謀大逆 謂謀毀宗廟山陵及宮闕
三曰謀叛 謂謀背本國潛從他國
四曰惡逆 謂毆及謀殺祖父母父母夫之祖父母父母殺伯叔父母姑兄姊外祖父

《大明律》中“十恶”一节书影

明律的重罪范围十分广泛，但最主要的是“十恶”大罪中的前三项，即谋反、谋大逆和谋叛等纯属政治上的犯罪，由于这些犯罪直接危害封建政权的统治，明律称之为“罪大恶极”，对其实行重罪加重的处罚原则。明律规定：凡参与谋反大逆者，全部不分首从皆凌迟处死，并缘坐其祖父、父、子、孙、兄弟、伯叔父、兄弟之子以及所有同居共财的16岁以上的男子，无论是否废疾、笃疾，一律处斩。15岁以下的男子以及其祖母、母、妻妾、儿子的妻妾等全部给功臣家当奴隶，并没收罪犯的全部财产。与唐律同一条文比较，对谋反等重罪，明律明显加大了镇压力度，既扩大了株连范围，又加重了对罪犯本人及亲属的处刑。

明律还扩大了“十恶”重罪的范围。唐律吏卒杀死本部五品以上官长才构成“不义”罪。而明律则规定，凡部民杀死本管知县、知州、知府，军士杀死本管百户、千户、指挥，均属于“十恶”中的“不义”罪，一律极刑不赦。

再如财产方面的强盗罪，明律规定，只要付诸行动，即使不得财，也要杖一百、流三千里，而唐律只徒三年；如果得财，则不论多少，一律处斩，而唐律则依赃数多少、是否持械、有无杀伤，分别处刑。对盗窃罪，明律规定，犯三次则绞，而唐律最高刑是加役流。

在贯彻“重其所重”原则的同时，《大明律》还遵循“轻其所轻”的原则，对于对国家政治和经济危害性不大的一般犯罪减轻了刑罚，这些犯罪主要集中在家庭伦常方面。如对于在父母丧期而生子女，明律没有作出刑罚的规定，而唐律要徒一年；闻父母丧，匿不举哀，明律杖六十，徒一年，而唐律流二千里；对于父母在而别籍异财，明律只杖一百，而唐律将其列入

“不孝”罪，徒三年；对养杂户子孙者，明律未作出规定，而唐律徒一年半。另外大量有关户婚、田宅、钱债之类的轻微犯罪，明律最高刑都不过杖一百。

（二）严法整饬吏治与重典惩治贪官

朱元璋在参加农民起义的过程中，对元朝的弊政深有体会，认识到“吏治之弊，莫过于贪墨”，“不禁贪暴，则民无以遂其生”[①]。他十分痛恨贪官污吏，于洪武二年（公元 1369 年）告诫群臣说：“昔在民间时，见州县长吏多不恤民，往往贪财好色，饮酒废事，凡民疾苦，视之漠然，心实怒之。”因而加强吏治、严法惩贪一直是他致力于解决的重要问题。在朱元璋“重典治吏”的思想指导下，与以往王朝相比，明朝对官吏失职与贪赃行为的处罚，表现得更为严厉。

（1）严惩官吏失职行为。《大明律·吏律》中对各级官吏的职责权限作了明确规定，对于不能尽职尽责的官吏则给予行政处罚和刑罚制裁。《大明律》中设置有贡举非其人、举用有过官吏、擅离职役、官员赴任过限、无故不朝参公座、擅勾属官、事应奏不奏、官文书稽程以及漏使印信等罪名。《大明律·兵律》规定：“凡军官犯罪应请旨而不请旨，及应论功上议而不上议，当该官吏处绞。”只因不请示皇帝就处罚军官，按照明律即应处以死刑。对这种过分严厉的处罚，清末刑部尚书薛允升曾评论说：“此律较唐律为过重，总系猜防臣下，不使稍有专擅之意。”[②]

（2）重典惩治贪官污吏。明朝制定《大明律》时，把贪墨之赃归纳为六种——监守盗、常人盗、受财枉法、受财不枉法、窃盗和坐赃，并且绘制“六赃图”标于律文之首，以示重惩贪墨之赃。《大明律·刑律》还专门设有《受赃》一篇，列有各种赃罪 11 条，即官吏受财、坐赃致罪、事后受财、有事以财请求、在官求索借贷人财物、家长求索、风宪官吏犯赃、因公擅科敛、私受公侯财物、克留盗赃、官吏听许财物。其周详、完备超过历代法典。

明律对赃罪的量刑明显重于唐、宋律。如监守盗，明律规定不分首从，并赃论罪，一贯以下杖八十，四十贯就处以斩刑；而唐、宋律对此规定三十匹绞，元律定为三百贯处死刑。受财枉法，明律规定一贯以下杖七十，八十贯绞；唐律规定赃十五匹处绞，元律定为一百贯以上杖一百零七。所有犯赃官吏，除受刑事处罚外，官除名，吏罢役，永不叙用。这比唐律因赃免官经过一定年限仍可降级使用的规定更加严厉。

对于不枉法之赃罪，《大明律》规定不处死刑，但《明大诰》中所列官吏犯不枉法赃罪的被凌迟、枭首者众多。建昌知县徐颐征收夏税作弊贪赃，金吾后卫知事靳歉私吞军饷，均以凌迟身死。甘泉知县郑礼南欺隐税粮，丹徒县丞李荣中累犯受贿舞弊，均被枭首示众。为了惩一儆百，朱元璋创用了“剥皮实草”之刑。凡是犯赃满六十两以上的官吏，都捉到所在府、州、县、卫衙门左边专设的“皮场庙”剥皮，皮剥下后填上稻草，然后摆在官府公座旁边，使后继官员触目惊心。

为了缓和阶级矛盾，朱元璋还借助民众力量惩治贪官污吏，规定，各地民众可以捉拿害民官吏进京，也可以越级诉讼，赴京状奏。他告示天下：“有等贪婪之徒，往往不畏死罪，违旨下乡，动扰于民，今后敢有如此，许民间高年有德耆民率精壮拿赴京来。”[③]《大明律·刑律》还对担负监察责任的都察院及其监察御史、在外负责按察的风宪官都作了更为严格的法律规定，即凡风宪官吏“于所按治去处求索借贷人财物”者，“各加其余官吏罪二等”处罚。明朝

---

① 《明太祖实录》，卷三十八。

② 薛允升：《唐明律合编》，129 页。

③ 《大诰续编·民拿下乡官吏第十八》。

重惩官吏赃罪虽然不可能根治封建社会肌体上官吏贪赃枉法的痼疾，但也收到了“吏治澄清百余年”[①] 的积极效果。

（三）严禁臣下结党

为强化封建中央集权的君主专制，防止臣下篡权变乱，明朝立法严禁臣下结党，主要表现在三个方面：第一，明太祖洪武年间增设奸党罪，凡在朝官员明目张胆地交结朋党，紊乱朝政者；大小官员巧言进谏，请求宽免死罪之人，暗中邀买人心者；司法机关不执行法律，而听从上级命令，出入人罪者；“奸邪进谗言左使杀人者”，都构成了奸党罪，一律处以斩刑。第二，增设交结近侍官员罪与上言大臣德政罪。此二罪实质上是奸党罪的延伸与发展。《大明律·吏律》规定：“上言宰政大臣美政才德者，即是奸党，务要鞫问，穷究来历明白。”对于犯交结近侍官员罪与上言大臣德政罪者，一律从重处罚：或本人处斩，妻、子流二千里安置；或本人处斩，妻、子为奴，财产入官。第三，剥夺权臣擅自用人的权力，以防结成私党。凡提拔、任命官员，必须通过朝廷。“若大臣专擅选用者斩”；“若大臣亲戚非奉特旨，不许除授官员”，违者亦斩。

（四）刑罚残酷

为适应绝对君主专制统治的需要，在重刑思想的指导下，明朝的刑罚手段较前代的残酷。

（1）凌迟、刺字正式入律。明律中的正刑仍是笞、杖、徒、流、死五种，只是死刑中绞、斩两等又有绞立决、绞监候与斩立决、斩监候之别。但明律的律条和附例却载入了凌迟和刺字刑。凌迟刑虽在宋、元时期广泛适用，但尚未被纳入法典，而明律不仅正式将其载入法典，而且见于律文的有 13 条之多，主要适用于谋反大逆等严重犯罪。刺字是针对侵犯公私财产罪名的附加刑，明律规定：白日抢夺财物，除处主刑外，并于右臂刺“抢夺”二字，再犯则于右臂重刺；盗窃得财者刺“盗窃”二字，初犯刺左臂，再犯刺右臂；若起除刺字，杖六十，补刺。

（2）充军刑，虽然在宋元时期就已适用，但作为一种制度并载入正式的刑法典始自明朝。所谓充军，就是将犯人强制迁到边远地区充当军士，次于死刑而重于流刑。《大明律》中规定充军的条文有 46 条。此外，还颁行了专门的充军条例，如洪武二十六年（公元 1393 年）首定《充军条例》22 条，而嘉靖二十九年（公元 1550 年）的《充军条例》已多达 213 条。明朝充军的地点分极远、烟瘴、边远、边卫、沿海和附近五等。刑期分终身和永远两种：终身是指本人毕生充军，死后刑罚执行完毕；永远是指本人死后子孙后代接替，继续充军直到断子绝孙，才能执行完毕。

（3）枷号。明朝律例在五刑之外，又增加了枷号，并逐渐成为常用刑。枷号，即在罪犯颈项套枷，枷上标明犯人姓名、所犯罪状，令其在监狱门口或指定的官衙门旁示众、备受羞辱痛苦的刑罚。执行的期限有一至三月或半年，甚至永远枷号；枷重的可达一百二十斤，犯人带上示众往往不几日即死。明律所附的条例规定了这种刑罚。

（4）廷杖制度。廷杖制度是明朝皇帝处罚大臣的一种特殊刑罚。廷杖之制始于明太祖。[②] 明朝的廷杖由司礼监监刑，由锦衣卫执行。对冒犯皇帝的大臣施以笞杖，大臣多有受杖而死者。如正德十四年（公元 1519 年），明武宗打算化名南巡，群臣纷纷劝谏。明武宗大怒，下令廷杖劝谏南巡的 146 位大臣，结果打死 11 人。嘉靖三年（公元 1524 年），明世宗宣布尊崇自己的生父兴献王为“皇考”，大臣纷纷上书反对，形成所谓“大礼议”风潮。明世宗为此下令廷杖 134 人，打死 17 人。廷杖制度一直沿用到明末。

---

① 《明史·循吏传序》，卷二百八十一。

② 《明史·刑法志三》，卷九十五载：“廷杖之刑，亦自太祖始矣。”

（五）大兴“文字狱”

所谓“文字狱”，就是封建王朝从大臣或文人的奏章、书札、著作、诗文中，摘录辞句、断章取义，并据此罗织罪名而造成的冤狱。明朝皇帝时常因臣下的文字或触犯其忌讳，或对其不够恭谨，或对时局有所隐喻，而骤兴大狱，株连无数。《大明律·吏律》公式门有“上书奏事犯讳”条，误犯者止“杖八十”。明太祖时，因其出身“寒微”，又有和尚及红巾军的经历，对奏章行文十分敏感，尤忌与“贼”“盗”“僧”“髡”等谐音之字，往往望文生义，仅以一字之疑误，动辄杀人。如尉氏县教谕许元作《万寿贺表》，内有“体乾法坤，藻饰太平”，被认为有讽皇帝“发髡”“早失太平”之嫌，被论死。[①]“文字狱”的泛滥反映了明朝君主专制主义集权统治的加强。

二、民商事法律的发展与特点

（一）强化对传统商业的法律调整

明朝沿袭中国封建社会传统的抑商政策，对传统商业进行了有力的法律调控，其中最有影响的是明朝立法严禁买卖“私盐”“私茶”，颁行《茶法》《盐法》，以确保国家的财政收入。

1. 盐法

明朝对盐业的控制较前代更为严厉，食盐的生产和销售均由官府垄断。首先，食盐的生产由官府垄断，国家在沿海及内地产盐地区设立官办盐场，召集灶户从事生产，所产食盐全部由官府征收。其次，所收之盐由官府垄断销售，食盐销售实行盐引制度。商人可用向边境地区运送粮食和其他军需物资的方式换取盐引，凭盐引到指定盐场提盐后向指定地区发卖。对于无引而私贩者，洪武元年（公元1368年）《盐引条例》中规定处以绞刑，有军器则斩。《大明律》减轻至杖一百、徒三年；若有军器者加一等，拒捕者斩；即使买食私盐也处杖刑一百，转卖者杖一百、徒三年。

2. 茶法

在明朝，茶有官茶与商茶之分，其中在陕西汉中和四川地区所产的茶叶为官茶，由官府收购，运到西北边境地区向游牧民族换马。商茶，主要通行于江南地区，官府通过向园户征收茶课和向商人征收引税来控制商茶。经营商茶实行茶引制，即茶商向官府交纳布、粮等物，以换取运销茶叶的凭证——“茶引”。

为维护茶叶专卖制度，明律严厉打击私茶罪。《大明律·户律》专设“私茶”条，规定：“凡犯私茶者，同私盐法论罪。如将已批验截角退引，入山影射照茶者，以私茶论。”明律所附的条例则进一步规定：凡把私茶卖给“番夷”，或者卖给“进贡回还夷人者”，处刑更重，无论斤数的多少，犯者连同知情的牙人，都要被发配到边远地区充军。[②]

3. 商税法

明朝税法中设有商税，为加强对商税的管理，明律规定，凡城镇乡村的商贸集市和海港码头都由政府设置的人员进行专门管理。商税的具体征收办法是，各府州县城门外“置查引帖人，如有客货入城，先吊引帖照验收税”[③]。凡客商匿税及酒醋店铺，不纳课税者笞五十，货物一半充公，并将没收货物的30%奖给告发人。对客商船户均发给“印信”“文簿”，就其籍贯户口、货物进行登记，若私相交易，逃避检查、纳税的，要杖六十，钱货入官。从事海上贸易

① 参见赵翼：《廿二史札记·明初文字之祸》，50页，北京，中华书局，1963。

② 参见《大明律附例·户律》。

③ 《大明律集解附例》。

者，船舶一靠岸即须向官府申报，官府按“十分抽一”的比例征收进出口税。若不报或报而不实，杖一百，货入官；窝藏之家与之同罪；告发者赏银二十两。明律在禁止匿税的同时，禁止多征乱征商税。早在明朝建立之前，朱元璋曾命中书省：“凡商税三十税一，过取者以违令论。”①

（二）民事立法的发展

封建晚期商品经济的发展，使明朝的法律在不少方面都出现了不同程度的变化。

1. 土地所有权

明朝土地所有制的基本形式为官田和民田。官田，主要指以皇帝为代表的封建政府控制的国有土地。官田与民田的主要区别是官田禁止买卖、私占，民田则听其“自买自卖”。至于国家土地所有权的行使方式，则多种多样：既可由各级官吏代表国家行使土地所有权，也可将所有权的某些权能授予一定身份的人行使。其中屯田是国家土地所有权行使的主要方式。

官田之外为民田，“民田”就是私人所有的土地。由于明初推行垦荒政策，并明确规定：“开垦成田，永为己业”，国有的荒地、山林也被默许按先占原则获为己有，如果原来的地主归来，由官府就近拨荒地抵充，不得从垦荒者手中夺回原有土地。洪武二十七年（公元1394年）又宣布山东、河南、河北、陕西四省农户，如有余力垦荒，所垦田即为“永业”，获得完全的所有权，并且官府永远不对这些垦荒田地征收赋税，号为永不起科。② 由于明朝允许私田自由买卖，因此，明朝土地私有达到空前程度，七八成以上的土地为私人所占有和支配。在这些私有土地中，多数落入贵族、官僚、地主和商人手中，少量土地为广大的自耕农所有。明中后期，由于法律对私有土地不加限制，土地兼并加剧，土地所有、占有关系发生了很大的变化，土地越来越集中，至明末，“田地有力之家，非乡绅，则富民”，“若夫穷民，本无立锥之地”③。

经过明朝洪武年间核查田亩编造黄册、鱼鳞册后，进一步确认明朝现存的各种形式的土地所有权的合法性。诸如《大明律·户律》规定：凡盗卖、侵占、冒认“他人田宅者”，且情节较重的，“杖八十，徒二年”；如“系官者，各加二等”；如盗耕种官民田，则既要负刑事责任，还要将“花利归还”。

2. 租佃

由于明朝土地所有权的进一步发展，土地租佃关系的大量存在，土地租佃契约关系的形式和内容也相对有了进一步的发展。

租佃契约，一般要写明租田人的姓名、籍贯，租佃标的物、地租额及其形式、交租期限及方式、承佃人的其他义务、签约时间、立租约人及中人签字画押等要件。地租的形式则包括劳役地租、实物地租和货币地租三种。租佃契约的种类可分为招佃契式和承佃契式两种。招佃契式由田主招标，只要承佃人承诺即建立租佃关系。承佃契式是先以口头协商，然后由承佃人直接承诺。明中叶以后出现了“不限年月”由承佃人“永远耕作”的租佃契式，这种租佃契约的特点是，地主将田地租与佃户之后，除按约定的固定数额和方式收租之外，佃农对土地享有“永远耕作”权，直至“佃人不愿耕作”为止。④ 佃人获得的“不限年月”“永远耕作”土地的权利即为永佃权。永佃制的出现使佃农的耕作权获得了保护，地主不得随意撤佃、另行招佃，也不得随意提高地租额。

---

① 《明太祖实录》，卷十四。

② 以上均参见徐光启：《农政全书》，卷一《国朝重农考》。这四省的垦荒土地到景泰六年（公元1455年）才开始“起科”收税。

③ 杨嗣昌：《杨文弱先生全集》，三十二《钦奉上传疏》。

④ 参见杨田桢、陈支平：《明史新编》，295～296页，北京，人民出版社，1993。

3. 婚姻与继承

明律关于婚姻方面的法律规定，主要沿袭唐、宋旧律。但明律所确认的婚姻家庭关系，也随着时代的演进而作了一定的调整。

在结婚条件方面，《大明律·户律》规定："男女定婚之初，若有残疾、老幼、庶出、过房乞养者，务要两家明白通知，各从所愿，写立婚书，依礼聘嫁。"如已报婚书而自悔，男女双方同罪，无婚书但受聘财者也要被处以杖刑，相比唐律只惩罚自悔的女方，在立法上更进了一步。

在妻妾制度方面，确定平民娶妾的条件。有的朝代法律按照等级限定官僚贵族娶妾的数量，但并不明确规定平民娶妾的条件。《大明律·户律·婚姻》则明确规定：普通的平民只有在40岁以上、无子的情况下才可以娶妾一名。违者处以笞四十。

在家庭关系方面，进一步扩大丈夫的权利。明律规定，妇女犯罪，除了犯奸罪、死罪要收押监狱外，其他罪名都由丈夫"收管"。丈夫骂詈、殴打妻子，减罪二等；相反，妻子骂詈、殴打丈夫要加罪二等。妻子谋杀丈夫要处以凌迟；丈夫杀死有罪妻子仅处杖一百。丈夫虐待妻子以至于妻子不堪忍受而自杀，丈夫无罪。可见，明律全力维护丈夫对妻子的绝对支配权。

在继承方面，《大明律·户律》注重维护封建的嫡长子继承制，无论是官员的袭荫袭爵还是平民的承祀宗祧，都以嫡长子承继。"立嫡违法者，杖八十"；对"乞养异姓义子以乱宗族者，杖六十"。

对于财产的继承，实行诸子均分制。明律规定："嫡庶子男……不问妻妾婢生，只以子数均分。"[①] 此外，女性在特殊情况下可以享有一定的继承权。其一表现在女儿对户绝财产享有继承权。其二表现在寡妻是特殊顺序的继承人。如果寡妻有儿子（包括妾生子、婢生子）并立志守寡，而不分析家产，就无所谓儿子们的继承，仍由寡妻掌管家产。但如果儿子各已成家立业、寡妻命令分析家产，寡妻可以分得和儿子同样的一份遗产。

第三节　明朝的司法制度

一、中央司法机构

明朝大大加强了君主专制中央集权制，相应地在司法制度上也将重要的司法审判权力收归朝廷，中央司法机构得到了空前的加强。

（一）刑部

明朝时中央司法机构因宰相制度的废除，改变以往大理寺主审的传统，使中央刑部地位提高，职权改变，由隋唐以来的复核机关，跃居中央最高审判机关。刑部以尚书和侍郎为正、副长官，侍郎以下设有十三清吏司，分别受理地方上诉案件，以及审核地方的重案和审理中央百官的案件。刑部有权处决流刑以下案件，但定罪以后，须将罪犯连同案卷送大理寺复核，再由刑部具奏行刑。死刑案件须奏请皇帝批准。

（二）大理寺

明朝时大理寺由以往的主审机构变为掌复审复核的慎刑机构。大理寺设卿和少卿为其正、

① 《大明律·户律》。

副长官，少卿以下，设左、右二寺，分别掌管京师与地方各省案件的复审复核以及平反冤狱的工作。正如《明史·职官志二》所说，大理寺职“掌审谳平反刑狱之政令”。凡刑部、都察院审判的案件，都必须将案卷和人犯移送大理寺复核。如果大理寺认为判决得当，则允准具奏行刑；如认为判决不当，则驳令改判。

（三）都察院

明朝时都察院虽与以往的御史台具有相同的监察、监督性质，但伴随明朝君主专制的强化，其权限有明显加强。明朝的都察院，时称“风宪衙门”，具有很大的权势。其职权包括：负责全国行政的监察工作，对全国上下大小官员的一切违法失职行为享有纠弹权；又负责全国上下的法律监督工作。在中央，对刑部的审判和大理寺的复核有权进行监督，并经常参与刑部和大理寺重大案件的会审。在地方，都察院下设十三道监察御史，巡察地方，通过审录囚徒、受理申诉等方式，监督地方的司法审判工作，“大事奏裁，小事立断”。

明朝中央以刑部为主审机构，以大理寺为复审复核机构，以都察院为法律监督机构，体现出明朝中央司法机构在设置上职权的分工和相互牵制的特点。

二、地方司法机构

明朝地方司法机构基本分为省、府、州县三级，各级采取行政与司法合一的体制。省级是地方最高的司法审判机关，设承宣布政使司，主要负责审理民事诉讼。省布政使下又设有提刑按察使，专管司法审判事务，有权处决徒以下案件，徒以上重案则须报送刑部。

明朝各府设知府一人，“掌一府之政……平狱讼”[①]。知府拥有本府案件的批准权与上报权。知府以下，设置推官一人作为助手，具体审理杖一百以下的案件。徒刑及以上的案件须上报省级审理。

州、县是最基层的政府机构，也是最基层的司法机构。每州设知州一人，各县设县令一人，他们拥有对本州县案件的批准权与上报权。各州县长官之下，又设推官一人，具体负责审理笞刑以上、杖刑以下的各类案件。遇有杖一百以上的案件，则须上报府级审理。

明朝还于各州县及乡之里社设立申明亭，“凡民间应有词状，许耆老里长准受于本亭剖理”[②]。若不由里老处分，而径诉县官，此之谓越诉也。[③] 因此，里老有权处理本乡本里的民事案件和轻微刑事案件。凡属婚姻、田土、盗窃、子孙违犯教令，以及犯奸、作伪、人命案不愿告官，愿在乡里解决的，可以在申明亭会审，里老可以作出裁决，进行调解。

三、特殊司法机构

明朝极端君主专制在法律制度上的表现是设置了“厂”“卫”特殊司法机构。

“卫”指锦衣卫，是由皇帝的护卫亲军发展而来。其职责最先是掌管皇帝出入仪仗和警卫事宜，后来朱元璋把锦衣卫的职权扩大到司法审判领域，使得锦衣卫直接听命于皇帝，不需普通司法机构的批准，便可以秘密行使侦查、逮捕、刑讯乃至审判等项权力。朱元璋在位期间，又在锦衣卫之下设南、北镇抚司，南镇抚司负责本卫的法纪、军纪；北镇抚司专理诏狱，“天下重罪逮至京者，收系狱中，数更大狱，多使断治”[④]；也缉察不轨妖言、人命、强盗等罪大

① 《明史·职官志四》，卷七十五。

② 《大明律集解附例》，卷二十六。

③ 参见《续文献通考·职役考》。

④ 《明史·刑法志三》，卷九十五。

案件。朱元璋洪武二十年（公元1387年）曾一度取消锦衣卫的审判权，“悉焚卫刑具，以囚送刑部审理”①。明成祖永乐年间又恢复锦衣卫狱，直到明末。

“厂”指东厂、西厂和内行厂。明成祖永乐十八年（公元1420年）设立东厂这一宦官组织。东厂由司礼太监统领，下设领班司房、掌刑千户、百户等职官，他们受命于皇帝，专掌“缉访谋逆、妖言、大奸恶”② 等重大刑事案件，并且行使审判等各项权力。至明宪宗成化十三年（公元1477年），因各地人民起义不断，甚至影响京师地区的治安，统治者遂在东厂之外，又设西厂，用以强化宦官特务组织的司法镇压职能。西厂因受皇帝宠用，其权力与人数又超过东厂，他们“四处刺（探）民间阴事”③，“大政小事，方言巷语，悉探以闻”④，以致“民间斗詈鸡狗琐事，辄置重法，人情大扰”⑤。武宗正德年间（公元1506年—公元1521年），皇帝不理朝政，宦官刘瑾专权，又在京师地区设置由其亲自指挥的特务机构——内行厂。内行厂权力又在东、西厂上，并将东、西厂列为内行厂监视的范围。

厂卫特务机关的活动严重地破坏了明朝正常的司法制度。首先，由于受皇帝指使，有独立的侦查、缉察、审讯、判决、行刑之权，所以厂卫不受常法约束，法外用刑异常残酷。据《明史·刑法志三》载，宦官魏忠贤掌东厂时，采用械、镣、棍、夹棍“五毒具备”之刑，致使犯人“血肉溃烂，宛转求死不得”。其次，特务在皇帝的指使下参与会审，并操纵会审权，从而出现了《明史·刑法志三》所称的“法司可以空曹，刑官为冗员”的局面。

四、诉讼制度的特点

（一）实行军民不同的诉讼制度

为适应统治的需要，明朝将军人案件与民人案件相区分，实行军、民分别管辖的原则。凡军官、军人相犯，并“与民不相干者”，《大明律》规定：“从本管军职衙门自行追问”⑥，即军户之间的诉讼由各驻军机构自行审理。但是，如果是“军官、军人有犯人命”，或者涉及“奸盗、诈伪、户婚、田土、斗殴”案件，且侵犯对象是平民百姓的，则由军队和官府会同审理。

（二）进一步明确地域管辖

明朝在地域管辖方面规定，凡属同一犯罪事件的案犯分别拘押不同官府时，采取“以轻就重，以少就多，以后就先”的原则，即同一案件被告在几个地方时，由其中罪名最重的被告所在地的官府管辖；同一罪名的被告分散在几处的，由被告人数最多的地方的官府管辖；如果罪名相同、各地被告人数也相同，应由最先受理案件的官府管辖。同时又补充规定：“若词讼原告被告论在两处州县者，听原告就被告论官司告理归结”⑦，即“原告就被告”原则，起诉原则上应向被告所在官府提起，由被告所在地官府管辖。

（三）禁止越诉

明朝普通民人的诉讼案件，向所在的州、县陈告。洪武元年（公元1368年），曾于午门外设置“登闻鼓”，“俾冤民击之，通达下情，每日科道各一员，锦衣卫官一员轮司其事，民有冤抑，有司不为申理……实列其状以闻”⑧。但由于赴京越诉上告者众多，洪武十五年（公元1382年）遂申明越诉之禁：“凡军民诉户婚田土，作奸犯科诸事，悉由本属自下而上陈告，毋

① 《明史·刑法志三》，卷九十五。

②③ 《明武宗正德实录》。

④⑤ 《明史纪事本末》，卷三十七。

⑥⑦ 《大明律·刑律》。

⑧ 《春明梦余录·刑部》。

得越诉……违者罪之。”[①] 只有重大而又迫切需要解决的案件，如谋反、谋叛、谋大逆等严重的政治犯罪，才允许越级申诉。

（四）严禁诬告

秦朝以来，各朝均严禁诬告，而明律更进一步规定诬告反坐还要加等处刑：诬告人笞罪的，反坐其罪并加重二等；诬告人杖、徒、流罪的，反坐其罪并加重三等；诬告人死罪的，处杖一百、流三千里，如果被诬告人因此而被处死或在审讯中死亡的，诬告者也应被处死。

（五）关于案件受理方面的规定

《大明律》规定：凡涉及斗殴犯罪、婚姻纠纷、田宅争议等，起诉到官府后，官府应予以受理。官府应予受理而未受理者，减犯人二等，罪止杖八十。凡告谋反、叛逆未立即受理、差人掩捕者，杖一百、徒三年。另外，明律承袭前制，实行法官回避制度，凡控告罪犯事关审判官吏的有服亲属、婚姻之家、授业教师，都要移文回避。审判官违背者，分别情节给予处罚。

五、会审制度

（一）三司会审与圆审

明朝继承唐朝“三司推事”制，凡遇有重大、疑难案件，均由三法司长官即刑部尚书、大理寺卿和都御史共同审理，称“三司会审”，最后由皇帝裁决。对于特别重大的案件，或经反复审判而人犯仍然翻异不服的案件，则由皇帝令三法司长官，会同吏、户、礼、兵、工五部尚书和通政使等九卿会审，称为“圆审”，但判决仍须奏请皇帝审核批准。

（二）热审

热审是在暑热天审理、决遣囚犯，以便疏理监狱的司法制度。该制始行于明成祖，以后形成制度。每年的小满节气后十余日由司礼监传旨，刑部会同都察院、锦衣卫、大理寺，各派员审理京城各监狱在押囚犯。笞、杖刑罪犯从速判决执行；徒、流罪犯减等发落，押解前往服刑地点；事实不清的案件请示皇帝立即处理。

（三）朝审

所谓“朝审”，也是明朝死刑案件复审、复核的重要制度。在每年霜降以后，由中央三法司以及朝廷有关公侯伯等贵族组成联合法庭，对全国上报的死刑案件中的可疑与可矜者，重新复审。朝审结果同样要上报皇帝批准，才能执行。明英宗天顺二年（公元1458年）九月，鉴于“人命至重，死者不可复生”，下令从天顺三年（公元1459年）开始，每年霜降之后，三法司会同公侯、伯爵，在吏部尚书主持下会审重案囚犯。[②] 从此，朝审被正式确立下来。

（四）大审

大审是明朝皇帝委派司礼太监会同三法司长官于大理寺审录在押罪囚的制度。始于明宪宗成化十七年（公元1481年），此后，每隔五年则举行一次大审。大审的对象主要是京城在押的累诉冤枉的囚犯或死罪可疑、可矜的待决犯。

明朝判词《逼嫁事》

审得孔弘祖者，乃生员袁尚鼎婿。而二女则尚鼎女，弘祖妇业。先因鄞民何挺曾求姻尚鼎，而此以红帖往，彼以红帖答。夫以红帖代红叶，何必新诗之当媒？胡历十余年，不闻挺以

① 《续文献通考·刑考二》。

② 参见《明史·英宗后纪》，卷十二。

聘礼往也。追夭桃之佳期已过，摽梅之晚感渐生，则二女已廿五岁矣。“有女怀春，吉士诱之”，虽贞姬亦钟情良匹。而顾以一纸空言，必欲责二女为罢舞之孤鸾也！此非近情论也。

今弘祖聘娶后，忽来何挺告，云有金钗彩缎之聘。此其有与无，俱不必辩。而所可一言折者，则二女矢节于锁窗，洒涕于登舆，而至今犹啼号祖弘之舍者是也。夫使他宅之双飞无心，则当尚鼎逼嫁时，有割耳毁面，誓死靡他耳。即或籍束繇人，垂泣升车，则盛饰而往，浴体而缢，古贞女不以“尸还阴”书乎！何适弘祖后寂无一闻也？“狂风落尽深红色”，已非昔日青青矣。挺可觅雕梁与别处矣。今乃以破甑之顾，谬希完璧之返者何也？

及召二女当堂面质，则愿作孔家妇者，有同“唤江郎觉”矣。夫二女既失身弘祖，岂复与挺为藕丝之联若骀竖子哉！伤心于夺妇之惨，而“一恸遽陨”，想挺之真情不至是也。非垂情彼妇，实垂涎家兄耳！念系愚稚，姑免究拟。然则袁尚鼎独无过乎？红帖之一答，亦祸胎也。薄罚示惩。

经过审理后，李清判处二女归孔弘祖，对袁尚鼎的过失也给予“薄罚”①。

第四节　人物及思想

一、黄宗羲

黄宗羲（1610—1695）字太冲，号南雷，浙江余姚人，世称梨洲先生。其著作《明夷待访录》标志着中国古代政治思想发展到了最高峰。

黄宗羲认为“天下为主，君为客”，“天下”指天下之人，意即天下之人为国家的主人，作为国家主人的“天下之人”，有与生俱来不可剥夺的权益。黄宗羲猛烈抨击和深刻揭露了君主专制对人民的剥夺和残害，认为“天下之大害者，君而已矣！”如果没有君主，天下之人的一些基本物质利益就不会被任意剥夺，因此，“天下之人怨恶其君，视之如寇仇，名之为独夫，固其所也”②。

黄宗羲认为，“三代以上有法，三代以下无法”，因为三代之法“未尝为一己而立也”，是公天下，而非私天下，而三代以下的君主无不视天下为一己之私产，“既得天下，唯恐其祚命之不长也，子孙之不能保有也，思患于未然以为之法”，此“法”无一丝一毫的为天下之心，不能称之为法，若一定要这么称呼，则为“一家之法，而非天下之法也”，而“一家之法”乃“非法之法”，是引起仇恨和反抗，造成社会祸乱的根源，鉴于此，黄宗羲主张，以“天下之法”取代“一家之法”。“天下之法”即“三代之法”，藏天下于天下，因此，是公天下而非私天下，“天下之人不见上之可欲，不见下之可恶，法愈疏而乱愈不作，所谓无法之法”。从这一点出发，黄宗羲主张“有治法而后有治人”③，提出了与人治论完全对立的观点。

从“天下为主，君为客”的观念出发，黄宗羲认为，“天下之治乱，不在一姓之兴亡，而在万民之忧乐”，因此，对君主而言，“毕世而经营者，为天下也”；对官吏而言，“为天下，非为君也。为万民，非为一姓也”。黄宗羲突破了“君为臣纲”的思维模式，认为“君臣之名，从天下而有之者也。吾无天下之责，则吾在君为路人。出而仕于君也，不以天下为

① 李清：《折狱新语》。
② 《明夷待访录·原君》。
③ 《明夷待访录·原法》。

事，则君之仆妾也；以天下为事，则君之师友也”①。此种君臣分治显然是对君主集权专制的一种有限否定。

黄宗羲主张恢复汉唐的宰相制度，“以宰相而摄天子”，具体设想是建立一个宰相为主体的国家行政机构——政事堂，下设“五序”，“分曹以主众务”②。这被视为日后康有为、谭嗣同等主张的“虚君共和制”的雏形。为了限制君权，黄宗羲提出学校议政的新设想，认为圣王设学校，不仅仅是为了“养士”，更主要的目的是，“必使治天下之具皆出于学校”③，而非由天子一人擅定。这就将学校凌驾于天子之上，以制约君权，包含以学统政、学者治国的美好愿望，甚至与近代议会原意颇有不谋而合之处。

黄宗羲认为，自秦以来，田赋日趋繁重，传统的什一税制大多流于形式。他主张“重定天下之赋”，实行三十税一，以减轻农民负担。此外，黄宗羲还石破天惊地喊出了“工商皆本”的口号，认为工与家一样是生产，商是将产生的产品交流，都应该是本。“工固圣王之所欲来，商又使其愿出途者，盖皆本也。”④

黄宗羲的法律思想反映了市民阶层企图挣脱君主专制的枷锁，发展自由商品经济的朦胧愿望，标志着中国古代法律思想发展的最高峰，并为后世的改良维新运动提供了思想武器，也是中国法律思想界开始启蒙的信号。尤为难得的是，黄宗羲的思想启蒙完全没有受到传统中国以外因素的启发和影响，走的是一条由独立、深刻、富有理性的思索开启的，具有活力、符合历史发展规律的思想道路。

二、顾炎武

顾炎武（1613—1682）原名绛，字宁人，明亡后更名炎武，江苏昆山县人，世称亭林先生。其代表作为《日知录》。

顾炎武认为，“国家”与“天下”不同，“国家”是属于一家一姓的王朝，“天下”则是匹夫庶人所共有；就“天下”而言，君民应是无差别的，君主不应拥有凌驾于一切之上的权力。因此，顾炎武认为人民有议政的权利。他主张效仿子产，“设乡校，存清议于州里”⑤。与庶人议政主张相适应，顾炎武还提出了分权主张。他将君主专制称为“独治”，认为“人主之于天下，不能以独治”⑥，独治弊害无穷，要用“众治”。要实现“众治”，就要将“天下之权，寄天下之人”⑦，并“寓封建于郡县之中”⑧。这其实是一种分权的主张。

顾炎武认为，君主集权“独治”，必然导致法繁刑密，而法繁弊生，其中一弊为“巧滑之徒，皆得以法为市，而虽有贤者，不能自用，此事之所以日非也”⑨，即法令繁密是对人的聪明才智的束缚。顾炎武认为道德教化的作用远远高于法律，风俗教化是治道之关键，故他提出要“正人心、厚风俗”，“目击世趋，方知治乱之关，必在人心风俗。而所以转人心，整顿风俗，则教化纲纪不可缺矣”⑩，而教化纲纪的核心，就是礼义廉耻。如何实现呢？顾炎武认为

① 《明夷待访录·原臣》。
② 《明夷待访录·置相》。
③ 《明夷待访录·学校》。
④ 《明夷待访录·财计三》。
⑤ 《日知录·清议》。
⑥⑨ 《日知录·法制》。
⑦ 《日知录·守令》。
⑧ 《亭林文集·郡县论一》。
⑩ 《亭林文集·与友人书（九）》。

必须实行宗法制，提高宗法家族的社会地位，赋予其维护地方风俗教化的权力。这意味着以家族的法规来取代国家的法律，授予家族一定的司法审判权。顾炎武将乡族视为最初的司法审级，除重大案件外，都要先由“里老处分”，“径诉县官”称为“越诉”。顾炎武以“越诉”二字做文章，目的在于肯定乡族一级的司法诉讼主权，实现其“以宗法治天下”的理想。

课后复习

1. 明朝的立法思想主要包括哪些内容?
2. 明朝有哪些主要的立法?
3. 明朝的刑事法律制度有何重要的发展变化?
4. 明朝的民事、商事法制度有何重要的发展变化?
5. 试述明朝的司法制度的发展变化。

第十章
清朝的法律

提 要

公元1616年，女真族杰出的领袖努尔哈赤即大汗位，建立后金政权。努尔哈赤死后，皇太极继承汗位，改女真族为满洲，并于公元1636年称帝，改国号为清。公元1644年清军入山海关，定都北京。从公元1644年清军入关到公元1912年清帝逊位，清朝的统治延续了268年之久。这其间中国经历了两个性质不同的社会发展阶段，即1840年以前的封建社会和1840年以后的半封建半殖民地社会。

本章主要讲授的是清朝1840年以前传统的封建法律。清朝在全面继承明朝法律的基础上，有所创新和发展。清律以“详译明律，参以国制”为立法指导思想，《大清律例》是其典型的立法成果。在法律内容上，清律的刑事镇压职能有所加强，以重法扼制资本主义经济因素的发展，对少数民族地区实行有效的法律控制。对满人政治、经济特权的保护，也是清朝法律的特点之一。在司法领域，清朝仿效明朝制度，建立了一套从中央到地方的完整的司法体系，并在总结前朝经验的基础上，进一步完善了会审制度。另外，太平天国起义后，在其所控制地区施行了独具特色的法律制度。

重点问题

1. 清朝立法的指导思想。
2. 清朝少数民族地区的立法。
3. 清朝法律内容的发展及特点。
4. 清律对满人特权的法律保护。
5. 清朝的司法机构与会审制度的发展。

第一节　清朝立法思想与主要立法

一、立法思想

清军入关后，摄政王多尔衮为缓和民族矛盾、强化中央集权，改变入关前法制简陋的局面，遂宣布继承明朝法制，准依明律治罪。据《清实录·世祖实录》记载，多尔衮一入关，即下令“自后问刑，准依明律”①。后来针对全国政权已经建立这一新的情况，结合关外时期的

① 《清实录·世祖实录》，卷五，北京，中华书局，1985。

经验，清初统治者提出以“详译明律，参以国制”作为国家法制建设的指导方针。顺治帝在为《大清律集解附例》作序文时称：“爰敕法司官广集廷议，详译明律，参以国制，增损剂量，期于平允。”所谓“详译明律”，即在对明律进行仔细参详，认真研究、领会的前提下继承明律；“参以国制”则是要求立法时必须参照入关前满族原有的法制，从而虑及清朝自身的实际情况和要求。这一立法思想对于清承明制，从而保持中国法律制度的连续性，具有十分重要的意义；同时，也奠定了清朝法制的基础。

二、立法概况与主要法典

（一）清入关前的法制概况

清入关前，满族社会内部主要是依靠世代相传的习惯法来调节各种社会关系，《皇朝文献通考》曾评价满族早期的法制情况说：“俗纯政简，所著为令，鞭扑斩决而已。”[①] 除习惯法外，谕令在当时是一种重要的法律形式。太祖天命五年（公元1620年），为遏制军民中的散逃现象，努尔哈赤发布了《禁单身行路谕》。天聪五年（公元1631年）七月，皇太极以大汗谕令的形式公布了著名的《离主条例》，允许处于奴隶地位的奴仆在一定条件下告主，告准之后“听所欲往”。由上可见，清入关前的法制以习惯法和君主谕令为主。

（二）《大清律》和附例的沿革

大清律例卷一
名例律目錄 共四十六條 附例一百二十條
五刑　十惡
八議　應議者犯罪
應議者之父祖有犯　職官有犯
文武官犯公罪　文武官犯私罪
犯罪免發遣　軍籍有犯
犯罪得累減　以理去官
無官犯罪　除名當差
大清律例　卷一　律目　一

《大清律》书影

① 《皇朝文献通考·刑考一》，载《万有文库表》，上海，商务印书馆，1935。

顺治三年（公元1646年），在《大明律》基础上稍加删改，制定完成《大清律集解附例》，顺治四年（公元1647年）正式颁行全国。这是清朝制定的第一部成文法典。《大清律集解附例》有律文457条，律文之中则以小字夹注方式，附加当时通行的注释，即集解，律条之后又附条例321条。由于制定得仓促，《大清律集解附例》基本上是明律的翻版，甚至《大明律》中“允依大诰减等”之类的词句都转抄不误。又因为《大清律集解附例》不甚符合清初的实际情况，所以它实际上难以得到切实施行。

康熙即位后，先命刑部对《大清律集解附例》的律文进行了多次修订，在原有小注以外又加入总注，置于每篇之后疏解律义。后于康熙十八年（公元1679年）又命刑部对律后附例详加酌定，并在此基础上单独编成《现行则例》。康熙二十八年（公元1689年），将《现行则例》载入《大清律》中，同时又命图纳、张玉书等为总裁对清律重加修订。本次所修律文至康熙四十六年（公元1707年）完成，但未予颁行。

雍正初，鉴于《现行则例》或“从重改轻，从轻拟重”，或“先行而今停，事同而法异”等弊病，命大学士朱轼等为总裁修订原有清律，至雍正三年（公元1725年）完成，后于雍正五年（公元1727年）公布，定名为《大清律集解》。这部律以顺治律为基础，对律文作了一定的调整，律条定为436条，但重点是对律后的条例作了修订。雍正律将顺治律中的321条条例编为“原例”，将顺治、康熙年间所颁条例299条编为“增例”，将雍正年间颁行的204条条例则编为“钦定例”。

乾隆元年（公元1736年），高宗又命王泰等对《大清律集解》重加修订，乾隆五年（公元1740年）修订完成，以《大清律例》为名正式公布。《大清律例》是乾隆朝以后清朝的基本法，也是中国历史上最后一部封建法典。《大清律例》与明律、例相比，其主要的变化在于例而不在律。由于例逐渐增多，《大清律例》改称律条为门，并删去了原例、增例、钦定例的名目，全部分门别类按年代排列于律文之后，共有436门，律文436条，例文1 049条；篇章结构则一如明律，分《名例律》《吏律》《户律》《礼律》《兵律》《刑律》《工律》7篇。

作为祖宗成法的律文，自乾隆五年（公元1740年）以后不再修改，而只用新增例来弥补律文的不足，以至于条例不断增加，效力不断提高。《清史稿·刑法志》说：“盖清代定例一如宋时之编敕，有例不用律，律既多成空文而例遂愈滋繁碎。”为了解决律与例的矛盾，乾隆十一年（公元1746年）定制，“条例五年一小修，十年一大修”。在刑部之下特设律例馆，主持其事。随着社会的发展变化，条例累朝增修。乾隆五年（公元1740年）颁布的《大清律例》中附例1 049条，光绪九年（公元1883年）条例已增至1 892条。

（三）各部院则例的制定

则例，是指由中央政府各部门制定的规范本部门行政事务的单行法规。根据调整范围的不同，则例可分一般则例和关于特定事务的则例两大类。一般则例，是指六部针对一般事务而制定的，主要有《刑部现行则例》《钦定吏部则例》《钦定户部则例》《钦定礼部则例》《钦定中枢政考》《兵部则例》《钦定工部则例》等。特别则例，是指各部就所管辖的特定事项而制定的，如《钦定八旗则例》。有些虽无特别则例之名，但就其实质而言应归属于特别则例范畴之内，如《钦定户部漕运全书》《钦定学政全书》。清朝的则例对于国家行政管理起着重要的调整作用。

（四）《大清会典》的编修

《大清会典》是清朝仿照《大明会典》编纂而成的具有行政法性质的法典。康熙二十三年（公元1684年），清朝正式编纂会典。历时六年编成《大清会典》，史称《康熙会典》。后来，雍正、乾隆、嘉庆、光绪四朝又续修了会典，统称为《大清会典》，又称作“五朝会典”。《康熙会典》采取“以官统事，以事隶官”的编纂体例，按照宗人府，内阁，吏、户、礼、兵、刑、工六部，以及理藩院，都察院，通政司等行政机关分卷。每个行政机关之下，具体规定该机关的职掌、职官设置以及处理政务的程序方法等。这些“经久常行之制”构成了会典的正文。正文之末又附有与本机关相关的则例，作为正文的补充。因为则例与会典性质不同，自《乾隆会典》起，将则例与会典分立，形成“以典为纲，以则例为目”的关系。乾隆时期，编成《乾隆会典》100卷、《乾隆会典则例》180卷。嘉庆朝沿袭此体例，编成《嘉庆会典》和《嘉庆会典事例》。光绪朝又以《嘉庆会典》为基础，编成《光绪会典》和《光绪会典事例》。

《大清会典》详细记述了清朝从开国之初到清末的行政法规和各种事例，内容翔实、繁富，体例严谨，是我国古代最为完备的行政法典。

（五）少数民族法规的制定

清朝时期疆域广阔、民族众多，聚居于边疆地区的少数民族风俗各异，难以统一适用大清律例。为了加强中央对少数民族地区的行政管理和司法管辖，又兼顾少数民族的风俗习惯，清政府颁布了一系列适用于少数民族地区的单行法。顺治年间，清廷制定了适用于蒙古地区的《大辟条例十三款》。此项专门法规的内容为后来编纂的《蒙古律例》所吸收。康熙年间，理藩院将清太宗以来陆续发布的有关蒙古地区的法令，进行了整理编纂，形成更加系统化的《蒙古律书》。雍正时期，又制定了适用于青海地区少数民族的三部法规：《青海善后事宜十三条》《禁约青海十二事》《西宁青海番夷成例》。乾隆朝制定了适用于蒙古族的《蒙古律例》和适用于藏民的《钦定西藏章程》。嘉庆时制定了适用于新疆地区维吾尔族的《回疆则例》。上述针对少数民族的特点制定的特别法规，对于巩固统一的多民族国家具有积极的意义。

第二节　清朝法律的发展及特点

一、严刑峻法，实行高压统治

（一）严惩谋反、谋大逆、谋叛等重罪

同明律一样，清律承袭了隋、唐以来的“十恶”制度，并将谋反、谋大逆、谋叛和大不敬等危害皇帝安全和尊严的行为，列为最严重的犯罪，用最严厉的刑罚加以惩处。依清律凡谋反、谋大逆，但共谋者，不分首从，皆凌迟处死，并株连其亲属，即使子孙确不知情，年11以上，也要阉割发往新疆给官为奴。不仅如此，清朝统治者还任意扩大谋反、谋逆罪的范围，凡“上书奏事犯讳者”，奏疏不当者，常加以“殊属丧心病狂”“妄议朝政”等罪名，按大逆律例治罪。对谋反、谋叛、谋大逆之人，知情不报予以庇护或对其亲属、财产“隐漏情弊”的官民，与实犯者同罪。

（二）大兴“文字狱”，惩罚“异端思想”

清朝统治者出于民族统治压迫的需要，钳制汉族士大夫的思想文化，扼杀任何可能出现的反清思想，因而大兴“文字狱”。据不完全统计，仅在号称“盛世”的康熙、雍正、乾隆三朝，就发生文字狱108起。其中，乾隆朝就有八十余起。康熙朝的“庄氏明史案”、雍正朝的“查嗣庭案”和乾隆朝的“胡中藻诗案”等，都是典型的根据文字随意罗织、锻炼而成的大案，牵连极广，为害也极大。例如，顺治、康熙年间，浙江庄廷鑨招集学人编辑《明书》，书中称努尔哈赤曾为建州都督，不书清帝年号，而书隆武、永利等南明小朝廷年号，被告发。时庄廷鑨已死，被开棺戮尸，其兄弟、子侄以及刻者、读者、保存者，甚至事先未发觉的地方知府，共七十余人，全部处死。由于《大清律例》中对以文字罪人并无正条，故对“文字狱”案件，往往是比照“谋大逆”定罪，而且处刑非常严厉，凌迟、枭首、缘坐、发遣或“立毙杖下”、“市曹杖毙”，等等，不一而足。

此外，鉴于“妖书”“妖言”煽惑愚民，危害社会秩序，也将其定为重罪。《大清律例》规定：“凡造谶纬妖书妖言，以传用惑众者，皆斩。若私有妖书，隐藏不送官者，杖一百、徒三年。”

二、维护满族的特权地位

清王朝是满族建立的封建政权，因此，清政府通过各种立法，确保满族享有政治、经济等方面的种种特权。

（一）政治方面

在政治上，居于国家权力上层的，全部是满族贵族。虽然清朝廷表面上标榜“满汉一体”，中央六部等重要机构的长官设满汉各一名，但实际权力操纵于满官之手。为了从制度上保证满族旗人能控制重要位置，清政府在任官制度上推行“官缺”制，即将国家的官缺分为满官缺、汉官缺，满官缺多是位高权重的职位。汉人只能出任最后一类的官职，多属级别较低的职位。而像理藩院、宗人府及掌管钱粮府库、军械火药等重要职位，无疑都是满官缺。各省驻防将军、都统、参赞大臣等，也都是满官缺，只能由满人出任。凡属满官缺，不许汉族官员补任，但京城内外的汉官缺，却可以用满人补任。

（二）民事经济方面

清朝入关之初，为满足旗人对土地的要求，于顺治年间颁布了“圈占土地”的法令，将京畿附近各府、州、县的土地，圈占、没收归旗人所有。这些土地被称为“旗地”。随着时间的推移，“八旗”子弟逐渐丧失了当初进取的锐气，不事产业，不善生计，只好典卖“旗地”和“旗产”。为确保旗人经济上的优势地位，清政府通过法律手段，对于旗人典卖田产作出种种限制。早在康熙时，政府就曾多次出银，帮助旗人赎回典卖出去的土地。乾隆时，屡次定例，不仅禁止民人典买旗地，也禁止旗下家奴人等典买。关于旗人房产的保护，一同旗地，既禁止旗人典卖，又严禁民人典买。

（三）刑罚适用方面

满人在触犯律、例时可以不像汉人那样，按《大清律例》处罚，他们可以享有“减等”“换刑”的特权：如果满人所犯为轻罪，应处笞刑或杖刑，一般执行鞭刑；如所犯罪行较重，须处以徒刑、流刑、充军、发遣的，可按罪刑轻重折换为枷号。满人应徒一年者，枷号二十日，每等递加五日；流二千里者，枷号五十日，每等亦递加五日。充军附近者枷号七十日，近卫、边远者枷号八十日，极边烟瘴者枷号九十日。旗人犯盗窃罪，可免于刺字。如果重囚必须刺字，也只刺臂而不刺面。

三、刑罚适用上的变化

清朝继承前代的刑罚适用原则，如自首原则、公罪私罪区别对待原则和依服制定罪原则等，同时，清朝的刑罚适用原则又有一定的发展变化，主要表现为以下几个方面。

（一）类推

清律在继承明律的前提下，规定了比唐律限制更多、更严格、更规范的类推制度。依唐律，断罪无正条时，官府可以依“其应出罪者，举重以明轻；其应入罪者，举轻以明重”的原则自行类推适用相近条文，并无奏报上级审批程序。但明清律则规定，要“议定奏闻”，上报皇帝审批，不得擅自断决。

《大清律例·总类》还集中规定了“比引律条”30条，以作示范。其中规定：发卖猪、羊肉灌水，及发卖米、麦等掺和沙土，比照客商将官盐掺和沙土货卖；遗失京城门钥匙，比照遗失印信；考试贡监生假冒顶替，比照诈欺取官；弃毁祖宗牌位，比照弃毁父母尸体；等等。规范化的比附制度，弥补了因律条不完备而可能造成的司法漏洞。

（二）“化外人犯罪”

唐律规定：“诸化外人，同类自相犯者，各依本俗法；异类相犯者，以法律论。”也即对外侨犯罪采属人、属地相结合原则。明清律对此作了重大更改：“凡化外来降人犯罪者，并依律拟断。”可见，清律一概采用属地主义原则，即一切外国侨民犯罪均依我国刑法处罚。

四、遏制资本主义经济因素的发展

（一）实行海禁，阻挠沿海对外贸易

早在顺治十二年（公元1655年），为了镇压抗清力量，首颁禁海令，不许片帆下海，违者按通敌罪论处。此后，顺治十八年（公元1661年）、康熙元年（公元1662年）、康熙十七年（公元1678年），又三次颁发迁海令，强制闽、广、苏、浙沿海居民内迁50里，越界立斩，致使4 000里海岸线人烟绝迹，完全断绝了海外贸易。康熙二十二年（公元1683年）收复台湾以后，鉴于海内统一，于次年宣布开海禁，“令出洋贸易”。康熙二十四年（公元1685年）又定苏州、宁波、泉州、广州为对外贸易港口，但至康熙五十六年（公元1717年）再颁禁海令，停止与南洋的贸易，并严禁卖船于外国和运粮出口，如将船卖给外国人，“造船人与卖船之人皆立斩”①；如“出洋人留在外国，将知情同去之人枷号三个月，该督行文外国，令将留下之人解回立斩”②。清政府严厉推行的“海禁”措施，造成了与外部世界的隔绝。

（二）限制民间采矿

清朝政府从政治和经济的角度考虑，严厉禁止私人矿冶业的发展。康熙四十三年（公元1704年）下谕：“开矿事情，甚无益于地方，嗣后有请开采者，俱不准行。”③ 禁矿政策的实质是害怕“矿徒易聚难散，小则争掠，大则啸聚，关系地方不小”④。雍正帝曾经明白表示：“开采（矿）一事……人聚众多，为害甚巨。从来矿徒，率皆五方匪类”，绝不允许“逐此末利”，而使“匪类乌合于深山穹谷之中”⑤。在统治者这种思想的指导下，《钦定户部则例》规定，开采商人须于地方官处登记，“取具甘结”，即立誓方可开采。若私自开采或采得铁矿擅卖，严加治罪。乾隆年间，湖南省颁布命令：冶铁业“只许雇觅本地人夫，毋得招集外来人民”，并须填明姓名年貌，取得经营执事与保甲邻右出具的甘结，报官存案，方准开采。对于涉及兵器制造的冶矿业限制更严，《大清律例·兵律》规定：“民人煎煮、窝藏、兴贩硝磺，十斤以下杖六十，十斤以上杖一百，百斤以上发近边充军。”清朝对矿业开采的诸多限制，无形中对其他工商业的发展造成了极大的阻碍。

（三）广设钞关，重征商税

由于关税是国家的重要财政收入，清朝对钞关的管理十分严密。清政府设户部24关、工

①② 《清圣祖实录》，卷二百七十一。

③ 俞正燮：《癸巳存稿》，卷九。

④ 《汾州府志》，卷三十一。

⑤ 《清世宗实录》，卷二十四。

部5关，负责关税。乾隆时期编制的《钦定户部则例》有“关税”5卷、“税则”29卷，占整个法典的1/3以上。按它的规定，偷越关卡而漏税，不仅处罚客商，连失察的官员也一并论处，甚至规定“关税短缺，令现任官赔缴”，从而促使各钞关官以增课为能事，肆意苛求。除关税外，还征收牙税、落地税、盐税、矿税、茶税、酒税等。加上胥役的勒索无度，造成了广大工商业者不堪忍受的负担。为防止商人匿税，《大清律例》中在《户律》之下专门设有“课程”一门，规定了“匿税”“舶商匿货”“人户亏竞课程”等条款，对各种逃避商税的行为进行处罚。商税的加重、对匿税的重惩，使民众多视经商为畏途，不得不将商业资本转而用于经营土地。

（四）以严刑峻罚推行禁榷制度

清朝沿袭前朝的禁榷制度，对盐、茶、矾、铜等与国计民生相关的重要产品实行官府垄断经营。在《大清律例》中，设有《盐法》《阻坏盐法》以及“私茶”“私矾”等专门条款，其中有关盐法的附例达二十余条。清朝的盐法是要求商人交纳引税后，凭盐引购盐运往指定地区销售的办法，不纳税而贩盐者为犯私盐。清律对犯私盐者处罚极重。《大清律例·户律·课程》“盐法”条律文规定：凡犯私盐（指无官方盐引而贩）者，不问赃之多少，有确货即处杖一百、徒三年。若带有军器者，加一等。卖食私盐者，亦要杖一百。附例中则补充规定，越境兴贩官司引盐至三千斤以上者，亦要问发附近地方充军。

清朝的茶法主要有《官茶法》和《商茶法》两种。《官茶法》即官府征购茶叶以向游牧民族换马之法。《商茶法》即商人向官府交纳茶引税，凭茶引购茶贩茶之法。清朝亦严厉打击私茶罪。《大清律例·户律·课程》规定：“凡犯私茶者，同私盐法论罪。”

清朝同治十年（公元1871年）重庆铜梁官家地契

五、加强对少数民族地区的法律控制

清朝境内包含数十个民族，因此，民族关系、民族问题对于清政府来说，是一个极为重要的问题。从入关伊始，清政府就在政治、法律上采取了一系列的措施，审慎处理民族问题，以巩固满族政权对全国的统治。

（一）因俗而立的民族法律

清朝依据少数民族的历史传统、生活习惯、宗教信仰等特点，在不违背《大清律例》基本精神的前提下，因地制宜分别制定单行法规，对各少数民族聚居地进行治理。如对蒙古族有《理藩院则例》，对藏族有《西藏通制》，对回族有《回疆则例》，对青海以藏族为主的少数民族地区有《番夷成例》（《番例条款》），对西南苗族聚居地区有《苗例》，等等。有学者评价说，清朝的民族法规“不但在数量上超过了以往任何一个朝代的民族法规，而且在内容上达到了中国古代民族立法的最高峰，达到了中国古代民族立法史上的系统化、制度化的境界”①。

（二）有效的司法管辖与审判

在司法管辖与审判方面，清政府注意尊重少数民族地区首领对发生在本族、本地区内的案件的审判管辖权，同时又通过中央派遣的官员对重大案件进行上诉审或再审、复审进行一定的监督。凡发生在内外蒙古和青海、新疆地区的民事纠纷和轻微的刑事案件，由扎萨克、盟长自行审理；如判断不公，“准两造赴理藩院呈诉”②。不设扎萨克之地，由驻防将军、都统、办事大臣就近审理，重案须报理藩院核查。

发生在蒙古地方的抢劫案，如俱系蒙古人，专用蒙古例；俱系民人，专用刑律；如蒙古人与民人伙同抢劫，则核其罪名，蒙古例重于刑律者，俱照蒙古例问拟，刑律重于蒙古例者，俱照刑律问拟。苗疆地区苗人之间的争讼，按适用于苗人的条例审结。在西藏地区，审判事务一般均由当地僧、俗官员自己办理。西藏地方民族政权表面上享有终审权，因为没有法律规定对判决不服或重大案件须上诉到驻藏大臣由其审理，也未规定上诉到理藩院审理。但是，如“番民争讼”，“如有应议罪名，总须禀明驻藏大臣核拟办理”③。这种“请示汇报”虽非正式再审程序，但毕竟是中央对藏区地方司法活动的一种有效监督途径。

第三节　清朝的司法制度

一、司法机构

（一）中央司法机构

清朝的中央司法机关仍为刑部、大理寺和都察院，统称三法司。

刑部是中央最高审判机关，其权力远甚于明代，可谓“部权特重”。据《大清会典》载：刑部“掌天下刑罚之政令，以赞上正万民”。它有权审核地方上的重案，审理发生在京师笞、杖以上的“现审案件”，管理地方上诉案件与秋审事宜，主持司法行政和修订律例，审理中央官吏违法案件，等等。凡不属会审的案件，自行论处，大理寺和都察院不得过问。会审案件也由刑部拟文，奏请皇帝。刑部所属机构主要有十七省区清吏司、追捕“逃人”的督捕司、办理秋审的秋审处、修订律例的律例馆等。

① 刘广安：《清代民族立法研究》，1页，北京，中国政法大学出版社，1993。

② 《大清会典》，卷六十八。

③ 《理藩院则例》，卷六十一《西藏通例》。

大理寺仍是复核机关，但权力比明代时更小，其主要职责是复核死刑案件、平反冤狱。如发现刑部定罪量刑有误，可以驳回。同时也主持热审案件。

都察院作为“风宪衙门”，既是行政监察机关，又是司法机关，负责司法监察。凡是刑部审理不当、大理院复核失误，都察院就有权弹劾，此外，它还可以直接受理纠举官吏不法的案件。另外，都察院还可参与会审。雍正元年（公元1723年）又把明代用以监督六部的独立的六科给事中合并于都察院，与都察院的十五道监察御史，合称“科道”，从而进一步统一和加强监察权力。

（二）京师地区的司法机构

五城察院是京师五城御史的衙门，其职责主要是维持京城地方秩序，管理民政事务，同时负责审理五城词讼案件，有权审理所辖区内的户婚、田土、钱债、斗殴等一般民事案件和轻微刑事案件，有权决定笞、杖刑的适用。如遇应拟徒刑以上罪名的案件，五城御史初审后，要报送刑部处理。其他如“官民冤枉，所司不受理，及受理不得伸者，许赴院陈诉鞫实，大事奏请上裁，小事立予昭雪”①。

京师地区负责治安的步军统领衙门，也设专官“平决狱讼”，杖罪以下自行完结，徒罪以上经审讯后移送刑部审断，同时也审理八旗人等控告的地田案件。

（三）地方司法体制

清朝的地方司法机构仍与行政机构合一。省、府、州、县的行政长官也是地方上的各级司法长官。从清律的规定来看，州、县为第一审级，有权审决户婚、田土及斗殴等轻罪案件，决定笞、杖刑的适用。州县对人命、强盗、盗窃等应处徒刑或徒刑以上的案件有侦查、缉捕、取证和初审的权力。初审要根据《大清律例》的规定拟定罪名和量刑，然后将案卷、定罪量刑意见和案犯一起转送上司复审。

府和直隶厅为第二审级，其司法职责主要是复核州县上报的刑事案件，复审州县解来的人犯。复核后，再上报省按察司决定，民众不服州、县判决的上诉案件也由府级司法机构审理。

按察司为第三审级，负责复审府级上报的刑事案件，对徒刑案卷进行复核，对军、流、死刑人犯进行复审。军、流人犯，按察司复审后，就可以把人犯发回原审州、县关押等待最后定罪。死刑人犯，按察司复审后，还要上报督抚复审。从雍正五年（公元1727年）起，“巡道”也审理辖地民间词讼。

总督、巡抚为第四审级，也是地方上的最高审级，负责批复徒刑案件，决定徒刑案犯的服刑地点。对军流案卷复核后，还要转报刑部批复。对死刑案件复审后，要作为专案上报皇帝，同时报送大理寺等中央司法机构复核。

（四）特殊司法机构

清朝设有专门处理满人案件的特殊司法机构，以维护满人的司法特权。特设的承审满人案件的司法机关有：其一，宗人府，负责审理满族皇族成员犯罪，处罚办法多是在宗人府空房中“圈禁”。其二，内务府慎刑司，负责审理内务府所属皇宫内旗人、杂役及皇庄旗人犯法。其三，步军统领衙门，负责处理在京旗人所犯的刑事案件。如当事人对各旗佐领、都统的审判不满，可以上诉至户部。其四，户部现审处，负责处理旗人的婚姻、田土等民事纠纷。其五，盛京刑部，负责审理盛京满人案件。其六，理事厅，负责审理地方满人案件。各省发生的旗人犯命盗重案，由理事厅会同州、县官员初步审理，但州、县官员无权单独对旗人作出定罪或量刑判决。

① 《大清会典》，卷八十一。

二、会审制度

（一）秋审和朝审

清朝审判历史图片

早在顺治朝，明代的朝审已发展成秋审和朝审两种会审制度。乾隆年间，又编修了专门规范秋审和朝审的特别法——《秋审条款》。《秋审条款》详细地规定了秋审和朝审的时间、参加会审的机关以及管辖范围、具体处理办法等内容。按清律，凡严重危害封建国家统治的犯罪，应立即处决的为“斩立决”或“绞立决”。如危害性较小或有可疑者，可暂判“斩监候”或“绞监候”，缓期处决。所谓“秋审”，就是由九卿、詹事、科道官员共同复审各省上报的斩、绞监候案件的审判制度。因其每年都在农历秋八月进行，所以被称为“秋审”。秋审的具体程序是：各省督抚在每年五月以前，将本省审勘完毕的斩、绞监候案件具册呈报刑部。八月，九卿、詹事、科道官员在天安门外金水桥西共同复审，然后由刑部就审录结果具题奏报皇帝。朝审，是由九卿、詹事、科道官员共同复审京师地区的斩、绞监候案件的审判制度。按照惯例，朝审都是在每年霜降以后举行。

经过秋审和朝审的案件，分为情实（罪情属实，罪名恰当）、缓决（案情虽属实，但危害性较小，留待下一次秋审或朝审时审核）、可矜（案情虽属实，但情节不严重，可免于处死）、留养承祀（情节虽较重，但父母、祖父母年老，无人奉养，可免于处死）四类。除情实奏请执行外，其余三类均可免于死刑。

（二）九卿会审

九卿会审是在明朝九卿圆审基础上发展而成的一种会审形式。九卿包括六部尚书、大理寺卿、都察院左都御史、通政司通政使等九个重要官员。按照清朝的制度，凡属全国性的重要案件，特别是每年判决的斩监候、绞监候案件，需要由九卿组成最高一级的会审机构会同审理，以示重视。在清代的秋审、朝审中，一般都有九卿参与会审。

（三）热审

热审也是清朝实行的一种复审形式，于每年小满后10日至立秋前一日举行，由大理寺左、右二寺官员，会同各道御史及刑部承办司官员审理发生在京师的笞、杖刑案件。

清朝的会审制度，有助于封建法律的统一适用，也加强了皇帝对各省及中央司法活动的监督与控制。

第四节　太平天国法律概况

一、太平天国法律思想中的近代化内容

虽然太平天国革命是一场农民革命运动，但这一运动明显地受到了西方近代文化的影响，太平天国领袖们的法律思想就是受这一影响的典型体现。太平天国领袖洪秀全（1814—1864）在其早期作品《原道救世歌》中宣言："天父之帝人人共，天下一家自古传"；"天人一气理无二，何得君王私自专"；"普天之下皆兄弟"，"上帝视之皆赤子"。在其另一作品《原道醒世训》中，他倡言："天下多男人，尽是兄弟之辈；天下多女子，尽是姊妹之群。何得存此疆彼界之私，何可起尔吞我并之念！"这些主张吸收了西方基督教"上帝面前人人平等"的理想，体现了太平天国革命的近代属性。

太平天国后期领导人之一洪仁玕（1822—1864）的法律思想，更具有鲜明的进步性。曾在中国香港生活数年的洪仁玕对西方法制有初步的认识和理解，深知法制对国家的重要性。他说："国家以法制为先，法制以遵行为要。能遵行而后有法制，有法制而后有国家，此千秋不易之大经，而尤为今兹万不容已之急务也。"① 他把法律制度视为国家之本，强调普遍遵行。他撰写并进呈天王洪秀全的《资政新篇》，经洪秀全批改后作为太平天国官方文书颁行，是太平天国后期的政治经济纲领。在这篇重要文件中，洪仁玕认为，英、美、法等先进国家之所以强盛，主要原因在于法制完善；俄国和日本原来落后，后来学习西方的"邦法"大兴政教，便由弱变强。因此，整顿法制，是挽救太平天国危局的唯一途径。如何整顿呢？那就是要"立法当""立法善"，即首先要使国家的立法妥当而完善。他说："英吉利，即俗称红毛邦，开邦一千年来未易他姓，于今称为最强之邦，由法善也。"② 他还以赞赏的口吻对美国的议会制度作了介绍，意识到了西方民主政治的优越性。洪仁玕认为，学行西法，才是中国富强之路。为此，他提出了29条充满近代改革精神的政策及立法建议，包括：设新闻官，"准卖新闻篇"，以收民心公议；设立意见箱，以期上下情通；建立公务员考核制度；建立专利保护制度；兴车马舟楫之利，发展交通事业；兴办银行、邮政事业；发展工商业，奖励采矿；设新学，办报纸，开医院，奖励慈善事业；等等。这些具有一定资产阶级民主主义色彩的改革计划与太平天国的本质格格不入，因而不可能真正付诸实施。尽管如此，洪仁玕作为那个时代现代文明信息的传播者，其政治、法律思想具有重要的历史影响。

二、太平天国的主要法律及其特点

1852年，太平天国在永安建制后，将起义前拜上帝会的教规《十款天条》上升为法律。

① 《洪仁玕选集·立法制宣谕》。

② 《资政新篇》，载《太平天国印书》，第16册。

同年，太平天国还颁布了《太平条规》。1853 年，太平天国攻占南京后，制定了其基本纲领《天朝田亩制度》，制定了其基本的刑事法律《太平刑律》。洪仁玕进呈的《资政新篇》是太平天国后期重要的法律性文件。

（一）经济立法

《天朝田亩制度》提出了农民阶级的最高理想，即“有田同耕，有饭同食，有衣同穿，有钱同使，无处不均匀，无人不饱暖”。为了达到这个理想，太平天国废除封建的私有制度，按人口平均分配田地，“凡分田，照人口，不论男妇，算其家人口多寡，人多则分多，人寡则分寡”；并强调绝对平均，田按其出产分为九等，各家分田好坏各一半，此处耕田不足则迁彼处，彼处不足则迁此处，若发生灾荒，“此处荒则移彼丰处”，“彼处荒则移此丰处”；还规定：“凡天下，树墙下以桑。凡妇蚕绩缝衣裳。凡天下，每家五母鸡，二母彘，无失其时。”《天朝田亩制度》所规定的平分土地的方案是个空想的方案，在实际中并未得到施行。定都天京后，“圣库”改称“国库”，规定每 25 家设一国库，其遵循的原则是“天下人人不受私物，物物归上主”。因此，“凡当收成时，另司马督伍长，除足其二十五家每人所食可接新谷外，余则归国库。凡麦、豆、麻、布帛、鸡、犬各物及银钱亦然”。而各家消费则按需定量供给，“凡二十五家中所有婚娶弥月喜事俱用国库，但有限式，不得多用一钱。如一家有婚娶弥月事，给钱一千，谷一百斤，通天下皆一式”。

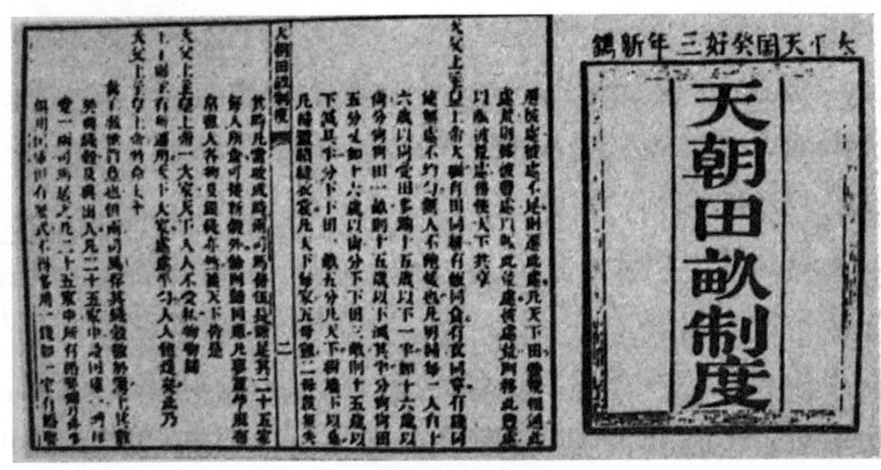
太平天国癸好三年新镌

天朝田畝制度

《天朝田亩制度》书影

（二）刑事立法

太平天国的刑法以“除妖安良”“斩邪留正”为基本宗旨，以“重刑轻罪”为刑罚原则，将一切敌视太平天国的势力及太平天国内部的变节、违纪者通通称为“妖”“怪”“邪”，用极其严厉的刑罚加以镇压。《太平刑律》和《太平诏书》规定，“如有被妖魔迷蒙反草通妖……即治以点天灯、五马分尸之罪”，“凡有人私带妖魔入城或妖示张贴谋反诸事……定将此人点天灯，其知情不告者一律斩首不留”。“凡一切妖书如有敢念诵教习者，一概皆斩”，“凡一切妖物妖文书一概毁化，如有私留者，搜出斩首不留。凡邪歌邪戏一概停止，如有聚人演戏者全行斩首”。“凡典圣库、圣粮及各典官，如有藏匿盗卖等弊，即属反草变妖，即治以点天灯之罪”，“杀妖之时，路旁金银衣物，概不准低头拣拾，以及私取私藏，违者斩首不留”。凡奸淫妇女者，一经被害妇女喊冤，“如系老兄弟定点天灯，新兄弟斩首示众”。不仅对叛变通敌、奸淫抢劫等重罪适用重刑，对偷盗、吸食鸦片、打架斗殴等轻罪一般也处死刑，甚至将口角纠纷、不敬长官、唱邪歌、演邪戏等也视为犯罪，要处死刑。

刑罚简单而残酷，主要有枷、杖、死刑等。对枷具没有规定规格，杖可以从五板直至二千板，死刑有斩首、点天灯、五马分尸以及桩沙、剥皮等酷刑。

（三）婚姻家庭制度

在婚姻家庭制度方面，体现了男女平等的理想。如妇女基本上享有与男子同等的权利，可以参军打仗，也可以出任文武官职，和男子一样平等分得土地，所谓“天下多男人，尽是兄弟之辈；天下多女子，尽皆姊妹之群”。提倡一夫一妻制，“一夫一妻，理所宜然”。同时，为杜绝变相的多妻制，太平天国还严厉禁绝娼妓，规定：“倘有习于邪行，官兵民人私自宿娼，不遵条规当娼者，合家剿洗，邻右擒送者有赏，知情故纵者一体治罪，明知故犯者斩首不留。”① 但是，太平天国在强令民间实行一夫一妻制的同时，却公开允许其领导集团成员实行多妻制。

废除封建买卖婚姻，主张“凡天下婚姻不论财”。在太平天国辖区，百姓结婚须报请相关官吏核准，给予“龙凤合挥”后方为合法。“龙凤合挥”是太平天国发给其辖区百姓的印有龙凤图案的结婚证书。它一式两份，结婚男女各执一份。

太平天国所规定的婚姻家庭制度当中也保留了封建纲常思想。天王洪秀全以封建的三从四德为准则，给妇女订立了许多戒条。洪秀全训诫民间妇女说：“妻道在三从，无违尔夫主，牝鸡若司晨，自求家道苦。”② 洪秀全训诫其后妃说：“服事不虔诚，一该打；硬颈不听教，二该打；起眼看丈夫，三该打；问王不虔诚，四该打；躁气不纯静，五该打；讲话极大声，六该打；有喙不应声，七该打；面情不欢喜，八该打；眼左望右望，九该打；讲话不悠然，十该打。”③ 这些戒条体现了封建的男尊女卑思想和夫权主义。

（四）司法制度

太平天国没有专门的司法机关，从地方到中央的各级官员既是行政官员，又负责司法审判，天王有最高的审判权。在诉讼方面，太平天国的《天朝田亩制度》规定了一套比较严格的诉讼程序，但由于十分烦琐，在当时并未施行。从太平天国的司法实践看，其诉讼程序系根据具体情况而定，大多数案件由总制或军事长官决断。在审判方面，太平天国时常采用公开审判的方式，审理时向群众讲明“某人现犯何罪，应得何罚”，有时还让犯罪分子向群众坦白认罪。但是，太平天国在审判时，有时也假借上帝的意志，刑讯逼供屡见不鲜，具有司法专横的突出特征。

第五节　人物及思想

一、龚自珍

龚自珍（1792—1841）一名巩祚，字璱人，号定盦，浙江仁和（今杭州）人。

龚自珍预感到社会裂变必将来临，将自己所处的时代描绘成“日之将夕，悲风骤至，人思

① 《贼情汇纂》，卷七，载《太平天国》（三）。
② 《幼学诗》，载《太平天国》（一）。
③ 《天父诗》，载《太平天国》（二）。

灯烛，惨惨目光”的“衰世”①。在“衰世”里，法律制度弊端从生，律例繁杂，刑狱黑暗，法吏任情，冤滥不断。社会已非改革不可，改革就是“更法”“改图”，但仍以托古为其改革依据，对“古之时”“古之法”赞扬有加，认为改革就是“仿古法以行之，以救今日束缚之病”②。

龚自珍认为，国家、礼乐、刑法起源于“农”，农业生产是一切制度、法律产生的根源，是为“农宗”。“农宗”说从经济角度探索国家、法律起源的秘密，认为人类并无差别，随着人们对土地等物质财富占有的不同，分化出了差别，衍生出了君主、礼乐、刑法，而礼乐、刑法是由“土广而谷众”者制定；国家、法律是“人自所造，非圣造”，从而否定了圣人制礼作乐说；又认为国家、法律是人们在农业活动中自然而然、由下至上形成的，从而否定了神秘主义的国家、法律起源观。但龚自珍树立“农宗”说的目的在于肯定宗法等级制度的合理性，认为治国平天下必须以维护农业宗法秩序为前提：“若无宗法，上安能旅徙而族封？有司之令梗塞，国安恃以散无友纪之百姓哉？神尧亦弗得平章矣。”宗法制是与君主专制相为表里的，肯定宗法制，就难免滑入专制主义的泥潭：“宗法立，专隆大宗，以土分定而心安，又即仁也，无贵贱一也。”③

龚自珍认为，纲常礼教与法制相为依托，不可缺一，但两者有主有次，礼教为本，“非礼无以劝节，非节非礼无以全耻”④。刑法是推行礼治德化的重要工具，“刑法者，乃所以为礼义也。出乎礼，入乎刑，不可以中立”⑤。基于此种认识，龚自珍主张以重刑打击种植、贩卖和吸食鸦片者。

龚自珍在“山雨欲来风满楼”的前夜，在“避席畏闻文字狱，著书都为稻粱谋”的专制社会里，以他“非常异议可怪之论”打破了“万马齐喑”的死寂，高举“变法改图”的大旗，开创了近代讥评时政、挞伐朽恶的议政之风，为近代思想变革的先声。

二、魏源

魏源（1794—1857）字默深，湖南邵阳人。

魏源提出“因时制变”的变法论，认为国家制度、法律是一个循序渐进的变化发展过程，其变法主张涉及面极广，在法律方面，主要有改革严刑峻法、从繁入简、改革选举制度等内容。魏源认为，“天地之性，人为贵”，天子也不过是众人中的一员，其“独得之见，必不如众议同也”⑥，应该广采“众议”。魏源认识到，言论的发达与社会的昌明有着密切联系，“世昌则言昌，言昌则才愈昌；世幽则言幽，言幽则才愈幽”⑦。

魏源认为，鸦片战争中国惨败的原因首先在于技艺上不如有坚船利炮的西方列强，从而提出了“师夷长技以制夷”的口号，这是近代洋务运动的先声。魏源还主张了解“夷情”，“欲制外夷者，必先悉夷情始”。其编撰的《海国图志》，是介绍西方列强的创榛辟莽之作。此书介绍了西方的基本政治、法律制度，对英国议会制度、美国总统制给予了很高评价。魏源借介绍西方列强之机，盛赞西方民主共和政治，可谓举世独醒的第一人。其在思想上的最大贡献在于，最先打破华夷畛域，开辟了一条向西方寻求真理的正确道路。

---

① 《龚自珍全集·尊隐》。
② 《龚自珍全集·明良论四》。
③ 《龚自珍全集·壬癸之际胎观第一》。
④ 《龚自珍全集·明良论二》。
⑤ 《龚自珍全集·春秋决事比自序》。
⑥ 《魏源集·默觚下·治篇一》。
⑦ 《魏源集·默觚下·治篇十二》。

课后复习

1. 清朝的立法思想主要包括哪些内容？
2. 清朝有哪些主要的立法？
3. 清朝法律的内容较前代有何发展变化？
4. 清朝对满族实施了哪些特殊的法律保护？
5. 清朝会审制度的主要内容是什么？

第十一章 清末法律的变化

提 要

1840年鸦片战争之后，随着一系列的不平等条约的签订，古老的中华帝国在割地赔款的同时，也使独立的国家主权和完整的领土一步一步地遭受到西方列强的侵犯和蹂躏。从1840年到1911年这一段时期被学界称为清末时期。在这段时期里，清政府面对内忧外患，“内恐舆情之反侧，又外惧强邻之责言”①，迫于形势的压力下诏变法，并在“预备立宪”的旗号下进行了一些立宪活动。沈家本等人受命主持修律工作，移植了大量西方近现代法律制度，从而促使传统的中国法律制度走向解体，中华法系也随之寿终正寝，中国法律的现代化由此拉开了序幕。

重点问题

1. 清末修律的指导思想。
2. 清末预备立宪活动及成果。
3. 清末修律的主要内容、特点及影响。
4. 清末司法制度的变化。

第一节 清末变法修律的指导思想

一、不平等条约对清末变法修律的影响

从1842年的《南京条约》到1901年的《辛丑条约》，清政府与外国政府签订的条约无一不是在武力威胁、政治讹诈、经济施压等情形下作出的损害国家主权的不得已选择。这一系列不平等条约的签订，一方面因割地赔款而加重了中国人民生活的苦难，另一方面因损害了中国的司法主权而成为清末修律的导火线。

不平等条约对于处于清末时期的中国影响可谓是多方面的。在经济方面，使中国延续了几千年的传统农业自然经济结构发生了巨大的变化。随着西方资本的大规模输入，中国相应地产生了一批民族工矿企业、新式棉纺企业和交通运输企业等近代企业，诞生了中国的民族资本家

① 《论中国必革政始能维新》，载《东方杂志》，第1期。

和无产阶级。新式的生产关系要求有相应的法律制度予以调整，因而法律的变革也成为历史的必然。此外，鸦片战争后，西方思想文化的传入，引起了中国思想文化上的剧烈变化，为变法修律奠定了思想基础。

其中，近代的不平等条约对清末的法律制度的影响至为深刻。《中英续议通商行船条约》中规定，如果中国以西方法律为模式整顿中国的律例，则英方允诺放弃其在华的领事裁判权。此后，1903 年的中美《续议通商航船条约》、中日《通商行船条约》，1904 年的中葡条约，均有类似内容的条文。领事裁判权一直是清朝政府的一块心病，是对清朝政府泱泱大国心态的沉重的打击。因此，收回治外法权，一直是清朝政府和全国上下的愿望。无疑，《续议通商行船条约》和日、美、葡等国的表态是促使清朝政府颁布修律上谕的重要原因。《续议通商行船条约》中规定的“整顿律例，期与各国改同一律”，以西方法律为参照的修律思路，与清廷后来“务期通行中外”的法律改革目标相一致。此外，不平等条约中的一些规定直接影响清末修律的内容。譬如，在《辛丑条约》中规定：虐杀外人的城市，停止科举考试五年，永禁组织或加入排外团体，违者处死。清廷后来修订的《大清新刑律》便将此条收入其中，曰“妨害国交罪”。1843 年《中英五口通商章程》中规定的领事裁判制度，在《大清刑事民事诉讼法草案》中也以法律的形式得到确认。在后来的《大清民律草案》中关于维护外国社团法人的特殊地位等的法律规定，均是直接或者间接地受到不平等条约的影响。这也是中华帝国在清末遭受的屈辱在法律上的反映，是清末中国司法主权不完整的体现。

二、修律的指导思想

以慈禧为代表的清末统治者愚昧顽固，本来根本无意对政治、法律制度作任何的变革。1898 年，清廷还残酷镇压了康有为、梁启超领导的“戊戌变法”运动。但随着义和团运动的兴起和八国联军的入侵，形势急转直下。《清史稿・刑法志》言及清末修律缘起时说：“德宗（即光绪皇帝）末叶，庚子……之变，创巨痛深。朝野上下，争言变法，于是新律萌芽。”又说：“逮光绪二十六年（公元 1900 年），联军入京，两宫西狩。忧时之士，咸谓非取法欧美，不足以图强。于是，条陈时事者，颇稍稍议及刑律。”1901 年 1 月，慈禧下诏变法：“世有万古不易之常经，无一成不变之治法……大抵法久则弊，法弊则更。”“盖不易者三纲五常，昭然如日星之照世，而可变者，令甲令乙，不妨如琴瑟之改弦。”① 1902 年年初，清廷正式下诏改革法律，责成袁世凯、刘坤一及张之洞“慎选熟悉中西律例者，保送数员来京，听候简派，开馆纂修，请旨审定修行”②。根据清廷的谕旨，袁世凯、刘坤一、张之洞联衔保举沈家本、伍廷芳主持法律改革工作。1902 年 5 月 13 日，清廷发布了变法修律的上谕：“现在通商交涉，事益繁多，著派沈家本、伍廷芳将一切现行律例，按照交涉情形，参酌各国法律，悉心考订，妥为拟议，务期中外通行，有裨治理。”③ 照此谕旨，修订法律大臣沈家本、伍廷芳提出了“参考古今，博稽中外”的修律方针，他们在《删除律例内重法折》中主张“遴选谙习中西律例的司员，分任纂辑；延聘东西各国精通法律之博士、律师，以备顾问；复调取留学外国卒业生从事翻译”。事实上，自 1904 年修订法律馆开馆以来，修订法律馆在一年中就翻译了德意志、俄罗斯、日本、法国、英国及美国等国家的法典。此外，沈家本还聘请日本的冈田朝太郎、松冈义正等外国专家学者直接参与清末的修律活动。

---

① 《庚子国变记・西巡回銮始末记》。

② 《大清德宗景皇帝实录》，卷四百九十五。

③ 《大清光绪新法令》，第 1 册。

在修律的过程中，清廷通过多次的“上谕”强调了修律的指导思想，尤其是强调“三纲五常”是“数千年相传之国粹，立国之大本”，虽“今寰海大通，国际每多交涉，固不宜墨守故常，致失通变宜民之意”，但是，“只可采彼所长，益我所短”，所以，“凡我旧律义关伦常之条，不可率行变革，庶以维天理民彝于不蔽”①。在这种指导思想的制约下，修律的内容不可避免地保留了封建残余。这同时也表明，清末的修律活动作为中国法律现代化的开端，存在着致命的缺陷。

第二节　清末变法修律的主要内容

一、“预备立宪”

(一)“预备立宪”的背景及实质

虽然“戊戌变法”被镇压了，但是，改良派提出的设立议会、制定宪法、施行君主立宪制的主张却受到愈来愈多的人的关注。甚至连洋务派的张之洞也对君主立宪制持赞同意见，他与袁世凯、周馥等人联衔上奏，奏请清廷于12年后正式实行立宪。清廷迫于舆论的压力，遂于1905年7月16日颁布了拟派五大臣出洋考察政治的上谕。以载泽为首的五大臣先后至日本东京、欧美等地考察宪政，于1906年8月归国。归国后，载泽向慈禧太后上了一份密折。这份密折中，载泽陈述了君主立宪的三大好处：一曰“皇位永固”，二曰“外患渐轻”，三曰“内乱可弭”。为了消除慈禧的疑虑，他们进一步解释说：“今日宣布立宪，不过是明示宗旨为立宪之预备。至于实行之期，原可宽立年限。”② 基于此，慈禧遂于1906年9月1日颁布“预备仿行宪政”的谕旨，以“大权统于朝廷，庶政公诸舆论”③ 为原则，宣布预备立宪。在该上谕中，清廷表示当此之时，民智未开，不适宜立即施行宪政，只能是待数年规模初具之后，再参考各国及中国的情形宣布施行宪政。因此，此上谕是名副其实的“预备立宪”上谕，立宪只是停留在预备阶段而已。此后，清廷于1906年开始推行“官制改革”，将考察政治馆改为宪政编查馆，成为筹备宪政的中枢机关，着手草拟《资政院院章》和《咨议局章程》以及起草《钦定宪法大纲》，并于1908年相继颁布上述三项宪法性文件。1909年，清廷相继在各省设立咨议局，1910年在中央筹设资政院，并且准备在将来将中央资政院和各省咨议局改为国会和地方议会。

所谓的“预备立宪”，只不过是清廷企图借预备立宪来缓和矛盾，为苟延残喘而玩弄的一个骗局而已。不过，“预备立宪”在客观上亦促进了现代宪政思想的传播，为中国近现代的宪政立法积累了经验和教训。

(二)《钦定宪法大纲》和《宪法重大信条十九条》

1.《钦定宪法大纲》

该大纲由“宪政编查馆”编订，于1908年8月27日正式公布。该大纲仿照1898年的《日本帝国宪法》制定，是我国历史上第一个带有“宪法”字样的法律文件。

《钦定宪法大纲》共23条，由正文和附录两大部分组成。其中，正文“君上大权”共14条，主要规定皇帝神圣不可侵犯、皇位世袭制，以及赋予皇帝颁行法律，发交议案，设官制

① 《大清法规大全·法律部》。

② 《光绪朝东华录》。

③ 载泽：《奏请宣布立宪密折》，载《宪政初纲·奏议》，上海，商务印书馆，1906。

禄，黜陟百司，统率陆海军队，宣战媾和，订立条约，派遣任命大臣，宣布紧急戒严，召集、开闭、解散议会和以诏令限制臣民自由，以及总揽司法审判等大权。附录“臣民权利义务”共9条，主要是规定：在法律范围内，臣民享有言论、著作、出版、集会、结社自由，非依法规定不受逮捕、监禁、处罚等内容，并承担纳税、当兵及遵守法律等义务。“臣民权利义务”规定相对“君上大权”要简单得多，而且明确规定皇帝得以诏令限制臣民自由，故所谓的臣民“自由”也就此大打折扣。

《钦定宪法大纲》无论是在体例上还是在内容上都是以君权为中心，民权只是附属品。所谓的“宪法”只不过是君权的宪法化而已，并未给臣民任何真正的民主权利。这正如宪政编查馆在《会奏遵拟宪法大纲及议院选举各法并逐年应行筹备事宜折》中所说的那样：“宪法者，所以巩固君权，兼以保护臣民者也……虽君民上下同处于法律范围之内，而大权仍统于朝廷。”①《钦定宪法大纲》只不过是在内外压力之下清朝政府统权于上的一种变通形式而已，内容实质还是维护封建皇权。正因为清廷毫无真正革除帝制进行变法的意思，《钦定宪法大纲》一颁布即遭到社会各界的强烈批评和反对。就连资产阶级改良派对该大纲也是大失所望，更别说资产阶级革命派了。所以，革命派加紧革命活动，最终导致辛亥革命爆发。

2.《宪法重大信条十九条》

这是清廷在辛亥革命爆发之后抛出的又一个应付时局的假意立宪的宪法性文件。辛亥革命爆发之后，清朝政府很快便失去了南部的大片江山。清朝政府一方面调兵镇压，另一方面召开国会、公布立宪，短短的三天时间便出台了《宪法重大信条十九条》，企图挽救江山于将倾。

虽然《宪法重大信条十九条》第一、二条仍强调“大清帝国之皇帝万世不易”与“皇帝神圣不可侵犯”，但与《钦定宪法大纲》相比，其内容和体例都有了很大的变化。除了体例上采用英式的“虚君共和”的责任内阁外，内容上扩大了国会的权力，皇权相对缩小了很多。譬如，第三条、第四条相应规定皇权以宪法为限，皇位继承顺序由宪法规定。此外还规定，宪法由资政院起草议决，皇帝颁行；国际条约，非经国会议决不得缔结；皇帝直接统率海陆军，但对内使用时，应依国会决议之特别条件；总理大臣由国会公选、皇帝任命；官制、官规由法律规定之等。但遗憾的是清廷至此仍无法抛弃陈腐的观念和幻想，只是着眼于皇帝与国会的关系，对人民的权利义务、国家的基本制度等根本性问题只字未提。最终《宪法重大信条十九条》也未能挽回清廷的厄运。辛亥革命爆发后，1912年2月12日清帝溥仪宣布退位。至此，统治了中国两千多年的封建帝制终于宣告终结。

3. 资政院和咨议局

（1）资政院。1907年清廷下诏在中央筹建资政院，1909年8月颁布《资政院院章》，1910年9月资政院正式成立。根据《资政院院章》第一条——“资政院钦尊谕旨，以取决公论，预立将来上、下议院基础为宗旨”，资政院具有正式实施宪政前的过渡性机构的性质。因此，该院章规定，资政院的主要职责包括：议决国家的年度预算、决算，议决税法、政府公债等；制定、修改各项法律及其他“奉特旨交议事件”，对行政机构进行监督等。资政院的议员分“钦选”和“民选”两部分，各占议员总数的一半。钦选议员主要包括：满汉贵族、政府官员、硕学鸿儒以及纳税数额高者。民选议员由各省咨议局议员互选产生，经督抚圈定。资政院设总裁和副总裁，均是从王公大臣、三品以上大员中“由特旨简充”。皇帝可以特旨谕令的形式令资政院停会乃至解散。可见，这种所谓的“资政院”并非民意的代表机构，而实质是皇帝操纵的办事机构。

---

① 《大清法规大全·宪法部》，卷四，208页。

（2）咨议局。1907年咨议局筹建工作开始，1908年清廷颁布设立咨议局的上谕，1909年开始相继在各省成立。咨议局的主要职权包括：议决本省应兴、应革事项，议决本省财政预、决算，执行修改本省单行法规、章程，接受本省民众的陈情、建议，对本省的行政记过进行有限的监督，等等。但是，咨议局行使以上职权必须受督抚监督、控制。督抚对咨议局不但有监督、裁夺的权力，而且有令其停会及奏请解散的权力。此外，咨议局议员的选举产生条件也极为苛刻，不但要年满25岁，还需具有一定的官品或学识或资产等条件。所以，咨议局根本没有具备资本主义制度下的地方议会的性质，只不过是清廷玩弄“预备立宪”的一个装饰而已。

二、改革官制与颁布行政法规

（一）改革官制

1906年8月25日，出使各国考察宪政大臣端方等人向清廷递呈《奏请改定全国官制以为立宪预备折》，建议将官职改革列为预备立宪的首要事项。9月1日，清廷颁布“预备仿行宪政”的谕旨，“故廓清积弊，明定责成，必先从官制入手。亟应先将官制分别议定，次第更张”，正式确定筹备立宪从厘定官制入手。9月2日，载泽、袁世凯等14人被任命为编纂官制大臣，着手进行官制改革。11月6日，清廷旋即颁布“厘定官制谕”。按该谕旨的说法，此次官制改革的目的是：“专责成，清积弊，求实事，去浮文，期于厘百工而熙庶绩。”[①] 由此，清廷对行政机构作出一系列的调整：改刑部为法部、兵部为陆军部，并将太仆寺和练兵处并入；改户部为度支部；改巡警部为民政部；改大理寺为大理院，专掌审判；改理藩院为理藩部；保留礼部，并将太常寺、光禄寺、鸿胪寺并入；将工部并入商部，改称农工商部；增设邮传部，管理轮船、铁路、电讯、邮政事务；保留外务部（1901年设）和学部（1905年设）；此外，筹备设立资政院、审计院及海军部。根据御前会议确定的官制改革“五不议”[②] 的原则，此次清政府官制改革，中央机构增至11个部，但是，皇帝直接控制的军机处以及其他为皇族服务和维护满族特权的机构都原封不动地保留下来。这表明此次官制改革没有从根本上触动封建行政体制。

与此同时，清廷政府还进行了地方官制改革，1907年，将各省督抚的军权、财权分别收归陆军部和度支部，借此削弱地方督抚的实力。

（二）颁布行政法规

为了配合“预备立宪”和各项立法工作的进行，清廷在其执政的最后几年陆续颁布了《结社集会律》《违警律》《户口管理规则》《京师户口调查规则》《调查户口执行法》《各学堂管理规则》等单行法规，希图通过这些法规对结社、集会等威胁清廷统治的行为进行规制，以达到进一步钳制、防范人民的目的。

（1）《结社集会律》，对人民得享有的结社、集会自由进行了严格的限制。首先，明令禁止秘密结社。在《结社集会律》中规定：“凡秘密结社，一律禁止”，凡违反此条“纠集结社或入列者”则“均照刑律惩办”。其次，对于人民参加的合法的结社集会也有严格的限制。该《结社集会律》第九条规定，军人、巡警、僧人、学生、妇女、未满25岁男子、曾处监禁以上刑者、不识文义者均被禁止参加政事结社集会。此外“无论何种结社，若民政部或本省督抚及巡察道局、地方官，为维护公安起见，饬令解散或令暂时停办，应及遵照办理”，“无论何种集会或整列游行，巡警或地方官署，为维持公安起见，得量加限禁或饬令解散”[③]。

---

① 《大清光绪新法令》，第1册，17页。

② 所谓“五不议”即“军机处事不议”“内务府事不议”“旗事不议”“翰林院事不议”“太监事不议”。

③ 《结社集会律》第21条、第22条，载《大清法规大全·民政部》，卷七，1048页。

（2）《违警律》，共45条，清廷于1908年5月9日颁布。其中“无故散布谣言”“于官吏办公处所聚众喧哗不听禁止”“迁移婚娶生死不遵章程呈报”等诸如此类的细小琐事均无一例外构成了“政务之违警罪”。此外，《违警律》中还规定了众多的诸如“公众危害之违警罪”“通信之违警罪”“秩序之违警罪”“风俗之违警罪”“财产之违警罪”“交通之违警罪”等罪名，以期对人民的社会行为实行严密的监控。而且人民若是违反了以上的众多罪名中的任何一种，巡警人员都可以不持传票，“径行传案”①。

（3）户口管理法规及《各学堂管理通则》。1907年至1909年期间，清政府陆续颁布了《户口管理规则》《京师户口调查规则》《调查户口执行法》《各学堂管理规则》等单行法规，对民众进行严格的户口控制。对于知识分子和学堂学生中所蕴含的政治热情和反帝、反专制情绪，清廷尤为惧怕。清廷发布的《学堂禁令》中规定了学生的“十一不准”规则，严禁学生参加社团、参与政事、发表政论，严格控制学生的阅读刊物，加强学生的日常生活管理。一旦学生有违反“十一不准”的行为，“除立行斥退外，仍分别轻重，酌加惩罚”②。除学生外，教习人员若有宣扬异端邪说、违背名教纲常等的言论，也一概受到处罚。

可见，清廷一面打着“预备立宪”的旗号欺骗民众，一面又千方百计加强对人民的思想言论行为等各方面的控制。这显示出清廷对革命或变革的惧怕心理，同时也表明“预备立宪”的虚伪。

三、修订刑律

沈家本像

（一）《大清现行刑律》

《大清现行刑律》是修订法律馆在《大清律例》等清朝传统律典的基础上进行局部的修改而完成的，于1910年5月15日公布施行。作为一部过渡性法律，《大清现行刑律》取消了以往封建法典编纂的体例，仿效西方法典编纂形式，将该刑律分30门，共389条，附例1 327条，及另附《禁烟条例》12条、《秋审条例》165条。虽然该律在篇目和内容上依然难脱旧律窠臼，但其作为一部过渡性法典，在结构、内容上均有所变化，主要表现为以下几个方面。

（1）改律名为“刑律”。以往的封建法典一般以“律”称，如《唐律疏议》《大明律》等，而该律则更名为“刑律”，以示不同于封建法典，并突显该法典单纯刑事法典的性质。

（2）取消《大清律例》中按吏、户、礼、兵、刑、工六部名称而分目的体例，除保留“名例”作为总则之外，将各条按其性质共分30门、36卷。

① 《大清法规大全·民政部》，卷四，1018页。

② 《大清法规大全·教育部》，卷二十一，1531～1532页。

(3) 改革刑罚，删除了凌迟、枭首、戮尸、刺字等刑罚方法，废除了缘坐制度，改笞、杖刑为罚金、苦役，并废止刑讯，确立了以罚金、徒、流、遣、死取代原有的笞、杖、徒、流、死五刑的刑罚体系。

(4) 废除一些旧法条，增加一些新罪名。废除的旧法条主要是涉及因时势变迁而不再适用的条文，主要包括体现民族压迫的维护满族人特权的条款。删除“良贱相殴”“良贱相奸”条，并将律典中涉及奴婢的条款中的“奴婢”改为“雇工人”。一些关于婚姻、继承、析产、田宅、钱债等纯属于民事性质的条款中不再设刑。同时增加了新的罪名，如“妨害国交”“妨害选举”“私铸银圆”“破坏交通”等。

由此可见，《大清现行刑律》作为一部过渡性法典，其主要作用是承上启下，缓和立法所带来的矛盾冲突。与《大清律例》相比，其基本精神和主要原则并没有根本性的变化，故它大体上还是属于旧法典，但它又带有一定的新鲜气息，出现了一些适应新形势的法律条文，在一定程度上缓和了清末统治阶级内部的开明人士和保守势力的矛盾，为新法典的颁布作了铺垫。

(二)《大清新刑律》

清廷在修订《大清现行刑律》的同时也在抓紧制定新刑律。《大清新刑律》从1906年草订到1911年1月25日颁布，历时5年之久。在法典起草过程中，修订法律馆除了翻译、参考西方各国的刑法之外，还聘请了日本法学博士冈田朝太郎帮助共同考订。1907年下半年，《大清新刑律草案》正式上奏朝廷。但是，清政府内部一些守旧力量对之予以强烈反对和攻击，张之洞认为，内乱罪不处唯一死刑是沈家本有意放纵革命党，且草案未对和奸无夫妇女治罪是败坏礼教，等等。于是清廷于1909年下诏，表明“三纲五常”是立国之本，要求沈家本对该草案进行修改。修订法律馆不得不将此法案收回重新修改，正文后加上《附则五条》，附则的主要内容是“十恶”、亲属容隐、干名犯义、存留养亲、亲属相奸、相盗、相殴、发冢、犯奸等与纲常礼教相关的条文。

后经资政院议决的《大清新刑律》采近代资产阶级刑法典的编纂体例，分为总则和分则两编，共53章、411条，另有附则5条。清廷于1911年1月25日正式公布，但还未等正式实施，清政府即告覆亡，因此，《大清新刑律》只得付诸东流。与《大清现行刑律》相比，《大清新刑律》在形式和内容上都有进步，主要体现在以下几个方面。

(1) 体例上的变化。《大清新刑律》不再是诸法合体的编纂形式，而是明确地将罪名、刑罚、执行等专属刑法范畴的条文作为法典的唯一内容，一改以往封建法典传统的编纂形式和体例，而采用西方近代的刑法典的编纂体例，分为总则与分则两编，下设章、条。

(2) 建立新的刑罚体系。《大清新刑律》抛弃了以往封建法典残酷的刑罚体系，建立了新的刑罚体系。刑罚分为主刑与从刑两种。主刑包括：死刑、无期徒刑、有期徒刑、拘留、罚金；而且死刑的执行方法唯一，只有绞刑一种，与原来的凌迟、枭首等残酷、野蛮的刑罚手段相比，确实进步不少。从刑包括褫夺公权和没收财产两种。

(3) 大量采用西方的刑法制度和近代刑法术语。《大清新刑律》不但删去了维护封建等级特权的“八议”制度和“十恶”罪名，还引进了不少西方近代的刑法制度和刑法术语，如罪刑法定原则、法律面前人人平等原则以及缓刑、假释、时效、溯及力等制度，另广泛使用诸如正犯、从犯、正当防卫、紧急避险等刑法术语。

若是从技术角度来看，《大清新刑律》无疑属于现代意义上的、新式的专门刑法典，其结构、体例、表现形式以及部分的条文内容、法律术语均具有现代性。但是，该法典仍有着礼法纲常这样一条不可逾越的底线，在内容上仍带有君主专制的残余，这使其作为一部法典的近代性意义大打折扣。同时，它是中国历史上首部效仿西方法典而编纂的一部具有近代资产阶级刑法典特征的法典，对中国近代的刑事立法影响深远。

四、修订民商律

（一）《大清民律草案》

清末修律之初主要着眼于刑律的修订，而民事法律的修订工作直到1907年6月民政部大臣耆善提出“斟酌中土人情政俗，参考各国政法”① 修订民律，才受到朝廷的重视。《大清民律草案》的起草工作，从1907年正式开始。1908年宪政编查馆正式将民法的编纂列入修律计划。1908年11月，修订法律馆聘请日本法学家志田钾太郎、松冈义正为顾问，在其指导下起草民法典的总则、债权、物权三编。亲属、继承两编因与中国礼教传统联系较紧，故由礼学馆负责起草。1911年8月《大清民律草案》起草工作完成。

此次编纂民律，是以“注重世界最普遍之法则”“原本后出最精确之法理”“求最适于中国民情之法则”② 为宗旨而进行的。基于这一宗旨，《大清民律草案》在体例上仿照的是1900年《德国民法典》，分为总则、债权、物权、亲属、继承五编，共36章、1 569条。其中，由修订法律馆负责编纂，志田钾太郎、松冈义正执笔起草的总则、债权、物权三编，主要仿照德国、日本和瑞士等大陆法系国家的民法典，采用了私有财产神圣不可侵犯、契约自由、诚实信用等近代资产阶级民法原则，几乎是把当时世界上最先进的民法典糅合在一起。第一编“总则”，下设法例、人、法人、物、法律行为、期间及期日、时效、权利之行使及担保共八章。第二编“债权”，下设通则、契约、广告、发行指示券、发行无记名证券、管理事务、不当得利、侵权行为，共八章。第三编“物权”，下设通则、所有权、地上权、永佃权、地役权、担保物权、占有，共七章。而由礼学馆负责撰写的亲属、继承编则有不少维护伦理纲常及中国传统风俗习惯的内容，如保留按宗法原则划分亲属关系，保留服制以及宗祧继承、嫡庶之分，在一定程度上承认家庭财产男女不平等、父母主婚权等旧制。礼学馆起草的第四编“亲属”编，下设通则、家制、婚姻、亲子、监护、亲属会、扶养之义务，共七章。第五编“继承”，下设通则、继承、遗嘱、特留财产、无人承认之继承、债权或受遗人之权利，共六章。

从整体结构来说，《大清民律草案》的确是代表了当时最先进的民法编纂技术和民法理论。但从具体内容看，一方面，《大清民律草案》抄袭西方法律而使这部法典相对于清末的中国来说具有超前性；另一方面，由于当时历史条件的限制，这部法典仍保留了大量封建内容，成为中西法律文化冲突和交融的产物。作为中国第一部民法典草案，它对中华民国的民事立法产生了深远的影响。

（二）清末的商事立法

自从鸦片战争打开国门后，由于工商业的发展，清廷也开始制定相应的商事法规调整商事法律关系。按其前后修订过程可将清末的商事立法大致分为两个阶段：第一阶段指1903年至1907年，第二阶段为1907年到1911年。

1903年，清廷发布制定商律的上谕，刚刚成立的商部奉此谕旨开始起草制定商法，同年即起草公布了《商人通例》和《公司律》。其中，《商人通例》共9条，分别规定了商人意义及条件、商号、商业账簿管理等方面的问题，具有商法总则的性质。《公司律》131条，规定了公司的种类、创设方式、股份、股东权利、董事、董事会议、股东会议以及查账人等各方面的内容。《商人通例》和《公司律》于1904年1月奏准颁行，定名为《钦定大清商律》。这是清

① 《光绪朝东华录》，5683页。

② 《清末筹备立宪档案史料》，下册，911～913页。

朝的第一部商律，也是中国历史上第一部商律。此外，清廷还陆续颁布了一些有关商务和奖励实业的法规、章程，如1904年6月颁布了《公司注册试办章程》，同年7月颁布了《商标注册试办章程》，1906年5月公布了《破产律》。这是第一阶段所颁布的主要商事法律法规。总的来说，这时期颁布的法规较为简单、粗糙。

第二阶段的商事立法由于有了第一阶段的经验，故所制定的法律趋于成熟，但由于清政府很快灭亡，所以这一阶段的商事法规大多未能颁行。这一阶段的主要立法成果有：1910年由日本法学家志田钾太郎协助起草的《大清商律草案》，该草案包括总则、商行为、公司法、票据法、海船法五编，共1 008条；1910年农工商部修订完成的《保险规则草案》；1911年农工商部拟订的《改订大清商律草案》；此外，还有《交易行草案》《破产律草案》等。在此期间公布的单行法规有《银行则例》（1908年7月奏准颁行）、《银行注册章程》（1908年7月奏准颁行）、《大小轮船公司注册给照章程》（1910年4月奏准颁行）及《运送章程》（1910年12月奏准颁行）等。

五、刑事诉讼、民事诉讼立法

（一）《刑事民事诉讼法草案》

在清末修律变法活动中，诉讼法的制定也是其中的一项重要内容。沈家本本人对诉讼法非常重视，他曾说："窃维法律一道，因时制宜，大体以刑法为体，以诉讼法为用。体不全，无以标立法之宗旨；用不备，无以收行法制实功。二者相因，不容偏废。"① 所以，在草拟《大清现行刑律》和《大清新刑律》的同时，修订法律馆就已经于1906年由伍廷芳执笔草拟出一部《刑事民事诉讼法草案》。该草案共5章、260条，另附《颁行例》3条。第一章为总纲，主要规定了刑事诉讼和民事诉讼的区别及时限、公堂、各类惩罚等；第二章为刑事规则，主要规定了刑事强制措施及审判、执行程序；第三章为民事规则，主要规定了民事诉讼的程序规则；第四章为刑事、民事通用规则，主要是有关律师、陪审、证人等方面的规定；第五章为中外交涉案件的处理规则。

由于该草案的主要编纂者伍廷芳具有较浓厚的英美法的知识背景，所以，该草案制定了公开审判、律师辩护、陪审等近代资产阶级诉讼制度。而这些诉讼制度与中国传统的法制观念相差很大，所以当该草案修成上奏发交各地讨论时，受到了清廷内部保守势力的强烈反对和攻击。其中，湖广总督张之洞的攻击尤剧，他认为"过沿西制，于中国礼教似有乖违，且未尽合法理，诚恐法权难挽"②。所以，中国历史上的第一部诉讼法草案还在议论阶段，未来得及进入下一个立法程序，便搁浅废置了。

（二）《刑事诉讼律草案》和《民事诉讼律草案》

《刑事民事诉讼法草案》夭折之后，清廷下令沈家本以此为基础，将刑事诉讼法和民事诉讼法分开，同时吸收各大臣及督抚的意见，重新修订诉讼法。1908年10月，修订法律馆聘请日本法学家冈田朝太郎、松冈义正分别协助起草刑事诉讼律和民事诉讼律。1911年1月《刑事诉讼律草案》和《民事诉讼律草案》相继完成了，但未及颁行，清王朝即宣告灭亡。

1.《刑事诉讼律草案》

它是我国第一部刑事诉讼法草案，它模仿日本1890年的《刑事诉讼法》，引进西方的一些

① 《大清法规大全·法律部》，卷十一。
② 《光绪朝东华录》。

诉讼制度，譬如辩护制度、预审制度等。该草案共6编、515条：第一编“总则”，第二编“第一审”，第三编“上诉”，第四编“再理”，第五编“特别诉讼程序”，第六编“裁判之执行”。

与1906年的《刑事民事诉讼法草案》相比，《刑事诉讼律草案》不仅保留了备受保守派攻击的陪审、律师辩护制度，还更多地吸收了当时最先进的刑事诉讼法理论；不但实行预审、自由心证、公开审判制度，还吸收资产阶级的法律面前人人平等、公正审判等原则；此外，刑事诉讼程序也更加具体、详细。

2.《民事诉讼律草案》

它是我国第一部民事诉讼法草案，它以《德国民事诉讼法》为蓝本，参照日本、奥地利、匈牙利等国家的民事诉讼法，同时也结合了中国一些相关的民事诉讼的传统习俗制定而成。该草案采用了当事人主义、法院不干涉以及辩论原则等近代西方资产阶级诉讼原则，全文分为审判衙门、当事人、通常诉讼程序、特别诉讼程序四编，共800条。

该草案比1906年的《刑事民事诉讼法草案》更加系统地吸收了审判公开、当事人诉讼权利平等、言词辩论、当事人主义等资产阶级国家的诉讼制度和原则。但由于辛亥革命的爆发其立法程序中断，所以，该草案与《刑事诉讼律草案》一样，未得到颁行。

第三节　清末司法制度的变化

一、领事裁判权制度

领事裁判权制度，是指一国通过不平等条约使其驻外领事有权对所驻国的本国国民行使司法管辖权，并依据其本国的法律加以审判的制度。清末西方列强用武力或者经济压迫等不正当手段，与中国清朝政府签订一系列不平等条约而获得司法上的特权。根据这种特权，中国政府无权对发生在中国境内的违反中国法律的外国人的行为进行管辖。故领事裁判权也称为“治外法权”，是清末中国政府司法主权受到侵犯的重要体现。

（一）外国在华领事裁判权制度的确立

攫取在华领事裁判权是外国侵略者蓄谋已久的。鸦片战争之后，英国以中国法律野蛮、残酷及审判方式落后为由要求享有领事裁判权。1843年7月22日的《中英五口通商章程》率先规定了英国在五个通商口岸享有领事裁判权。同年10月8日签订的《中英五口通商附粘善后条款》（即《虎门条约》）将领事裁判权的范围扩大，不单在这五个通商口岸英国政府享有领事裁判权，而且英国人离开口岸擅自到内地远游者英国政府也要行使领事裁判权。1844年的《中美五口贸易章程》（《中美望厦条约》）中规定，领事裁判权不限于通商口岸，而是扩大适用于各个港口，同时不限于华人与美国侨民或者美国侨民内部的纠纷，而是扩大适用于美国侨民与其他国侨民之间的纠纷，“应听两造查照各本国所立条约办理，中国官员均不得过问”①。1858年的《天津条约》继续将领事裁判权的适用范围扩大，该条约规定，“英国属民相涉案件，不论人、产，皆归英官查办”②。此后法国、俄国、日本、奥地利等近二十个国家都援引英、美先例，通过最惠国条例无一例外地获得了领事裁判权。

---

① 王铁崖编：《中外旧约章汇编》，第1册，北京，三联书店，1957。

② 牛创平、牛冀青编：《近代中外条约选析》，北京，中国法制出版社，1998。

会审公廨的审判

为了保证在华领事裁判权的实现，西方列强建立了一系列的审判制度和司法机构。这不仅包括观审制度和会审公廨制度，而且包括西方列强在华的“海外司法系统”。1858 年的《天津条约》规定，当华人与外国侨民发生争讼而又无法达成调解的时候，由中国官员与领事官“会同审判”。1864 年清政府与英、美、法三国驻上海领事协议在租界设立会审公廨，并于 1868 年订立《上海洋泾浜设官会审章程》，以后又在汉口、哈尔滨、厦门鼓浪屿等地设立会审机关。会审公廨名为会审，实为外国领事一手把持案件的审理，是西方列强对我国司法主权的严重破坏。观审制度是在 1876 年的《中英烟台条约》中确定的，该条约规定，“凡遇内地各省地方或通商口岸有关系英人命盗案件，议由英国大臣派员前往该处观审”①，而且观审官员认为审判、判决有不妥之处时，有权提出新证据、再传原证，甚至参与辩论，中国承案官员应以观审之礼相待。观审制度是对原有领事裁判权的扩充，也是对中国司法主权的粗暴践踏。西方各国在华设立的行使领事裁判权的机构各有差别：一般作为一审的法院都是领事法院，主要设立于各领事区。而上诉法院则有差别，如英国的二审法院是设立在上海的“英国驻华高等法院”，三审法院则是在其本土的枢密院；而法国则不同，二审是设在越南的西贡法院，三审是巴黎的大理院。

（二）领事裁判权制度的后果与影响

鸦片战争以前，中国是一个领土完整、主权独立的封建制国家，早在《唐律》中就规定“诸外化人，同类自相犯者，各依本俗法；异类相犯者，以法律论”。此后的明、清律都有相应

① 牛创平、牛冀青编：《近代中外条约选析》，北京，中国法制出版社，1998。

的规定。鸦片战争之后，在一系列的不平等条约之下，古老的中华帝国正一步一步地丧失独立的国家主权，包括司法主权。领事裁判权正是西方列强侵犯我国司法主权的重要途径和手段。它不仅使中国的司法机关对涉外案件无管辖权，而且允许外国司法机关在中国主权领土之内行使司法审判权、执行权，结果是中国领土上出现了“外人不受中国之刑章，而华人反就外国之裁判”[①] 的怪现象。此外，西方侵略者凭借着这种“治外法权”在中国境内大肆走私、贩毒、欺压中国平民百姓，胡作非为。领事裁判权也被利用来镇压中国人民反帝反封建的活动，其中1903年著名的《苏报》案就是在上海租界经会审公廨会审而将章太炎、邹容逮捕入狱。所以，领事裁判权制度不仅是清朝法律制度半封建半殖民的一个重要标志，而且正如康有为所说，“外来人者，自治其民，不与我平等之权利，实为非常之国耻”[②]，是我国近代法制史上的一个奇耻大辱。与此同时，通过领事裁判权和会审公廨，西方的一些先进的法律理论和司法原则，包括重证据、禁止刑讯逼供、陪审制度、律师辩护制度等，也借此以直观的方式传入中国，为中国法律制度的改革提供了资源。

二、司法机构的改革

清末的司法机构改革是在1906年与官制改革同时开始的。为了配合立宪骗局，1906年9月，清廷于宣布“仿行预备立宪”诏令之后，又宣布采取资本主义国家的司法与行政分立的原则。同年11月6日，清政府发布“厘定官制谕”改革官制，使中国数千年来的司法体制产生巨大的转变。其主要内容包括以下几个方面。

（1）改刑部为法部，职掌司法行政，使司法与行政分离。清末，清廷将原来的负有审判职能的提刑按察使改为提法司，专管各省司法行政事务。

（2）改大理寺为大理院，作为全国最高审判机关，专任审判。1906年12月颁行的《大理院审判编制法》和1910年2月7日颁行的《法院编制法》均对此作出了规定。《法院编制法》第33条更是明文规定“大理院为最高审判衙门”；同时还规定，在大理院下设刑事科和民事科，并根据情况之简繁，适当设立相应数量的民事庭和刑事庭。

（3）在中央设置总检察厅。根据《法院编制法》第85、86、98条的规定，总检察厅为全国最高的检察机关，有权调动全国各省检察分厅的官员及管理其事务。[③]

（4）设地方各级审判机构。地方各级审判机构分京师地区和全国各省地区。《大理院审判编制法》规定了京师地方由下到上分城谳局，城内、外地方审判厅，京师高等审判厅，三级均由大理院直辖，形成四级三审制。此后，京师的四级三审制度不断向全国推广。1908年，奉天高等审判厅、高等检察厅率先建立。全国各省纷纷响应，至1911年，全国十八行省均已建立高等审判厅和高等检察厅。在《法院编制法》中已经明文确定全国各地建立初级审判厅、地方审判厅、高等审判厅以及中央的大理院，实行四级三审制。

（5）地方检察机关体系。《法院编制法》在规定各地审判机关的同时，还规定各审判衙门之下分别相应配置检察厅，从而在全国也形成与审判机关一一对应的地方三级检察厅与中央总检察厅的四级检察机关系统。

---

① 《清史稿·刑法志》。

② 《戊戌奏稿·应诏统筹全局折》。

③ 《法院编制法》第85条规定，全国分初级检察厅、地方检察厅、高等检察厅、总检察厅四级。第86条规定总检察厅置厅丞一员，检察官二员以上。第98条规定，检察官应从长官之命令。大理院审判特别权限制诉讼案件时，与该案有关系之各级检察官，应从总检察厅丞之命令，办理一切事务。

三、诉讼审判制度的改革

（一）司法独立原则

修订法律大臣沈家本非常欣赏西方的司法独立，他认为："东西各国宪政之萌芽，俱本于司法之独立。"① 他担任大理院正卿不久，便进呈了《大理院审判编制法》，第二年又主持制定《法院编制法》，这些法律均规定了司法独立的原则。其中《大理院审判编制法》第 6 条规定："自大理院以下，及本院直辖各审判厅、局，关于司法裁判，全不受行政衙门干涉，以重国家司法独立大权，而保人民身体财产。"《法院编制法》将此精神贯穿其中。这是清末时期第一次对我国传统法律制度中君主专制、行政司法不分的否定。虽然规定与实践最终还是有差距，但就此规定来说已属难能可贵。

（二）刑事、民事诉讼分离原则

《各级审判厅试办章程》明确区分了刑事和民事案件：刑事案件，是指因诉讼而审定罪之有无；民事案件，是指因诉讼而审定理之曲直。此外，《大理院审判编制法》《法院编制法》明确在中央和地方审判厅之下分设民事庭和刑事庭，分别管理民事案件和刑事案件，从而一改以往审判机关主要审判刑事案件而兼管民事案件的做法，使审判职能的划分更加细化和专业化。

（三）审判权、检察权分立

1907 年编订的《大理院审判编制法》规定："凡大理院以下之审判厅、局，均须设有检察官。其检察局附属该衙署之内。检察官于刑事有起公诉之责。检察官可请求用正当之法律。检察官监视判决后正当施行。"该法不但规定了检察官负责刑事诉讼的公诉，而且规定了检察官拥有监控审判执行的权力。《各级审判厅试办章程》继续完善检察官的公诉权："凡诉讼案件，经检察官或预审官送由本厅长官分配后，审判官得公判之"；"凡刑事案件，因被害人之告诉，他人之告发，司法警察官之移送或自行发觉者，皆由检察官提起公诉。但必须亲告之事件，不在此限"。此外，该章程还规定检察官有请求预审、指挥逮捕、收集证据、保护民事公益、监督审判并纠正审判错误、监督审判执行等权限，进一步明确了审判权和检察权分立的原则。

（四）律师辩护制度

伍廷芳本人作为第一个取得外国律师资格的中国人，对律师制度有一定的偏好。他认为律师代理当事人到公堂开审是为了维护当事人的利益，避免当事人因不熟悉法律而发生错误。所以他主持起草的 1906 年的《刑事民事诉讼法草案》首次确定了律师辩护制度，"凡律师俱准在各公堂为人辩案"。但该法因为受到保守势力的责难而未及颁行就夭折了。律师辩护制度在 1910 年的《法院编制法》中得到确认，该法第 64 条规定："律师在法庭代理诉讼或辩护案件，其言语举动如有不当，审判长得禁止其代理辩护。"此后，律师制度在中国确立。

四、狱政制度的改革与"模范监狱"

（一）狱政制度的改革

在清末西法东渐的过程中，朝野内外人士不断批评旧时中国狱政制度的残酷、野蛮性。1908 年改良狱政的呼声终于受到清廷的重视，修订法律馆聘请了日本监狱学专家小河滋次郎帮助起草监狱律。1910 年《大清监狱律草案》终于宣告完成，这是我国第一部监狱法典草案。该草案规定：监狱是执行自由刑、限制受刑人的人身自由，使其受到教化、服从国法而后重新

① 《裁判访问录序》，载《寄簃文存》，卷六。

回归社会的场所。并且将监狱分为男监、女监及少年监。该草案虽然最终因清廷的覆亡而流产，但是，作为近代改良监狱的尝试，对民国制定监狱法产生了重要影响。

清廷1906年的官制改革中，改刑部为法部，并吸收原属于刑部的管理监狱的提牢厅。因此，在法部之下专设典狱司掌管各省的狱政。罪犯名册、衣粮开支、监狱规章的编纂都由相应的官员来管理。

（二）“模范监狱”的建立

1902年，山西巡抚赵尔巽奏准设置罪犯习艺所，将判处发遣、充军、流、徒刑的罪犯，“在犯罪地方收所习艺，不分本省外省，分别年限之多寡，以为工役之轻重”。使犯轻罪的犯人在一定的场所接受职业的训练，以便日后回归社会的时候可以重新生活，开创了我国改造罪犯的新途径。自此，全国各地纷纷效仿，建立“罪犯习艺所”，其中著名的有顺天府习艺所、江苏省习艺所。

与此同时，在“改良监狱”的口号下，清政府于1903年模仿资本主义国家的监狱模式，改良犯人的居住环境，改革监管犯人的模式，建立了“京师模范监狱”。该监狱设有监狱办公楼、杂居监、女监、病监、工场等设施，实行男女分监管理。该监狱管理严明，一改以往昏暗、肮脏、鄙陋的传统，促进了狱政的文明，因而得到好评和推广。

第四节　人物及思想

一、沈家本

沈家本（1840—1913）字子惇，别号寄簃，浙江归安（今吴兴）人；长期厕身于清廷刑部，对中国传统法律进行过深入的考证研究，1902年被任命为修订法律大臣，与伍廷芳一起主持修订法律馆工作，广译各国法典，筹设法律学堂，草拟、推行各项新法。

沈家本认为，“法学之盛衰与政之治忽实息息相通”①，提倡重视研究法理学，希望由法学的昌盛而迎来一个“法治”的社会。在法的性质与作用、法的统一与平等、法与道德教化的关系、持法平恕以及罪刑法定等方面，沈家本提出了一系列见解。法学的不发达，表面原因在于官方的压制和不提倡，根源则在于专制政治本身，然而，沈家本并未发现专制与法学的互斥性。

沈家本的法律思想以正统思想为基石，但面对欧风美雨，沈家本虚怀若谷、兼收并蓄，难能可贵地认识到西方政治法律的文明发达是由于孟德斯鸠“发明”了“法理”，并认识到中国进行“法理”研究的必要性。沈家本对西方的刑法制度领悟尤深，特别欣赏西方刑法的轻刑化，并以之作为否定中国重刑主义传统的参照依据。沈家本主张了解与学习西方，但认为这种学习必须立足于“中律之本源”，如果不能考求中国传统法律得失之所在，“而遽以西法杂糅之，正如枘凿之不相入，安望其会通哉！是中律讲读之功，仍不可废也”②。他希望中国传统法律与西律能“互相发明”，引进西律的同时又保持“中国特色”。沈家本曾对中国古代法律作过全面而深入的考察研究，并口评过历代法制之得失，其评价标准为“仁政”。“仁政”思想是沈家本之法律思想的根本出发点，是决定和影响他整个思想体系的决定性因素：“臣等切维治

① 《寄簃文存·法学盛衰说》。

② 《寄簃文存·大清律例讲义序》。

国之道，以仁政为先。自来讲刑法者，亦莫不谓裁之以义而推之以仁。”

沈家本认为：“仁”是中国传统法律的精义所在，且当时“新学”的“要旨”已为“仁至义尽”的中国旧学所“包涵”。“仁”是与西方法律精神本原最相类似的一个概念，西方法律所包含的自由、平等、人权、法治等统统可归结为一个“仁”字，所以，“各国法律这精意，固不能出中律之范围”[①]，西律中几乎所有的优良制度都可以从中国古法中找到出处，西方的分权体制在中国亦是“古已有之”。由此观之，与一般托古改制者不同的是，沈家本并非简单地穿凿附会、托古立言，他是真的相信中西法律本质上是相通的，他很自信地认为“大凡事理必有当然之极，古今中外归一致”，这个“一致”就是“情理”的一致，而最终的归宿就是“仁”。

沈家本主持清末修律，其原则为“参考古今，博缉中外”；其出发点是摆脱传统形式的束缚，以西律为蓝本，使中国跟上世界潮流，“与各国无大悬绝”；他强调必须“审乎政教风俗之故，而又能通乎法理之原，虚其心，达其聪，损益而会通焉”[②]。其修律思想的主要内容有：改重为轻、废除酷刑，化除满汉及良贱“畛域”，区分民、刑、诉讼立法，司法独立、政刑分离等。尽管沈家本没有也不可能跨越清廷预先设置的思想藩篱，但他还是以其深刻预见性和大胆的创新精神，提出了一系列改造旧律、引用西法的思想和意见，开创了中国法律有史以来最大变局，为中华法系画上了句号。

二、伍廷芳

伍廷芳（1842—1922）字文爵，号秩庸，广东新会人，是第一个取得外国律师身份的中国人。

伍廷芳以治外法权的丧失为理由，请求清廷变法，希望通过修改法律收回权利，率先提出“采各国通行之律”的主张，抨击传统的重典治世论，寄望改良刑狱。他从“外”与“古”两个方面为自己寻找依据，“外”有英国刑罚改重从轻而致“民风翕然丕变”之先辙；“古”有先圣至理之名言。而英国之局，正隐含了中国古代“道德齐礼”之要旨，体现了传统的“胜残去杀”理论的精义。此等中西合璧的说辞，虽没能跳出复古主义思维的窠臼，但在当时是维新的强音。其修律的具体主张，主要有删除酷刑、禁止刑讯、实行陪审制度、实行律师制度以及改良狱政等内容。

辛亥革命后，伍廷芳的法律思想发生变化。他猛烈抨击传统的专制体制，并论证了中国实行民主共和政体的必要性和必然性；认为“国之文明与否，视其司法能独立与否，并其执法廉明与否”，改革司法是达成政治清明的首要措施，并拟“宪纲大旨七条”作为司法原则；力主工商立法，“古今中外，惟富始足国强”，而欲致富，就须运用法律手段保护和鼓励工商业；主张法律面前人人平等，反对将平权视为广义的权利平等，而是狭隘地认为平权仅就法律而言；主张言论自由与制定报律，报纸“在言论界为民口舌之代表，对于行政方面，是处于监督地位”，须以新闻立法的形式来保障言论自由。

三、康有为

康有为（1858—1927）又名祖诒，字广厦，号长素，广东南海人，世称南海先生。

① 与伍廷芳合奏《删除律例内重法折》。

② 《寄簃文存·监狱访问录序》。

为了给变法维新寻找理论依据，给改革旧制鸣锣开道，康有为精心撰写了《新学伪经考》和《孔子改制考》两本书。前书的内容在于论证古文经书乃汉代刘歆为取悦王莽而杜撰的“伪经”，不仅与孔子无关，还湮没了孔子的“微言大义”。其目的在于动摇清学正统派的立脚点。后书以附会、臆断的方法将孔子打扮为一个托古改制的“素王”和师祖，认为《春秋》与“六经”都是孔子所著，尧、舜、文王也是“孔子民主君主之所寄托”；并根据《春秋》中孔子所谓“所传闻世”“所闻世”“所见世”的说法，认为这是孔子关于社会由“据乱世”到“升平世”，再进入“太平世”的历史演变观，且是人类社会演变发展的普遍规律，在政治上与“三世”相对应的，便是由“专制”到“立宪”，再由“立宪”进入“共和”。而当时的清朝正处在由乱世转入升平、由专制转入立宪的关键时刻，立宪是进入大同之世前的必经阶段，是历史发展的必然。可见，康有为的托古改制论与公羊三世说，既为变法维新制造依据，又反对进行彻底革命。其理论和手法颇为荒谬。

康有为从博爱的哲学观出发，在人性善恶问题上宣称自己是告子的信徒，主张“性无善恶”的人性自然说：一是向倡导“存天理、灭人欲”的理学发起攻击，认为争取个性的自由和个人的权利，都是正义和合理的。二是由此论证了人性的平等，既然人性的善恶不是由服从或背离天理而决定，而只是后天发展的不同结果，那么人在自然本质上都应当是平等的，都有同样的气质、欲求和权利。皇帝与百姓、“君子”与“野人”，并无先天的不平等差异。“人人既是天生，则直隶于天，人人皆独立而平等”①，为“天赋人权”思想的萌芽。康有为认为，以“义理”为名的“三纲”束缚人性、限制人的自由、维护人的不平等，要从根本上挣脱“三纲”的桎梏，将人解放出来。

康有为主张君主立宪，认为君主立宪是自由专制进到“共和”的必经阶段。君主立宪须实行三权分立之制，“近泰西政论，皆言三权，有议政之官、有行政之官、有司法之官，三权立，然后政体备”。为保证设议院开国会，行三权分立之制，康有为将制定宪法置于重要地位，认为如无宪法做依据，则“恶之者驳诘而不行，决之者仓卒而不尽，依违老早狐疑而莫定，从之者条画而不详”②。

康有为对传统旧律持彻底否定的态度，认为清廷“法既积久，弊必众生，故无百年不变之法。况今兹之法，皆汉、唐、元、明之弊政，何尝为祖宗之法度哉！又皆为胥吏舞文作弊之巢穴，何尝有丝毫祖宗之初意哉”③。在百日维新期间，康有为主张彻底推翻旧律，进行全面的修订新律，“于是陈法律、度支、学校、农商、工矿政、铁路、邮信、会社、海军、陆军之法”④，旗帜鲜明地主张仿照西方各国的法律来制定中国的刑律，以堵外人认为中国刑律太重之口，期以借此收回治外法权。康有为以庸俗的进化论来探讨法律的进化问题，社会由据乱世到升平世，再到太平世逐层演进，法律也呈现一个逐步进化的过程。

四、梁启超

梁启超（1873—1929）字卓如，号任公，广东新会人。

梁启超的变法主张和法律思想主要是以西方资产阶级的哲学、政治及法理学为依据，其变法思想以进化论为依据，从变易进化是一切事物的“公理”的观念出发，认为自然界的一切事物无一不是处于变化发展之中，社会也是如此，上下千年，“无时不变，无事不变”。当时中国

① 《中庸注》。

②③ 《康有为政论集·上清帝第六书》。

④ 《康南海自编年谱》，《戊戌变法》四。

犹“一羊处群虎之间，抱火厝之积薪之下而寝其上”，国家之存亡已危在旦夕，而救亡之关键就在于变法图强，只有早变、自变，才“可以保国，可以保种，可以保教”。梁启超所谓变法，内容十分广泛，包括国家的一切制度及统治方针、方法，至于对法律的变革，“政法者，立国之本也”，“今日之计，莫急于改宪法”，同时还要“尽取”西方的“国律、民律、商律、刑律等书而广译之”①，尤其要研究其“律意”，从而掌握西方法律的精神内涵，这样才能理解、领会西律的精髓。

梁启超受卢梭、孟德斯鸠等西方思想家的影响颇深，推崇资产阶级的民约论、人性论，认为国家和法律根据契约而形成，而中国专制主义的法律只不过是帝王命令的产物，是“不正”“不善”的。这标志着近代法律意识的深层次启蒙。梁启超自始至终以君主立宪为现实政治为奋斗目标，强调“变法之本，在育人才；人才之兴，在开学校；学校之立，在变科举。而一切要其大成，在变官制”②。其所谓“变官制”者，即为实行议会制度。梁启超将有限的西方资产阶级政治理论与师承的公羊三世说相结合，将“三世”分为“多君为政之世”“一君为政之世”“民为政之世”，这是一个由低向高、由蒙昧到文明循序渐进的过程，只能依次渐进，不能僭越、飞跃。梁启超认为，当时需要改的，只是将君主专制改为君主立宪，不能实行“民为政之世”，因为“民智未开”，但他坚信“自今以往，同归民政”，即历史最终是以民主政治为归宿的。这比一般的君主立宪论者高出一筹。

梁启超并不完全排斥革命。他之所以殚精竭虑地为君主立宪奔走呐喊，除了囿于三世说之外，一个重要原因是他认为“民智未开”，不具备实行民主政治的社会条件。他认为，在此情况下实行民主革命建立共和体制，不仅无益，且有大患。到了后期，梁启超甚至认为君主立宪也“非十年乃至二十年以后，不能实行”，当时只需“开明专制”，其原因仍在于“民智未开”。要使国人具备“共和国民之资格”，梁启超认为唯一的途径就是兴学校、开民智，进行民主意识的启蒙和培养——“昔之欲抑民权，必以塞民智为第一义；今日欲伸民权，必以广民智为第一义”③。而要“广民智”，就须大兴学校。学校应承担民主与科学两方面的启蒙任务，且“当以政学为主义，以艺学为附庸”。

课后复习

1. 简评清末变法修律的指导思想。
2. 评述清末预备立宪的主要活动及成果。
3. 简述《大清新刑律》的内容及意义。
4. 评述外国在华领事裁判权制度。
5. 评述清末的司法改革。

---

①② 《饮冰室文集·变法通议》

③ 《上陈宝箴书论湖南应办之事》，《戊戌变法》二。

第十二章 中华民国南京临时政府的法律

提　要

1911 年 10 月 10 日，辛亥革命爆发。1912 年 1 月 1 日，中华民国南京临时政府正式成立，孙中山当选为临时大总统。虽然南京临时政府只存在了短短的三个多月，但它在中国法律史上占有重要的地位。在孙中山的主持和领导下，南京临时政府先后制定、实施了一系列具有资产阶级性质的宪法性文件和法律法规，在建立近代法律体系方面作出了重要贡献，具有划时代的意义。

重点问题

1. 孙中山的“三民主义”立法思想和“五权宪法”理论。
2.《中华民国临时政府组织大纲》的主要内容和特点。
3.《中华民国临时约法》的基本内容和历史地位。
4. 中华民国南京临时政府诉讼审判制度的改革。

第一节　孙中山的立法思想

一、“三民主义”的立法指导思想

孙中山，广东香山县（今中山市）人，早年曾在檀香山、香港等地比较系统地接受西方式的近代教育。1894 年 11 月至 1895 年 2 月他曾先后在檀香山、香港成立兴中会。1905 年他在日本成立同盟会，提出了“驱除鞑虏，恢复中华，建立民国，平均地权”的政治纲领。同年，他在同盟会机关报《民报》的“发刊词”中，将中国同盟会的“十六字政治纲领”进一步阐述为以民族主义、民权主义、民生主义为基本内容的“三民主义”。“三民主义”是孙中山的政治革命思想，同时也是其立法思想的出发点。

“三民主义”就是民族主义、民权主义和民生主义的简称。“三民主义”经历了由旧三民主义向新三民主义转变的历史过程。在 1894 年兴中会提出政治革命纲领之后，孙中山在经历了无数次革命起义失败、袁世凯篡夺革命成果、军阀混战的历程之后，思想发生了很大的转变，从旧三民主义思想飞跃到新三民主义思想。1924 年 1 月，在广州召开的中国国民党第一次全国代表大会上孙中山发表了《中国国民党第一次全国代表大会宣言》，系统阐述了他的新三民主义，结合革命的经验，对旧三民主义进行了修正。

旧三民主义中的民族主义的基本内容便是“驱除鞑虏，恢复中华”。“驱除鞑虏”，是指推翻清朝政府的统治；“恢复中华”，是指在推翻清朝政府之后，光复以汉族为主体的民族国家。虽然孙中山注意区分革命党的革命对象仅是镇压革命运动的清朝统治者而不是满族人民，“我们并不是恨满洲人，是恨害汉人的满洲人，假如我们实行革命的时候，那满洲人不来阻害我们，绝无寻仇之理”①，但旧民族主义的缺陷是显而易见的。民权主义是“三民主义”的核心，旧民权主义的基本内容是“反对帝制、建立民国”。在《同盟会宣言》中，孙中山将它列为四大纲领之一。孙中山深受西方资产阶级的“天赋人权”思想的影响，认为“民权主义，即人人平等，同为一族，绝不能以少数人压迫多数人。人人有天赋之权，不能以君主而奴隶臣民也”②。民生主义属于社会革命纲领的范畴，是“三民主义”中最具特色的一部分。在《〈民报〉发刊词》中，孙中山阐述民生主义的核心问题就是土地和资本问题。他设计解决土地问题的办法是“平均地权”，而解决资本问题的方法就是搞“集产社会主义”，由国家经营资本，以避免资本主义发展过程中所出现的弊端。无疑，孙中山的民生主义具有空想社会主义的成分。

随着革命的发展，旧三民主义的弊端渐显，孙中山也慢慢意识到资产阶级革命反帝的历史巨任和反封建的重要性，最后，他在《中国国民党第一次全国代表大会宣言》中对之作出了纠正。民族主义方面，主张取消帝国主义在华特权，废除领事裁判权，收回租界，关税自主。民权主义方面，提高了对西方资产阶级民权制度之缺陷的认识，并创造性地提出了“五权宪法”理论。民生主义方面，孙中山将关注的重心放在占中国人口绝大多数的农民生活问题的解决上，把农民土地问题的解决作为资产阶级民主革命的中心问题。孙中山曾将他的“三民主义”概括为“自由”“平等”“博爱”。在其任南京临时政府大总统期间所颁布的《大总统令内务司法两部通饬所属禁止刑讯文》《大总统令内务司法两部通饬所属禁止体罚文》《大总统通令开放疍户、惰民等许其一体享有公私权文》《大总统令内务部禁止买卖人口文》等法律文件，无不与他的“自由”“平等”“博爱”的“三民主义”思想相关。他的“五权宪法”学说也是在其民权主义理论的基础上形成和发展的。孙中山的“三民主义”不但是重要的政治思想，同时也是南京临时政府时期立法的指导思想。

二、“五权宪法”和“权能分治”理论

孙中山认为西方三权分立政体固然在历史上起过很大的作用，但是三权分立的很多弊端已经显露出来了。“英国现在的政治制度，是国会独裁。”据他考察，“世界上有文宪法是美国最好，无文宪法是英国最好。英国是不能学的，美国是不必学的”③，君主立宪今天已经不适用了，美国的共和立宪也因事隔多年，时世不再，因而不适用于今天的中国。为了弥补三权分立的弊端，结合中国的国情，1906 年 12 月，在《民报》创刊周年纪念会上，他提出了独具特色的“五权宪法”理论。所谓五权，就是在行政权、立法权、司法权之外，再加上考试权和监察权。以“五权分立”为架构的宪法，就叫“五权宪法”。根据“五权宪法”设立行政、立法、司法、考试、监察五院。五院制的政府才是真正的民国，“美国总统林氏有言曰：‘民之所有，民之所治，民之所享。’”④ 考试与监察是中国自古以来就有的制度，其中，考试可以弥补三

①③　《在东京〈民报〉创刊周年庆祝大会的演说》，载《孙中山全集》，第 1 卷，北京，中华书局，1981。

②　《在桂林广东同乡会欢迎会的演说》，载《孙中山全集》，第 6 卷，北京，中华书局，1985。

④　《建国方略》，载《孙中山全集》，第 6 卷，北京，中华书局，1985。

权分立下官员选拔的流弊，监察则可以修正三权分立下议会专制的危险。孙中山希望通过增加这两项权力来制造出一个完美的政府，屹立于世界民族之林。

孙中山的“五权宪法”是以“政权”和“治权”分立为核心的。他认为：“政治之中，包含有两个力量：一个是政权，一个是治权……一个是管理政府的力量，一个是政府自身的力量。”[①] 政权就是民权，治权就是政府的权力。孙中山主张将政权交给人民，把治权交给政府，并且以民权管理治权。人民不但有直接选举官吏的权利，还有罢免官吏的权利。此外，民权还包括：“民有创制法案之权，民有复决法案之权。”[②] 也就是说，民权分两类：一类是管理官吏的权利，包括选举权和罢免权；另一类是管理法律的权利，包括法律创制权和复决权。在其民权理论中，孙中山重视的是直接民权，他所设想的选举权是直接选举权：由全国各县人民直接选举总统。人民不但可以选举自己认为满意的官吏，还可以罢免自己不满意的官吏。此外，人民可将自己喜欢的法律制定出来交由政府实施，对不喜欢的法律可以修改之后将新的法律交给政府施行。

孙中山这一大胆而新颖的构思，最终目的就是实现最广泛范围的民权，即最能体现广大国民意志的直接民权。这不但是孙中山的法律思想的最主要的内容，而且是他一生所追求的目标。虽然他在某些方面可能过于保守，如太低估人民群众的力量，把四万万人都看成阿斗；向往民主社会，却又主张分“军政”“训政”“宪政”三个阶段走，但这些都不能抹杀孙中山的“三民主义”思想、“五权宪法”和“权能分治”理论中所体现的“直接民权”的光辉。

第二节　南京临时政府时期的立法活动

一、各地军政府时期的主要立法

1911年10月10日辛亥革命在武昌率先爆发，革命军于革命爆发的第二日便颁发了《武昌起义军民代表在咨议局议决事项》，决定以咨议局为军政府，建立湖北军政府。此后，全国各省纷纷响应。短短的一个多月内，湖南、陕西等14个省先后宣布独立，脱离清朝政府的统治，建立军政府。各省军政府在成立之后，为了巩固革命成果，颁布了不少法律、法令、条例、章程等法律性文件。这些法律文件一度对于建立新的革命秩序、恢复社会经济、创立中华民国，起了重要的作用。后来，为了避免各省军政府各自为政的混乱局面和加强进一步的反清运动，先后宣布独立的14省军政府还举行了各省军政府联合会议，并制定了《中华民国临时政府组织大纲》。而在此之前，湖北军政府曾经颁布了一些重要的法律文件，其中包括《中华民国军政府暂行条例》和《中华民国鄂州约法》。

（一）《中华民国军政府暂行条例》

《武昌起义军民代表在咨议局议决事项》中虽然推举黎元洪为都督，但由于黎元洪是旧封建官僚，因而在革命政府建立之后，他仍举棋不定、犹豫不决，因此，管理军务和行政事务的工作实际上主要由革命党人组成的谋略处掌管负责。但是后来革命形势发展如火如荼，黎元洪想独掌大权，便匆匆制定了《中华民国军政府暂行条例》。该条例首先撤销了由革命党人执掌的谋略处，并将军事、行政大权分开，由军政府和政事部分别执管。其次，该条例规定，不但

① 《三民主义》载《孙中山全集》，第9卷，北京，中华书局，1986。

② 《建国方略》，载《孙中山全集》，第6卷，北京，中华书局，1985。

都督兼任军政府的总司令，同时政事部下设的7个部也直接受都督指挥。这样无疑排除了革命党人的参政权利，而使都督集权，因而该条例受到革命党人的强烈反对。在革命党人的积极干预之下，都督集权的《中华民国军政府暂行条例》终于被推翻了，并且1911年10月25日《中华民国鄂军政府改订暂行条例》颁行了。该条例实行军政合一，取消政事部，改设为9个部直隶于都督，并且规定9个部的部长兼任参议员；同时还设秘书处、总监察处。这样，一定时期内，军政府的大部分权力实际上还是控制在革命党人的手中。

（二）《中华民国鄂州约法》

为了加强湖北军政府的正规化建设，同盟会革命人士宋教仁约同其他的革命党人制定了《中华民国鄂州约法》。该约法分总纲、人民、都督、政务委员、议员、法司、补则，共7章、60条。该约法规定“鄂州政府由都督及其任命之政务委员与议会法司构成之”，同时规定该约法的效力范围以鄂州政府统治范围为限，直至中华民国正式成立为止。因而这是一个带有过渡性的宪法性质的文件。革命党人以西方资产阶级的“天赋人权”思想、“三权分立”理论为基础，在《中华民国鄂州约法》中规定了人民享有自由、平等之权，有任官、选举与被选举之权，同时其财产权受到法律保护，都督、议会议员均由人民选举产生；并按“三权分立”的理念规定了议会、政务委员会、法司等的权限，使其互相牵制。

虽然《中华民国鄂州约法》在实际中并未得到完全的实施，但是它较清晰地勾勒出一个以总统制为蓝本的资产阶级共和国方案，为《中华民国临时约法》的制定奠定了基础，对资产阶级革命运动的发展起到了促进作用。

二、《中华民国临时政府组织大纲》

自辛亥革命的枪声在湖北打响之后，革命的形势发展迅猛，不到两个月的时间，已经先后有14个省宣布脱离清政府的统治，建立军政府。各省军政府成立后，不少军政府颁布了“临时约法”，如《中华民国江苏军政府临时约法》《浙江军政府临时约法》《江西临时约法》《贵州宪法大纲》《广西临时约法》《蜀军政府政纲》等。为了进一步规划反清运动，并筹备建立新的全国政权，1911年11月30日，已宣布独立的14个省的代表齐集武汉，召开了各省都督府代表联合会议，商议成立临时中央政府。12月3日，代表联合会议议决并公布了《中华民国临时政府组织大纲》。该大纲规定6个月内由临时大总统召集国民会议，制定宪法；同时该大纲的施行期限以中华民国宪法成立之日为止，因此，它是具有临时宪法性质的政府组织法。与《中华民国鄂州约法》一样，该大纲是以美国总统共和制政府为蓝本的，采取一院制的议会制度，实行“三权分立”的原则。

该大纲共4章、21条：第一章规定了临时大总统的选任及权力，其权力包括统率海陆军、任免官员，得参议院之同意宣战、媾和、缔约、派驻外交官员、设立临时中央审判所等；第二章规定了参议院的组成和参议员的选举、参议院的权限等事项；第三章规定的是行政各部的组成、权限及官员的任免；附则规定了6个月内临时大总统召集国民会议及该大纲的施行期限。

《中华民国临时政府组织大纲》用法律的形式肯定了辛亥革命的成果，用资产阶级民主共和国代替封建君主专制，符合历史的潮流，具有进步性。但是，该大纲毕竟是由各省都督府指派的代表制定的，同时由于革命初期各省军政府的组成复杂，封建势力、封建官僚买办势力等各种势力混杂其中，因而这部大纲的人民代表性不足。所以，该大纲对于当时人民迫切需要得到肯定的各项政治、经济、社会权利只字未提。这不能不说是这部大纲的一个重大缺陷。

三、《中华民国临时约法》

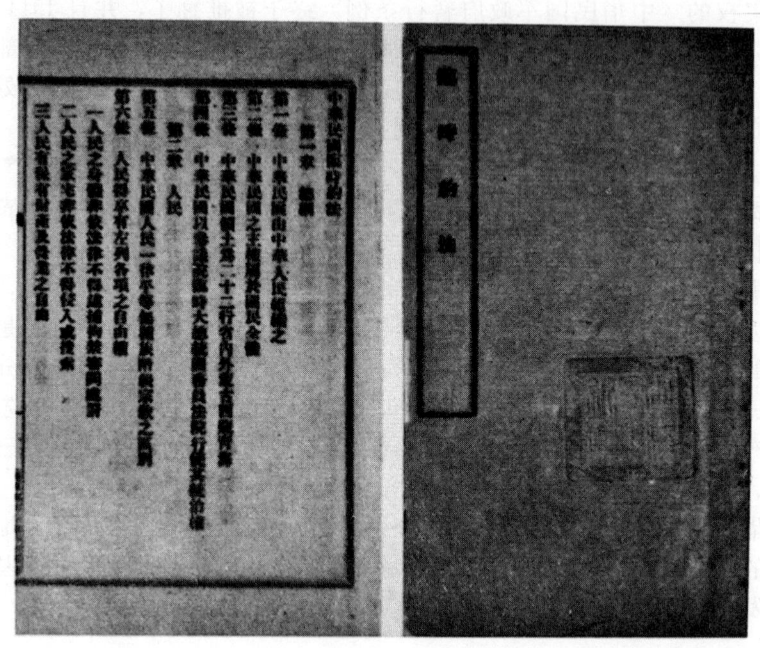

《中华民国临时约法》书影

根据《中华民国临时政府组织大纲》的规定，1911 年 12 月 9 日，湖北、湖南、江西、山西、云南、安徽、江苏、浙江、贵州、广西、广东、山东、陕西、四川、河南及奉天（今辽宁）、直隶（今河北）十七省代表联合会，选举刚从国外归来的德高望重的资产阶级革命家孙中山为临时大总统。孙中山就任临时大总统时即指出："中华民国建设伊始，宜首重法律。"① 南京临时政府成立之后，非常重视法制建设，成立了参议院作为立法机关，并且在总统府内设置法制局专门负责草拟法律的工作。虽然临时政府存在仅是短短的三个多月，但却先后颁布了包括《中华民国临时约法》（以下简称《临时约法》）在内的一系列的宪法性文件，还颁布了三十多部法律、法令。

《临时约法》制定的最初动因是《中华民国临时政府组织大纲》本身的缺陷，如组织大纲只是政府组织法，没有规定民权；6 个月召集国民会议在时间上显得过于仓促；等等。这都迫切需要修订一部宪法文件。于是，临时政府成立不久，便于 1912 年 1 月 5 日正式开始了《中华民国临时约法》的起草工作。在临时政府成立之前革命党人曾经表示若袁世凯反正，则当推选他为临时大总统；孙中山在 1912 年 1 月 15 日《复伍廷芳电》中也表示，若袁世凯迫清帝退位并赞成共和的话，他"即可正式宣布解职"。1912 年 2 月 12 日，清廷发布了《清帝退位诏书》，并授权袁世凯全权组织共和政府。基于种种因素，孙中山让位于袁世凯已成定局，但革命党人担心袁世凯会篡夺革命成果，于是想通过一部完善的"约法"来约束袁世凯、保护革命成果，从而促成了《临时约法》的出台。

《临时约法》共 56 条，分 7 章：总纲、人民、参议院、临时大总统副总统、国务员、法院、附则。其主要内容包括以下几个方面。

① 《在南京答〈大陆报〉记者问》，载《孙中山全集》，第 2 卷，北京，中华书局，1982。

（1）确立了资产阶级的共和政体。《临时约法》与湖北军政府的《中华民国鄂州约法》、《中华民国临时政府组织大纲》一样，仿照西方资产阶级的“三权分立”原则，将国家的权力分为立法权、行政权、司法权。该约法第 4 条明确规定：“中华民国以参议院、临时大总统、国务员、法院行使其统治权。”其中，参议院负责行使的是立法权，总统和国务员负责行使的是行政权，司法权由法院负责行使。

此外，《临时约法》还按照“三权分立”、互相制衡的原则设定了各机关的权限。《临时约法》规定：参议院由各省选派之参议员组成，其职权是：议决一切法律案，预算、决算、税法、币制、度量衡之准则，公债之募集等；对临时大总统宣战媾和、缔约、宣告大赦、特赦、减刑、复决权和任命国务员、外交使节有同意权；接受法律咨询、人民请愿、答复有关事宜；选举临时大总统、副总统；弹劾临时大总统和国务员；等等。《临时约法》相应规定了参议员的言论自由和人身自由受保护等事项。临时大总统的权限包括：代表政府总揽政务、公布法律、统率全国海陆军队；经参议院同意得制定官规，任命文武官员、国务员、外交使节，宣战媾和、缔结条约，宣告大赦、减刑等；依法律发布命令、宣告戒严；代表国家接受外国使节，等等。国务员辅佐临时大总统负其责任；国务员于临时大总统提出法律案、公布法律及发布命令时，须副署之。其中，国务员包括国务总理及各总长。法院由临时大总统及司法总长分别任命之法官组成，依法审理刑事、民事案件；行政诉讼及其他特别诉讼另以法律规定；法官独立审判，不受上级官厅之干涉；法官非依法律受刑罚宣告或应免职之惩戒处分，不得解职；最高法院得审理被参议院弹劾之临时大总统。

（2）规定中华民国是一个主权独立统一的多民族国家。《临时约法》规定中华民国的领土范围为二十二行省，以及内外蒙古、青海、西藏。它以列举的方式明确了中国的领土范围，规定了中华民国是一个统一的多民族国家。

（3）确立国民在国家中的权利、地位。《临时约法》在总纲中明确宣告：“中华民国由中华人民组织之”，“中华民国之主权，属于国民全体”。同时还规定，“中华民国人民一律平等，无种族、阶级、宗教之区别”；人民享有人身、住宅、财产、营业、言论、著作、刊行、集会、结社、通讯、居住、迁徙、宗教等自由权利；有请愿陈述、任官考试、选举与被选举权；同时还负有依法纳税、服兵役之义务。

“附则”规定了《临时约法》的效力，在正式的中华民国之宪法施行以前，《临时约法》与宪法具有同等法律地位。必须是参议院议员 2/3 以上，或者临时大总统提议，经参议员 4/5 以上出席、出席议员 3/4 赞同，才可以修改。这一规定除了是宪法性文件修改程序的严格的自身要求外，更是对袁世凯今后试图破坏约法的预防之举。

与《中华民国临时政府组织大纲》相比，《临时约法》呈现出以下重要特征。

（1）削弱了临时大总统的权力，具体表现有：改总统制政体为责任内阁，扩大参议院的权力，规定严格的修改程序等。在各部长与总统之间增设“国务院”，在总统行使行政权的同时有互相约束的作用。这种变化产生的很主要的原因是制约袁世凯。

（2）列专章规定人民权利。《中华民国临时政府组织大纲》中重要的缺陷就是没有规定人民的权利，这一缺陷在《临时约法》中得到修补。此外，《临时约法》将规定人民权利的“人民”一章列在参议院、临时大总统、副总统、国务员、法院等立法机关、司法机关、政府机关之前，以强调对人民权利的重视。

《临时约法》是中国近代宪政史上真正具有资产阶级共和国性质的法律文献，是中国法律史上的一块里程碑，具有非常重要的历史地位。

第一，《临时约法》以根本大法的形式宣布废除了封建君主专制制度，在中国确立了资产阶级民主共和国；规定我国属于统一的多民族国家的国家性质，规定国家权力属于全体国民；确立责任内阁的政府组织形式，以“三权分立”为指导原则划分国家机构，采用资产阶级的议会制度。这是中国近代民主革命所取得的最重大的成果。

第二，明文规定国民的人身、财产、住宅、营业等各方面的权利，尤其是在政治上赋予人民广泛的民主自由权利，确立资产阶级自由平等的原则，从而促进了中国政治、经济、文化事业等各方面的发展。

四、其他法律法规

（一）经济方面的法令

作为资产阶级的政权，南京临时政府注重发展资本主义经济，认为实业是民国将来生存的命脉——“一政之成，非财不办，欲立根本之国，宜先注重实业”，非常重视对私有财产的保护。1912 年 2 月 3 日，南京临时政府颁布了《内务部通饬保护人民财产令》，规定：私有财产，仍归原所有人所有；原属清廷官员，若现无反对民国之证据，其财产仍归其所有；虽现仍为清廷之官员但不反对民国者，其在民国所辖范围内的财产暂收归民国政府看管，待其本人投归民国时，再归还本人；原属清廷之财产与现仍为清廷之官员且反对民国者之财产，且该财产在民国所辖范围内，民国政府则没收之。这种政策一方面体现了民国政府对私有财产的尊重，另一方面对于分化敌对势力、巩固新政权起着积极的作用。

除了保护私有财产之外，南京临时政府还注重发展资本主义工商业，鼓励私人兴办实业、开发矿业，并保护其财产权。为此，南京临时政府颁布《商业注册章程》，规范商业活动；发布《通饬各省慎重农事》，由政府拨款资助发展农业，并通过有关的渔业、林业法令，规范渔业、林业行为。这些法律、法令还规定，若有损害民族工商业、社会经济发展的行为，则严惩不贷。因而，这些举措受到了人民的广泛拥护和响应。

在鼓励资本主义工商业发展的同时，南京临时政府也制定了相应的财政金融的配套法规，如《暂行印花税法》《暂行印花税法施行法章程》《中国银行则例》等一系列的行政、经济法规。可惜这其中的很多法律、法规未来得及施行。

（二）社会改革方面的法令

为了革除封建社会所遗留下来的许多陈规陋习，南京临时政府还颁布了有关的法令，如《大总统令内务部晓示人民一律剪辫文》《大总统令内务部通饬各省劝禁缠足文》《内务部报告禁赌呈》等，对不从法令者予以惩罚。为了践行“自由”“平等”“博爱”的法律精神，保护人权，南京临时政府颁布了《大总统通令开放疍户、惰民等许其一体享有公私权文》《大总统令内务部禁止买卖人口文》《禁绝贩卖猪仔及保护华侨办法文》《严惩贩卖猪仔文》等，取消各种等级歧视，保护侨民的合法权益。为了禁止鸦片继续毒害国民，南京临时政府颁布了《大总统令禁烟文》，宣布剥夺沉迷于鸦片吸食者的选举权、被选举权，彻底清洗了政府官员中的吸食鸦片者。

这些法律措施涤荡了封建王朝遗留下来的残余，对于振奋国民精神、保护人权、推进社会文明起了重要的作用。

（三）文化教育方面的法令

孙中山非常注重教育事业，他认为：“学者，国之本也，若不从速设法修旧起废，鼓舞而振兴之，何以育人而培国脉。”① 南京临时政府先后公布了一系列的教育改革措施，如《普通教

---

① 《令教育部通告各省优初级师范开学文》，载《孙中山全集》，第 2 卷，北京，中华书局，1982。

育暂行办法》《普通教育暂行课程标准》《教育部禁用前清各书通告各省电文》等，规范学校、校长的称呼，规定：初等小学男女可同校，小学一律废止读经科，中学为普通教育，各种教科书的内容必须合乎民国的宗旨，清朝学部颁布的教科书一律禁止使用。这些法规对于发展民国教育事业、唤醒人民大众、增强人民参政的能力、提高整个民族文化素质，均具有重要意义。

第三节　南京临时政府的司法制度

一、司法机构与法官考试制度

（一）司法机构

根据《中华民国临时政府组织大纲》的规定，南京临时政府应设立临时中央审判所。另外，根据《临时约法》，该审判所有权审理受参议院弹劾的临时大总统，是全国的最高司法审判机关。但事实上，南京临时政府并没有设立临时中央审判所。本应由临时中央审判所管辖的案件，实际由南京临时政府的司法部负责。根据 1912 年 4 月 6 日《司法部官制》的规定，司法总长管理民事、刑事、非讼事件、户籍、监狱及出狱人保护事务，并其他一切行政事宜，监督所辖各官署及法官。这样一来，出现了行政部门代行审判职能的现象，与《临时约法》所规定的法院主审刑事、民事案件及司法行政部门与司法审判部门分立的原则相违背，更与“三权分立”不相符。这是因为南京临时政府存在的时间比较短暂，还不遑建立一套完整的司法审判系统，也来不及颁布一部法院组织法来建构有关的法院体系。虽然孙中山曾表示“四级三审之制，较为完备”，但实际上该体制并没有在民国所辖范围建立起来，而是各省有各省的做法，比较混乱。

（二）法官考试制度

根据《临时约法》的规定，法院的法官有由临时大总统任命和由司法总长任命两种。又根据孙中山“五院制”的设想，所有的政府官员，包括司法官员，均应该参加考试，通过考试及格才能被录用。为此，南京临时政府规定：“所有司法人员，必须应法官考试，合格人员，方能任用。”① 临时法制局草拟了《法官考试条例》《法官考试委员会职官令》《法官考试令》等法律草案，交由临时大总统咨参议院议决。很可惜这些法律最后也未来得及颁布、施行。

虽然南京临时政府有一套很好的司法机构的设想方案，但最终因南京临时政府很快便为袁世凯的北京政府所取代，这些方案只是处在构想阶段，未能真正落实、施行。

二、诉讼审判制度的改革

（一）禁止刑讯、体罚

为了革除清政府遗留下来的司法审判中的野蛮制度和保护人权，1912 年 3 月，南京临时政府先后颁布《大总统令内务司法两部通饬所属禁止刑讯文》《大总统令内务司法两部通饬所属禁止体罚文》，申明刑罚不是为报私仇或逞一己之快，而是为了维护国家安全、社会公共秩序和保护人民的生命财产，“提倡人道，注重民生”。这两个文件禁止各地刑讯逼供，“不论司法、行政各官署审理及判决民刑案件，不准再用笞杖枷号，及他项不法刑具，其罪当笞杖枷号

① 《南京临时政府公报》，第四十八号。

者，悉改科罚金、拘留"[1]；并令"其从前不法刑具，悉令焚毁"，强调案件的审理"当视证据之充实与否，不当偏重口供"。为了预防地方官员阳奉阴违的现象发生，南京临时政府"仍不时派员巡视"，"如有不肖官司，日久故智复萌，重煽亡遗毒者"，则严惩不贷，"除褫夺官职外，付所司，治以应得之罪"[2]。

此外，南京临时政府在答复绅士梁尚忠就保护人民财产令的疑问中，申明了"罪人不孥"的罪责自负原则。司法总长伍廷芳还在答复沪军军法司蔡治民的来函中再次申明：各地审判要严格依照《临时约法》的规定，人民之身体非依法律不得逮捕、拘禁、审问、处罚，禁止各种不依法逮捕、拘禁等事件发生。由此可见，南京临时政府在确立司法文明的过程中，确实作出了很多的努力和工作。

（二）审判公开与陪审制度

《临时约法》规定："法院之审判，须公开之；但有认为妨害安宁秩序者，得秘密之。"根据这一原则，后来的《中央裁判所职官令草案》《律师法草案》中规定：对一切案件，应采取文明办法审判，除有碍安定秩序者外，一律公开进行审判，并推行陪审和律师制度。在实务中，开始尝试引进西方资产阶级的陪审制度，如在江苏山阴县令姚泽荣擅杀案件中就挑选了知名人士参与陪审。

（三）司法独立

司法独立是革命党人一直的追求，《临时约法》规定："法官独立审判，不受上级官厅之干涉"，"法官在任中不得减俸或者转职，非依法律受刑罚宣告，或应免职之惩戒处分，不得解职"。但《临时约法》同时又规定："法院由临时大总统及司法总长分别任命之法官组织之"。这是将法官的选任权交由行政长官。由于经费短缺等原因，司法独立并没有在实际中确立，仅是停留在制度预设的层面。

（四）律师制度

为了配合司法独立原则的施行，南京临时政府在《大总统令法制局审核呈复律师法草案文》中指出，"司法独立，尤不可无律师的辅助之。推检之外，不可不设置律师与之相辅相制"，提出要设立律师制度。南京临时政府在对《律师法草案》的批文中进一步强调，"查律师制度与司法独立相辅为用，夙为文明各国所通行，观各处既纷纷设立律师公会，尤应亟定法律，俾资依据"，从而肯定了律师制度与司法制度相辅为用。在实际案件审理中，如江苏山阴县令姚泽荣擅杀案件中就采取了律师辩护的制度。律师制度在审判中的确立，对于保护诉讼当事人的诉讼权利、保障司法独立均具有积极的意义。

课后复习

1. 简述孙中山的"三民主义"的立法思想。
2. 简述孙中山的"五权宪法"和"权能分治"理论。
3. 简述《中华民国临时政府组织大纲》的主要内容。
4. 评述《临时约法》的性质、基本内容和历史地位。
5. 评述南京临时政府诉讼审判制度改革的意义。

---

① 《南京临时政府公报》，第三十五号《大总统令内务司法两部通饬所属禁止体罚文》。

② 《南京临时政府公报》，第三十二号《大总统令内务司法两部通饬所属禁止刑讯文》。

第十三章 中华民国北京政府的法律

提　要

1912年3月10日，袁世凯在北京就任第二任中华民国临时大总统。同年4月1日，孙中山正式宣布解除临时大总统职务。第二天参议院议决将临时政府迁至北京。设在北京的中华民国政府先后由袁世凯、段祺瑞、曹锟和张作霖把持，故从1912年4月1日到1928年6月（张作霖从北京退回关外）这一段时期，又称北洋军阀政府或者北洋政府。中华民国北京政府在执政的16年间，除了继续援用清末的修律成果之外，还在清末修律所未涉及的领域内引进了西方的一些法律原则和制度，为南京国民政府时期的法制建设打下了一定的基础，提供了可贵的经验和教训。

重点问题

1. 中华民国北京政府的宪政立法。
2. 中华民国北京政府法律的特点。
3. 中华民国北京政府的司法机构。
4. 中华民国北京政府的诉讼审判制度。

第一节　中华民国北京政府的立法宗旨与立法概况

一、立法宗旨

中华民国北京政府相继由各个军阀统治，各个军阀在不同的帝国主义国家操纵之下，为其所代表的地主买办阶级和幕后的帝国主义国家而发动了一场场利益争夺之战。故这一时期的法律制度封建买办性较突出，其立法思想所体现的买办性的特征也比较强。具体来说，北京政府主要是在沿袭清末立法的基础上，引进一些西方资本主义法律制度，借以建立和稳定军阀统治。

1912年3月10日，袁世凯在北京宣誓就任中华民国临时大总统，旋即发布《暂准援用前清法律及新刑律令》："现在民国法律未经议定颁布，所有从前施行之法律及新刑律，除与民国国体抵触多条，应失效力外，余均暂行援用，以资遵守。"① 此后，北京政府制定法律，也多

① 中华民国北京政府《临时公报》，1912-03-11。

以清末修订的新法律为蓝本，而大理院通过判例确定此一原则为司法审判指导原则。

辛亥革命之后，民主共和的思想深入民心，同时北洋军阀的统治者又都相应地代表不同的帝国主义国家在华的利益，因此，轮番控制北京政府的北洋军阀，为了求得自身的生存和发展，不得不有限地采用了西方资本主义国家的一些立法原则及制度，借以缓和各种矛盾。同时，各派北洋军阀又不断上演一出出立宪的闹剧来粉饰其行军阀统治之实。北京政府的所有立法活动都围绕这一宗旨而展开。

二、制宪活动

（一）《中华民国国会组织法》

按《临时约法》的规定，《临时约法》施行后10个月内，由临时大总统召集国会，国会组织法及议员选举法由临时参议院制定。为此，1912年8月参议院通过了《中华民国国会组织法》《参议院议员选举法》《众议院议员选举法》，由临时大总统袁世凯公布施行。《中华民国国会组织法》共22条，其主要内容是确立了国会由参议院和众议院组成及议员的选举方法、职权等。其中，议院的很多职权对总统有约束作用，譬如议院有约束总统任命国务员与大使、宣战、媾和、缔结条约等职权。此外，根据《中华民国国会组织法》，国会不但兼有立法机关、民意机关和制宪机关的性质，享有弹劾权和同意权，而且在法律上是不被解散的，从而对总统和行政机关均有较强的约束力。这在一定程度上保护了革命成果和继承了《临时约法》的精神。

（二）《中华民国宪法草案》

1913年4月8日，国会依法成立。之后，按照《中华民国国会组织法》的有关规定组成了“宪法起草委员会”，该委员会在天坛祈年殿集会起草《中华民国宪法草案》（俗称“天坛宪草”）。在“天坛宪草”起草过程中，袁世凯借口争取国际承认，强制要求国会先选总统再修宪法，从而打破先制宪法后选总统的正常程序。国会迫于袁世凯的压力，在制定宪法之前就先选举他为正式总统。在此之后，为了限制袁世凯的权力，国会加紧了对“天坛宪草”的修订，并于1913年10月31日予以通过。该宪法草案共11章、113条，其主要内容是：确立中华民国为资产阶级共和国，采取责任内阁制以限制总统的权力。同时规定，“国务员赞襄大总统，对于众议员负责任”。国务员对众议院负责而不是对总统负责，在一定程度上虚化了总统的权力。此外，国会委员会及独立于行政机关之外的审计机关也在一定程度上构成对总统权力的限制。这些规定使袁世凯非常不满意“天坛宪草”，于是他借口国民党议员与讨袁军有联系并在制宪中捣乱，下令解散国民党，并派出军警连夜追缴国民党议员的证书、徽章，致使国会不够法定人数而陷于完全瘫痪状态。此后，袁世凯组织了由自己心腹所组成的御用“中央政治会议”，从而解散了议会。这样，“天坛宪草”便由于国会解散而未得到正式通过，从而成为一纸具文。

（三）《中华民国约法》

国会和《临时约法》作为资产阶级共和国的两大象征，是袁世凯实施独裁政治的绊脚石。在顺利解散议会之后，《临时约法》自然成为他的第二个目标。袁世凯御用“中央政治会议”制定了《约法会议组织条例》。根据该条例，袁世凯指派了一些地主买办、官僚组成一个所谓的“约法会议”。在“约法会议”的开会致词中，袁世凯声称：《临时约法》的内容约束了政府，总统深受其苦，“若长守此不良之约法以施行，恐根本错误，百变横生，民国前途危险不可名状”。故1914年3月20日，袁世凯向“约法会议”提出了增修《临时约法》的七项大纲，包括：总统对外宣战、媾和、缔约及设置官制任命国务员、外交大臣、公使，参议院均无同意权；采用总统制，取消国务院总理，各部部长直接隶属总统；宪法起草权由总统和参议院共同享有；总统有褫夺和恢复人民公权的权力，有紧急财政处分权、紧急命令权。遵照该七项大纲，“约法会议”拟定了《中华民国约法》（俗称“袁记约法”），代替了原有的《临时约法》，于1914年5月1日正式公布。

《中华民国约法》共10章——国家、人民、大总统、立法、行政、司法、参议院、会计、制定宪法程序及附则，合计68条。与《临时约法》相比，其主要内容和特点为表现为以下方面。

(1) 取消责任内阁制，实行总统制。《中华民国约法》规定：“大总统为国家之元首，总揽统治权”，对外代表国家，是国家元首。同时取消原来用来牵制总统行政权的国务院总理，化解原来属于各部总长的权力，而将这些权力归属于各部。另外，设置从属于总统的国务卿一名，各部总长与国务卿均由总统任命，秉承大总统的命令办理本部事务。拥有这样权力的总统无疑成了凌驾于行政机构之上的最高长官。

(2) 凌驾于“三权”之上的总统“统治权”。《中华民国约法》规定大总统总揽统治权，包括：代表国家对外宣战、媾和、缔结条约、派驻外交使节等外交权能；对内统率全国海陆军、制定官制官规、任免文武职官等行政职能；召集立法院，宣告开会、停会，经参议院同意解散立法院等立法权限；任命法官、组织法院等司法职权。总统拥有这样的职权，而又无议会、法院等机构与之平衡、制约，等于总统大权被无限扩大，成为凌驾于“三权分立”之上的专制大权。这正体现了袁世凯想篡夺革命成果，实行专制、集权的野心。此外，《修正大总统选举法》将总统任期改为10年，而且连选可以连任，从而毫无限制。这样的总统选举制可以说与终身制无甚区别。同时，该法规定总统还可以指定总统继任人，从而为野心家将“总统选举制”变为“世袭制”开了方便之门。

(3) 取消国会，设立虚化的立法院。《中华民国约法》规定，立法院是立法机关，由人民选举的议员组成，拥有议决法律、预算、募集公债等多项职权。但是，立法院受总统领导，总统有权否决立法院议决之法律案、发交复决，同时总统还有决定立法院开会、停会、闭会等权力。此外，立法院无权弹劾总统，反而总统得参议院之同意可以解散立法院。这样的立法院毫无“三权分立”下立法院的影子，充其量只是一个充当门面的附属于总统的机构而已。同时，《中华民国约法》还规定，另设参议院，在立法院成立之前，由参议院代行立法院的职权，而参议院的职权是“应大总统之咨询，审议重要政务”。在袁世凯执政期间，立法院一直未建立，其本来就已虚化的职权就由这个本质上属于总统咨询机构的参议院来行使。

袁世凯就是企图凭借着这样一部独裁的“约法”来实现他的“洪宪皇帝”的梦想。这样的一部独裁的“约法”当然不可能受到人民群众的拥护，而只能进一步暴露袁世凯的面目，促使孙中山及革命党人一次又一次地举起了护法的旗帜。最终，这部“约法”伴随着袁世凯83天的皇帝梦的破灭而成为历史的垃圾。

（四）《中华民国宪法》

1.《中华民国宪法》制定的背景及过程

1916年6月6日，袁世凯在全国人民的讨伐和唾骂声中死去，各派北洋军阀在帝国主义的支持下开始了连年的军阀混战。中华民国北京政府的大总统宝座几易其主，先是副总统黎元洪继任，曾一度恢复《中华民国临时约法》和国会；接着是段祺瑞借武力登上总统之位，逼走黎元洪，并拒绝恢复国会；再是曹锟借英美的力量打败以张作霖为首的奉系军阀而取得总统的皇冠。

曹锟执掌北京政府之后，以“恢复法统”为口号，一面宣布恢复《临时约法》，一面召开国会，继续修订“天坛宪草”，想据此登上总统宝座。迫不及待的曹锟软硬兼施，一面出动军警包围国会以威吓议员，一面给每个议员一张 5 000 元的支票，贿买了部分议员，从而使他“名正言顺”地当上了中华民国北京政府的总统。五百多名卖身议员仅仅用一周时间，于 1923 年 10 月 10 日便正式通过一部《中华民国宪法》。全国上下为之哗然，讥讽此次国会为“猪仔国会”、所选的总统为“贿选总统”、公布的《中华民国宪法》为“贿选宪法”。

2. 内容与结构特点

《中华民国宪法》是中国近代史上第一部正式公布的宪法，该宪法一共 13 章——国体、主权、国土、国会、大总统、国务院、法院、法律、会计、地方制度、宪法之修正、解释及效力，合计 141 条。其具有以下主要内容与结构特点。

（1）借民主共和之名，行军阀独裁之实。《中华民国宪法》第 1 条规定：“中华民国永远为统一民主国。”为了防止军阀势力瓜分主权或采取分治等手段破坏民主共和，该宪法第 138 条规定“国体不得为修正之议题”，强调任何机关、个人均不得改变国家体制，即使是国家发生动乱，宪法上根本组织被破坏时，“省应联合维持宪法上规定之组织，至原状回复为止”（第 37 条）。事实上，当时的国体并非什么所谓的民主共和国。虽然在政府体制上，该宪法改总统集权制为责任内阁制，也规定了诸如大总统各项权力行使须依法律或经国会同意，众议院对大总统、国务员有弹劾之权，照搬了资产阶级共和国宪法的许多先进的条文，但是，正如所谓的国会不过是“猪仔国会”，所谓的议员不过是“卖身议员”，军阀操控之下的议会实际上只不过是一个虚设的幌子，大权在握的军阀首领兼总统在实际上依然超越于议会和法律之上，根本就没有所谓的“宪政”。

（2）虚幻的人民权利，真正的军阀独裁。该宪法还规定：“中华民国主权，属于国民全体。”同时规定中华民国人民不分种族、阶级、宗教，一律平等，并罗列了人民非法律限制享有居住、通信、集会、结社、选择职业、信教等诸项自由权利，还规定人民有选举权和被选举权等民主权利。但事实上，1923 年 2 月 7 日的京汉铁路大罢工运动中，为了维护军阀统治，军阀军警残害请愿罢工工人，人民毫无任何自由、人权可言。另外，在国家结构上，该宪法规定的是地方自治权较大的单一制国家，在条文中地方享有较为广泛的自治权，各省通过直接选举省务员组成省务院管理地方事务，各县也通过直接选举县长掌管县务，县议会享有立法权。但是，人民的权利在军阀混战、军阀专制年代均无法在实际生活中得到实现，更何况通过贿选当上总统的曹锟根本就没有诚意真正实行宪政、真正建设民主共和国。

就《中华民国宪法》本身而言，它是在吸收西方近代宪法理论、结合中国的政治实践的基础上形成的。它是一部资产阶级民主类型的宪法，其诞生具有重要的历史意义和象征意义。但是，它的制定和颁布丝毫没有改变军阀专制的本质，而且客观上成为军阀专制的工具。

三、其他法律的修订

（一）修订法律的总原则与特点

中华民国北京政府一方面大量援用清末修律成果，另一方面也制定并颁布许多新的法律，并恢复部分封建的刑罚制度以适应其军阀专制、独裁统治的需要，从而形成了一个比较庞杂的法律体系。其间所体现的修订法律的原则与特点有以下几点。

（1）大量直接援用或删修前清法律，制定大量针对性强、立法手续简单、依靠行政力量施行的单行法规。

（2）适应其军阀独裁统治之需要，其法律体现出轻权利、重义务的特征，并确立了“隆礼”的原则和“社会本位”的价值取向。

(3) 确认和维护帝国主义在华的特权与利益。

（二）行政法律的修订

袁世凯在执掌北京政府期间，废除了《中华民国临时约法》，公布了《中华民国约法》。该约法取消了责任内阁制，废除了国会，改为总统制；撤销了国务院，总统之下设立国务卿，国务卿之下设左、右丞辅佐国务卿；各部总长不能独立行政，直接隶属于总统；中央官制分为上、中、下卿与大夫、士，共9等；取消了地方自治机构，恢复封建官制，改各省民政长官为巡按使，改都督为上将军，改县长为县知事等。总之，《临时约法》所设立的资产阶级民主制行政体制荡然无存，而一套无异于封建官僚的行政体制却建立起来。

袁世凯之后，相继控制北京政府政权的军阀统治者不得不重新改组从中央到地方的行政体制，宣布恢复《临时约法》和国会，撤销袁世凯执政期间建立的行政机构体制，积极仿照、推行英、美、法、日等国的行政体制：设总统为国家元首，下设国务卿辅助之；各部掌管其职权范围内的行政事务；地方划分为省、县两级，分别设省务院和县长。虽然这种体制在形式上与袁世凯在位期间的有所不同，但是其军阀统治的本质并没有改变。

除此之外，北京政府还颁布了一些单行行政法规，对官吏的考试、甄用、官等、官俸及纠弹惩戒等方面均作了具体的规定。从1913年开始，北京政府先后颁布了官吏的考试、甄用方面的法规，如《文职任用令》《文官任用法》《文官甄用令》《文官任免执行令》，以及外交官、司法官等的任免法等；1919年制定和颁布了《文官高等考试法》《文官普通考试法》《外交官领事官考试法》《司法官考试法》，等等。纠弹惩戒官吏方面的法律、法令有：1913年《文官惩戒法草案》，1914年《纠弹法》《官吏犯罪特别管辖令》《官吏违法惩罚令》，1915年《司法官惩戒法》《审计官惩戒法》，1918年《文官惩戒条例》。有关官吏抚恤方面的法律有：1915年的《文官恤金令》。这些法律、法令体现了半殖民地半封建的法律特征，如《文官普通考试法》中规定只有年满20周岁的男子才有考试权，而剥夺了妇女考试的权利，这无疑是封建遗毒的体现；《纠弹法》则仿照资本主义国家对官员受贿的惩罚而作出规定。总之，整个北京政府期间所颁布的行政法律、法规，具有体系庞杂、流于形式的特征。

（三）刑事法律的修订

1. 修订援用清末的刑法

根据援用清末修律成果的指导原则，北京政府于1912年3月30日，经袁世凯批准颁布《删修新刑律与国体抵触各章条等并删除暂行章程文》，主要是对清末修订的《大清新刑律》作了一些字面上的改动，如将“帝国”“臣民”“复奏”“恩赦”等改为“民国”“人民”“复准”“赦免”等字眼，删除了侵犯皇帝罪及维护皇帝特权的条文，其他的内容并无实质改变。同时将《大清新刑律》的名称改为《暂行新刑律》。

在《暂行新刑律》中专列了“妨害国交罪”一章，用以维护帝国主义在华的特权和利益，如设置了损坏、除去、污秽外国国旗、国章罪，设置了私与外国开战罪、违背中立命令罪等，以防止、惩罚中国人民反抗帝国主义侵略、剥夺的行为，保护帝国主义在华的特权。

同年8月12日，北京政府又颁布了《暂行新刑律施行细则》，后又于1914年12月24日公布了《暂行新刑律补充条例》，将原来删除的《大清新刑律》后所附的体现封建法制原则的《暂行章程》5条恢复，并加重了对某些违背礼教犯罪的惩罚，如卑幼伤害尊亲属不适用正当防卫，尊亲属伤害卑幼若情节轻微可免除刑事责任，相反，卑幼伤害尊亲属的，即使情节轻微，也要受到有期徒刑的处罚；和奸无夫妇女构成犯罪；父母为惩戒其子可请求法院对其子施以6个月以下的监禁处分；等等。此外，北京政府还在1914年颁布了《徒刑改遣条例》和

《易笞条例》，恢复了曾被废除的遣刑和笞刑。

2. 颁布单行刑事法规

北京政府除了修订刑律，还制定了一些单行刑事法规，主要包括《戒严法》《治安警察法》《惩治盗匪法》《边界禁匪章程》《乱党自首条例》《惩戒国贼法》《陆军刑事条例》《海军刑事条例》等。这些单行法规对人民享有的民主自由、权利进行了严格限制，如《戒严法》中规定：遇有战争及其他非常事变，不但大总统可以宣布全国或某地方的戒严，甚至地方司令官也有权宣布本地区的戒严。在戒严时期，戒严所在地的司令官拥有剥夺人民集会、结社等自由的权力。《治安警察条例》规定，禁止工人聚集同盟罢工或强索报酬。除了限制人民的民主自由权利，《预戒条例》《治安警察条例》《违警罚法》甚至规定行政官署有禁锢人民思想、限制人民行动的权力。不但如此，北京政府颁布的法律还对人民反帝、反封建的行为进行残酷的镇压，如《惩治盗匪法》规定，对所谓的内乱罪一律处以死刑，而且对于强盗、匪徒案件，一经判决，即为终审。这些规定无疑是为了残酷打击护法运动的革命者而设定的。

此外，北京政府还进行过两次刑法修正活动：一次是1915年2月，袁世凯政府聘请日本学者冈田朝太郎参与拟定《修正刑法草案》，该刑法修正案主要是增加侵犯大总统罪，加重对内乱外患罪和违反礼教罪的处罚；另一次是1918年，段祺瑞在执政期间完成了《第二次刑法修正案》，该修正案对原来体现军阀专制和封建礼教的条文作了修改，大量援用资产阶级刑法条文，具有买办性。这两个刑法修正案均没有颁布、施行。

（四）民商法律的修订

1. 援用清末的民商法律

根据大总统袁世凯发布的暂行援用清末法律的命令，1914年北京政府大理院第304号判例宣称："民国民法法典，尚未颁行，前清之现行律除裁判部分及与国体有抵触者外，当然继续有效。至于前清现行律虽名为现行刑律，而除刑事部分外，关于民商事之规定，仍属不少，自不能以名称为刑律之故，即误会其为已废。"大理院所指《大清现行刑律》中有关民商事之规定的内容包括：服制图、服制，《名例律》中有关户役、田宅、婚姻、犯奸、斗殴、钱债等部分，以及《大清户部则例》中的户口、田赋、税租等条款。这些条款在北京政府的司法实践中经常得到援引。直到1929年10月南京国民政府公布《中华民国民法》时，这些条款才宣告废止。

《大清现行刑律》中的民事部分较多地体现了封建礼教、伦理纲常等内容。如《大清现行刑律》规定，只有家长拥有财产处分权；此外，在涉及婚姻、家庭、继承等方面的规定中，集中体现了维护封建等级制度和伦理秩序的精神。北京政府将其内容几乎原封不动地予以援用，反映了其维护封建礼教传统的实质。

2. 颁布单行的民商事法律法规

在适用"现行律民事有效部分"的同时，北京政府也颁布了一些民商事单行法规，其中有《矿业条例》《小矿业暂行条例》《公司条例》《商人通则》《证券交易法》《著作权法》《不动产登记条例》《商标法》等。此外，北京政府还拟制了《破产法草案》《海船法草案》《票据法草案》《公断法草案》等。这其中的很多法规都是为了调整随着社会经济发展而产生的新型社会关系而制定的。由于当时半殖民地半封建的社会性质，这些法规在很大程度上服务于买办官僚主义和维护帝国主义的在华利益。如《矿业条例》中规定，"凡与中华民国有约之外国人民，得与中华民国合股取得矿业权"，并规定外国人可以在中国获得采矿权；《不动产登记条例》规定，军阀官僚的财产只需向有关审判厅或县公署登记，即可永享土地及建筑物的所有权等权益。

此外，司法判例、解释例与民事习惯也是北京政府民事审判的重要法律渊源。其中的很多民事司法判例比较灵活，既可以重新解释、适用清朝的维护封建伦理纲常、等级特权的法律条文，又可以适应新情况，维护军阀、官僚买办阶级与帝国主义等各方面的特权。

北京政府除了援用清末法律、修订一些单行法规、适用司法判例和民事习惯，还曾努力修订《民律草案》。《民律草案》是以清末的《民律草案》为基础，吸收西方国家的最新立法原则，同时结合中国社会的基本情况而制定的；1914 年由法律编查馆开始纂写，至 1926 年完成民事总则、债、物权、亲属、继承五编的草案，共计 1 320 条。但它最终未能正式颁行。

（五）诉讼法规的修订

北京政府在建立之初，暂准援用清末诉讼律典；后来对一些条文进行修正，并以单行法规形式公布，如 1912 年 5 月的《民刑事诉讼律草案管辖各节》《县知事审理诉讼暂行章程》等；同时也起草新的民事诉讼法典。1921 年修订法律馆完成《民事诉讼法草案》（1922 年 1 月改称为《民事诉讼条例》）、《刑事诉讼法草案》（后改称为《刑事诉讼条例》），先后在"东省特别区法院"试行。其中，《民事诉讼条例》仿照《德国民事诉讼法》，分为总则、第一审程序、上诉程序、抗告程序、再审程序、特别诉讼程序，共六编、755 条；《刑事诉讼条例》分为总则、第一审、上诉、抗告、非常上告、再审、诉讼费用、执行，共八编。

有关法院组织的法律有：《修正各级审判厅试行章程》《地方审判厅刑事简易庭暂行规则》《县知事兼理司法事务暂行条例》《修正法院编制法》《陆军审判条例》《海军审判条例》《县司法公署组织章程》等。

此外，从 1912 年到 1927 年北京政府大理院汇编的判例、解释例也成为当时诉讼制度的重要法律渊源。

第二节　中华民国北京政府的司法制度

一、司法机构的设置

民国北京政府时期，司法机关名目繁多、体系不一，不同时期也有所区别。一般来说主要有普通法院体系和特殊法院体系。

（一）普通法院体系

1912 年 3 月 15 日，北京政府将清末的《法院编制法》予以修订之后颁行。根据该法，全国普通法院从中央到地方分为四级：大理院、高等审判厅、地方审判厅、初级审判厅。

（1）中央审判机构。大理院是全国最高审判机关，设在民国政府所在地——北京。设院长一人，总理全院事务。下设民事庭和刑事庭，各设庭长一人、推事若干人。审判案件时，由推事中的五人组成合议庭，庭长担任审判长。在离京师较远或者交通不便的省的高等审判厅，设立大理院分院，其推事由中央大理院选任或者由所在高等审判厅的推事兼任。大理院的主要职能包括审判职能和司法解释职能，主要是负责其管辖范围内的一审或三审终审案件的审判及统一解释法令。

（2）地方审判机构，包括高等审判厅、地方审判厅、初级审判厅。

高等审判厅设在省会城市，主管全省的审判事务，主要负责其管辖范围的二审、三审案件的审理。设厅长一人，下设民事庭和刑事庭。一般由推事三人组成合议庭，由庭长担任审判长，对于某些重要案件也可以由推事 5 人组成合议庭。在路途遥远或者其他不便的情形之下，高等审判厅可以在其所辖的地方设置高等审判分厅。

地方审判厅设在较大的商埠或中心县，主要负责其管辖范围内的一审、二审案件的审理。属于一审案件时一般采取独任制，由推事一人审理；二审案件一般采取合议制，由推事三人组成合议庭审理。

初级审判厅审理轻微的刑事案件或诉讼标的价值较小的民事案件。但由于种种原因，初级审判厅一直未能在全国普遍设立。1915 年 6 月，袁世凯更是废除了初级审判厅，实行三级三审制。

按照北京政府时期的《法院组织法》，在全国各级审判厅官署内设置相应的总检察厅、高等检察厅、地方检察厅、初级检察厅。各检察厅由检察长和检察官组成，具有刑事案件的侦查、提起公诉与监督司法判决的执行等职能；同时，对于有关社会公益及风俗的民事案件，得以国家代表身份参加。

（二）特殊法院体系

北京政府期间的法院体系庞杂，除了普通法院体系之外，还有特殊法院体系，特殊法院体系包括兼理司法法院、特别法院、平政院等。

（1）兼理司法法院。1913 年，北京政府在未设立普通法院的各县建立审检所，由县知事专司检察业务。1914 年，袁世凯颁布《县知事兼理司法事务暂行条例》及《县知事审理诉讼暂行章程》，将全国的初级审判厅裁撤，改由县知事兼理司法业务，下设承判员辅助之。1917 年北京政府颁布了《县司法公署组织章程》，对县知事兼理司法业务的制度有所改进，如将监察、审判分开，县知事专司检察，但都未能实行。

（2）特别法院，包括两种：一种是军事特别审判机关，另一种是地方特别审判机关。军事特别审判机关包括高等军法会审、军法会审、临时军法会审。地方特别审判机关是临时在少数民族地区或特别区域设立的司法组织。如东北的五所“特别区域法院”主要负责审理俄国侨民和其他外国人的案件及华洋混合案件，具有涉外法院的性质；又如，热河都统署、归绥都统署、察哈尔各旗群翼等设立审判处等审理涉少数民族案件的法院。

（3）平政院。根据《平政院编制令》，北京政府设立了平政院，负责审理行政诉讼和纠弹行政官吏违宪违纪案件。后来南京国民政府时期平政院被改为行政诉讼法院。

二、诉讼审判制度

（一）特别法优于普通法

北京政府除了修订清末的法律作为基本法律援用之外，还颁布了一系列的体现军阀专制特点的刑事特别法规，其适用优于普通法。如大理院民国四年（公元 1915 年）上字一一四七号司法解释例明确申明：“查惩治盗匪法第三条第五款，系对于刑律第三百七十三条俱发罪之加重规定，本案上告人等共同二个强盗之所为，即刑律第三百七十三条之俱发罪，自应适用特别法，依惩治盗匪法第三条第五款处断。其俱发之罪质既以吸收于加重条件之内，不得适用刑律第二十三条第三款，乃特别法胜于普通法之原则。”这一司法解释例，通过解释、运用特别法优于普通法的原则，适用了《惩治盗匪法》，该法是为惩罚反抗军阀专制的行为而制定的，其基本精神是对强盗、匪徒罪加重处罚，简化审判程序，允许军阀行使司法权。可见，北京政府正是运用特别法优于普通法的司法原则来实现其军阀统治。

（二）四级三审制

根据北京政府的《法院编制法》，普通法院系统实行四级三审制。初级审判厅为轻微的民事、刑事案件的审判机关，稍重的案件由地方审判厅负责审判。高等审判厅不接受一审案件的审理，大理院可以作为内乱罪、妨碍国交罪、外患罪的一审机关。1914 年，袁世凯撤销初级审判厅而由县知事兼理，合并地方审判庭的审判、检察官署，取消了四级三审制。之后，1917 年段祺瑞颁布了《县司法公署组织章程》，又恢复了审、检分立制度，同时恢复了四级三审制。

（三）县知事兼理司法

在北京政府初期，在未设立初级审判厅的地方，由县知事兼理司法。此后，1914 年，北京政府颁行了《县知事兼理司法事务暂行条例》及《县知事审理诉讼暂行章程》，将大部分的地方审判厅和全部的初级审判厅裁撤，改由县知事兼理司法业务，称为兼理司法县公署，下设承判员辅助之。

（四）行政诉讼独立

北京政府采取了大陆法系的司法制度，把行政诉讼与普通民事、刑事诉讼分开。在 1914 年至 1923 年间，北京政府颁布了一系列的行政诉讼法规。其中 1914 年 7 月 20 日公布的《行政诉讼法》是中国历史上颁布的第一部行政诉讼法。根据这部《行政诉讼法》和同年 3 月 31 日颁布的《平政院编制令》，北京政府在京师设立了平政院，其管辖范围为：中央或地方行政官署的违法处分，致损害人民权利经人民陈述的；中央或地方行政官署的违法处分损害人民权利，经人民依诉讼法的规定诉至最高行政官署，不服其决定而陈诉的。平政院不得受理要求赔偿损害的诉讼。平政院设立院长 1 人、评事 15 人。平政院还设肃政厅，置都肃政史 1 人、肃政史 16 人，纠弹行政官吏之违宪违纪事件，并得提起行政诉讼，监视平政院裁决之执行。

（五）军事审判取代普通审判

在北京政府统治期间，由于各派军阀连年混战，全国经常处于战争时期或者戒严时期，军法审判机关和军法审判在司法审判中占有重要地位。军法审判机关包括常设机构和临时机构两种，其中，常设机构包括军法高等会审和军法会审两个机构，临时机构主要是临时军法会审。军法审判机关常常超越其职权范围，干预或取代地方司法机关的审判活动。依照海军、陆军审判条例的规定，军人触犯海军、陆军刑事条例或刑律或违警罚及其他法律，以及军人附带民事诉讼，非军人犯军法条例规定之罪，均由军法会审审判。这样，无论军人还是平民，无论刑事案件还是民事案件，均可由军法审判机关来审判。不仅如此，《惩治盗匪法》《戒严法》还规定，军法会审可以援用这两部特别法来进行审判。这样，军法审判机关获得对非军事案件的审判权限，极适合军阀统治的需要。而且依照海军、陆军审判条例的规定，军事审判不准旁听，不准请辩护人，不准上诉，程序极为简单，很容易导致草菅人命。这与军阀专制的本质要求相一致。

课后复习

1. 简述《临时约法》与《中华民国约法》的区别。
2. 简述中华民国北京政府“特别法优于普通法”原则。
3. 简述中华民国北京政府《民律草案》的主要内容和特点。
4. 简述中华民国北京政府之司法制度的特点。

第十四章 中华民国南京国民政府的法律

提 要

中国国民党于1925年7月1日在广州成立了中华民国国民政府。1926年，国民革命军在出师北伐的过程中攻克武汉，并于同年12月将国民政府迁往武汉，故又称武汉国民政府。广州、武汉国民政府在当时历史条件下是“国共合作”的“联合政府”，是“无产阶级在不同程度上参加的，小资产阶级、资产阶级以及一部分地主阶级联合的，带有不同程度的新民主主义色彩的专政”①。一方面，广州、武汉国民政府在中国共产党的帮助和工农运动的推动下，制定了很多革命政策和法令，在中国历史上第一次提出人民民主的法制原则，而且组成了反帝反封建统一战线；另一方面，它又是一个不完善的革命政府，其法制并不健全，同时具有很大的局限性和妥协性。正当革命迅猛发展的时候，蒋介石集团于1927年4月12日发动了反革命政变，并于4月18日在南京建立了南京政府，国民政府随之变成大地主大资产阶级专政的工具。南京国民政府在其统治时期，引进以大陆法系为主的西方发达资本主义国家的法律，建立起以宪法、民商法、刑法、民事诉讼法、刑事诉讼法、行政法为核心的六法体系，在中国法律史上第一次形成完善、系统的近代法律体系，无疑是一个巨大的进步。但是在貌似进步的法律形式的掩饰下，国民党政权的法律制度是维护地主、买办、官僚资产阶级利益的，并在实际上成为蒋介石个人独裁和国民党一党专政的统治工具。

重点问题

1. 南京国民政府之宪法的内容和特点。
2. 南京国民政府之民商法的内容和特点。
3. 南京国民政府之刑法的内容和特点。
4. 南京国民政府之民事诉讼法的内容和特点。
5. 南京国民政府之刑事诉讼法的内容和特点。
6. 南京国民政府之行政法的内容和特点。

---

① 新华社信箱：《关于废除伪法统》，载《人民日报》，1949-03-14。

第一节　广州、武汉国民政府的法律

一、立法思想

1924年1月，中国国民党在广州召开了第一次全国代表大会，并通过了《中国国民党第一次全国代表大会宣言》(以下简称《宣言》)。孙中山在总结中国民主革命的教训后，在《宣言》里将其提倡的“三民主义”重新解释为具有反帝反封建内容的新三民主义。新民族主义有两方面的含义——一是中国民族同求解放，二是中国境内各民族一律平等；新民主主义是要建立一般平民所共有，非少数者所得而私的民主政治；新民生主义要求一是平均地权，二是节制资本。《宣言》不但是广州、武汉国民政府的政治宣言和施政纲领，而且是国民政府立法的指导思想。

二、立法概况

广州、武汉国民政府对清末和北洋政府时期制定的法律并没有全盘否定，对于尚能适用，又不与国民党党纲及国民政府颁布的法令相冲突的部分，就予以继承或在稍作修改后适用。另外，武汉国民政府在有条件适用北洋政府法律的同时，也明令废止了一批反动法律。此外，国民政府还继承了南京临时政府关于保护人权、发展实业、解放妇女、废除封建恶习以及废除刑讯体罚等的法令的民主精神，并颁布了相应的法律、法令。

广州、武汉国民政府以《宣言》为依据，制定并颁布了一系列的法律、法令、条例及章程。在刑事方面，广州、武汉国民政府颁布了《陆军刑律》《党员背誓罪条例》《反革命罪条例》《禁烟条例》《处分逆产条例》等一批刑事立法，并对罪名和刑罚作了相应的规定。在行政方面，广州、武汉国民政府根据五权分立学说制定了《中华民国政府组织法》《修正国民政府组织法》《法官法》《戒严法》《湖北省惩治贪官污吏条例》等行政法规，以此将行政工作纳入法制轨道，加强行政机关的效能及提高行政效率。在劳动和土地立法方面，广州、武汉国民政府颁布了《工人运动决议案》《劳工仲裁条例》《解决雇主雇工仲裁条例》等有利于劳动者的法律。但在逐渐走向反动之后，广州、武汉国民政府又制定了《取缔工潮法》等镇压工人运动的法令。在妇女和继承方面，广州、武汉国民政府通过了《妇女运动决议案》，规定了男女平等原则；此外还发布文告对继承权作了原则性规定。在司法制度方面，广州、武汉国民政府于1927年公布了《新司法制度》，对司法旧制进行了改革，主要内容有：(1) 更改法院名称，采用二级二审制；(2) 废止司法机关内的行政长官，行政事宜由行政委员会负责处理；(3) 公开规定司法官由“有社会名誉之党员兼有三年以上法律经验者”担任；(4) 废止检察厅，在法院内设检察官；(5) 采用参审制和陪审制。广州、武汉国民政府的司法改革基本上是革命的、进步的，但具有不彻底的特点，在当时的历史条件下也不可能完全实现。

第二节　南京国民政府的立法思想和法律体系

一、立法体制

南京国民政府自建立后，即提出以孙中山的“权能分治”“五权宪法”“建国三时期”等思想作为建国的指导方针，同时也作为立法的基本原则。“权能分治”的含义是：“政权”即民权，体现国家权力属于人民的原则；“治权”即各国家机构履行各自的职能；政权决定治权，治权受制于政权。“五权宪法”，是指政权结构内设立法、行政、司法、考试和监察五项权力，并依赖宪法的力量实现对政府权力的限制，达到有效治理国家的目的。“建国三时期”，是指宪政国家的建立过程需经过三个阶段——军政时期、训政时期和宪政时期，在这三个时期分别实行军法之治、约法之治和宪法之治。

南京国民政府在立法上极力以孙中山学说的权威来掩饰其法律的本质，实际上“以党治国”是南京国民政府立法的指导思想和基本原则，贯穿于政治、经济、军事等各方面的立法活动。所谓“以党治国”，即将立法权和其他权力集中于国民党中央，将国民党的党规、党法和蒋介石的个人手谕上升为国家法律，从而实行国民党一党专政和蒋介石个人独裁。具体而言，国民党通过全国代表大会这一国民党的最高权力机关行使立法权，并设立中央执行委员会作为全国代表大会闭会期间的最高权力机关。凡国家最重要的法律，或直接由国民党中央政治会议议决公布，或由中央执行委员会制定、颁行。国民党中央政治会议议决的法律称作“法”，而国民政府及其所属机关颁布的称作“条例”。在 1928 年实行五院制度后，虽然正式立法机关即立法院成立了，但立法制度并没有发生根本的改变，重要法律还是由立法院在国民党中央政治会议的指导下制定。南京国民政府的一般立法程序是，首先由国民党中央政治会议确定立法原则，由立法院据此起草法律草案。草案拟出后，再送国民党中央政治会议审议，国民党中央政治会议如认为必要，得发交复议一次，立法院须根据国民党中央政治会议的意见进行修正。这实际上由国民党中央政治会议掌握了立法批准权。而且，国民党中央对于自认为特别重要的法律，无须经立法院而由国民党中央党部自行制定，直接交由南京国民政府公布、施行。值得注意的是，国民党中央的决议和蒋介石的手令，实际上均具有超越一般法律的效力，任何现行法律均不得与此相违背。

二、立法阶段

（一）“法统”的形成时期（1928 年—1936 年）

这是国民党运用法律确立其一党专政统治地位的时期。国民党为了巩固刚刚建立起来的政权，颁布了《中华民国训政时期约法》和《中华民国宪法草案》等具有宪法性质的法律，从而确立了国民党的统治地位；并通过颁行《国民政府组织法》，建立起五院制的政府体制，确立了蒋介石凌驾于五院之上的个人独裁地位。除此以外，南京国民政府继承清末时期时政府和中华民国北京政府的立法成果，分别制定了刑事、民事、商事、诉讼、法院组织等部门法，初步形成所谓“三民主义”的新法律体系。同时，为了镇压中国共产党领导的人民革命运动，消除异己势力，南京国民政府还颁布了大量刑事特别法规，如《暂行反革命治罪法》《共产党人自首法》等。

（二）“法统”的确立时期（1937 年—1945 年）

进入八年全面抗日战争时期，国民党政权的法律显现双重性的特点。一方面，中日民族矛盾上升为主要矛盾，国民党接受了中国共产党提出的抗日民族统一战线方针，实现了第二次国共合作。南京国民政府也顺应历史潮流，颁布了《国家总动员法》《惩治汉奸条例》等有利于抗日的法律。另一方面，南京国民政府并未放弃借抗战之机消灭中国共产党等革命势力的企图，颁布了一系列旨在加强蒋介石独裁地位、限制人民言行自由及反共的反动法律，如《处置异党实施办法》《共产党问题处置办法》等，极大地破坏了抗日民族统一战线，削弱了抗战力量。

（三）“法统”的维持时期（1946年—1949年）

随着抗日战争的胜利结束，国民党政权公然撕毁了《双十协定》，发动了反革命内战。在此期间，国民党声称要在中国实行“宪政”，召开了所谓国民大会，通过了《中华民国宪法》。作为实施宪政的准备，南京国民政府还公布和修正了国民政府和五院的组织法与各种选举法。由于内战的爆发，国民党还颁布了一系列限制人民民主自由的反革命法规，如《妨害兵役治罪条例》《特种刑事法庭组织条例》《戒严法》等。

三、法律体系及立法特点

（一）法律体系

南京国民政府的法律体系由基本法律、单行法规、判例和解释例构成。

(1)“六法全书”，是南京国民政府成文法体系的总称，一般指宪法、民法、民事诉讼法、刑法、刑事诉讼法、行政法。南京国民政府曾将这六类法律汇编出版，通称“六法全书”。成文法又有不同等级的区分：由国民党中央政治会议确定立法原则、由立法院起草、经立法院“三读”通过、由国民政府公布的法律称作“法”；对于具有基本法典性质的法，立法院一般还要制定、颁布该法的“施行法”，以保证在实施过程中贯彻立法意图；经立法程序制定，但只适用于某一时期的法律称作“条例”；南京国民政府各部门公布的则称作“章程”“细则”，等级更低。此外，国民党中央的决议和蒋介石的手令往往具有最高法律效力，因此也是成文法的重要渊源。

(2) 判例和解释例。南京国民政府采取严格的成文法原则，法官不得直接援引判例来作出判决，最高法院也不具备正式的发布法律解释的权力。1946年《中华民国宪法》规定，只有大法官会议才有权解释宪法和法律，其所发布的法律解释例具有正式的法律渊源意义。但在司法实践中，最高法院一直都在汇编和发布判例，这些判例也成为各级审判机关行使审判权和适用法律的重要依据。因此，判例和解释例是成文法体系的重要补充。

（二）立法特点

(1) 固有法和继受法相混合。一方面，南京国民政府在制定法律的过程中，认识到中国传统法律中的一些习惯和法律是适应中国特定的风俗民情而产生的，在规范社会秩序、调整社会关系方面起到不可或缺的作用，因此，它在立法中注意保留和发扬中国固有法律中的合理内核和优秀传统，如典权制度、亲属关系制度等。同时南京国民政府也吸取了从清末法制改革到南京临时政府及历届北洋政府法制建设的成果和经验，在不与现行法律原则抵触的情况下沿用了上述时期制定的法律法规。另一方面，南京国民政府大量抄袭资产阶级国家的法律条文和法律原则，并按照大陆法系的法律模式，制定了一批吸收资产阶级民主与法制原则、法律门类分明的法律。仅从形式上看，这些以“六法全书”为代表的基本法律，广泛吸收了世界上法制先进国家的立法经验，具有完整体系。因此，南京国民政府的法律呈现既保留民族传统又吸收西方经验的特殊形态。

(2) 立法数量繁多，体系庞杂、矛盾。南京国民政府在其22年的统治中，出于巩固政权和维持秩序的需要而频繁立法，其“六法”包括近代立法的各个部门，涉及社会各个方面；同时，还大量沿用清末和北洋政府时期制定的法律法规，而且颁布了大批特别法，形成了法律体系庞杂、混乱的局面。这其中既有普通法和特别法的重叠、冲突，又有中央立法和地方立法的抵触，还有法律和判例、解释例之间的矛盾。

（3）特别法优于普通法。南京国民政府颁布的特别法数量繁多，超过普通法数倍，其中以特别刑事法规最为突出。原因在于国民党政权始终把消灭中国共产党和其他革命力量、镇压各阶层人民的民主革命运动作为根本任务。为了实现这一目的，南京国民政府无视自己确认的各种法律原则和精神，将一切有损国民党统治的言论或行为宣布为特种刑事犯罪，并给予最严厉的处罚。南京国民政府奉行北洋政府关于“特别法应先于普通法，无特别法无规定者，始适用普通法”的原则，使特别法在其法律体系中占据了特殊地位：普通法的制定和修改，在形式上要经立法院决议，由南京国民政府正式颁布；特别法则不经立法院决议而直接由南京国民政府发布，或由军事委员会或其他各部、会径行制定、公布，甚至由国民党中央或地方党部秘密颁布。

第三节　南京国民政府的“六法全书”

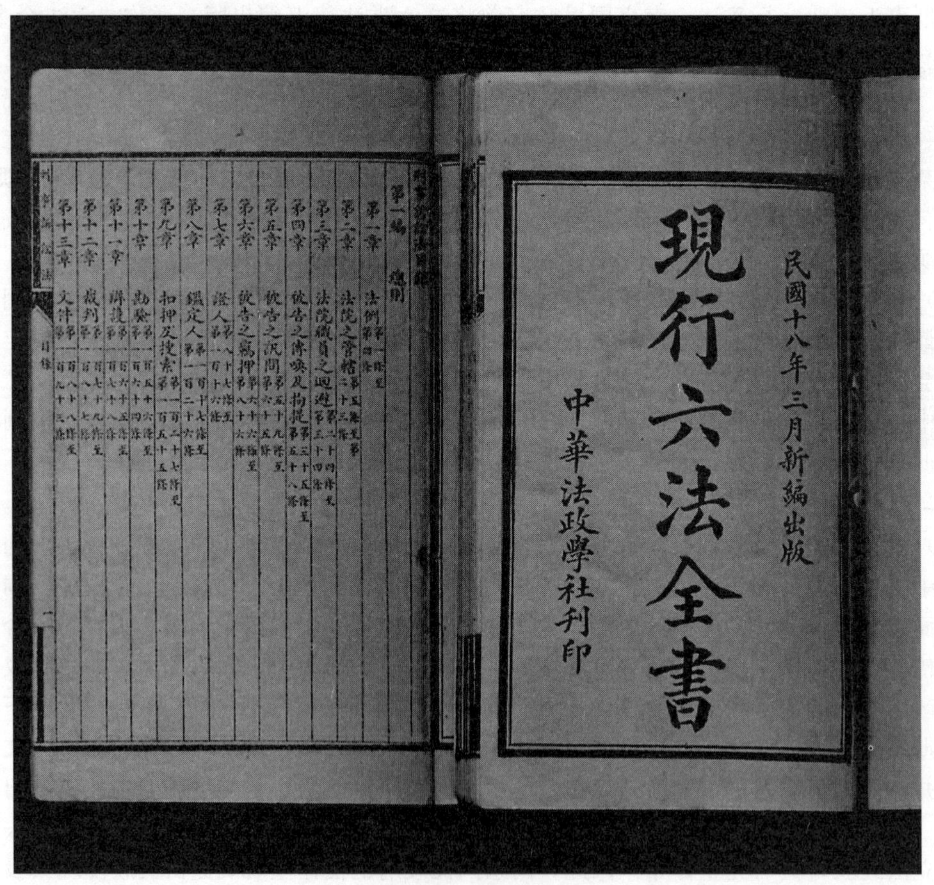

“六法全书”书影

一、宪法及其关系法规的内容

（一）1928 年《训政纲领》

国民党为了实施专制统治，借口实施孙中山“建国三时期”即军政、训政、宪政的理论，于1928年宣告“军政时期”结束、“训政时期”开始，并宣称这一时期政府的任务是训练国民使用政权，为宪政打好基础。同年10月3日，国民党中央常务委员会通过了《训政纲领》。

《训政纲领》共6条，其要点是：第一，“政权”（亦称“民权”）：人民享有选举、罢免、创制、复议四项权利即政权，训政期间不成立国民大会，由国民党全国代表大会代行政权，国民党全国代表大会闭会期间，付托国民党中央执行委员会代行。第二，“治权”：由行政、立法、司法、考试和监察五项权力组成，由南京国民政府总揽而执行。第三，“政权”和“治权”的关系：由国民党中央执行委员会政治会议负责指导和监督南京国民政府重大国务之施行。实际上，国民党并不是“训政”，而是完全代替国民行使政权，而且国民党中央政治会议凌驾于南京国民政府之上，为确立国民党的一党专政地位奠定了基础。

（二）1931年《中华民国训政时期约法》

《训政纲领》颁布后，国民党内部反对派利用孙中山生前提出制定约法的主张，联合冯玉祥等地方反对力量，另外组织召开了“国民党三大”，并于1930年10月在太原制定了《训政时期约法草案》，企图以此实现反蒋目标。蒋介石在军事上打败反对派后，为了谋求国民党内部的统一、缓和各派系之间的矛盾，从而在政治上再赢得主动，决定召开国民会议制定约法。《中华民国训政时期约法》（以下简称《训政时期约法》）于1931年6月1日公布、施行，共8章、99条，具有如下主要内容。

(1) 规定了人民享有的权利和自由。其中包括：国民在法律上一律平等；人民非依法律不受逮捕、拘禁、审问、处罚；人民之财产非依法律不得被查封或没收；人民有信仰宗教、迁徙、通信通电秘密、结社集会、发表言论及刊行著作等自由。但除了宗教自由，其他权利、自由均被附加“依法律”限制或停止的条件。事实上，南京国民政府颁布的一系列具体法律，尤其是特别刑事法规，对上述权利和自由进行了严格限制。同时该约法还规定了人民有服从公署依法执行职权的义务，其他如纳税、服兵役、工役仅笼统规定为义务，至于如何履行，全由政府任意规定。这就为南京国民政府抓兵拉夫、横征暴敛提供了法律依据。

(2) 确立了国民党一党专政的国家制度和蒋介石个人独裁的统治制度。它规定国民党全国代表大会和中央执行委员会为最高权力机关，“训政时期”由国民党全国代表大会代表国民大会行使中央统治权，闭会期间由国民党中央执行委员会行使；约法的解释权也由国民党中央执行委员会行使。该约法还规定国民政府主席对内对外代表国民政府，权力很大，为蒋介石个人独裁创造了条件。

(3) 规定了“五院制”的政府体制。在南京国民政府中设立法院、行政院、司法院、考试院和监察院及五院之下的各部、会，分别行使立法、行政、司法、考试和监察五项“治权”。但该约法同时规定五院院长及各部、会长，由国民政府主席提请，国民党中央执行委员会选任。在这样的体制下，五院是分而不立，国家的一切权力仍由国民党中央执行委员会独家掌握。

(4) 规定了为增强国力、改善生活而确立的各项制度，包括对于发展农业、工业、矿业、交通业、金融业的保护，建立劳动保险制度，平抑物价，限制高利贷，等等。同时该约法还规定了义务教育、男女教育机会平等、保护学术研究和技术进步等科教制度。这些规定从形式上看不乏积极意义。

（三）1936年《中华民国宪法草案》（“五五宪草”）

《训政时期约法》公布后不久，日本发动了“九·一八”事件，全国人民都投入抗日斗争中。随着反对日本侵略，要求政府实施民主政治、积极抗战的呼声日益高涨，国民党内反对派也打着提前结束训政、尽快制定宪法的旗号反对蒋介石。在这种形式下，南京国民政府不得不于1932

年12月召开四届三中全会，责令立法院从速起草宪法草案，并于1936年5月5日正式公布《中华民国宪法草案》，又称“五五宪草”。“五五宪草”共8章、148条，具有以下主要内容。

（1）确定国民党一党专政及总统独裁制度。“五五宪草”规定中华民国为三民主义共和国，因而，凡积极主张其他主义或消极反对三民主义的政党，均有可能被宣布为违宪而被不允许存在。这实际上是以宪政的形式继续实行一党专政。同时，该草案赋予总统以强大的权力，包括：公布法律，发布命令，宣战媾和，缔结条约，宣布戒严、解严，任免行政院长及文武官员，任免司法、考试院院长，召集五院院长解决关于两院以上事项等权力。总统既是国家元首，又是政府首脑，集行政、立法、司法、财政、军事等大权于一身，这是实际上的总统独裁制。

（2）限制国民大会的权力。“五五宪草”增加了“国民大会”专章，规定了国民大会的组成、选举、任期、职权等事项，但国民大会的职权仅限于讨论和通过宪法、选举总统和立法院院长，它无权决定关于国家的一切内政外交的重要方针，也无权干预或监督这些方针的执行。“五五宪草”中没有规定国民大会的常设机构，因此，处理日常工作，国民党中央执行委员和监察委员是其当然代表。可见国民大会只是国民党一党专政的装饰品。

（3）基本保持了《训政时期约法》赋予人民的权利和自由，但同样加上“非依法律，不得限制”或类似字样；且规定人民的权利或自由“不妨害社会秩序公共利益”，在“保障安全，避免紧急，维持社会秩序或公共利益”的情况下，可以受限制。

（四）1946年《中华民国宪法》

抗日战争胜利后，国民党在中国共产党和各民主党派要求和平、民主的压力以及其他多种因素的共同作用下，于1946年1月在重庆召开政治协商会议，解决召开国民大会、制定宪法等问题。但是，由于政治协商会议提出的修正宪法草案的意见危及国民党党治方针的继续施行，因而国民党政府阳奉阴违，又于1946年向解放区发动全面进攻，撕毁政治协商协议。国民党政府还在没有中国共产党、民盟等参加的情况下，于1946年11月15日擅自召开国民大会制定宪法，并于12月25日通过《中华民国宪法》，定于1947年12月25日正式施行。

《中华民国宪法》共14章、147条，具有以下主要内容。

（1）在政治体制上，确立类似于国会制和责任内阁制的制度，而舍弃了“五五宪草”所规定的总统制。总统作为国家元首，统率海、陆、空三军，依法发布法律和命令，但必须经行政院长副署；依法行使缔结条约、宣战媾和、大赦、任免文武官员等权力；可依法宣布戒严，但必须经过立法院通过或追认；遇灾害或国家财政经济上的重大变故，在立法院休会期间，可经行政院会议决议，发布紧急命令，但须在一个月内得到立法院追认同意，否则失效；等等。总统仍拥有较大权力，但在行使权力时要受到五院的制约。同时该宪法规定，行政院向立法院负责，立法院除行使立法权外，还着重实施对行政权（包括总统和行政院的权力）的制衡。这和“五五宪草”相比是个进步。然而在1948年，南京国民政府又通过了《动员戡乱时期临时条款》，作为《中华民国宪法》的补充条款，规定，总统在动员戡乱时期有不受《中华民国宪法》限制的“紧急处分”权力，而“戡乱时期”由总统宣告。这样就使蒋介石获得随时宣布戒严、任意发布紧急命令的独裁权力。

（2）规定国民大会的权力为选举和罢免总统、副总统，修改宪法。然而国民大会并不是最高权力机关，也没有常设机构。总统虽然由国民大会选举产生，但并不对国民大会负责，还有权召集国民大会。这也反映了国民党政府对“政权”的架空。

（3）规定了国民在法律上的平等地位及多项权利和自由，并规定“以上各条列举之自由、权利，除为防止妨碍他人自由、避免紧急危难、维持社会秩序或增进公共利益所必要者外，不得以法律限制之”。同时规定了国家公务员违法侵害人民权利或自由者，除公务员负法律责任外，被害人还可依法向国家请求国家赔偿。

(4) 在经济制度方面，确定了平均地权、节制资本的原则。在土地分配方面，规定“以扶植自耕农及自行使用土地人为原则，并规定适当经营之面积”。但是，这部宪法在本质上还是维护封建土地剥削制度以及官僚资本的经济垄断：它规定“人民依法取得土地所有权者，应受法律之保障与限制”，对人数只占10%却掌握了全国70%的土地的地主有利。它还确认了官僚资本在资源和公用事业上的垄断地位。

二、民商法及其关系法规的内容

南京国民政府在成立初期，沿用北京政府的民事法规、判例以及民间习惯，并无统一的民法典。1928年年底立法院成立后，开始进行民法典的起草工作，并一改中国自清末修律以来采用的民商分立的模式，而采民商合一的立法体系，即不制定独立的商法典，将通常属于商法总则之经理人及代办商、商行为之交互计算、行纪、仓库、运送营业及承揽运送均并入民法债编，对其他不宜合并者另行制定单行商事法规。

(一) 民法

南京国民政府民法起草委员会在1929年1月成立后即开始进行民法典的起草工作，在1929年5月至1930年12月26日期间陆续颁布、施行。《中华民国民法》共5编、1 223条。第一编“总则”，规定民事权利及法律关系的总原则，下设法例、人、物、法律行为、期日及期间、消灭时效六章；第二编“债”，规定债权、债务共同适用的规则及处理各种债的纠纷的方法，下设通则和各种之债两章；第三编“物权”，规定对物的管理及支配并排除他人干涉的权利，下设通则、所有权、地上权、永佃权、地役权、抵押权、质权、典权、留置权、占有权十章；第四编“亲属”，规定因婚姻、血缘和收养而产生的人们之间的权利义务，下设通则、婚姻、父母子女、监护、抚养、家、亲属会议，共七章；第五编“继承”，规定被继承人死亡后由其亲属继承其财产的权利和义务，下设遗产继承人、遗产之继承、遗嘱三章。

这部民法典的起草以大陆法系各国民法为主要参考，尤其是参照了《德国民法典》和《瑞士民法》中的多项制度和条文，同时也参考了法国、日本和苏联的民法规定。此外，还吸收了自清末法制改革至南京临时政府、北洋政府法制建设的成果和经验，也注意保留了中国固有法律中的某些传统。

《中华民国民法》具有以下主要内容。

(1) 确立保护私有财产的法律原则。该民法典将保护私有财产不受侵犯作为基本原则，在债权和物权等编中，以大量篇幅规定对各种债权和物权的保护，而且严格保护土地所有人的土地所有权及相关土地权利。该民法典总则还明确规定，有产者为保护自己的私利而损害他人自由和财产，不负赔偿责任。在当时的历史条件下，这样的法律规定无疑是保护了地主阶级和官僚买办阶级的利益，进而巩固了国民党的统治基础。

(2) 确认“契约自由”原则，保护商品经济关系。该民法典详细规定了商品关系中各方当事人的权利义务关系，仅在债权编的第二章，就用了24节的篇幅，规定了买卖、租赁、借贷、雇佣、承揽、运送营业、委任、行纪及居间等23种债权、债务关系的行为准则。在调整这些关系时，南京民法典采用了“契约自由”原则。同时也对债权人作了一些限制性规定，如对乘人之危者，依当时情形显失公平的，法院可依申请撤销法律行为或减轻其给付；对重利盘剥者，如约定年利率超过20%，债权人对超过部分之利息无请求权。但是，南京民法典在平等原则的掩饰下，实际着力维护帝国主义和官僚买办阶级对国民经济的操纵与垄断，例如，赋予外国法人与中国法人同样的权利能力，实际上是承认外国法人的在华特权，因为当时刚刚起步的民营经济显然还无能力与帝国主义资本竞争，从而纵容了帝国主义资本对中国的经济侵略和经济掠夺。

(3) 在亲属和继承方面，废除沿用多年的宗法原则。首先是废止了宗祧继承制度，采平等继承制度，且明确规定配偶间有互相继承遗产的权利。同时废弃亲属分类的宗法框架，转而采用世界通用的血统、婚姻相结合的亲属分类标准。还规定了婚约自由、一夫一妻制等否定封建宗法制度的内容。当然，南京民法典还是保存了不少封建主义家庭制度的内容，如规定未成年人的婚姻应征得父母的同意，确认以父权和夫权为中心的家长制度等。

（二）商法

国民政府采取民商合一的立法原则，将商法的总则、契约方面的内容纳入《中华民国民法》，并将无法并入《中华民国民法》的商事法以单行商事法规的形式颁布。重要的立法有《公司法》《票据法》《海商法》《保险法》等。

《公司法》于1929年12月颁布，分为通则、无限公司、两合公司、股份有限公司、股份两合公司、罚则五章，共233条。该法明确规定公司是以营利为目的而设立的团体，必须经登记才可成立；并规定了各种公司的成立条件、组织及活动准则等。1946年4月12日修订后的《公司法》公布，分为定义、通则、无限公司、两合公司、有限公司、股份有限公司、股份两合公司、外国公司、公司之登记及认许、附则十章，共361条。修订后的《公司法》确认了有限公司的组织形式，还规定公司可以按照股东人数或出资比例分配表决权。另外，该法增设了“外国公司”一章，规定外国公司必须经中国政府认可后才可以在中国开业，并禁止外国公司在中国募股、募债。

《票据法》于1929年10月30日颁布，分为总则、汇票、本票、支票、附则五章，共139条。该法是在北洋政府《票据法草案》最后一稿的基础上，参酌德、日、英、美、法等国的票据法和中国的商业习惯而制定的。它主要规定了票据的种类、形式、内容及当事人的权利，并确立了“流通证券”制度，即各种票据均可以通过支付或背书来相互转让，以方便有产者结算债权、债务，调剂资金补缺。

《海商法》于1929年12月30日颁布，分为总则、船舶、海员、运送契约、船舶碰撞、救助及捞救、共同海损、海上保险八章，共174条。该法按照船舶所有人来确定船舶国籍，确认除有特别规定者外船舶适用民法有关动产的规定，并明确船舶运输契约为要式契约。该法还规定共同海损采“残存主义”，即共同海损发生后以留存的船舶积货价格、运费的半额，与共同海损的损害额比例，由各利害关系人分担。

《保险法》于1929年12月30日公布，但并没有公布施行时间，分为总则、损害保险、人身保险三章，共82条。该法规定保险契约为要式契约，并以列举方式规定了保险人的义务，即对于因不可预料、不可抗力以及要保人（投保人）过失（故意和重大过失除外），或履行人道主义义务而导致的损害，保险人均应负责。1937年第二部《保险法》公布了，分为总则、损失保险、人身保险、附则四章，共98条。第二部《保险法》与1929年《保险法》相比，内容上进行了较大改动，但仍没有公布实施时间。

三、刑法及其关系法规的内容

南京国民政府时期的刑法主要包括1928年《中华民国刑法》、1935年《中华民国刑法》及大量的刑事特别法规。立法者宣称其刑事立法吸收了罪刑法定主义、罪刑等价主义及刑罚人道主义等资产阶级的刑法原则。综观这两部刑法典，它们确实在一定程度上吸收了上述原则，对中国古代因当事人的身份、地位不同而实施同罪异罚的等级法律制度以及以身体刑为主的刑罚体系，作了比较彻底的变革。但是，南京国民政府为了实行一党专政而不断强化对人民革命力量及政治反对派的打击，尤其是为了镇压直接威胁其统治的中国共产党，颁布了大量以惩罚政治犯罪、消灭异己力量为目的的刑事特别法规。刑事特别法的大量制定及频繁变更，使法律在更大程度上作为国民党的“党治”工具而存在，体现了国民党政治上的反动本质；同时，它也使刑法体系缺乏统一、规范的框架，并处于经常的变动之中，从而直接影响了法律对于维持社会秩序、规范政府和公民行为的作用，表现出国民党立法技术的落后。

（一）1928 年《中华民国刑法》

南京国民政府在 1927 年成立后即从事起草刑法典的工作，基本采纳了北洋政府的第二次刑法修正案，并于 1928 年 3 月 10 日公布《中华民国刑法》，于同年 9 月 1 日施行。该法分为总则、分则两编，共 48 章、387 条。它规定刑罚分为主刑和从刑两类，主刑有死刑、无期徒刑、有期徒刑、拘留及罚金五种，从刑有褫夺公权和没收两种。该法分则规定了内乱罪、妨害国交罪、公共危险罪、伪造货币罪、杀人罪、诈欺罪、背信罪等 34 种罪名。该法的主要特点是：(1) 在中国刑法立法历史上首次采用一些进步的刑法原则，如从旧兼从轻原则，刑事责任以能够预见结果为范围，等等。(2) 保护私人财产及维护社会经济秩序，并增加了保护工商业发展的内容。(3) 维持了部分中国的宗法礼教传统，如规定家庭、亲属之间犯罪均要根据不同情况加重、减轻或免除处罚。

（二）1935 年《中华民国刑法》

1928 年《中华民国刑法》颁布后，南京国民政府相继颁布了很多刑事特别法，其中许多内容与《中华民国刑法》相冲突。为此立法院于 1931 年 12 月成立刑法起草委员会，并于 1935 年 1 月 1 日公布新《中华民国刑法》。该法分为总则、分则两编，总则分为法例、刑事责任、未遂犯、共犯、累犯、数罪并罚、刑之酌科及增减、缓刑、假释、时效、保安处分 12 章，共 99 条；分则分为内乱罪、外患罪、妨害国交罪等 35 章，共 258 条。

该法具有如下主要内容。

(1) 采用罪刑法定主义原则。该法第一章第 1 条就是：“行为之处罚，以行为时法律有明文规定者为限。”这一原则本是资产阶级革命时期资产阶级思想家与封建司法专横制度抗争时提出来的，具有一定的文明性和进步性。但在司法实践中，南京国民政府实施的恰恰是罪刑擅断主义，尤其是在国民党特务横行的时期和地区，在法无明文规定也未经过合法程序审判的情况下，就可以随意对人民定罪量刑。

(2) 从维护南京国民政府的统治出发，对危及国民党政权及其所维护的社会秩序的犯罪从重处罚。该法以大量的篇幅规定了该类犯罪行为的罪名和刑罚，如内乱罪、外患罪、妨害国交罪等，而且这些犯罪的刑罚比普通刑事犯罪的刑罚要重。国民政府企图以此来镇压和消除反对其统治的民主革命力量。

(3) 增设保安处分制度。所谓保安处分，是指对特定的人（如有不良瘾癖、限制行为/责任能力人等）或特定的犯罪所作的一种司法处分。它的目的在于对这类特殊犯罪和罪犯给予特别处理，以弥补普通刑罚力所不及的保护社会、预防犯罪的功能，有其积极意义。在该刑法典中，适用保安处分制度的有少年犯、精神病患者、吸毒者、酗酒者、惯犯、常犯、外国犯人等特定群体，采用的处分措施多为感化教育、禁戒、强制劳作等，与一般的刑事处罚不同。但在司法实践中，这一制度为国民党所利用，变成镇压群众革命运动和中国共产党的工具。

(4) 维护封建宗法和礼教原则。该法规定对于直系亲属的伤害、遗弃、妨害自由等罪行，要加重本刑 1/2；而窃盗直系血亲、配偶、同居共财亲属的财产，可以免除其刑；等等。

（三）刑事特别法

南京国民政府除了颁布《中华民国刑法》以外，还颁布了大量的特别刑事法规。这些刑事特别法通常置南京国民政府宣扬的立法原则和正常的立法程序于不顾，直接由国民党中央、国民党军事委员会或国民政府颁布，其内容以镇压以中国共产党为代表的革命力量和政治反对派为主，体现了明显的法西斯特征。自1928年以来，南京国民政府先后制定了一系列刑事特别法以及与其配套实施的行政法、诉讼法类单行法规，主要包括：《暂行反革命治罪法》《共产党人自首法》《反革命案件陪审暂行法》《国家总动员法》《戡乱时期危害国家紧急治罪条例》《动员戡乱时期临时条款》等。上述刑事特别法设立了一些罪名如反革命罪、危害民国罪、叛乱罪等，并且极力加重刑罚，还大大扩展适用死刑的范围。在法律适用方面，1928年《中华民国刑法》及1935年《中华民国刑法》均确定了特别法优于普通法的原则。

四、民事诉讼法及其关系法规的内容

（一）民事诉讼法

南京国民政府初建之时，西南地区沿用广州军政府于1921年修正公布的《民事诉讼律》，而其他地区则沿用《民事诉讼条例》，出现两种民事制度并存的局面。为了统一民事诉讼制度，南京国民政府在《民事诉讼条例》的基础上制定了《民事诉讼法》，并于1930年12月至1931年2月期间先后公布了《民事诉讼法》各编，于1932年5月20日正式施行。该法分为总则、第一审程序、上诉审程序、再审程序、特别诉讼程序五编，共600条。此后，为了适应民法典修改后的内容，立法院于1935年2月1日公布了新《民事诉讼法》，同年7月1日施行。该法分为总则、第一审程序、上诉审程序、抗告程序、再审程序、督促程序、保全程序、公示催告程序、人事诉讼程序九编，共636条。1945年12月26日，南京国民政府根据《实验地方法院办理民刑诉讼补充条例》对《民事诉讼法》再次进行了修正。

《民事诉讼法》具有以下主要内容、特点。

(1) 民事诉讼程序烦琐，具有形式主义和官僚主义的特点。其全部民事诉讼程序分为一般诉讼程序、初审程序、上诉审程序、再审程序和特别程序几大类，每一类又分成不同的程式，条规烦琐，而且对形式非常苛求。如该法对提起诉讼的条件规定得十分严格，归纳起来就是“一告九不理”，即不受理的情况有九种：管辖不合、当事人不适格、未经合法代理人、书状不合程式、不交讼费、已成和解者、一事不再理、不告不理、上诉非以违反法律为理由第三审不受理。这种规定对于广大劳动人民群众参加诉讼十分不利，也是间接保护了地主和买办资产阶级的利益。

(2) 标榜与其民法的“契约自由”原则相适应，在民事诉讼过程中采用“当事人进行主义”，又称“不干涉主义”或“处分权主义”，即根据民法保护私权的原则，由当事人的意志决定民事诉讼的进行与否，法院对此不加干涉。法院不得超出当事人诉讼请求的范围作出判决，且对于当事人在言词间舍弃或认可诉讼标的的，可基于其舍弃或认可判其败诉。同时该法还规定，当事人对于对方主张的事实，“于言词辩论时不争执者，视同自认”，法院可根据其自认进行判决。这是与民法的私法性质相适应的制度。然而在南京国民政府时期，劳动人民在法律知识和经济能力方面均处于劣势，更谈不上聘请律师代理诉讼。因此，法院采取这种“当事人主义”进行审判，很容易利用劳动人民对法律的无知来损害他们的合法利益。

(3) 在判断证据方面采取“自由心证”原则，即由法官依据自己的心智对证据的真伪及效力的强弱进行判断。这等于赋予法官极大的自由裁量权。而且在当事人“自认”的情况下，对有关事实就不需要再作调查核实，可以直接以其为判决的依据。然而从上述对“自认”的表述来看，当事人对于对方提出的事实不作争辩，可能是自认，也可能出于别种原因而非自认。因此，这种任由法官专横武断的做法，导致南京国民政府的法院容易颠倒是非、歪曲事实，作出不利于人民之利益的判决。

（二）其他民事诉讼立法

立法院于1930年1月20日公布了《民事调解法》，规定民事调解是民事诉讼事件和初级管辖民事事件的法定必经程序，不经调解程序，不得提起诉讼。对其他诉讼案件，当事人亦可请求履行调解程序。调解结果一旦形成即取得约束力，其效力与法院判决相同。

《民事诉讼法》对于强制执行程序没有规定，于是南京国民政府于1940年1月19日公布了中国第一部《强制执行法》，分为总则、对于动产之执行、对于不动产之执行、对于其他财产之执行、关于物之交付请求权之执行、关于行为及不行为请求权之执行、假扣押假处分之执行及附则八章，共142条。该法规定债权人可依终局判决书或法院假扣押、假处分裁定书等生效法律文件申请强制执行，并规定了执行的程序。

此外，南京国民政府还于1941年7月1日颁布了《非常时期民事诉讼补充条例》，在法院管辖、期间延误、诉讼救助、卷宗失火、当事人之间的法律关系等方面作了变通补救的规定。

五、刑事诉讼法及其关系法规的内容

（一）《刑事诉讼法》

与民事诉讼法的情况一样，在国民政府成立之初，最高法院和西南诸省援用的是广州军政府于1921年公布的《刑事诉讼律》，其他各省则继续适用北洋政府颁布的《刑事诉讼条例》。为此司法部在《刑事诉讼律》和《刑事诉讼条例》的基础上，参照《中华民国刑法》制定了《刑事诉讼法》，并于1928年7月28日公布，同年9月施行。该法分为总则、第一审、上诉、抗告、非常上诉、再审、简易程序、执行、附带民事诉讼九编，共513条。由于该部《刑事诉讼法》制定得比较仓促，随着南京国民政府对《中华民国刑法》的修订，《刑事诉讼法》也在修正后于1935年1月1日颁布，同年7月1日施行。该法结构上仍为9编，内容调整较大，增加3条，共516条。该法具有以下主要内容与特点。

(1) 抄袭多项资产阶级的诉讼原则，引进公诉与自诉制度、回避制度、辩护制度、公开审理制度、上诉制度、法官独立审判制度及无罪推定制度等。这些制度本身具有一定的进步性，但在南京国民政府统治时期，很多制度难以落到实处，加上大量非正式侦查机构和审判机构如特务机构的存在，以上制度并不能真正维护广大劳动人民群众的合法利益。

(2) 在管辖上适用三级三审制度：县、市设地方法院，管辖除法律另有规定以外的一审案件；省设高等法院，管辖范围包括涉嫌内乱罪、外患罪、妨害国交罪的一审案件，不服地方法院一审判决而上诉的案件和不服地方法院裁定而抗告的案件；首都设最高法院，管辖范围包括不服高等法院第一审或第二审判决而上诉的案件，不服高等法院裁定而抗告的案件以及非常上诉案件。

(3) 采取严密的侦查制度，加强侦查人员和检察官的权力。该法规定，行使侦查职权的人有三类：一是检察官；二是司法警察官，分为区域司法警察官和司法警察官，职权是在检察官的指挥下侦查罪犯；三是司法警察，由警察、宪兵和“依法令关于特定事项得行司法警察之职权者”组成，职权是根据警察官和司法检察官的命令侦查罪犯。这实际上是由检、警、宪和特务组成的庞大的侦查队伍。同时该法还赋予检察官以强大的权力，如在情况紧急时，可以命令在场或附近的人给予辅助，必要时可以请求附近军事长官派遣军队相助，而且在紧迫情形下可以对不属其管辖的犯罪嫌疑人作出必要处分。同时，检察官除拥有实施侦查、提起公诉、实行公诉、指挥刑事裁判的执行等职权外，还获得“协助自诉”和“代理自诉”两项职权。

（二）《特种刑事案件诉讼条例》

国民政府为了维持统治、镇压革命力量，于1944年1月12日公布了《特种刑事案件诉讼条例》。该条例，共36条规定，汉奸、盗匪、内乱、外患等性质严重的犯罪一律适用特种刑事审判程序，由法院设特种刑事法庭审理；而且不是由检察官而是由司法警察移送至法院，无须经过公诉程序，审判也不公开进行，所作判决不得上诉，只能在10日内申请复判。这一条例公然违反了南京国民政府标榜的多项立法原则和司法原则，但被南京国民政府当做镇压异己的重要工具而频繁适用。

六、行政法及其关系法规的内容

南京国民政府并未制定统一的行政法典。行政法是国家行政管理方面的法律法规的总称，范围广泛，内容庞杂。以下就主要门类及法规进行介绍。

（一）行政组织法

1928年10月3日，南京国民政府在颁布《训政纲领》的同时公布了《中华民国国民政府组织法》，共7章、48条。它的主要内容是：规定国务会议负责处理国务、公布法律、发布命令等事宜；国民政府设主席作为国家元首，主持国务会议、处理国家事务并兼任海、陆、空军总司令；国民政府下设行政院为最高行政机关，讨论并决定重要事项，包括向立法院提出法律案、预算案等以及人事任免事项，行政院下设各部会；设立法院为最高立法机关，决议法律案、预算案等，立法院委员不得兼任中央政府或地方政府各机关的事务官；设司法院为最高司法机关，行使司法审判权，司法院院长经最高法院院长及所属各庭庭长会议议决后，行使统一解释法令及变更判例权；设考试院为最高考试机关，掌管官吏的考选、铨叙等事务；设监察院为最高监察机关，掌管弹劾权和审计权。

1930年11月17日《中华民国国民政府组织法》经修正后颁布，其主要内容是：将国务会议改为国民政府会议，由国民政府委员组成，国民政府会议主席由国民政府主席兼任；将行政院会议改为国务会议；废除五院院长副署制，规定公布法律由立法院院长副署，发布命令则由主管院院长副署。

1931年6月15日《中华民国国民政府组织法》再次修正并颁布，共10章、52条。其主要内容有：增加总则一章，明确规定该法是依据《训政时期约法》第77条之精神制定的；删除关于国民党指导、监督政府的规定；国民政府的委员名额增加一倍以上；增加规定国民政府授予荣典、编定预算决算的规定。

（二）行政诉讼法

南京国民政府于1930年3月公布《诉愿法》，共14条，规定：人民对于官署违法或不当的行政处分，有权在30日内向作出该处分决定的官署的上级官署提起诉愿，如仍不服裁决，可以逐级向再上级官署提起诉愿，中央官署所作裁决为最终裁决。

南京国民政府于1932年11月公布《行政诉讼法》，于1933年6月23日实施，共27条。它规定在司法院设立行政法院，只有对于违法的行政行为才得以提起行政诉讼，并可附带提起损害赔偿诉讼，但行政诉讼只有一审。

（三）官制官规

南京国民政府于1929年10月29日公布了《公务员任用条例》，共13条，规定了简任官、荐任官和委任官的任用条件。1933年3月11日南京国民政府公布了《公务员任用法》和《公务员任用法施行条例》，共15条，将"简任官""荐任官""委任官"分别改为"简任职公务员""荐任职公务员""委任职公务员"；删除规定曾有反对国民革命行为或言论者不得为公务员的条文；明确规定考试及格人员的优先任用，以铨叙部分发的先后为序；废除以年度标准序选的规定等。

南京国民政府于1929年5月29日公布了《弹劾法》，共11条，主要规定：监察委员对于公务员有违法或失职行为的，应以书面形式陈述事实并附具有关证据，向监察院提出弹劾案；监察院院长另外指定监察委员三人进行审察，但不得指使或干预弹劾事项；弹劾案中如发现涉及刑事案件的，应将刑事部分移交有管辖权的法院审理；监察院可以接受人民举发公务员违法行为的书状，但不得直接答复。

此外南京国民政府还颁布了《公务员惩戒法》《勋章条例》等法规。

（四）内政法规

南京国民政府于1929年2月5日颁布《国籍法与国籍法施行条例》，规定国籍分固有和取得两种情况，并就如何取得、丧失或回复国籍作了明确的规定。南京国民政府于1946年1月3日颁布《户籍法》，规定了关于户籍与人事登记事项的内容，如户籍分为本籍、客籍和寄留地，人事分为出生、认领、收养、结婚、监护、死亡宣告、继承；此外，还对户籍的申请、登记程序以及对户籍管理中的违法犯罪行为的处理都作了详尽的规定。

（五）军政法规

南京国民政府于1946年10月10日颁布《兵役法》，规定：兵役分为国民兵役及常备兵役两种；兵役事务以及在乡军人的各种事项由军政部和内政部协同处理；至于海军的兵役则另行规定。

此外南京国民政府还颁布了《国家总动员法》《要塞堡垒地带法》等法规。

（六）土地管理法规

南京国民政府于1930年6月30日颁布《土地法》，定于1936年4月29日施行。该法分为总则、土地登记、土地使用、土地税、土地征收五编，共397条。其主要内容有：要在测量全国土地后进行土地总登记，登记各项土地权利，确定地价，作为开征地价税的依据，并作为对土地转让时开征土地增值税的基准；对土地的私有进行了一定的限制，规定矿产等为国有，私人所有的土地面积超过限制部分的，国家有权征购，出售给无地少地的农民。由于抗战的爆发，该法并未实际实施。

1946年4月29日南京国民政府颁布了修正后的《土地法》，分为总则、地籍、土地使用、土地税、土地征收五编，共247条。其基本内容与1930年《土地法》差别不大，只是对某些数额作了调整。

（七）劳动法

南京国民政府于1929年10月21日颁布《工会法》，对工会的设立、权能等作了较多的限制性规定。根据该法设立的工会至多只能充当国民党政府平息工人运动的工具，对于维护工人的权益没有实际意义。

南京国民政府于1929年12月30日颁布《工厂法》，并于1932年12月30日予以修正。该法参照当时资产阶级国家的劳动法，对工人的工作条件、工厂安全、工伤赔偿、劳动时间、女工保护等作了比较超前的规定。

第四节　南京国民政府的司法制度

一、司法机构

（一）普通法院系统

国民政府于1932年10月颁布《法院组织法》，规定：法院为审判民事、刑事诉讼案件的国家机关，并依法律规定管辖非诉讼案件。法院的设置分为地方法院、高等法院和最高法院三级：在县或省辖市一级设地方法院，区域狭小者可以合数县、市设一地方法院，区域辽阔者也可设地方法院分院；在省、特别区、院（行政院）辖市和首都设高等法院，区域辽阔者可设高等法院分院；在国民政府所在地设最高法院，隶属于司法院，最高法院不设分院，以统一对全国法律的解释。

（二）特别法院系统

（1）特种刑事法庭。南京国民政府为了镇压革命运动，于1948年4月2日颁布了《特种刑事法庭审判条例》和《特种刑事法庭组织条例》，规定：在南京设立特种刑事中央临时法庭，与最高法院地位相等，在省市设立特种刑事地方临时法庭，作为审理中国共产党人和革命群众活动案件的专门机构。这两级法庭受理《戡乱时期危害国家紧急治罪条例》所规定之案件，对于其判决之危害国家案件，不得上诉或抗告；但在法庭作出有罪、无罪、免诉或不受理之判决或裁定确定后，如发现确实的新证据，检察官“得为受判决人之不利益声请再审”。据此，检察官或被告的辩护人对特种刑事法庭的错误判决无权抗告或上诉，除非检察官发现新的证据，证明判决是重罪轻判或有罪判无罪，才可以要求法庭再审。这是明显不公平的规定，其目的在于加重对被告的惩罚。

（2）军事审判机关。南京国民政府的军事审判组织为“军法会审”，分以下三种：简易司法会审，在各指挥部、军部、独立师部、独立旅部等高级长官的驻在处所设立，以各该部高级军法官一人为审判长、军法官二人为审判官组成，审判所属上尉以下官佐士兵及同等级别军人的犯罪者；普通军法会审，设置处所与简易司法会审同，以高于或等于被告级别的审判长一人、审判官二人组成，审判所属校官及同等级别军人的犯罪者；高等军法会审，设在总司令部或军政部、海军部，以高于或等于被告级别的审判长一人、审判官二人组成，审判将官及同等级别军人的犯罪者。军法会审实行两审终审制，第二审称复审，不允许旁听。

（3）兼理司法法院。根据1944年颁布的《县司法处组织条例》设立，内设审判官，由县长兼理检院官的检察职务，由审判官掌刑事、民事案件的审判业务。

二、普通法院的审判制度及其特点

（一）审判制度

（1）审级制度。普通法院的审级实行三审终审制。地方法院及其分院管辖法律规定的一审案件，不服其判决或裁定者，可向高等法院上诉或抗告；高等法院及其分院管辖不服地方法院判决或裁定而上诉或抗告的一般民事、刑事案件，以及内乱罪、外患罪和妨害国交罪等危及国民党统治的严重犯罪的刑事第一审案件；最高法院管辖不服高等法院判决或裁定而上诉或抗告的一般民事、刑事案件，内乱罪、外患罪和妨害国交罪等犯罪的第二审案件以及非常上诉案件；但是，对于高等法院之判决只有以违背法令为理由，才可上诉至最高法院，因此，最高法院只是法律审，对于对高等法院认定事实错误的判决的上诉不予受理。对于内乱罪等重大特种刑事案件而言，实际上是一审终审，间接剥夺了革命群众的上诉权利。

(2) 公开审判制度。南京国民政府《法院组织法》规定："诉讼之辩论及判决之宣告，均公开进行。"但这只是形式上规定了公开审判。该法又规定："但有妨害公共秩序或善良风俗之虞时，法院之决议得不公开之。"南京国民政府的很多法律都将中国共产党和革命群众的革命活动定性为妨害国家和社会公共秩序的犯罪，因此，秘密审判实质上是针对中国共产党和革命群众的，目的是便于国民党政府对他们实施法西斯的镇压。

(3) 辩护制度。根据《刑事诉讼法》的规定，除有特别规定外，审判须经过"当事人之言词辩论为之"。该法并规定了"选任辩护"和"指定公设辩护"两种辩护：前者规定，"被告(或其亲属) 于起诉后得随时选任辩护人"；后者规定，凡是最轻本刑为5年以上有期徒刑或高等法院管辖的第一审案件未经选任辩护人，法院应依职权为被告指定辩护人。但辩护人应选律师充任，否则，须经审判长许可。在中国当时的经济历史环境中，劳动人民多无力负担职业律师的巨额酬金，因此，该制度对劳动人民的利益并无多少切实的保障。

(4) 审检合署制。根据《法院组织法》的规定，在最高法院中设检察署，置检察官若干人，以其中一人为检察长；在其他各级法院中，各设检察官若干人，以其中一人为首席检察官。检察官的职权包括实施侦查、提起公诉、担当自诉、指挥刑事裁判之执行以及履行其他法令所定之职务之执行等。

(二) 审判制度的特点

(1) 将"司法独立"原则作为国家体制和司法制度的一项基本原则加以规定，以此标榜其司法的公正性。该原则规定：法官依据法律独立审判，不受任何干涉。上级法院对下级法院只有司法行政监督权，而无权干涉其审判权的独立行使。此外，南京国民政府还模仿资产阶级国家，实行法官终身制，以保证司法独立原则的实现。它规定，除有法定原因并依法定程序外，对法官不得有勒令停职、免职、转职或减俸等行为。然而在国民党一党专政的历史条件下，再加上特种刑事审判机构和特务机构的盛行，该"司法独立"原则的施行是极为有限的。

(2) 在法庭组成上采取独任制与合议制相结合的模式。地方法院原则上采取独任制，即由推事（法官）一人独立审判一般民事、刑事案件；对于特别重大之民事、刑事案件，可由法院根据情形决定由三人组成合议庭进行审判。高等法院审理第二审案件，一律采取三人合议制，但最初的调查和准备工作，可由推事一人进行。最高法院审理第三审案件，由推事三人或五人组成。

(3) 在证据制度上采用"自由心证"原则。"自由心证"原则产生于欧洲资产阶级革命初期，原是为对抗封建的"形式证据"制度而提出的。"形式证据"表现了机械照搬法律的形式主义，是不可取的；但"自由心证"显然又走到了另一个极端，它允许法官依据其内心信念自由判断和取舍证据的效力及强弱，走向了诉讼唯心主义，容易导致审判的随意性和专横性。

三、国民党特务机构及其活动

国民党特务组织主要有两大系统：一是"国民党中央执行委员会调查统计局"，简称"中统局"，是在以陈果夫和陈立夫为首的"CC"系的基础上建立起来的；二是"国民党军事委员会调查统计局"，简称"军统"，是在以戴笠为首的"复兴社"的基础上建立起来的。国民党政权还以法律形式规定特务的合法地位，如《刑事诉讼法》规定的依法令对特定事项行使司法警察官和司法警察职权的人，实际上就是特务。

特务组织建立了专门的侦查机构和审判机构，用秘密监视、绑架、暗杀、刑讯、酷刑和集体屠杀等手段，残酷镇压和迫害中国共产党人、民主人士和革命群众，甚至连国民党内部的反对派也不放过。特务组织运用其侦查机构和审判机构，主要从事三方面的活动：第一，对国统区的人民实行严密的控制，以便破坏中国共产党的地下组织和收买叛徒。第二，派出特务分子潜伏在解放区内，伺机刺探解放区各方面的情报，对解放区进行颠覆和破坏。第三，对国民党党政军各部门实行严密监督，以便防止国民党军政人员出现所谓“不忠于党国”的行为，防止中国共产党打进国民党内部。

特务机构的存在，充分暴露了南京国民政府众多貌似进步的法律原则的虚伪性，也是南京国民政府司法制度法西斯化的突出表现。

课后复习

1. 南京国民政府之立法体制的特点是什么？
2. 南京国民政府的重要宪法性文件有哪些？简述其内容。
3. 南京国民政府的民商立法有何特点？简述其内容。
4. 简述南京国民政府之普通法院系统的审判制度。

第十五章
革命根据地新民主主义的法律

提 要

中国共产党成立后，领导中国人民进行了土地革命战争、抗日战争、解放战争这一系列艰苦卓绝的革命斗争。在与日本帝国主义以及代表中国革命反动力量的国民党政权进行不懈斗争的同时，中国共产党还领导人民在革命根据地进行了政权建设，并制定了一系列法律、法规，建立起新民主主义的法律制度。中国共产党领导下的新民主主义法制建设经历了工农民主政权、抗日民主政权和解放区人民民主政权三个阶段。在每个阶段，新民主主义政权都根据当时的历史情况和人民群众的实际需要，进行了宪政、刑事、土地、劳动、婚姻、继承等方面的立法，并建立了新型的司法制度和审判制度。新民主主义政权在立法过程中曾受到“左”倾机会主义路线的干扰，走过一定的弯路，但在不断总结经验教训后，其立法日益成熟和完善。新民主主义政权在建立司法制度和审判制度过程中，创造了“马锡五审判方式”等有良好效果的审判制度，为中华人民共和国（简称新中国）成立后的司法制度建设打下了良好的基础。

重点问题

1. 《中华苏维埃共和国宪法大纲》的内容、特点及意义。
2. 抗日民主政权的宪政立法的内容和特点。
3. 革命根据地刑事立法的内容和特点。
4. 革命根据地土地、劳动立法的内容和特点。
5. 革命根据地婚姻、继承立法的内容和特点。
6. 革命根据地司法制度的内容及发展变化。

第一节 革命根据地的法律概况及立法指导思想

一、法律概况

革命根据地的法制建设主要经历了以下三个阶段。

第一阶段是新民主主义政权和法制建设的奠基阶段，即第二次国内革命战争时期工农民主政权的立法。这一时期中国共产党提出“推翻国际帝国主义的压迫，达到中华民族完全独立”，“消除内乱，打倒军阀”，统一中国为“真正民主共和国”的反帝反封建的革命纲领，并以此为根据制定了很多具有法律效力的决议、规约或禁令，如《中华苏维埃共和国宪法大纲》。这些立法的基本内容和精神反映了广大工农群众的意志和利益。但由于该时期政权的法律是在彻底废除封建法律制度的基础上建立起来的，既无成文法可援，又缺乏立法经验，再加上党内“左”倾机会主义路线的干扰，很多立法中出现了极左的错误，给革命事业造成了严重危害。

第二阶段是新民主主义政权和法制建设的重要发展阶段，主要是指抗日战争时期抗日民主政权的立法。1937 年“七七事变”爆发以后，中国进入了全面抗日战争时期。中国共产党为了联合抗战力量，与国民党实现了第二次合作。为适应抗日民主政权建设和抗日战争形势的需要，各边区抗日民主政权根据抗日民族统一战线的总方针以及《抗日救国十大纲领》的基本精神，结合边区实际，制定和颁布了各自的施政纲领与单行法规。该时期的法制建设继承和发扬了工农民主政权时期法制建设的优良传统，纠正了以往的“左”倾错误，并把马克思主义创造性地运用于中国革命实践，进行了很多有益的探索并取得了很多宝贵经验。新民主主义法制建设在这一阶段日益完善，进入全面发展阶段。

第三阶段是新民主主义政权和法制建设的完善阶段，即解放战争时期人民民主政权的立法。抗日战争胜利以后，中国共产党领导全国人民进行了解放战争，从根本上摧毁了国民党的统治。各解放区人民民主政权为了适应新的历史形势，在中国共产党的政治纲领和经济纲领的领导下积极立法。该时期的立法除了继承以往法制建设的基本经验，还根据新形势革命斗争的需要进行了很多制度性的创新，为新中国成立以后的法制建设创造了有利条件。

二、立法指导思想

（1）以马列主义、毛泽东思想为指导，在中国共产党领导下进行。这是人民政权创建的基础，也是确保革命法制建设胜利发展的根本保证。

（2）反映无产阶级领导的、以工农联盟为基础的、人民大众的根本利益和要求，法制建设具有鲜明的人民性和革命性。

（3）以彻底反对帝国主义和封建主义为根本任务，对国内外的敌人坚决实行专政，在法制建设中将反帝反封建的革命纲领和方针政策加以具体化、条文化和制度化。

（4）贯彻人民民主的原则，赋予人民广泛的民主权利，建立了以人民代表大会制度为核心的新型政治制度，成立了人民的司法机关。

第二节　革命根据地的宪法性文件

一、《中华苏维埃共和国宪法大纲》

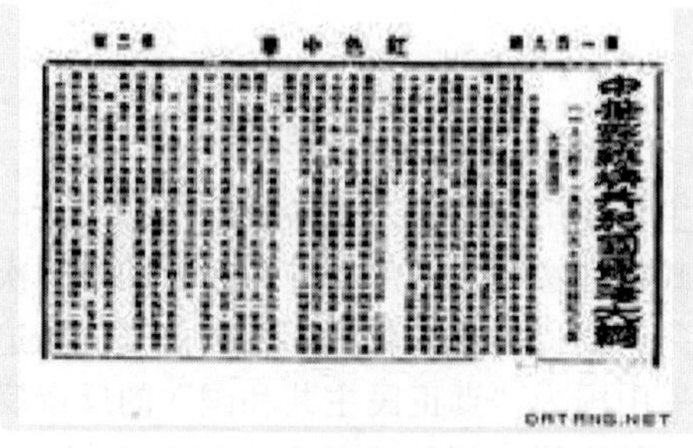

《中华苏维埃共和国宪法大纲》书影

（一）《中华苏维埃共和国宪法大纲》的制定经过

随着工农民主政权的不断发展，建立中央政权机构和制定宪法性文件被提上了日程。1931年11月7日在瑞金召开了中华工农兵苏维埃第一次全国代表大会，会上通过了《中华苏维埃共和国宪法大纲》（以下简称《宪法大纲》），同时宣告中华苏维埃中央临时政府成立。1934年1月21日，中华工农兵苏维埃召开第二次全国代表大会，总结了政权建设和土地革命的经验教训，对《宪法大纲》进行了修订，主要是在第1条补充规定“同中农巩固的联合”。这一补充扩大了工农民主政权的社会基础，对于纠正“左”倾错误有重要意义。

（二）《宪法大纲》的内容与特点

（1）确定工农民主政权的政权性质是工农民主专政。《宪法大纲》第2条规定，苏维埃政权是属于工人、农民、红色战士及一切劳苦民众的；剥夺军阀官僚、地主豪绅、资本家、富农等一切反革命分子的政治权利。

（2）确定政权的组织形式是民主集中制的代表大会制度。《宪法大纲》第3条规定：“中华苏维埃共和国之最高权力，为全国工农兵苏维埃代表大会，在大会闭会期间，全国苏维埃临时中央执行委员会为最高政权机关，在中央执行委员会下组织人民委员会，处理日常政务，发布一切法令和决议案。”

（3）确定政权的基本任务是反帝反封建。《宪法大纲》第1条规定，政权的目的是消灭一切封建残余，赶走帝国主义在华势力；第6条规定，没收一切地主阶级的土地，分配给雇农、贫农、中农；第8条规定，不承认帝国主义在华的一切政治上、经济上的特权，否认反革命政府的一切外债，帝国主义的租界、租借地无条件收回，帝国主义手中的银行、海关、铁路、矿山和工厂等，一律收归国有。

（4）确认工农劳动群众的基本权利：1）参政权。《宪法大纲》规定，16岁以上的苏维埃公民都有选举权和被选举权。2）武装自卫权。3）其他民主权利。《宪法大纲》同时规定，苏维埃公民在法律面前一律平等；保证工农兵群众的言论、出版、集会、结社的自由；以妇女解放为目的，承认婚姻自由；承认少数民族的民族自决权；保证宗教信仰自由；等等。①

《宪法大纲》具有以下主要特点。

（1）具有国家根本法与施政纲领的性质。大纲以根本法的形式确认了革命群众已经取得的成果，规定了中央工农民主政权的各项方针政策，同时又指明了今后的奋斗目标，是当时工农民主政权进行反帝反封建斗争的重要纲领。

（2）存在某些“左”倾错误，如规定“一切剥削者均无参政权”“在政权工作中共产党员的完全独立”，同时还规定了过左的土地政策、经济政策和“肃反”政策，使革命蒙受了重大损失。此外，在民族问题上照搬苏联经验，允许各民族自由加入或脱离“中华苏维埃联邦”，这不利于国家统一和团结。

（三）《宪法大纲》的意义

（1）《宪法大纲》是中国历史上第一部反映劳动人民的利益、确立人民民主制度的根本法，对于当时各革命根据地的苏维埃政权建设以及全国革命运动都具有重要的指导意义，产生了重大的影响。

（2）《宪法大纲》确认了工农民众的各项基本权利，极大地调动了根据地广大人民的革命积极性，鼓舞人民积极建设工农民主政权和进行革命战争。

---

① 参见韩延龙、常兆儒编：《中国新民主主义革命时期根据地法制文献选编》，第2卷，9～12页，北京，中国社会科学出版社，1981。

二、抗日民主时期的宪政立法——施政纲领和《人权条例》

（一）施政纲领的制定

抗日战争时期，各抗日民主政权根据中共中央于 1937 年 8 月通过的《抗日救国十大纲领》，先后制定和颁布了各自的施政纲领，主要有：1939 年 4 月《陕甘宁边区抗战时期施政纲领》、1941 年 5 月《陕甘宁边区施政纲领》、1940 年 8 月《晋察冀边区目前施政纲领》以及 1944 年 2 月《山东省战时施政纲领》等。有十余个抗日民主政权还制定了保障人权条例。

（二）施政纲领的主要内容及意义

各抗日民主政权的施政纲领的主要内容都紧紧围绕着抗日、团结、民主这三大中心任务。

（1）贯彻中国共产党关于抗日民族统一战线的总方针，强调要团结一切抗日的党派、团体、军队、社会阶层，为驱逐日本帝国主义而战。施政纲领中明确规定，要保护一切抗日人民的民主权利，力求团结全国各族、各界人民共同抗日。

（2）推行有利于吸收一切抗日人民的民主政权。施政纲领中规定，实行普遍、直接、平等、无记名投票的选举制度以及实行抗日统一战线政权的“三三制”原则，以保证中国共产党在政权中的领导地位，以及各党派及无党派人士均能参加边区民主机关的活动和边区行政机关的管理。

（3）施政纲领规定了有利于团结抗战的经济政策，实行调节各阶层人民利益的方针。施政纲领号召努力发展经济建设，确保抗日人民土地财产所有权，发展农业、林牧业生产，发展公营工业，奖励合作社和私人企业，促进工业生产与商业流通等。[①]

施政纲领在抗日战争这一特殊的历史阶段，充分团结一切能团结的人民，调节各抗日阶级的利益，以达到反对日本帝国主义和镇压汉奸等反动派的目的。它在反映抗日民族统一战线要求的基础上，创造了很多有利于抗日、团结和民主的新制度，为抗日战争的胜利发挥了重要作用。

（三）人权条例的主要内容和意义

由于施政纲领确定了保障人权的指导原则，各主要抗日根据地都制定了保障人权的条例，如 1940 年 11 月《山东省人权保障条例》、1941 年 11 月《晋察冀豫边区保障人民权利暂行条例》、1942 年 2 月《陕甘宁边区保障人权财权条例》等。这些条例主要有以下内容。

（1）这些条例规定人权的概念，即“边区一切抗日人民，不分民族、阶级、党派、性别、职业与宗教，都有言论、出版、集会、结社、居住、迁徙及思想之自由，并享有平等之民主权利”。

（2）这些条例规定了保障人权的各项措施，如规定司法、公安机关逮捕人犯应证据充分，依法执行；其他任何机关、部队、团体不得对任何人逮捕、审问、处罚，但现行犯例外；过去反对边区逃亡在外的地主、富农，返回家园遵守法令者，一律不咎既往，依法保护，不得侵犯其人权。

（3）这些条例规定了对侵犯人权者的惩处办法，即“凡各级政府公务人员违法侵害了人民之自由或权利者，除依法惩办外，应负刑事及民事责任，被害人得就其所受损害依法请求赔偿”。

人权条例的意义主要体现在：

（1）在保障人权的立法和司法实践中，创造了宝贵经验，如公务员违犯人权条例要从严治罪，犯罪不准株连，等等。

---

① 参见韩延龙、常兆儒编：《中国新民主主义革命时期根据地法制文献选编》，第 1 卷，31～33 页，北京，中国社会科学出版社，1981。

（2）落实施政纲领确立的保障人权的原则，有利于团结一切抗日阶级，推动抗日战争的胜利进行。

（3）纠正“左”的错误，克服根据地内存在的侵犯人权的现象，更好地维护抗日人民的合法权益。

三、解放区的宪法性文件

解放区的宪法性文件有两个来源：一是各解放区政权根据人民革命战争的需要，结合本地区实际制定的，适用于其管辖范围的宪法原则、施政要端或施政方针；二是中国人民解放军根据革命战争发展的要求，按照中国共产党中央的战略决策而发布的宣言和布告。这些宪法性文件逐步走向统一，发展为1949年制定的《中国人民政治协商会议共同纲领》。

（一）《陕甘宁边区宪法原则》

陕甘宁边区于1946年4月召开第三届参议会，通过了《陕甘宁边区宪法原则》（以下简称《宪法原则》），并确定以《宪法原则》为基础起草陕甘宁边区的宪法。由于内战的全面爆发，宪法的起草工作没有完成，但《宪法原则》对解放区的政治、军事、经济、法律、文化等方面具有指导性意义。它分为政权组织、人民权利、司法、经济、文化五部分，具有以下主要内容。

（1）在政权组织形式上，确立边区、县、乡人民代表会议为人民管理政权机关，为新中国的基本政治制度奠定了初步基础。

（2）在人民权利方面，规定人民在政治上行使各项自由、权利，受政府的指导和物质帮助；边区人民不分民族一律平等；妇女除与男子平等外，其特殊利益还得到照顾。

（3）在司法制度方面，规定除司法机关、公安机关依法执行职务外，任何机关、团体不得有逮捕、审讯行为，人民有权以任何方式控告失职的任何公务人员；还确立了“司法机关独立行使职权，除服从法律外，不受任何干涉”的制度。

（4）在经济上，采取公营、合作、私营三种方式，组织一切人力、资力促进经济繁荣，消灭贫穷；欢迎外来投资，保障合法利润，有计划地发展农、工、矿各种实业；确立“耕者有其田”的制度。

（5）在文化上，消灭文盲，普及和提高人民的文化水平，保障学术自由，促进科学发展。①

（二）《华北人民政府施政方针》

1948年3月华北临时人民代表大会通过了《华北人民政府施政方针》，其具有以下主要内容。

（1）规定华北人民政府的基本任务是支援前线，争取解放战争在全国的胜利，同时有计划、有步骤地进行建设及恢复和发展生产，建设民主政治，以奠定新中国的基础。

（2）规定了实现基本任务的各项方针、政策：在政治方面，建立各级人民代表会议制度和建立委员会制政府；保障人民合法民主权利、身体自由和安全；破除迷信；保护守法外国人或游历者，并允许其从事合法的文化和宗教活动。在经济方面，恢复和发展农业生产，颁发土地证确认地权；建立农民生产合作互助组织；促进城乡经济交流；贯彻公私兼顾、劳资两利方针。在文化教育方面，建立正规教育制度，提高大众文化水平；建立广泛的文化统一战线，团结和教育知识分子为建设事业服务。②

---

① 参见韩延龙、常兆儒编：《中国新民主主义革命时期根据地法制文献选编》，第1卷，59～70页，北京，中国社会科学出版社，1981。

② 参见上书，71～85页。

（三）《中国人民解放军宣言》

1947 年 10 月 10 日，《中国人民解放军宣言》发布，提出“打倒蒋介石、解放全中国”的伟大战略任务，并规定了实现这个战略任务的基本政策：

(1) 打倒国民党反动政府，逮捕和惩办内战罪犯，铲除国民党统治的腐败制度，肃清贪官污吏；否认蒋介石政府的一切卖国外交，废除一切卖国条约，否认蒋介石政府所借一切外债；同外国订立平等互惠通商友好条约。

(2) 没收“四大家族”和其他首要战犯的财产，废除封建土地剥削制度，彻底摧毁国民党政权赖以存在的经济基础。

(3) 联合工农兵学商各被压迫阶级、各人民团体、各民主党派、各少数民族、各地华侨和其他爱国分子，组成民族统一战线，建立民主联合政府，实行人民民主专政。

（四）《中国人民解放军布告》

1949 年 4 月 25 日，毛泽东和朱德发布了《中国人民解放军布告》，其主要内容是：

(1) 宣布了对国民党军政人员区别对待的政策，声明除战争罪犯及罪大恶极的反革命分子外，凡属国民党政府的大小官员，只要不持枪抵抗、不阴谋破坏，一律不加侮辱。

(2) 规定了消灭封建剥削制度的步骤和政策，即在消灭敌人后，先行减租减息，再行土地改革，消灭封建剥削制度。

(3) 规定了保护人民合法权益的具体措施。凡属人民的私产和私人经营的工厂、企业，一律保护；一切公私学校、医院、文化教育机关、体育场所和其他一切公益事业，严禁侵犯。

(4) 宣布了保护外国侨民的政策。一切外国侨民，要遵守法令，不得进行间谍活动，不得包庇战争罪犯和反革命分子，否则，受法律的制裁。

第三节　革命根据地的刑事立法

一、工农民主政权的刑事立法和特点

（一）刑事立法概况与立法原则

为了保卫和巩固新生的革命政权，保护翻身农民的权利，镇压反革命的破坏活动，工农民主政权制定了一系列刑事法规，其中以镇压反革命的肃反法令为主。中华苏维埃共和国诞生后，中央执行委员会通过了第 6 号训令，确定了对反革命罪犯的处理原则；1932 年发布的第 11 号训令进一步规定了审理反革命案犯的原则和程序，为各地苏维埃政府修订和起草肃反条例与法令提供了法律依据。1934 年 4 月《中华苏维埃共和国惩治反革命条例》公布，它是在总结与反革命罪犯作斗争的经验的基础上制定的，是这一时期最有代表性的刑事法规。

工农民主政权之刑事立法的主要原则是：

(1) 分清首要和附和，区别对待。这一原则有利于纠正初期革命根据地刑事法令的盲动错误，孤立和打击极少数危险分子，争取拥护者，避免扩大打击面。

(2) 对自首、自新者实行减免刑罚。这对于分化和瓦解犯罪集团、争取自首及自新者，都具有重要意义。

(3) 罪刑法定主义和类推原则相结合。有法律规定的按规定执行，无规定的比照最相类似条文处罚，以制裁一切反革命破坏活动。

(4) 废止肉刑，实行革命的人道主义。

(5) 按阶级成分定罪量刑。这是革命根据地立法在初创时期经验不足和王明“左”倾机会主义路线影响的结果。

(二) 犯罪种类

工农民主政权规定的犯罪主要有两种：

(1) 反革命罪。其构成要件有二：第一，反革命罪危害的客体，必须是革命根据地的苏维埃政府和工农民主革命所得到的利益；第二，反革命罪犯的主要目的，必须是意图保持或恢复地主资产阶级的反动统治。

(2) 一般刑事犯罪。比较特殊的罪名有浪费罪，即凡工作人员玩忽职守而浪费公款，致使国家受到重大损失者，即构成浪费罪。确定这一罪名是为了同浪费公共财产的行为作斗争。这是值得肯定的经验。

(三) 刑罚制度

工农民主政权对刑罚制度没有专门规定，而是分散规定于中央和各地的刑事法规中，主要有：

(1) 死刑，一般适用于罪大恶极的反革命分子。在一般情况下，死刑的执行须经苏区政府批准，一律用枪决。

(2) 监禁，即有期徒刑，最高刑期为 10 年，最低刑期为 3 个月。

(3) 拘役和强迫劳动。拘役一般是“一月未满，一日以上”。强迫劳动，最短是 3 日，最长不得超过 1 年。

(4) 褫夺公权，一般指剥夺参加政权、群众组织选举、充当红军的资格和权利。适用于判处监禁以上的罪犯，多作附加刑，有时也作独立刑种。

(5) 没收财产：一是没收犯罪所用、所得之物，二是没收犯罪者本人财产的全部或一部分。

(6) 驱逐出境，即将反革命分子赶出苏区。

(7) 罚金，是指对犯罪分子科处罚金。在苏区，罚金大多作为独立刑种适用。

二、抗日民主政权的刑事立法

(一) 刑事法规的制定

抗日民主政权刑事立法的主要任务，就是运用刑法手段，同汉奸、反对派作斗争，以保卫边区，巩固人民政权，保护的人民合法利益，保证抗战的胜利。为此，各边区政府制定了大量刑事法规，主要有：陕甘宁边区 1939 年的《抗战时期惩治汉奸条例》《抗战时期惩治盗匪条例》《惩治贪污条例》《禁烟禁毒条例》，1941 年的《破坏金融法令惩罚条例》，1942 年的《陕甘宁边区刑法总分则草案》，晋察冀、晋冀鲁豫边区的《盗毁空室清野财物治罪条例》。晋冀鲁豫边区和山东根据地还制定了妨害婚姻、贩卖人口、抢劫寡妇治罪条例等。[①]

(二) 刑法原则的发展变化

各边区抗日民主政权创造性地发展了新民主主义的刑法原则。

(1) 提出镇压和宽大相结合的原则。对于汉奸分子，除不愿悔改者外，一律实行宽大政策，争取感化转变，不得加以杀害、侮辱、强迫自首或强迫其写悔过书。对于坚决不予悔改者，要依法严办。在实施该原则时，必须区分首要分子与胁从分子，惩办主要施于首要分子，

① 参见韩延龙、常兆儒编：《中国新民主主义革命时期根据地法制文献选编》，第 4 卷，807～808 页，北京，中国社会科学出版社，1984。

宽大主要施于胁从分子。

（2）贯彻保障人权的原则。在坚决镇压少数敌探、奸细的同时，又必须坚决保障全体抗日人民的民主权利。

（3）反对威吓报复，实行感化教育原则。以无产阶级思想克服和改造罪犯的地主阶级的腐朽没落思想；反对惩办主义，用说服办法帮助其认识错误；反对报复主义，减少罪犯痛苦，使其安心守法、彻底改造。实践证明，感化教育的成效显著。

（三）主要罪名

（1）汉奸罪。凡以破坏抗战为目的，企图颠覆边区各级政府、破坏人民抗日运动，进行各种侦探、间谍及一切秘密特务工作等的行为均构成汉奸罪。

（2）盗匪罪。凡以抢劫为目的，聚众持械抢劫、暴力抢夺他人财物、运输或贩卖军火、强奸妇女等的行为，均构成盗匪罪。

（3）破坏边区罪。凡以破坏边区为目的，指挥部队或组织土匪袭击边区军队、摧毁边区各级政府机关、杀害边区公务人员或边区民众、刺探军事情报等的行为，均构成破坏边区罪。

（4）破坏坚壁财物罪。这是抗日根据地特有的罪名。所谓坚壁财物，也称空室清野财物，是指为防止日寇、汉奸破坏与掠夺而藏于地窖、山沟等隐蔽场所的一切公私财物及土石堵塞的建筑物。凡是勾结敌伪挖掘、搜索坚壁财物，或毁损、窃盗坚壁财物等的行为，均构成该罪。打击这种犯罪，对于保护边区的财力物力、防止敌伪破坏、克服物质困难及保证“反扫荡”的胜利，具有重要意义。

除上述重大刑事犯罪外，还有破坏经济秩序、妨害社会秩序、侵害人身权利与民主权利、侵犯财产、妨害婚姻家庭等方面的犯罪。

（四）刑罚制度的发展与完善

各边区抗日民主政权规定的刑罚措施主要有：

（1）死刑。适用于汉奸、盗匪、敌特和破坏边区的反革命首要分子。宣布死刑要向群众宣布，行刑时有检查员临场监验，一律用枪决。

（2）无期徒刑。各边区规定不一，实际上基本没有适用，有的边区还明令废止。

（3）有期徒刑。在实践中屡次变更最高刑期，实践中最高刑期多为10年，最低为6个月。

（4）拘役。又称劳役或苦役，一般刑期为1日以上、2个月或3个月以下，不由监所拘押，而是进行劳动改造，多适用于轻微刑事犯罪。

（5）教育释放。多适用于犯有轻微罪行者，经过一定时间的关押教育，多则1个月，少则几天，若能改正，就不再判劳役，即行释放。

（6）当庭训诫。适用于犯有极轻微罪行者，在法庭上予以训诫，讲明道理或指明错误，使其不再重犯。

除上述主刑外，从刑有：

（1）褫夺公权，是指剥夺犯罪分子的选举权与被选举权、担任公务员及公职候选人之权，主要适用于破坏边区政府的汉奸、敌特和反革命分子。这是性质上比较严重的刑罚，刑期为1年至5年，自徒刑执行完毕起算；判处1年以上徒刑者才加判该刑。

（2）没收财产，主要适用于汉奸、盗匪。没收的对象包括：动产和不动产、违禁品、犯罪之物和所得的非法利益。

（3）罚金，是指强制罪犯向边区政府交纳一定数量的金钱。分为并科、选科、专科和易科四种形式，主要适用于以谋取金钱为动机的犯罪。

三、解放区的主要刑事立法

（一）刑事立法的主要任务及原则

进入解放战争时期，中国共产党领导的革命斗争进入攻坚阶段，与此相适应，刑事立法的主要任务是巩固人民民主政权，肃清土匪、恶霸、反动组织的势力，保护人民的生命、财产安全，以保证解放战争的胜利。为此，刑事立法确立了以下原则：

（1）实行镇压与宽大相结合、惩罚与教育改造相结合的方针，并提出“首恶者必办，胁从者不问，立功者受奖”[①] 的政策。

（2）将犯罪的性质及危害程度作为定罪量刑的标准。

（3）明确规定刑事立法和审判工作不得援引国民党的“六法全书”，而应以党和政府的纲领、政策、条例、命令等为依据。

（二）主要罪名

随着形势的发展，这一时期的主要罪名为以下两种。

1. 战争罪

《惩处战争罪犯命令》规定，对于罪大恶极的内战祸首和一切助蒋为恶、残害人民的战争罪犯，务必抓获归案，依法严办。后来，在和国民党的和谈中提出，凡能真心悔改、确有利于中国人民解放事业推进之表现者，给予宽大处理。

2. 反革命罪

主要针对以下几类重点打击对象：

（1）反动党团和特务组织。它们是进行反革命活动的骨干力量，对它们应分别情况加以严惩或管制。

（2）土匪。它们是国民党的残余势力，对罪大恶极的匪首要依法审判、严厉镇压。

（3）恶霸分子。它们是地主阶级最反动的分子、封建势力的政治代表，以及国民党反动统治在乡村的基础。对情节严重的首犯或组织者处以死刑，对次要分子及包庇犯、帮助犯，也处1年以上劳役。

（4）反动会道门的首要分子。他们多利用封建迷信进行反革命活动。必须解散其组织，停止其活动，惩办首要分子；对于被胁迫、诱骗参加者，一经脱离组织停止活动，一律不予追究。

（三）刑罚制度的发展变化

解放区除保留抗日时期的死刑、有期徒刑、劳役、罚金以及褫夺公权、没收财产等刑罚外，还创造和调整了某些刑罚和刑罚执行制度。

（1）创造了新的刑种——管制，即在反动分子向政府登记以后，将他们交给当地政府或群众进行监督改造，每日或每周须向指定机关报告其行动，限制其自由。这是适应处理和改造大批反革命分子的需要，发动群众对敌人实行专政和改造的好形式。

（2）调整了某些刑罚执行制度。取消了抗日民主政权将判处短期徒刑和劳役的罪犯交乡执行的制度；重新规定案情较重者收监执行，刑期不长者教育释放，不再执行。

（3）增加无期徒刑的规定，同时随着解放区形势的稳定，广泛适用缓刑和假释制度。

---

① 《中国人民解放军宣言》，载《毛泽东选集》，2版，第4卷，1238页，北京，人民出版社，1991。

第四节　革命根据地的土地、劳动立法

一、工农民主政权的土地、劳动立法和特点

（一）土地法规的三个发展阶段

1. 初期土地立法阶段（1927年—1931年）

主要立法有：1928年《井冈山土地法》、1929年《兴国土地法》和1929年《关于土地问题决议案》。这几个土地法规是在毛泽东指导或影响下制定的，立法思想基本正确，但存在很多原则性错误，例如，《井冈山土地法》规定：（1）没收一切土地，而不是只没收地主土地；（2）土地所有权属政府而不是属农民，农民只有使用权；（3）禁止土地买卖。[①]

2. 中期土地立法阶段（1931年—1934年）

主要立法有：1931年《中华苏维埃共和国土地法》，它是根据王明等人公布的《土地法草案》制定的，受“左”倾思想干扰很大，错误严重。

3. 后期土地立法阶段（1934年—1937年）

主要立法有：1935年《关于改变对富农政策的命令》、1936年《土地政策新的改变》和《关于土地政策的指示》。排除了“左”倾错误思想的干扰，使土地立法走入正轨。

（二）土地立法的内容和意义

工农民主政权的土地立法是在尖锐复杂的斗争形势下进行的，没有先例可循，且受到“左”倾路线的多次干扰，所以，在立法内容上经历了反复斗争的曲折过程。

（1）关于没收土地的对象与范围问题。《井冈山土地法》规定没收一切私有土地，这一原则性错误容易混淆农村阶级阵线。《兴国土地法》纠正了这一错误，明确规定只没收地主阶级的土地以及富农用于出租的土地。在富农的土地问题上，《中华苏维埃共和国土地法》有所倒退，规定没收富农的全部土地。至发布《关于改变对富农政策的命令》，才重新规定只没收富农用于出租的土地。

（2）关于分配土地的标准和办法。早期土地法规如《井冈山土地法》等，规定以乡为单位，以人口为标准平均分配。《中华苏维埃共和国土地法》受“左”倾路线影响，规定选择最有利于贫农、中农利益的方法进行分配。1935年进行土地革命时，重新按人口平均分配土地。

（3）关于土地所有权的归属。1930年以前的土地法规规定没收土地归苏维埃政权所有，农民对分得土地只有使用权。此后逐渐纠正这一错误政策，逐步承认农民的土地所有权。《中华苏维埃共和国土地法》规定，土地国有必须具备中国重要区域土地革命胜利及农民拥护两个条件，目前仍不禁止土地的出租与土地的买卖。这在实际上承认了农民的土地私有权。

（4）关于对待地主和富农的政策。《中华苏维埃共和国土地法》规定“地主不分田，富农分坏田”，这是严重的“左”倾错误，给革命造成了重大损失。1935年土地政策的新指示发布，才纠正了这一错误。

工农民主政权的土地立法尽管受到“左”倾路线的干扰，犯了一些错误，但其具有的重要意义是不容忽视的。

---

① 参见《毛泽东文集》，第1卷，51页，北京，人民出版社，1993。

（1）初步消灭了封建土地剥削制度，将土地分配给农民，从而提高了农民的生产积极性，实现了“耕者有其田”的理想。

（2）提高农民的革命积极性，加强工农联盟，巩固了无产阶级政权，使农民成为建设根据地和进行革命斗争的重要力量。

（3）为探索土地革命和土地立法积累了宝贵的经验教训。

（三）劳动立法的主要内容和经验教训

各革命根据地政府陆续通过了一些关于劳动问题的决议和法令。中华苏维埃共和国于1931年12月颁布了《中华苏维埃劳动法》，并于1933年修正。其具有以下主要内容。

（1）废除对工人的各种封建剥削制度。《中华苏维埃劳动法》明确废除包工制，取缔私人设立的职业介绍所，由政府劳动部门设立失业介绍所；通过消灭私人操纵劳工市场以及剥削和压榨工人的各种陈规陋习来保障工人的就业权利。

（2）保护工人的各种合法权益。《中华苏维埃劳动法》规定，工人有集会、结社、参加工会和罢工的权利；工会应保护雇佣劳动者的利益，改变工人的经济、文化条件；由劳动部门规定最低工资额，实行8小时工作制；保护女工、青工和童工的特殊利益；对工人实行劳动保护和社会保险制度。

《中华苏维埃劳动法》的实施首次确认并保障了工人的基本权利，改善了工人的劳动和生活状况，具有重要意义。但是，该法的有些规定受到“左”倾机会主义路线的影响，存在脱离当时的战争环境和经济条件、片面地追求劳动者福利的倾向，如对工时、工资、劳动保护、社会保险等的规定都显然超越了当时的社会历史条件，不但难以执行，而且容易激化阶级矛盾。这是以后的劳动立法所应当吸取的历史教训。

二、抗日民主政权的土地、劳动立法及特点

（一）土地法规的制定及其主要内容

为了贯彻和实现抗日民族统一战线的方针，中国共产党改变此前没收地主土地的政策，在1937年8月公布的《抗日救国十大纲领》中明确提出“减租减息”的口号。各抗日民主政权以此为指导，相继制定了适合本地区的土地法规。影响较大的有：1938年《晋察冀边区减租减息单行条例》（1942年修正）、1939年《陕甘宁边区土地条例》、1940年《晋西北边区减租减息条例》以及1944年《陕甘宁边区地权条例》等。这些土地法规具有以下主要内容。

（1）保护土地所有权。土地所有权分为两种：一是公有土地，所有权属边区政府；二是私有土地，在经过土地改革、土地已经分配的区域，土地为依法分得土地的农民等人所有，农民不因“没收地主土地政策”的停止而丧失其已取得的土地；在土地未经分配的区域，则保护现有的土地所有权。确认土地所有人对土地有权自由使用、收益和处分（买卖、典当、抵押、赠与、继承）。

（2）确定减租交租政策。在未经土地改革的地区，规定地主出租土地的地租必须比抗战前减轻25%，同时禁止地主征收杂租、预收地租、押租等变相剥削。在陕甘宁等完成了土地改革的地区，规定地租有定租、活租、伙种、按庄稼四种，分别比原租额减少10%至40%。为了团结抗日地主阶级，土地法规也规定，承租人必须按所定减租后之租额交租（即不能随意解除租约），如有能力而故意不交者，出租人有权请求政府依法追交。

（3）保障佃权。规定出租人不得随意收回土地，除非符合以下情形：（1）租约到期，或不定期的租约下由出租人收回自种或雇人耕种；（2）承租人非因不可抗力，连续一年不耕种且不

交地租；(3) 承租人将租地转租并从中谋利者；(4) 承租人能交租而故意不交者；(5) 承租人自动放弃承租权者。

(4) 减轻债务利息。规定了三种途径以限制高利贷：(1) 限制利率，规定农村借贷年利率不得超过10%或15%；(2) 限制利息的总额，规定在减租减息政策出台之前的旧有债务，按照减息后的利率标准计算，如果累计付息为本金的2倍，视为债务已全部清偿；(3) 限制利息外的变相剥削，并废除赌博债务。

（二）劳动法规的制定及主要内容

为了巩固抗日民族统一战线，中国共产党吸取工农民主政权时期的经验教训，在劳动立法上重新确立了既保护工人利益，又要团结资产阶级抗日、发展生产的立法原则。根据这种立法精神，各根据地制定了一批劳动单行法规，其中较为典型的有1941年《晋察冀边区劳工保护暂行条例》、1942年《陕甘宁边区劳动保护条例》等。其具有以下主要内容。

(1) 规定了工人的权利，包括：组织工会的权利以及言论、集会、出版、结社、参军、参政和抗日的自由。雇主应按照工资总额的2%提供工人文化教育费及工会办公费。雇主不得无故开除工人；确有原因需辞退的，事先应征得工会同意，并给予退工津贴及路费。

(2) 关于工资、工时的规定。工资标准由工会、雇主和工人三方协议规定，一般除工人本身外，以再供一个人至一个半人最低生活费为标准。工时方面实行8～10小时工作制。

(3) 保护女工、青工和童工。凡工作条件有害健康或特别繁重者，禁止使用女工和童工；给予女工产假和哺乳时间。

三、解放区的土地、劳动立法及特点

（一）土地立法的主要内容

抗日战争胜利之初，解放区政权仍然实行以减租减息为内容的土地立法。然而，随着国民党反动派对解放区进攻的加剧，解放区内的地主开始反对人民政府的土地政策，破坏减租减息。解放区政权根据国内形势的变化，为了满足农民的土地要求，于1946年5月4日发布了《关于土地问题的指示》(又称《五四指示》)。该指示明确规定，将减租减息的政策改为没收地主土地分配给农民的政策，并拥护群众在反奸、清算、减租、减息、退租及退息等斗争中，从地主手中获得土地，实行耕者有其田。这是在内战爆发前实行的，因此，该指示的缺陷是对地主富农照顾过多，满足贫农要求土地的愿望不彻底。1947年10月10日，中国共产党中央召开全国土地会议，制定和公布了《中国土地法大纲》。其具有以下主要内容。

(1) 宣布废除封建土地制度。规定废除一切地主和祠堂、庙宇、学校、机关及团体的所有权，废除一切乡村中在土地改革以前的高利贷债务，接收地主的牲畜、农具、房屋、粮食及其他财产，并没收富农上述财产的多余部分。

(2) 确定土地与财产的分配办法。规定以乡村为单位，按人口平均分配一切土地，在数量上抽多补少，在质量上抽肥补瘦，使全乡村人民获得同等的土地。接收的牲畜、农具等其他财产也平均分配，使全乡村人民均获得适当的生产资料及生活资料。地主及其家属、国民党官兵家属也可以分得与农民同样的土地和财产。

(3) 确认人民对所分得土地的所有权，由政府发给土地所有证，并承认其有自由经营、买卖及在特定条件下出租的权利。

(4) 确定土地改革的执行机关为乡村农民大会、贫农团大会、区县省级农民代表大会，并规定由农民大会选派的代表和政府选派人员组成人民法庭，审判和处分违抗、破坏土地改革的罪犯。

(二) 劳动立法的方针及内容、特点

根据不断发展的国内形势，解放区政权以“发展生产、繁荣经济、公私兼顾、劳资两利”为方针，制定了一批劳动法规和条例。这些法规和条例的主要内容为：重申工人有组织工会等权利，规定工时和工资，保护女工、青工和童工的特殊利益，解决劳资争议和订立集体合同，等等。其具有以下特点。

(1) 依靠工人阶级管理生产及建设城市。如规定在国营、公营工厂中建立工厂管理委员会与工厂职工代表会议，其任务是根据上级领导机关规定的生产计划和指示，讨论与决定本厂一切有关生产和管理的重大问题。这一制度有效地发挥了工人阶级的自主管理及监督作用。

(2) 实行劳动保险制度。规定公营企业管理机关须按月交纳工资总额的3%作为劳动保险金，用于抚恤、补助以及奖励开支。

(3) 贯彻劳资两利原则，合理调处劳资争议。规定在劳资争议解决之前，双方均应维持生产原状。调处争议的程序为：双方先行协商，协商无效可向劳动局申请调解，调解无效则由劳动局仲裁，如不服仲裁可向法院起诉。

第五节　革命根据地的民事立法

一、工农民主政权的民事立法

随着工农民主政权的建立和土地改革的发展，新的婚姻关系得到确立。为此工农民主政权进行了一系列婚姻家庭方面的立法。中华苏维埃共和国成立后，在总结早期立法成绩的基础上，于1931年12月制定了《中华苏维埃共和国婚姻条例》。经过几年实践，进行了修订，于1934年4月公布了《中华苏维埃共和国婚姻法》。该法在起草过程中，围绕要不要实行离婚自由和离婚后着重保护子女利益的问题，发生了激烈的争论。苏维埃政府批驳了封建夫权，坚持正确的立法原则，对以后的婚姻家庭立法产生了重大影响。其具有以下主要内容。

(1) 确立新婚姻制度的基本原则。废除一切包办、强迫和买卖的封建婚姻制度，禁止一夫多妻和童养媳，实行婚姻自由和一夫一妻的新婚姻制度。

(2) 关于结婚的制度。结婚的实质要件是：结婚须双方同意；双方必须达到法定婚龄；无禁止结婚的血族关系；无禁止结婚的疾病。结婚的形式要件是须到乡苏维埃或市区苏维埃登记及领取结婚证。

(3) 关于离婚的制度。确定离婚自由的原则，在程序上须向乡苏维埃或市区苏维埃登记。离婚后男女原有的财产、债务各自处理，婚后共同经营所增加的财产平分。离婚后，同居期间债务由男方负责清偿。离婚前所生子女及年幼的小孩归女方抚养，年长的子女由谁抚养尊重子女意见。对于归女方抚养的子女，男方须负担其必需生活费的2/3至16岁。

(4) 保护军婚。规定红军战士之妻要求离婚，须得其夫同意。在通讯便利地区经2年、在通信困难地区经4年，如男方无信回家，其妻子可以请求登记离婚。

二、抗日民主政权的民事立法

(一) 婚姻立法原则和内容的发展

各抗日民主政权根据当地情况，分别制定了本地区的婚姻条例，在继承工农民主政权时期婚姻立法的基础上，在立法原则和内容上均有所发展。

(1) 立法原则的发展。在原立法原则的基础上，提出男女平等的原则。根据抗日战争的新形势，确立保护抗日军人婚约和婚姻的原则，一般规定，抗日军人配偶未经其同意不得离婚，抗日军人失踪4年或5年以上配偶才可另行结婚。

(2) 结婚条件的变化。对法定最低婚龄的规定比较灵活，各地根据不同情况作出了不同的最低结婚年龄限制，与工农民主政权时期的结婚年龄相比有下降趋势；对亲属间结婚的限制更加严格。

(3) 增加“订婚”和“解除婚约”专章。订婚并非结婚的法定程序，但很多地区都有订婚的习俗，因此，将订婚纳入法制轨道有利于帮助群众适应新的婚姻制度。对离婚的规定更加具体，各地婚姻立法多列举了离婚的条件，使法律更具有操作性。同时对离婚后的财产处理和子女抚养作了更合理的修改。

（二）继承法规的制定及内容

工农民主政权只是在原则上承认男女有平等的继承权，但没有具体的单行法加以规定。抗日战争开始后，各边区政府重视保护人民的合法财产权，关于继承权问题的立法也紧迫起来。为此，各边区政府陆续发布了一批条例和决议，如《陕甘宁边区继承条例》《晋察冀边区行政委员会关于女子财产继承执行问题的决定》《山东省女子继承暂行条例》《晋鲁豫行署关于女子继承等问题的决定》等。这些法规具有以下主要内容。

(1) 确立男女有平等的继承权。

(2) 规定了遗产继承的两种方式：一是法定继承，有的规定遗产除配偶互相继承外，其他法定继承人的顺序依次是：直系血亲卑亲属（子女、孙子女、曾孙子女）、父母、亲兄弟姐妹、亲兄弟之子女、祖父母；也有的规定配偶与子女共同继承遗产。二是遗嘱继承，规定有口头和书面两种形式。口头遗嘱须有第三人证明，书面遗嘱须本人签字，不能签字者，由第三人代之。

(3) 规定继承人对被继承人有虐待和遗弃行为的，司法机关可以剥夺其继承权；继承人以不正当手段取得继承权者的，无效；如触犯刑法，依刑法处理。

抗日民主政权时期的继承立法推翻了封建地主和买办阶级歧视、压迫妇女的继承制度，确认男女有平等的继承权，体现了抗日民主政权的人民民主本质以及无产阶级的道德观，建立了新型婚姻家庭关系。因此，该时期立法具有重大的历史意义。

三、解放区的主要民事立法

（一）婚姻立法的发展

(1) 制定了处理城市婚姻的政策。针对城市有人误解婚姻自由的错误倾向，华北人民政府重申，凡挑拨他人夫妇不和而鼓动离婚者，或与有配偶之人通奸者，得依法惩处。同时对离婚后财产的处理问题作出规定，婚前各自财产离婚后仍归各人所有，结婚后所得财产一般平分，但也可依据所出劳动力的多少而酌情增减；如离婚后女方不能维持生活，男方应依其家庭情况酌给一部分赡养费。

(2) 强调离婚的政治条件。规定，夫妻一方如是恶霸、地主、富农，或有反革命活动，双方的政治思想、立场观点发生对立，不能维系夫妻关系者，得向当地司法机关请求离婚。

(3) 规定了干部离婚的原则和程序。干部离婚的原则与群众的一样，以“夫妻感情意志是否根本不合”为判断标准。司法机关应弄清双方争执点，区别情况进行适当调解。在调解过程中，对有不正确思想的一方给予批评教育或限期改正错误；对于以威胁、利诱、欺骗等手段制造离婚理由者，原则上不准离婚；如事实已构成感情意志根本不合，无法同居者，在劝说无效的情况下应准予离婚，但在财产上须照顾他方。干部离婚的程序为：如是单方提出离婚，须向被告所在地县政府提出，不服政府判决的可以上诉；如是协议离婚，得共同向县政府声请，由政府发给离婚证。任何干部在取得正式离婚手续前擅自再婚者，以重婚论罪。

（二）继承立法的发展

为适应土地改革和解放战争的新形势，解放区政权对抗日战争时期的继承立法作了进一步完善，主要表现在以下方面。

(1) 强调男女无论结婚与否都有继承权，同时确认妇女对土地所有权的继承权。在土地改革的新形势下，针对土地平分后形成的家庭经济之继承权，规定，女子出嫁，如在婆家分得财产，则享有婆家共有经济之继承权，同时不再享受娘家财产之继承权；如在娘家分得土地，出嫁后带走，也丧失了继承权，若未带走，则娘家与婆家共同协商，继承其应得之一份。

(2) 规定法定继承人的顺序是：第一顺序：配偶、直系卑亲属、无劳动力的父母、在被继承人死前曾连续受被继承人抚养一年以上之丧失劳动力者。第二顺序：有劳动力的父母。第三顺序：祖父母。第四顺序：兄弟姐妹。对于遗嘱继承，规定，财产所有人在不侵害未成年人或丧失劳动力的人的利益的前提下，得以遗嘱将其财产赠与国家机关、社会公益团体或经济地位显然低于被继承人的个人。

(3) 对继承人失踪、死亡等情况作了规定。继承人失踪满 5 年，法院得宣告其死亡。自死亡宣告时起，继承开始。

第六节 革命根据地的司法制度

一、工农民主政权的司法制度和审判制度

（一）司法制度

中华苏维埃共和国自 1931 年建立后，总结各地司法工作的基本经验，逐步形成比较系统的新型司法制度。

(1) 在司法组织上，实行各级司法机构受同级政府领导的体制，以便于政策法令的执行。审判机关分最高法庭和省、县、区裁判部四级。

(2) 审判权和司法行政权在中央采取分立制，即中央临时最高法庭专管审判工作，司法人民委员会专管司法行政工作；在地方采取合一制，即由各级裁判部兼理审判工作与司法行政工作。

(3) 采取“审检合一制”。检察机关附设在审判机关内，检察员的任务是负责刑事案件的预审、起诉等事宜，并在法庭审判中代表国家提起公诉。

（二）审判制度

(1) 四级二审终审制。当事人不服一审判决，可以自接到判决书后 14 日内向上级审判机关上诉。在新区、边区或敌人进攻的地方以及其他紧急情况下，对反革命、豪绅、地主犯罪，剥夺其上诉权，实行一审终审制。

(2) 审判公开制度。审判必须公开进行。涉及秘密的可用秘密审判方式，但宣布判决仍应公开。这一制度有助于群众监督及进行法制教育。

（3）陪审制度。陪审员是各级法庭的组成人员，由职工会、雇农工会、贫农团及其他群众团体选举产生，但不脱产。无选举权者不得担任陪审员。主审与陪审员意见分歧时，以主审的意见为主。

（4）巡回审判制度。这是一种新型审判方式，由各级裁判部到案发地点调查研究，在群众参与旁听的情况下就地解决案件。适用对象多为具有重大意义的典型案件或带有一定群众性的刑事案件。

（5）死刑复核制度。死刑案件，不论被告人上诉与否，法庭一律报请上级审判机关复核与批准。须待上诉期满，而被告、检察员未上诉、抗诉，且经上级审判机关批准，原死刑判决才能生效。

（三）劳动感化院

1932年8月颁布的《劳动感化院暂行章程》规定的苏维埃狱政的指导思想和管理制度，是新民主主义狱政制度的雏形。感化院设立各种劳动工场、劳动科，用共产主义精神与劳动纪律去教育、指导和监督犯人。同时，感化院设文化科，组织和管理对犯人的教育工作，从而有利于改造犯人的思想，帮助他们获得劳动技能、得到新生。

二、抗日民主政权的司法制度和人民调解制度

（一）司法机关及其职权

抗日战争时期，各革命根据地总结土地革命时期的经验，建立了适应历史发展的司法组织体系。

（1）边区高等法院。它负责管辖以下案件：1）重要刑事第一审诉讼案；2）不服地方法院第一审判决而上诉之案件；3）不服地方法院之裁定而抗告之案件；4）非诉案件。高等法院内设刑事法庭、民事法庭，各庭设庭长和推事执行审判事务，必要时可组织巡回法庭。此外，还设有检察处、书记室、看守所和监狱。

（2）高等法院分庭。1943年，抗日民主政权为便利诉讼、加强对县司法的领导，设立了高等法院分庭。它是高等法院的派出机关，代表高等法院受理不服边区地方法院或县司法处的第一审判决而上诉的刑、民事案件。它是第二审审判机关，设庭长、推事和书记员。

（3）县司法处。在建立初期县司法处只有一个裁判员主持审判业务，至1940年成立由县委书记、县长、裁判员、保安科长、保安大队长组成的裁判委员会，讨论重大案件。1941年为贯彻“三三制”原则而取消裁判委员会，凡案情重大的刑事案件，提交县政府委员会或政务会议决定。

（4）边区政府审判委员会。1942年8月设立，该委员会的职权是解释法令，审理不服高等法院第一审或第二审判决的刑事上诉案件，以及不服高等法院第一审判决的民事上诉案件、行政诉讼案件、婚姻案件和死刑复核案件。1944年9月因精兵简政而被撤销。

（5）检察机关。各革命根据地实行审检合一制，检察机关附设于审判机关内。高等法院设检察处，独立行使检察权。检察机关负责案件的侦查、起诉和监督审判的执行。

（二）诉讼原则的发展

（1）调查研究、实事求是的原则。为了克服以前“教条主义”的影响，毛泽东和陕甘宁边区政府的领导人亲自进行调查研究，坚持实事求是地参与处理案件，为广大司法干部作出表率。不久，该原则被写入边区民事诉讼法草案。

（2）实行相信群众、依靠群众的路线。抗日民主政权在诉讼中创造了很多依靠群众的组织

形式：1）群众公审。分为两类案件：一类是政治性的案件，如汉奸、反革命、敌特和盗匪案；另一类是人命案，如奸杀案。公审要组织临时法庭，由司法机关指定一人主审，有关的机关、部队或群众群体选出 2 至 4 人为陪审员，共同组成合议庭。主审和陪审员享有同等权利，根据事实与法律进行判决。2）就地审判。这是初审机关采用的审判方式。审判人员携卷下乡，亲赴出事地点，深入群众调查研究，然后在当地有能力有威望的群众参与下，将法律与舆论融为一体，就地判决。这种审判方式结案迅速，当事人省时省力，有利于生产。3）巡回审判。这是高等法院及其分庭运用的审判方式。一般是审判人员携卷到出事地点，结合调查研究，进行审判处理；同时受理新的案件和上诉案件，检查下属司法处的审判及监管工作。

（3）法律面前人人平等的原则。各根据地的宪法性文件都规定，凡赞成抗日与民主的地主、富农、资本家，与工人、农民平等，其人权、财权、参政权和各项民主自由权，一律受法律保护。犯法的地主、富农、资本家，和犯法的工人、农民一样，适用同一法律判罪量刑，不再因出身、成份不同而受到加重处罚。同时，为了根除特权思想的影响，《陕甘宁边区施政纲领》规定，中国共产党党员有犯法者从重治罪。这体现了无产阶级严于律己的精神。

（三）主要审判制度

（1）上诉制度。民事案件的上诉期限为 15 天，刑事案件的上诉期限为 10 天。

（2）审级制度。基本上实行二审终审制。县司法处为第一审机关，边区高等法院及其分庭为第二审机关。1942 年边区审判委员会设立后，一度实行三审终审制，以审判委员会为第三审机关。1944 年恢复二审终审制。

（3）人民陪审制度。这是审判工作民主化的重要标志之一，也是革命群众监督司法工作的一种组织形式。通过这一制度能及时反映群众的要求和意见，使案件得到客观、公正的处理。

（4）审判公开和辩护制度。司法机关审理案件，除法律另有规定外，一律公开。各根据地法院/庭在开庭审判时，允许诉讼当事人请有法律知识的人或其亲属，出庭充当刑事被告的辩护人和民事代理人。

（5）复核和审判监督制度。凡判处死刑的案件，须将判决书、卷宗呈送高等法院复核，核准后始得宣判。宣判后，不论被告上诉与否，须再呈边区政府复核，经边区政府主席批准后方得执行。遇有战争等紧急情况，不受此限。1942 年复核权由专署代行。审判监督制度分两种：一是上级司法机关对下级的监督，除了审理上诉案件和派员检查工作外，还有两种方式：审核案件和批答疑难问题。二是人民群众对司法机关的监督，即司法机关要向同级参议会报告工作，执行参议会的决议案，改进司法工作。

（四）“马锡五审判方式”

马锡五是陕甘宁边区陇东专署专员兼高等法院分庭庭长，他将群众路线的工作方法创造性地运用于审判工作，形成了有代表性的司法民主审判方式。

“马锡五审判方式”的特点是：（1）深入、客观、全面地调查研究，实事求是地了解案情，反对主观主义的审判作风。（2）依靠群众，教育群众，尊重群众意见，实行审判和调解相结合。（3）实行简便利民的诉讼方式，不拘形式。（4）坚持原则，忠于职守，严格执法。

“马锡五审判方式”是在巡回审判的基础上加以改进的，它的出现和推广，解决了积压多年的疑难案件，减少了讼争，促进了团结，有利于人民群众生产和抗日。

“刘巧儿”封捧婚姻上诉案

在马锡五的断案故事中，最著名的要属封捧的婚姻上诉案。封捧是陕甘宁边区陇东分区华池县居民封彦贵的女儿，在 3 岁时由封彦贵包办，与张金才的次子张柏订了“娃娃亲”。到了

1942 年，封捧长大成人。封彦贵为了多捞聘礼，一面以“婚姻自主”为借口，要求与张家解除婚约，一面却以法币 2 400 元、硬币 48 元暗中把女儿许给南源张某为妻。张金才闻讯后向县政府告发，县司法处撤销了后一婚约。1943 年 2 月，封捧在吃喜酒时经人介绍认识了张柏，两人彼此印象不错，封捧表示愿意与张柏结婚。不料其父却在同年 3 月，又以法币 8 000 元、硬币 20 元、哔叽布 4 匹，把她许给庆阳财主朱寿昌为妻。封捧暗中将此情告知张家。张金才得知后，当即纠集其弟二十多人，携带棍棒，夜奔四十余里，闯入封家将封捧抢回成亲。封彦贵立即控告到县司法处，裁判员未进行仔细调查，即以抢亲罪判处张金才有期徒刑 6 个月，并宣布张柏与封捧的婚姻无效。宣判之后，原、被告双方都表示不服，附近群众也很不满意。适逢马锡五到华池县巡视工作，封捧便向他口头上诉。

马锡五受理此案后，首先向附近干部群众了解情况，又询问了封捧的真实想法，了解到她和张柏的婚姻完全是两人自愿的。案件事实基本掌握后，马锡五还对封彦贵和张金才进行了思想教育。他批评封彦贵把女儿当财物，教育他要为女儿的幸福着想，尊重女儿自己的意愿；他对张金才讲法理和人情，说明其抢亲行为动机虽好，但方法不当。马锡五和蔼可亲的态度和深入浅出的说理打动了两位老汉，两人连连点头，心悦诚服。马锡五随后进行了群众性的公开审判，除询问各当事人外，还广泛地征询群众意见，并在此基础上当庭作出判决：

一、封捧与张柏双方都同意结婚，按照婚姻自愿原则，其婚姻有效。

二、张金才黑夜抢亲，妨碍了社会治安，因而判处有期徒刑，对其他附和者给予严厉批评。

三、封彦贵以女儿为财物，多次高价出卖，违反婚姻法规，处以劳役，以示警戒。

宣判之后，不管是作为受罚者的封彦贵、张金才还是其他群众，都觉得合情合理，表示信服和拥护。这个案件在当时产生了很大的影响，文艺工作者也将此素材改编成《刘巧儿》评剧，搬上了全国的舞台。

（五）人民调解制度的调解原则及调解制度的内容和意义

各边区积极推广人民调解制度，制定了 1941 年《山东省调解委员会暂行组织条例》、1942 年《晋察冀边区行政村调解工作条例》等有关调解的单行法规，从而使人民调解制度逐步规范化。

1. 调解的原则

（1）调解必须双方自愿，调解人不得强迫、命令或威胁。

（2）调解必须以法律为准绳，照顾善良风俗；若调解违背政府法令，迁就封建迷信和落后风俗，不利于抗战，则政府有权宣布撤销。

（3）调解不是诉讼必经程序。当事人不愿调解或调解无效时，任何一方均有权向司法机关起诉，司法机关不得以未经调解为由拒绝受理。

2. 调解制度的内容和意义

（1）调解范围。早期的调解条例规定只对民事案件进行调解，后来有的条例规定一切民事纠纷均应调解，刑事案件也试行调解，甚至连命案也调解。经总结教训，各边区规定民事纠纷除法律另有规定外，均可适用调解；轻微刑事案件也可调解，社会危害性较大的刑事案件不适用调解。

（2）调解种类。根据主持调解的单位或个人不同，分为四种：第一，民间调解，由当事人双方邀请亲友、群众中有威信和公正的人进行调解；第二，群众团体调解，由群众团体的负责人参加调解，有的团体专设调解委员会；第三，政府调解，即由基层政府主持调解；第四，司法调解，已起诉到县司法处的案件，如认为必要，可在法庭进行调解，所达成的调解协议具有强制效力。

(3) 调解处理方式。根据有关法律规定，调解处理的方式一般有：赔礼、道歉、认错、赔偿损失或抚慰金以及其他按善良习俗平息争执。调解成功，一般会根据调解条例制作和解书，和解书中陈述双方争执的简要事由、调解成立的方式以及和解原则等内容，然后由调解人签字、盖章。和解书对于巩固调解成果，有重要作用。

(4) 调解纪律。调解条例一般规定调解人必须奉公守法、遵守纪律，不得受贿舞弊、中饱私囊，必须尊重当事人的人权，不准乱打、乱罚等，以此保证调解人公正无私，取得民众信任，使调解客观、公正。

调解制度的推行，促进了人民内部矛盾的解决，增强了人民之间的和睦团结，有利于人民全心全力支持抗日民族解放事业；同时也增强了群众的法制观念，减少了纷争，利于司法机关集中精力办理重大刑事案件和复杂民事案件，从而提高办案效率及办案质量。因此，调解制度具有重大的意义。

三、解放区的司法制度

(一) 完善人民法院体制

随着一些城市的解放，人民政府和军事管制机关在接管国民党司法机关的基础上，建立了人民法院。法院在院长领导下设立审判委员会和民事、刑事法庭，办理民、刑诉讼审判与执行事宜。同时为了保障土地改革的顺利进行，建立由区、村农民代表大会以及县政府工作人员组成的群众性的人民法庭，专门审理一切违抗土地法和破坏土地改革的案件。

(二) 司法原则与审判制度的发展

(1) 确定人民司法原则。抗战时期，各根据地曾援引国民党的“六法全书”作为司法审判的依据。1949 年 2 月，中国共产党中央发布《关于废除国民党六法全书与确定解放区司法原则的指示》，提出“六法全书”应予废除，在新的法律系统发布以前，司法机关应以中国共产党的政策以及人民政府与中国人民解放军发布的各种纲领、法律、命令、条例及决议为审判依据，无纲领、法律等，则以新民主主义政策为依据。

(2) 放宽上诉制度，加严复核制度。审级改为三级终审制，刑事案件的上诉期为 7 天至 10 天，民事案件的上诉期为 20 天。复核制度则更加严格，如规定县、市法院判处 5 年以上有期徒刑的案件，必须呈报省院复核批准，省院如认为原判不当，有权改判，或发还原审判机关重审。

课后复习

1. 简述革命根据地土地立法的内容及发展变化。
2. 试述《宪法大纲》的内容和意义。
3. 试述《宪法原则》的主要内容。
4. 新民主主义婚姻法在哪些方面否定了封建婚姻制度?
5. 简述“马锡五审判方式”的主要特点。
6. 简述人民调解制度的主要内容。

主要参考文献

1. 沈家本. 历代刑法考. 北京：中华书局，1985.
2. 程树德. 九朝律考. 北京：中华书局，1963.
3. 杨鸿烈. 中国法律发达史. 上海：商务印书馆，1930.
4. 杨鸿烈. 中国法律思想史. 上海：商务印书馆，1936.
5. 瞿同祖. 中国法律与中国社会. 北京：中华书局，1980.
6. 陈顾远. 中国法制史. 北京：中国书店，1988.
7. 李钟声. 中华法系. 台北：华欣文化事业中心，1985.
8. 张国华编著. 中国法律思想史新编. 北京：北京大学出版社，1991.
9. 曾宪义主编. 中国法制史. 北京：北京大学出版社，2000.
10. 曾宪义，郑定编著. 中国法律制度史研究通览. 天津：天津教育出版社，1989.
11. 张晋藩主编. 中国法制史. 北京：群众出版社，1995.
12. 叶孝信主编. 中国法制史. 上海：复旦大学出版社，2002.
13. 宁汉林. 中国刑法通史. 沈阳：辽宁大学出版社，1986.
14. 周密. 中国刑法史纲. 北京：北京大学出版社，1998.
15. 叶孝信主编. 中国民法史. 上海：上海人民出版社，1993.
16. 孔庆明，胡留元，孙季平. 中国民法史. 长春：吉林人民出版社，1996.
17. 武树臣等. 中国传统法律文化. 北京：北京大学出版社，1994.
18. 曾代伟主编. 中国法制史. 北京：法律出版社，2012.
19. 范忠信，陈景良主编. 中国法制史. 北京：北京大学出版社，2007.
20. 萧公权. 中国政治思想史. 沈阳：辽宁教育出版社，1998
21. 刘泽华. 中国政治思想史. 杭州：浙江人民出版社，1996
22. 马作武. 先秦法律思想史. 北京：中华书局，2015

图书在版编目（CIP）数据

中国法律史/马作武主编．—5 编．—北京：中国人民大学出版社，2019.8
21 世纪中国高校法学系列教材
ISBN 978-7-300-27169-9

Ⅰ.①中… Ⅱ.①马… Ⅲ.①法制史-中国-高等学校-教材Ⅳ. ①D929

中国版本图书馆 CIP 数据核字（2019）第 158271 号

普通高等教育"十一五"国家级规划教材
21 世纪中国高校法学系列教材
中国法律史（第五版）
主　编　马作武
Zhongguo Falüshi

出版发行	中国人民大学出版社		
社　　址	北京中关村大街 31 号	**邮政编码**	100080
电　　话	010－62511242（总编室）		010－62511770（质管部）
	010－82501766（邮购部）		010－62514148（门市部）
	010－62515195（发行公司）		010－62515275（盗版举报）
网　　址	http://www.crup.com.cn		
经　　销	新华书店		
印　　刷	北京七色印务有限公司	**版　　次**	2004 年 3 月第 1 版
规　　格	185 mm×260 mm　16 开本		2019 年 8 月第 5 版
印　　张	16.5 插页 1	**印　　次**	2019 年 8 月第 1 次印刷
字　　数	430 000	**定　　价**	38.00 元

《　　　　　　　》※任课教师调查问卷

为了能更好地为您提供优秀的教材及良好的服务，也为了进一步提高我社法学教材出版的质量，希望您能协助我们完成本次小问卷，完成后您可以在我社网站中选择与您教学相关的 1 本教材作为今后的备选教材，我们会及时为您邮寄送达！如果您不方便邮寄，也可以申请加入我社的**法学教师 QQ 群：83961183（申请时请注明法学教师）**，然后下载本问卷填写，并发往我们指定的邮箱（cruplaw@163. com）。

邮寄地址：北京市海淀区中关村大街 31 号中国人民大学出版社 411 室收

邮　　编：100080

再次感谢您在百忙中抽出时间为我们填写这份调查问卷，您的举手之劳，将使我们获益匪浅！

基本信息及联系方式：※

姓名：＿＿＿＿＿＿＿　性别：＿＿＿＿＿＿＿　课程：＿＿＿＿＿＿＿＿＿＿＿＿＿＿

任教学校：＿＿＿＿＿＿＿＿＿＿＿＿＿＿＿＿＿　院系（所）：＿＿＿＿＿＿＿＿＿＿＿＿

邮寄地址：＿＿＿＿＿＿＿＿＿＿＿＿＿＿＿＿＿　邮编：＿＿＿＿＿＿＿＿＿＿＿＿＿＿

电话（办公）：＿＿＿＿＿＿＿　手机：＿＿＿＿＿＿＿　电子邮件：＿＿＿＿＿＿＿＿＿

调查问卷：※

1. 您认为图书的哪类特性对您使用教材最有影响力？（　　）（可多选，按重要性排序）

   A. 各级规划教材、获奖教材　　B. 知名作者教材

   C. 完善的配套资源　　D. 自编教材

   E. 行政命令

2. 在教材配套资源中，您最需要哪些？（　　）（可多选，按重要性排序）

   A. 电子教案　　B. 教学案例

   C. 教学视频　　D. 配套习题、模拟试卷

3. 您对于本书的评价如何？（　　）

   A. 该书目前仍符合教学要求，表现不错将继续采用。

   B. 该书的配套资源需要改进，才会继续使用。

   C. 该书需要在内容或实例更新再版后才能满足我的教学，才会继续使用。

   D. 该书与同类教材差距很大，不准备继续采用了。

4. 从您的教学出发，谈谈对本书的改进建议：＿＿＿＿＿＿＿＿＿＿＿＿＿＿＿＿＿＿

＿＿＿＿＿＿＿＿＿＿＿＿＿＿＿＿＿＿＿＿＿＿＿＿＿＿＿＿＿＿＿＿＿＿＿＿＿＿＿

＿＿＿＿＿＿＿＿＿＿＿＿＿＿＿＿＿＿＿＿＿＿＿＿＿＿＿＿＿＿＿＿＿＿＿＿＿＿＿

选题征集：如果您有好的选题或出版需求，欢迎您联系我们：

联系人：黄　强　联系电话：010-62515955

索取样书：书名：＿＿＿＿＿＿＿＿＿＿＿＿＿＿＿＿＿＿＿＿＿＿＿＿＿＿＿＿＿

书号：＿＿＿＿＿＿＿＿＿＿＿＿＿＿＿＿＿＿＿＿＿＿＿＿＿＿＿＿＿＿＿＿＿

备注：※ 为必填项。

任课教师调查问卷